幼兒家庭與學校合作關係

理論與實務

劉慈惠 著

作者簡介

劉慈惠

學歷

國立台灣師範大學地理系學士
美國紐約州立大學水牛城校區幼兒教育碩士
美國威斯康辛州立大學麥迪遜校區幼兒教育博士

經歷

高中地理教師
美國學前教育機構幼兒教師
國立新竹教育大學幼兒教育學系助教、講師
國立新竹教育大學幼兒教育中心主任

現任

國立新竹教育大學幼兒教育學系副教授

著作

親子溝通零距離（信誼出版）

自序

　　以 Bronfenbrenner 的生態理論來說，家庭與學校是個體發展與學習過程中，至為重要的兩個小系統，而這兩個小系統之間的聯結與互動，形成一個重要的中間系統，其互動與合作的面向與品質，對個體帶來不可輕忽的影響。近年來，我國隨著社會的變遷與教育改革呼聲的崛起，學校與家庭合作關係受到西方社會推動家長參與之影響，也越來越受國人注目與重視，這樣的現象不只存在教育的實務界，也同時存在研究的學術界。雖然這是一個可喜的現象，不過在逐漸攀升的研究數量中，絕大多數的焦點集中在中、小學階段；針對學前教育階段的研究相對來說仍十分有限。再者，在這為數不多的研究中，多數研究者偏向以問卷調查方式來探討問題，這樣的研究所產生的知識，固然帶給我們對於現象 what 的了解，但是對於現象背後的 why 和 how，所能帶來的知識則仍十分有限。

　　本書之撰寫乃有鑑於家庭與學校合作關係之探究，在台灣的學前教育階段仍甚待開發，因此透過國科會專題為期兩年的研究計畫，除了進行中外相關文獻的探討與綜覽之外，亦以目前較為缺乏、也較能滿足研究者對相關議題 why 和 how 之好奇的質性研究方式，試圖尋找兩個主要問題的答案：(1)學前幼兒家長期待幼兒學些什麼？為什麼他們有這樣的期望與認知？(2)在學前教育階段，家庭與學校的互動與合作存在什麼樣的面貌？不同幼稚園如何思考何謂「合作關係」？親師雙方的認知與期望又如何影響彼此合作關係的形塑？

　　基於理論是探索實務的重要架構和根基，而實務能延伸、呼應、支持或挑戰理論的應用性，本書內容共分為六章，包含理論與實務的探討。第一章的理論架構主要以八個小節，針對家庭與學校合作關係重要面向的文獻，進行理論的探討。第二章描述

我在兩所幼稚園，進行一年參與觀察的研究歷程。第三章、第四章及第五章為研究結果的呈現。其中第三章是為第四章和第五章鋪路，因為在第三章，我主要呈現了家長對於幼兒學習所抱持的信念與期望及其原因。乍看之下，有些讀者可能會覺得「家長對幼兒學習期望」的議題與家庭和學校的合作，似乎沒有明顯而直接的關係。但是在研究歷程中我深深的發覺：家長信念的特質，在實質上深深影響與形塑了親師彼此之間對於合宜互動和合作的認知與詮釋，這進而萌生了不同特質之家庭與學校合作的面貌。因此，欲深入了解第四章私立果子園和第五章公立種子園親師合作面貌的 what、how 和 why，第三章的引路是十分重要，否則讀者對於現象的理解會容易流於表相。讀者將發現，雖然同為「親師合作」之議題，但因兩園親師互動的情境脈絡不同，故事的發展各有其獨特性。因此，在兩園的寫作鋪陳上同中亦有差異的存在，其中包含為了讓讀者對兩園親師合作形塑的脈絡，能有較為身歷其境的了解，在幾經思索與嘗試後，在兩園親師活動呈現的部分，我選擇了以報導中分析的寫作方式。第六章則針對研究結果進行綜合討論與省思。

簡言之，在本書個人的實徵研究中，並未以特定的涵義去為「合作關係」下定義；反之，乃試圖透過兩所幼稚園親師的認知與經驗，從教育民族誌的觀點去發掘可能存在什麼意義及現象？以及在特定的「合作關係」認知的圖像下，在親師互動歷程中常被論及的「家長參與」概念又如何呈現？由於研究的目的乃在於「了解現象」：針對所見所聞的現象和現象之間可能存在的不同，並不做「優劣、合宜與不合宜」的評論。本書中兩個園所親師合作的故事，只是目前台灣多元社會中諸多可能存在的面貌之一，期盼透過此一研究的呈現，增添國內在學前階段相關議題的一些實徵知識。當時下家

庭結構日趨多元，親師特質與需求亦然之際，家庭與學校合作關係的發展如何因時、因地、因人制宜？則有待後續研究來尋找可能的答案。期盼此書能拋磚引玉；有更多人加入對家庭與學校合作關係諸多面貌探索的行列，使更多的故事得以被述說、了解。

　　本書的內容主要源自個人 1999 年與 2000 年國科會專題研究計畫的成果，寫作前後歷經三年多的時間。本書得以完成，首先要感謝兩個園所的親、師讓我有機會走入他們的生活世界，由於他們真摯的接納和參與，使我有機會來寫這個故事。感謝國科會所提供的兩年研究經費，使得此項研究得以順利進行。感謝能幹的研究助理美瑛，協助龐大田野資料的蒐集與建檔。本書第一章部分內容和第三章已發表，陸續將之進一步修改、更新與延伸，以及加入後續逐步完成的第二章、第四章至六章，將之統整後集結成書。個人才疏學淺，在研究的路上仍在學習與摸索，書中必有疏漏與待改進之處，尚祈讀者不吝指正。

　　謝謝疼愛我的爸媽、公婆、先生保羅，以及兩位貼心十足的兒子惟恩和沐恩，他們的支持、鼓勵和禱告，給予了我一路走來最佳的後盾與動力。許多無法一一提名的家人好友、同事，在此一併致謝。最後將最深的感謝獻給賜下智慧和力量的天父，因著祂的同在，使我人生中許多原本的不可能，得以成為可能。

劉慈惠　於國立新竹教育大學

目錄

CONTENTS

CONTENTS

第5章　親師合作在種子園的展現　　　195

CONTENTS

CONTENTS

圖目錄

CONTENTS

表目錄

CONTENTS

CHAPTER 1

第一章

理論架構

序論

一、從文化生態觀點的思考

每一個社會對於生存在其中的個體，在社會化過程中都有不同的期待，學者將這些期待稱之為「發展任務」。學者指出，了解一個民族文化特質的重要方式之一，是去了解該民族的父母在養育、教育孩子的過程中，他們看重什麼？強調什麼？因為不同的文化在形塑父母教養以及學校教育的目標上，扮演不可輕忽的重要角色（Folwer, 1983; LeVine, 1974, 1988; Ogbu, 1981; Whiting & Edwards, 1988）。不過，個體所存在的生態環境中，除了文化因素之外，其他不同系統中的諸多因素，也同樣具有形塑個體價值體系的影響力。一些學者本於這樣的信念，提出不同特質的生態理論（Bronfenbrenner, 1979; Ogbu, 1981; Super & Harkness, 1986; Whiting & Whiting, 1975），其中以 Bronfenbrenner 的理論深受學術界的注目與肯定，也得到最為廣泛的關注與應用，因為它提供學者及研究者在探討「人的發展與學習如何受不同層次之情境影響」（develop-in-context）的議題上，一個相當周延的理論架構。簡要來說，Bronfenbrenner 將影響個體發展的生態環境因素比喻為一「巢式的結構（nested structures），每一層之內再有一層，像是由大大小小娃娃組成的俄國娃娃一樣」，這樣的情境結構大致可以分成五個系統，它們都不是獨立存在，而是相互影響，進而或有助於，或有礙於幼兒的發展：(1)小系統（microsystems），指影響幼兒的主要因素、與幼兒生活息息相關、經常出入、提供幼兒基本需求者，例如家人、起居環境、學校、同儕團體、幼兒天生遺傳與後天環境形塑的特質等；(2)中間系統（mesosystems），指兩個直接對幼兒有影響之小系統之間的聯結，例如家庭與學校之間、家庭與社區之間的互動等；(3)外在系統（exsosystems），指幼兒未直接參與其中，但其存在對幼兒有間接影響的因素，例如，父母的工作、父母的社會網絡與社會支持、社區環境等；(4)大系統（macrosystems），指小系

統、中間系統、外在系統等所在的文化藍圖（cultural blueprint），它基本上決定社會結構和活動，例如文化、習俗、共享的知識與信念、社經階層、社會制度與結構等；(5)時間系統（chronosystems），乃時間向度，它統合了前面四個系統，包含幼兒或其他系統情境在時間因素下所帶來的影響，例如，在幼兒成長過程中，父母離婚、家庭變故、歷史事件、社會狀況等之變化（Bronfenbrenner, 1986; Eamon, 2001）。

根據 Bronfenbrenner 的文化生態理論，人類的教養、教育方式因受到環境系統中不同情境因素交錯的影響，會呈現出各種不同，但生活在當中為人父母者認為合宜的親子互動模式。再者，如果父母所在之生態系統中的任一系統發生變化，也將會牽動其教養之改變（Bronfenbrenner, 1986）。自 1980 年代開始，有越來越多的研究者從文化與生態的觀點去探討個體的發展。文化生態理論的觀點，基本上強調影響兒童與父母的因素是多元而非單一的；生態中不同情境系統中的多元因素會交織作用，進而影響並形塑個體一生的成長與發展。以這一代生活在同一大系統（華人文化）下，台灣社會的學齡前幼兒父母為例，他們可能對孩子的學習與發展具有某些面向的相似性，然而也可能因著各人所處小系統（如家庭、學校），以及兩個以上之小系統聯結下所產生之中間系統特質的不同，而會使得家長對孩子的期望產生文化之內的差異性。Inkeles（1955）指出，在教養孩子的過程中，每一個時代的父母都擁有相似的目標，那就是希望孩子成功。可是究竟什麼是成功？其定義對父母而言可能隨著時代和環境而有所差異。基本上來說，為人父母者通常根據自己對時代的了解與認知，而採取他們認為最有利於幫助孩子順應社會需求及邁向成功的方式，去培育孩子。

個人過去針對學齡前父母教養的研究發現（劉慈惠，1999，2000a，2002），在今日台灣社會中，由於時代的變遷，不少為人父母者正走到一個價值體系新舊交替的十字路口：一邊是承傳已久的華人傳統文化信念，另一邊則是方興未艾的西方社會思潮。學齡前幼兒父母對於何謂「合宜而理想」的教養方式與藍圖，什麼是「孩子學習與發展的重要內容」等，已經與上一代的父母有了認知上的差異出現。我發現，今日不少台灣學齡前幼兒父母，面對孩子的教養與教育上，其信念與態度反映我國傳統文化以「大人為中心」及現代受到

西方思潮影響以「幼兒為中心」的雙重影響；較少人是絕對依循我國傳統文化的價值信念，或者絕對順應外來的價值信念。這一代年輕的父母可以說正處於一個轉型期，當「舊的」（價值觀）不見得不好，「新的」（價值觀）不見得好；反之亦然（「舊的」不見得就好，「新的」不見得不好）的情況下，許多人或多或少都經歷到在新舊教養信念之間，如何可以求取一個最佳平衡的掙扎。因此，當父母在面對孩子學齡前階段的學習時，到底什麼樣的學習對孩子是重要的？應當看重些什麼？期待什麼？是從大人主觀的認知和經驗出發？或者從孩子需求的角度出發呢？或者這兩者的考量各有其存在的背後機制和理由？這些議題實值得研究者關注與探究。

Bronfenbrenner（1979）的理論指出，如果一個幼兒所接觸的不同環境之間，對幼兒的要求是相容而不互相衝突的、對幼兒期許的目標是一致的、環境之間能相互支援、聯繫，以及溝通是雙向的，那麼幼兒的潛能可以得到比較理想的發展。在台灣，隨著社會的變遷以及受到西方以幼兒為中心之教育思潮的影響，今日不少為人父母者傾向於認為教養兒女，並非是渾然天成的事，而是需要不斷的摸索與學習（劉慈惠，1999）。因此，有關「如何教養兒女」的親職教育，不論是經由個人管道、學校管道或者社會管道，漸形重要。不僅在報章雜誌上時常可見專家學者振筆疾書，各級學校積極定期舉辦親職講座，政府與教育當局也年年編列經費，推動親職相關動態或靜態活動，這種種用心與目標都指向協助父母充實及具備合宜教養知能的用心。不過當我們綜觀各相關研究時，卻也透露一個現象——學校親職教育雖然用心良苦的舉辦，諸多活動轟轟烈烈，但是實際的成效並不盡理想；許多老師感嘆面對家長的無力感。如何對症下藥以改進學校推展親職教育的成效，是許多學者與教育工作者想要努力的。目前一般所提出的可能改進方向包括：提高家長的主動性、參與性、學校人力財力的支援、事前活動的宣導、改善活動的方式與時間的安排等。這些建議都是值得努力的方向，可是在諸多的可能性中，從文化生態觀著眼的親職教育（黃迺毓，1996），以及該觀點下學校與家庭合作與互動關係的重要性，一直鮮少被關注與探討。這個概念與議題很重要，因為幼兒家長對於幼兒在學前階段的學習與發展，可能抱持著與教育工作者不同的價值觀與期望。再者，隨著社會的變遷及城鄉之差距，家庭結構與特質日趨多元，不同地區的家庭與學

校的特質及資源並不相同，理應無法套用單一的標準與藍圖。因此如果親師雙方相互不了解，很自然會影響學校推展彼此合作關係及親職教育的策略與實際成效。如何開啟身為幼兒學習與發展過程中重要他人的學校與家庭雙方，對彼此信念及合作關係 what 和 why 的面向有更多的了解，應是值得學者、研究者耕耘的一塊園地。

二、家長角色隨著時代已有所變遷

　　回顧我國家長在孩子學校教育過程中所扮演的角色，隨著時代有了變遷。過去一、二十年來，經由學界、民間及立法等諸多不同管道的努力，今日的家長在孩子學習過程中被賦予了不同於上一代的角色，這其間的改變似乎反映了家長權利的不同，同時也反映了義務的不同。台灣家長在孩子教育過程中角色的變遷之路，簡要來說，應該可以從 1989 年政府宣布解嚴開始看起，當時許多關心教育的人士不再滿足於孩子的教育權完全由學校教育工作者主導，教育改革聲浪逐年高漲，挑戰我國長期保守而僵化的教育體制之聲隨之四起，許多民間教改團體紛紛成立，例如主婦聯盟成立於 1989 年，聲明結合關心教育的家長，共同關心學校教育，提升教育品質，普及學習權及父母教育權的觀念。全國各地的家長會組織也陸續成立，至今由北到南已經有超過三十多個以上的家長協會成立，致力於推動家長在孩子學校教育過程中參與的層面。而為了使各種關心教育改革的社團之間有相互了解、資源整合、溝通協調的管道，中華民國教育改革協會（簡稱全國教改協會）於 1997 年成立，其目標為整合各教改團體的力量，改善整體教育環境[1]。在社會運動部分，最引人注目的是 1994年 4 月 10 日，在台北市由十多個教育改革團體發動一萬多人的「教育改造 410全民大結合」大遊行，強烈表達民眾參與教育改革的決心。在立法部分最值得關注的是，被視為教育憲法的〈教育基本法〉在民間提案、人民行動、立法院

---

[1] 由家長組成之教育團體可以說是非常活躍，第三次全國家長教育團體高峰會議於2001年9月在台北市召開，其間討論的議題包括家長會參與校內事務、家長會組織、縣市級事務與家長參與等。會議中教育部亦派有官員出席致詞，嘉許家長參與孩子教育事務的行動與熱心。

推動之下，在長達五年的努力下於 1999 年獲得通過，這項法案通過的重大意義在於，其將家長正式納入了教育權限內，使得教育事務的主權從官僚體中解放出來，國家教育權轉換成國民教育權，透過立法保障每一個家長可以充分參與教育、實踐教育理想的機會（楊朝祥，1999）。隨著時代的腳步，家長組織更臻雄厚，2002 年九二八教師大遊行後，全國二十五個正式立案的家長團體，為求保障學生學習權，於該年 10 月 26 日共同組成了「全國家長團體聯盟」[2]（簡稱全家盟），以「保障學生學習權益，提升以學生為主體的優質教育、增進家長教育權及家長參與教育權之知能發展、推展親師合作等」為該團體的努力宗旨。至今該團體在全國各地已有超過三十個家長協會之會員。我國家長參與學校教育角色的轉變、軌跡與相對所處之社會脈絡，整理如以下圖 1-1.1：

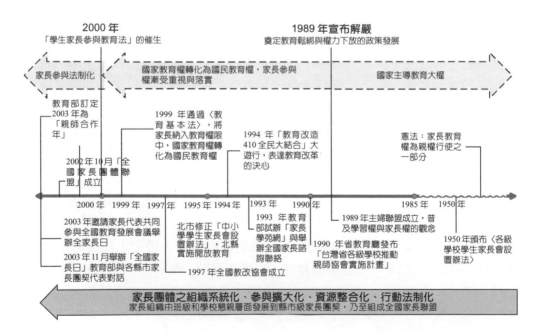

圖 1-1.1 我國家長參與學校教育之角色的變遷、軌跡與大事紀

2　全國家長團體聯盟設有網站，網址為 www. napo. org. tw。

以上的討論試圖反映，在我國教育中一向被忽視的家長在學校及孩子教育過程中的地位與角色，已開始被廣泛的探討、關注與修正。新制家長會的設置及種種相關法令與教育決策都顯示、宣示，家長不再扮演以往徒具形式的橡皮圖章，家長積極參與孩子的學校教育，和學校共同分擔教育孩子的責任，已成為必然、被推廣、被肯定與重視的趨勢。這種趨勢的發展一方面除了緣自於家長對自己所能扮演的教育角色的意識覺醒外，很重要的另一個推力也是由於不少研究顯示，家長參與對孩子學習與發展具有正向的影響與意義，這樣的實證研究初始主要源自推動家長參與比我國更早許多的西方社會（如 Berueta-Clement, Schweinhart, Barnett, Epstein & Weikart, 1984; Gotts, 1980）。基於社會民間、政府、學界等不同人士對家長之於學校教育的重視及關注，使得國內在過去十多年來， 如西方社會，投入此一中間系統相關議題之研究的人，有趣來越多的趨勢。不過，當家長在孩子教育過程中的角色漸趨多元與積極的今日，其所帶來的影響並非都如想像或預期中的正向，其中所引發的困難、障礙與迷思等現象，值得研究者及教育工作者關切。

三、在相關實證研究中，研究者使用諸多不等名詞

綜覽中外文獻，研究者在探討這方面的議題時，有諸多不同的切入點，有的涵蓋的範圍較為廣泛，有的則針對某特定議題切入。以西文的文獻來看，研究者切入的概念或使用的關鍵字主要包括 family-school partnerships、family-school relationships、family-school collaborations、parent-teacher cooperation、parent-teacher relationships、parent-teacher interactions、parent participation、parent (al) involvement、parent-teacher communication、parent-teacher conflict、parent-teacher expectations 等。以中文文獻來說，研究者切入的概念或使用的關鍵字主要包括家庭與學校合作關係、親師合作、家校關係、夥伴關係、親師關係、親師互動、家長參與、親師溝通、親師衝突、親師期望、家長會、班親會等。從中外學者所使用的名稱或概念來看，我們可以發現同中有異，異中有同。例如，有人會將「家庭與學校」簡稱為「家校」。而當學校小系統中涵蓋的範圍可以甚廣時（例如行政單位、行政決策者、校長等），有人以「親師」來指稱

家庭與學校中對兒童來說最主要與直接的互動者。而親師合作、親師關係、夥
伴關係、親師互動、家長參與等彼此之間有所交集的概念，研究者有不同的理
解與應用。而到底何者包含何者？研究者之間並無共識[3]。從某個角度來說，
它可能產生一些不明確或混淆，但從另一個角度來說，卻也提供研究者自主性
與開創性的空間，去探究其中諸多尚待關注、釐清與詮釋的現象。透過研究者
不斷地摸索與嘗試，使我們得以隨著研究的累積，對於涉及家庭與學校所形成
之中間系統的相關知識，能有越來越多的了解，進而構思如何因應不同家庭與
學校特質來發展適性的合作關係。小結來說，透過序論為本章其餘七小節所綜
覽的「家庭與學校合作關係」相關文獻及概念拉開序曲，其中探討的主題包括
學校與家庭對幼兒期望的連續性、幼兒家長對孩子教育的期望與認知、學校與
家庭合作的不同信念與類型、家長參與角色的可能性、家長參與的障礙與瓶
頸、適性 vs. 非適性的家長參與、國內相關實證研究概況等。這樣的文獻綜覽
並非周延；乃僅就個人透過實證研究所關切的議題範圍，提供對一些背景知識
涉獵及理解後的心得。

第二節　學校與家庭對幼兒期望的連續性

　　家庭是幼兒的第一個老師，父母在幼兒發展與學習過程中所扮演的角色與
影響是不容忽視的。而幼兒園是一個正式的教育機構，對一個成長中的幼兒來
說，其所發揮的影響力並不亞於父母。因此，在親職教育推展的成效上，家庭
與學校之間彼此有更多的了解是非常重要的。正如 Ogbu（1982）指出，教育
工作者需留心學童家庭經驗與學校經驗之間的連續性為何，以提升學童的發展
與學習品質；因為如果環境中的權威者（如父母、老師與行政決策者等），對

3　「同一概念，不同界定」不只存在家庭與學校合作關係之相關研究上，在其他領域亦存在類似的現象
　　（劉慈惠，2001a；Bloch & Tabachnick, 1993; Okagaki & Sternberg , 1993; Triandis & Brislin , 1984 ）。

孩子的要求與期望不一致，則會造成孩子學習與認知經驗的不連續性與衝突，進而導致一些問題的衍生。Powell（1998）認為，幼兒生活經驗的連續性，是強化學校與家庭之間關係最為核心與根本的議題。這樣的一個信念乃基於幾個基本假設：(1)家庭和學校之間的期望存在著不連續性；(2)這樣的不連續性對於幼兒的發展具有負向的影響；(3)學校老師、行政人員與家長之間的良好溝通和互動，可以提升期望連續性的程度。為了讓幼兒在學前教育階段能得到最佳的發展與學習效益，如何提升學校與幼兒家長之間的溝通與合作關係，成為學校推展親職教育中非常重要的一環。Hess、Price、Dickson 和 Conroy （1981）的研究發現，幼兒教師和家長對幼兒的發展存在不同的價值觀；他們對於什麼能力對學前幼兒是重要的，具有不同的看法。例如，老師比較看重幼兒的情緒發展，但幼兒的母親則認為幼兒利社會行為的發展比較重要。Kohn（1969）針對不同社經背景的家庭所進行的研究發現，社經背景影響一個人的價值觀與期望。例如，中上階層的父母重視孩子自我引導能力的發展，而中下階層的父母則重視孩子服從能力的培養。Winetoky（1978）針對美國六十八位學前教師與一百七十二位家長的研究結果，呼應了 Kohn 的論點：教師和父母對幼兒行為的期望差異以中下社經背景的家長群最為顯著，Clarke-Stewart（1987）的研究也有類似的發現。Howes 和 Olenick（1986）指出，家長的背景特質會影響其價值信念，進而影響其對幼兒學校特質的選擇，例如，生活壓力較小、在教養上比較有自信的職業婦女，比較會傾向選擇高品質的幼稚園。

　　在國內，針對學前階段家長與教師之間教育期望的研究篇幅為數很少（例如，王莉玲，1989；張美麗，1985）。張美麗的研究樣本取自大都會（台北市及台中市）九十八所幼兒園，研究結果指出，雖然親師都認為孩子上幼兒園最主要的目的是生活教育的培養，幫助幼兒社會化的發展。不過她也發現，親師之間對讀寫算基本技能學習的期望出現明顯的落差：多數家長認為學前教育應為幼兒上小學做準備，贊成在學前階段教寫注音符號、國字與數，但多數老師及專家則不表贊同。王莉玲的個案研究樣本取自花蓮一所大學附屬幼稚園，她的研究也同樣發現親師之間對學前階段中幼兒生活教育的重視，不過家長對幼兒在各方面發展任務完成的期望時間表都較老師來得早，給予孩子的壓力也較早。值得注意的是：在這個研究中，研究者發現這群以大專教育程度為主的家

長，對學前教育課程並未抱持時下一般偏重讀寫算的期望。從以上早期的兩個研究結果，我們可以發現針對學齡前幼兒的教育來說，親師之間所抱持的期望及認知有一致之處，但也存在不連續的落差，其中大多指向一個值得關切之點：讀寫認知性基本技能是否該列入學前教育之學習重點？在探討學校與家長的合作與互動方式時，這樣的議題值得納入考量。因為學校或者因所在社區的不同，或者因課程特色的不同，家長的來源與背景特質會有所差異。Hess（1981）等人呼籲，在親職教育的推展上，學校與家庭之間價值體系與家長之間期望的不連續性與差異，必須被正視與重視。雖然某種程度的不連續性，在家庭與學校之間或多或少是不可避免的，但是如果家庭與學校之間不連續性的差異很大時，則會阻礙幼兒發展的極致效益（Lightfoot, 1978），導致幼兒不適應行為與低學習表現的產生（Powell, 1998）。在目前快速變遷的社會中，幼兒家庭背景特質越來越多元化，如單親家庭、隔代教養、新移民家庭等，如果教師對於來自不同社會背景或家庭結構之家長的價值觀或想法沒有足夠的認識時，幼兒極可能會經歷到家庭與學校之間價值體系不連續、期待不一致所帶來的衝擊。因此，如何透過研究，提供第一線的學校教師及行政人員對幼兒的家庭價值觀與特質有更多的資訊與了解，進而提升雙向溝通及教育期望與信念的連續性，應為改善學前教育品質的重要途徑之一。

第三節　幼兒家長對孩子教育的期望與認知

一、教養信念中的教育期望

在思考家庭與學校合作與互動關係時，我們需要去了解幼兒父母對孩子抱持什麼樣的教育期望與認知，因為它深深地影響親師之間的互動與合作方式。在進入此面向的探討之前，讓我們再往前推，先了解父母期望與信念是如何形

成的。綜覽教養相關文獻，學者的研究基本上依循三個主要的方向：父母教養
孩子邁向社會化所持的目標與價值體系、父母為達其教養目標所使用的教養方
式、父母在教養上對孩子所抱持的教養態度（Darling & Steinberg, 1993）。而
其中父母的教養態度、價值觀以及父母自我陳述的教養行為，可以綜合歸納為
「教養信念」（Schaefer & Edgerton, 1985）。父母的教養期望及信念究竟如何
形成呢？學者指出，父母在教養孩子的過程中會發展屬於自己的教養理論（Law-
ton & Coleman, 1983），而在說明父母教養理論的起源與成形上，主要有兩個
模式（Goodnow, 1988）：(1)文化建構模式——認為父母的教養信念主要是來
自於文化的影響，因此教養信念在跨文化之間的差異會遠大於同一文化之內的
差異；(2)自我建構模式——認為父母的教養信念主要是由於個人直接的經驗而
形成，因此即便在同一個社經或文化族群中，教養信念會因人而異。

　　長期以來這兩種教養信念的建構模式各有實證研究支持其論點。例如Steven-
son、Chen 和 Lee（1992）的跨文化研究顯示，父母的期望在孩子學業成就上
扮演很重要的角色，不同文化之父母對於什麼是有助於孩子學業成就的因素，
具有很不一樣的看法。舉例來說，「後天努力」與「天生能力」之於孩子學業
成就所扮演的角色究竟為何呢？美國白人父母認為兩者一樣重要，而華人父母
則認為前者比後者來得重要許多，而其對孩子所設定的學業期望也遠比美國父
母高出許多。Stevenson 等人指出，華人父母普遍認為自己對孩子的學習具有
影響力，也願意付出心力來幫助孩子的學業成就。英國學者 Ran（2001）也有
類似的發現：英國華裔父母對孩子在學習上較著眼於微觀面向，很看重準確性
及分數的完美性，較專注在孩子的學習結果及其弱勢面，並且會設法補強之；
反之，英國白人父母及教師則較著眼於鉅觀面向，強調孩子嘗試錯誤及問題解
決的能力，較專注於學習過程，會從肯定孩子已有的成就面向去鼓勵之。類似
Ran 和 Stevenson 等反映中西文化社會中的父母對孩子發展與學習抱持不同期
望與信念之研究，昔今持續有學者提出（如：Bond & Hwang, 1986; Furnham,
Rakow, & Mak, 2002; Gardner, 1989; Peterson, Steinmetz, & Wilson, 2003），這類
的研究支持了父母信念與期望源自文化建構模式的真實性。

　　反之，在同一文化之內探討父母信念之研究亦不乏其數，學者發現文化雖
然對於教養影響甚為深遠，可是它並不是唯一的因素。Bronfenbrenner（1979）

指出，個體之信念與價值體系受到多層次情境因素交織影響而成。許多實證研究發現，父母信念的差異不僅存在跨文化之間，也存在任一文化之內（Triandis & Brislin, 1984）。多年來學者從諸多不同的角度切入，去探討造成文化之內父母教養差異的可能因素，其中包括社經地位、父母的性別、孩子的特質、專家學者知識、個人社會網絡等。其中長期以來社經地位可謂備受矚目，許多研究證實社經地位對於父母教養信念、行為有不可輕忽的影響力（朱瑞玲，1998；余安邦，1991；李鴻章，1999；黃迺毓，1996；劉慈惠，2000a；Brofenbrenner, 1958; Gecas, 1979; Hess, 1970; Kohn, 1969; Lareau, 1989）。時至今日，國內學者Yi, Chang 和 Chang（2004）針對國一學生及其父母的家庭價值觀代間傳承的訪談研究中仍發現，白領階層和勞工階層父母價值觀的差異與 Kohn 的理論相呼應；父母的工作及教育程度深深影響其價值信念。另有學者發現，個體的教育程度影響其教養觀及兒童發展觀的形成，例如在西班牙，Palacios（1992）以開放式問卷探討父母對幼兒社會化及幼兒發展的看法時發現，教育程度較高的父母對新的觀念接受度較大。中外一些針對專家學者知識（expert knowledge）的研究有相似的發現：教育程度高的父母較願意接受教養新知，也較願意調整與改變原先的想法（劉慈惠，2002；Clarke-Stewart, 1978, 1984; Harkness, Super & Keefer, 1992），其藉以交換教養資訊的個人社會網絡通常也較為緊密和頻繁（Cochran, 1993），這些因素交織影響進而造成文化之內父母教養信念差異的來源。

二、影響期望與認知的因素多重交織

以上引述的研究反映父母信念自我建構模式理論的真實性。因此在探討與了解個體信念究竟如何形成時，自我建構和文化建構模式都各有其效度與用處，二者並非互斥；實為互補，個人覺得接受兩個理論模式比單單執著於任一模式的真實性，更能幫助我們周延地去了解不同的個體如何統整其所在情境中或近或遠，或直接或間接等不同面向的影響，進而形成其特有的價值信念。正如 Bronfennbrenner（1979）的文化生態理論所陳明的精意：文化因素雖然對於個人信念的形成有很深的影響，可是它並非是絕對與唯一的因素；當個體日常

生活的範圍、本質與特性有所不同時，其信念亦會隨之而有所不同與轉換。再者，文化本身也是機動的，並非一成不變的，它會隨著時代不斷的變遷（Harkness et al., 1992）。因此雖然所處同一之大系統對個體信念會造成某種程度的影響，然而因著其他系統的差異與交織作用下，同一文化之內的父母在教育孩子的信念上，應會呈現不同面貌的轉換與變遷。

三、學前幼兒父母期望與認知的變與不變

　　學齡前幼兒父母對於孩子的教育抱持什麼樣的期望與認知呢？根據信誼基金會（1987）的調查顯示，89.9％的幼稚園把原本一年級的讀寫課程提前到幼稚園中教授，這個現象反映，台灣社會許多父母透過幼稚園對幼兒讀寫算能力的深切期望。雖然教育部三聲五令要求幼稚園不得教寫字，卻仍擋不住社會潮流與父母期待壓力下所帶動的風氣。這樣的趨勢過了近二十年後的今日，雖略有改善，但整體上似乎並未有太顯著的變化。盧美貴、蔡春美、江麗莉和蕭美華（1995）指出，在台灣，77.4％的幼稚園其課程的進行主要是依賴簿本及坊間教材；這樣的教學方式基本上以訓練幼兒讀寫算能力為目標。最新完成的一份全國幼教普查報告（教育部，2002）亦顯示，無論公、私立幼稚園，依賴坊間教材的情形仍普遍存在，而其中私立幼稚園使用的狀況明顯比公立者偏高許多。這樣持續存在的社會現象反映了一件我們無法忽略的事實：學前幼兒的讀寫算能力仍是時下不少家長面對孩子即將上小學時很深的關切與擔憂。以我國學齡前幼兒就讀私立幼稚園的比例是公立者三倍左右（教育部，2002）的事實來看，在多數家長仍十分在乎幼兒讀寫能力的訓練下，幼稚園在課程上順應趨勢，力求滿足家長需求的現象，私立幼稚園所面臨的壓力很明顯地遠大於公立幼稚園；不少私立業者表示，為了生存，他們不得不在教育理念與現實壓力之間做些妥協。正如江麗莉和鐘梅菁（1997）針對幼稚園初任教師困擾問題的研究發現，幼稚園課程普遍偏重認知性的讀寫算，使得教師在教學上無法按照大學在校時所學的理念去設計課程；不少幼兒老師表示自己在課程中強調讀寫是出於現實的無奈，雖然他們並不認同這樣的教學模式。由此可見，在家長的期望與幼稚園的教學方式之間，存在著交織而難以分離的因果關係——學前教育

機構承受與回應來自家長需求與期待的壓力,而家長之所以對幼兒抱持如此的教育期望,很大部分是受到傳統以來我國文化社會大環境潮流的影響,正如學者(例如,劉慈惠,1999,2000b;Liu & Chien, 1998)的研究指出,台灣社會至今仍普遍存在的升學壓力,對許多學齡前幼兒的家長面對思考「幼兒到底應該學些什麼」帶來不可輕忽的影響與壓力。

有一個現象值得注意的是,美國即便身為開放教育的先驅之一,強調以孩子為學習主體的教育模式與理念不斷推陳出新,但其社會中也有家長擔心「孩子在讀寫算方面準備好上小學了嗎?」例如,美國學者Graue(1993a, 1993b)研究指出,家長對準備度(readiness)的概念反映了社會與文化情境因素的交織影響;研究者對於準備度的了解與詮釋無法擺脫文化社會情境因素而論述之。因為 Graue 發現,在美國該社會之中,家庭的社經特質及經濟資源的不同,影響父母對幼童準備度的不同詮釋與教育行動,例如,經濟能力較佳的中上家庭的父母,通常是往後思考準備度。意即他們為了確保孩子在生理及心理上足夠成熟,能勝任小學的教育,會將適齡的孩子延後一年上小學[4],因為他們視多給孩子一年的時間為一項利器,認為如此可以幫助孩子入學後比同年的孩子擁有更佳的準備度,這樣的做法在年紀較小的男性學童上尤為普遍(Frey, 2005)。不過這樣的做法並不存在於勞工階層的家庭中;這些父母通常完全依照遵循學校老師所給予他們的意見,按照孩子的生理年齡時間表,準時讓孩子入學。美國中上家庭父母這樣的做法,在我國傾向相信後天努力的文化思維中,基本上也是不存在的;反之,有一些父母希望孩子能提早入學,或及早開始學習,以此做為幫助孩子贏在起跑點的重要策略之一,這樣的思維與做法和美國中上階層父母可謂迥然不同。

即便至二十一世紀之今日,美國社會在教育上也仍然受到現實壓力及理想之間的掙扎與衝擊,例如布希總統於 2002 年宣布的重大教育法令〈所有孩子

4　這個做法稱為 academic red-shirting,red-shirting 一詞最早是用來形容「必須坐冷板凳一些時日才能正式上場比賽的體育選手」,後來此一名稱普遍被用在美國的學校教育圈中,乃指針對學習準備度尚為不足的學生,使其延後一年入學的一種解決方法(Cameron & Wilson, 1990)。在美國已有不少學者針對此一現象,探討其在教育上之影響(如 Carlton & Martha, 1999; Frey, 2005; Graue, 1993b; Oshima & Domaleski, 2006)。

不落後〉（*No child left behind*）[5]，即是為了確保及提升美國學童學業的競爭力，在該法令中明示：「所有的孩子進入幼稚園時，必須具備順利學習所需要的語言、認知及閱讀等能力」。讀寫基本能力之於美國社會的衝擊如此那般，何況是我國傳統以來「萬般皆下品，惟有讀書高」價值觀的影響可以想像是更深的，其對學前幼兒父母在抉擇之間可能是一個更真實與相當大的挑戰。

就上所論，幼兒學前階段的教育內容與重點受到家庭、社會與文化因素交織之影響，可能有不同的變遷。在台灣，隨著西方以幼兒為中心的兒童發展相關教育理論影響的與日俱增（光佑文化編輯部，1996），有些父母對於學齡前階段的學習期望可能有了異於傳統價值信念的態度；而這樣的教育觀也普遍是學前師資培育機構傳達給準教師的主流觀點（Lin, Gorrell, & Silvern, 2001）。近些年來這樣的教育觀，在台灣學前實務界似有漸漸萌生發展的趨勢，有些幼兒園試圖超越傳統社會強調智育發展的主流觀點，在課程上秉持開放教育的精神，課程的進行以幼兒學習為本位（佳美幼稚園，1995；光佑文化編輯部，1996；葛小嫻，2000；廖鳳瑞，1996；盧美貴，1998），有些原本強調讀寫算的幼稚園力圖在課程上做大幅度的變動與轉型（劉慈惠，2005；簡楚瑛、林麗卿，1998）。雖然整體來說，以孩子為中心的教育觀在私立幼稚園中仍是少數，但這些園所的存在，可能提供了對學前教育功能抱持不同期待的家長，多了一些選擇的空間。

第四節　學校與家庭合作的不同信念與類型

家庭與學校是什麼樣的地方？它們之間存在著什麼樣的關係？這個問題因著每個人成長經驗與角色的不同，可能會有不同的答案。從文獻來說，有學者

5　關於此法案內容，請參閱 http://www.ed.gov/legislation/ESEA02/。

指出，長期以來學校與家庭似乎被視為兩個孤立而分離的世界的──一個是正式學習的地方，一個是非正式學習的地方（Rosenthal & Young, 1996）。Burke（1985）發現，在美國社會有些人存在這樣的一種認知，認為幼兒五、六歲之前的教育歸父母，之後則為學校的責任。你認為呢？如果我們認定這樣界線的存在，無形中似乎使學校與家庭中的成人──老師和父母形成一種似乎對立的關係，彼此不了解而又互有期望與不滿，學校會覺得父母有該做而做的不夠的地方；家長也會覺得學校有該做而沒有做好的地方。因此如果父母和學校各行其事，則許多的問題勢必無法得到合宜的解決。研究指出，家庭與學校形成團隊與合作的方式會比兩者各自為政來的佳，老師也相信推動更高的家長參與度是改進教育的首務，家長參與對於學生之學習成就有直接而正向的影響效果（Gotts, 1980; Henderson, 1981, 1987）。基於這樣的信念，家長參與在西方社會的教育各層級行之有年，也有越來越多研究者投入這方面議題的研究。國內近幾年來，學者在相關議題之探討較之早期（如：任秀媚，1984；李惠加，1979；歐陽闇、柯華葳、梁雲霞，1990），也有明顯增加的趨勢（如：林明地，1998；阮碧繡，1995；吳璧如，1997，1998，1999，2001，2002，2003，2004；陳麗欣，1997；陳麗欣、鍾任琴，1998）等。這些研究豐富了國內教育在推動學校與家庭關係的重要參考點。不過，當我們試圖去推展這樣的理想時，不能不去注意一個現象──家長參與的概念發展、蓬勃於西方社會，它在實施上並非是單一標準化的；反之，它有各種不同類型的呈現，而不同的類型其背後隱含著教育工作者、行政決策者、家長，對親師角色及最佳互動關係不同的詮釋及認定。在國內既有的相關文獻中，研究者較少針對親師互動的類型與信念進行理論性的探討，在研讀西方的相關文獻時，我發現美國學者Power和Bartholomew（1987）及Swap（1993），從不同角度歸納了美國社會中學校與家庭互動可能存在的不同類型，其觀點深入淺出，提供了關心此議題者一個入門性的概念。因此，在本節中，將以此三位學者的理論為依據，介紹其所提出的不同親師合作模式。最初編寫此文是用來做為個人在系上大四所開設「家長參與」課程的教材之一，希望透過參考他文化的經驗，與修課的未來準教師一起討論、思考將來他們可能面臨與經營的親師關係。此三位學者的觀點並非周延，其所分析的各類型之間也並非相斥，不同的類型之間也不宜做優劣之比

較，因為一個學校中親師互動關係的形成其實都有其產生、存在的背景、階段、條件與原因。以下介紹三位學者的論點，希望提供國內關心此議題的教育工作者，在推展親師互動或家長參與時多一些思考與批判的空間。

一、Power 和 Bartholomew 歸納的親師互動類型

Power 和 Bartholomew（1987）從生態觀和人種學的角度分析家庭和學校的互動關係。生態理論的觀點強調學校與家庭互動關係並非由單一因素造成的，而是受到許多情境因素的影響。根據文化生態理論（Bronfenbrenner, 1979），一個個體所在的各種情境之間交錯作用，進而影響且決定個體的發展方向，情境與個體之間以複雜的方式相互影響，如果個體對各種情境之間的調適良好，那麼環境與人之間就能適配（goodness of fit）。從人種學的觀點探討學校與家庭關係，強調社會結構及文化特質對學校運作的影響，持此理論的學者視學校系統反映了當地的價值觀、種族行為的類型、社經地位指標等。Power 和 Bartholomew 認為，從生態觀去探討學校與家庭的互動關係時必須包括人種學的觀察，否則研究者很容易曲解問題與現象的涵義，進而導致偏差的診斷、評量與介入策略。本著以上兩種理論觀點的考量，Power 和 Bartholomew 認為學校與家庭之間的互動關係是一種系統，而在這個系統中有兩個重要的特性會影響其互動關係的走向：

（一）權力結構（hierarchy）

指在系統中的成員在權力層次上與他人的相對位置而言，例如家庭與學校之間的關係可能以階層上下的方式存在；家長和老師在主動性與主導性的程度上有很大的差異與分野。或者家庭與學校之間也可能以對等、平行的方式存在；雙方在關係的建立上，其主動性與主導性沒有太大的差異。

（二）界線（boundary）

指系統的開放性及對方可以跨越的程度而言。例如在某些學校中，家庭和學校的界線可能非常嚴格，在這種系統中，老師和家長之間可以交換的訊息或

合作的空間就很小；反之，如果學校與家庭的界線是很鬆散的，老師和家長對彼此的開放性或許很大，可是這樣的開放性可能開放到某種程度，而入侵了對方的隱私領域，結果造成了雙方的不愉快。因此太嚴格或太鬆散的界線都會產生一些問題，Power 和 Bartholomew 認為，學校與家庭的界線如果能明確清楚地界定，對於雙方合作關係的發展會比較有幫助，這樣一方面可以使家長和老師都很容易接近對方，而另一方面又能彼此尊重，且不會侵入對方的私人領域。Power 和 Bartholomew 發現學校文化的價值觀對親師互動類型的形成深具影響，每一類型對於系統中的權力關係與親師界線的界定有所不同，根據這兩項特質之差異，他們將家庭與學校之間的互動類型歸納為逃避型（avoidant）、競爭型（competitive）、整合型（merged）、單向型（one-way）以及合作型（collaborative）等五種。

1. 逃避型：保持距離以策安全

在這種互動關係中，學校與家庭的界線僵化而嚴格。就某些角度來說，家長和老師對彼此的關係可能各自調適的很好，彼此相安無事、互不侵犯。可是這種相敬如「冰」的關係對孩子是不利的，因為在這種逃避型的互動關係中，家庭和學校不會互相交流來自雙方情境的重要訊息，彼此之間也不會針對孩子本身或者有益於其學習的事，進行合作與討論。學者發現，有些老師是以和家長保持距離的方式，來保護自己的專業不會受到家長的批評和挑戰（Warren, 1973）。一般來說，較之中下社經階層而言，中上階層的家長比較會對學校提出問題，這很容易對老師構成心理上的威脅，基於這樣的原因，某些老師會刻意與家長保持距離，以策安全。而家長呢？他們也有他們和學校保持距離的理由。例如有些家長害怕老師會洞悉他們未盡父母職責的祕密（Naegle, 1956），而另有些家長則怕老師探究他們家庭的隱私，因而刻意和老師保持距離（Good-acre, 1970）。再者，親師之間社經地位的差異也很容易造成親師之間互動的障礙——社經地位較低的家長在面對教育程度較高的老師或學校行政人員時，有時會感到自卑與不自在（McPherson, 1972）。

2. 競爭型：權力的拉鋸

在這種互動關係中，學校與家庭的界線很模糊，家長和老師都想去擴張自己對對方權利範疇的影響力。在互動的關係中，親師雙方都想站在比對方高一些的地位上去主導對方。在彼此較勁的過程中，衝突與對立自然而然無法避免。這類型的學校與家庭互動關係在文獻中受到學者相當多的關注，例如 Waller（1932）指出，家長和老師因著各自所關切的焦點和切入點的不同，兩者之間有時似乎是天生的對敵。Lightfoot（1978）人種學的研究亦指出，社會上對女性角色界定與期待的方式，很容易造成老師與母親之間的對立，因為當孩子有問題產生時，老師和母親因著角色的不同，看問題的角度往往會有所不同，進而會對對方處理問題的方式或標準不諒解。

3. 整合型：表面層次的合作

在這種互動關係中，家庭和學校之間沒有明確的界線，學校系統中的目標似乎都整合在一起，但是家長和老師的努力卻往往造成孩子的孤立及限制，這種互動關係又可分為兩種不同的型式：合作式的整合及平行式的整合。

(1)合作式的整合

在這種互動關係中，家長和老師形成一種聯盟的關係，但彼此之間的界線混淆不清，這樣的結果容易造成孩子有透不過氣來的壓力。例如美國學者 Gilmore（1983）在一個以白人為主的學校研究中發現，白人的生活舉止方式在該校的文化中被視為高尚合宜的行為準則，相對的，任何黑人文化所呈現的言行則被視為對孩子學習成就具有潛在的威脅與不利。因此學校中的黑人學生有形無形中會感受到來自學校與家長雙方一致的壓力——所有的學生，不論種族背景，都被要求行為舉止要仿效白人中上階層的行為類型，因為只有如此做才能得到老師與同儕的認同和肯定，諸如此類親師之間合作式的整合對少數族群的學生反而帶來無比的壓力與限制。

(2)平行式的整合

在這種互動關係中，親師其中的一方被要求去加重責任，而另一方則逐漸降低對孩子的責任。如此在一方比較被動（通常是家長）的情形下，孩子的問

題往往會加速惡化。而當老師和家長不得已必須一起想辦法來面對令人頭痛的孩子時，因著雙方心態皆有所偏差，所構思的介入策略往往變成各自為政，自掃門前雪——老師只負責在學校把學生教好，家長只負責在家裡把孩子管好。親師之間在這種合作方式中並沒有真正的交集，所以並無法使孩子行為問題的本質得到真正的改善。Power 和 Bartholomew（1987）認為，雖然短程來說，競爭型和整合型的互動關係或許比逃避型帶來較多的衝突或傷害，不過由於老師和家長之間已存在某種形式的互動關係，從長遠來說，這樣的互動類型會比逃避型的模式來得容易改善與調整。

4. 單向型：一廂情願，有溝沒有通

在這種互動關係中，親師其中一方努力嘗試溝通，另一方則一味逃避，這樣的互動類型使得主動的一方感到無比的挫折與孤單，至終可能也選擇放棄努力，在親師雙方相互怪罪對方的情形下，容易造成雙方無形的冷戰與相互迴避。

5. 合作型：攜手共創願景

在這種互動關係中，學校與家庭的界線很明確，對於自各的權力範圍相互尊重，相互就教。在互動中，有時是老師主導，家長配合。有時則為家長主導，老師配合。換句話說，家長和老師所扮演的角色擺脫僵化的侷限，很有彈性；視情況與需要而做調整。在這種互動類型中，彼此視頻繁的互動是很自然的一件事，當有問題產生時，親師雙方一起面對，尋求如何共同承擔與解決的對策。

以上所介紹的家庭與學校關係不同類型，以簡要的五個圖呈現如下（圖1-4.1～1-4.5）（Power & Bartholomew, 1987）：

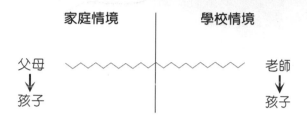

圖 1-4.1 逃避型家校關係

逃避型。在家庭與學校情境之間的實線乃指雙方之間有一條無法穿越的界線。曲線則反映在逃避型中,家庭與學校之間可能存在某種對立關係。

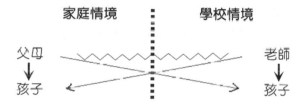

圖 1-4.2 競爭型家校關係

競爭型。虛線代表家庭與學校情境之間彼此會試圖擴張界線。箭頭指行使權力的方向,曲線指家長與老師在各情境中,相互較勁,試圖取得較為優勢的地位,以至容易造成對稱關係逐漸往一方傾斜。

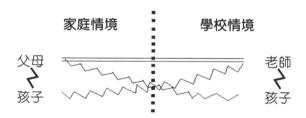

圖 1-4.3 整合型家校關係

整合型。平行線指家長與老師之間的聯結,它描述雙方的整合穿越了可能擴散的界線。這樣的聯盟關係很典型地犧牲了孩子真正的發展利益,一如曲線所指,家長與老師都在試圖擴張各自的影響力到對方的情境中。

1-4.4　單向型家校關係

單向型。平行實線與破折線表示家庭與學校之間只有單向的溝通與互動，在此圖中所反映的箭頭是指家長希望溝通，但學校一方對於溝通與訊息的交換管道是關閉的；反之，當箭頭是從老師指向家長時，則指老師希望溝通，但家長拒絕溝通。

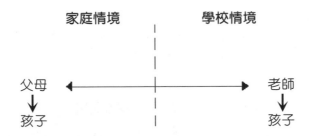

1-4.5　合作型家校關係

合作型。破折線代表在家庭與學校之間的界線是清楚而有彈性的。家長與老師在各自的情境中行使他們最基本的權力。雙向箭頭表示家長與老師處在一個相互配合的運作關係中。

二、Swap 所歸納的家庭與學校互動類型

Swap（1993） 歸類的互動類型與 Power、Bartholomew 有相似處，也有相異處。她也認為學校的文化是主導學校與家長關係發展的重要因素，什麼樣的學校文化就會產生什麼樣的親師互動關係與對話，因此親師關係的強化，絕對不只是改進或者增進教師個人與家長的溝通技巧就可以解決的，更重要的是要去了解形成這種親師關係背後的學校文化與政策。根據其多年研究親師互動關係的經驗，她將親師互動的類型歸納為四種：保護類型（the protective model）、學校主導類型（school-to-home transmission model）、多元課程類型（the curriculum enrichment model）、夥伴合作類型（the partnership model）。每一種類型的背後都隱含著不同的假設、目標、態度、策略與行動。

（一）保護類型：不鼓勵親師彼此的聯繫以避免衝突

「保護類型」如其名，它的學校目標是保護學校免於家長的介入和干預，經由分隔與釐清老師和家長功能的方式，來降低學校與家長之間的衝突。這個類型的背後有三個主要的假設信念：(1)家長把教育孩子的任務委託給學校；(2)學校接受家長委託的責任；(3)家長對學校的教育具有信心。基於此，親師之間的一些互動方式，諸如家長參與決策過程、共同解決問題等都被認為是不合宜的；是干預與阻礙老師教學工作的行為，這種類型下的家長參與策略通常沿用傳統的形式，例如舉行學校開放日，不過在那樣的場合中，親師之間通常不可能有坦誠而深入的對話。這種互動類型唯一的優點是它能很有效的達到學校教育不受家長干擾的目標，但是缺點則似乎不少，例如，由於學校並沒有預防問題發生的應變措施，可能反而加重了學校與家長之間的衝突、它錯失了經由親師合作來提升孩童學習的機會、它排拒了家長可能可以提供給學校的各種豐富資源。

（二）學校主導類型：學校知道什麼對學生最好

不同於保護類型，這個類型下的學校會徵求家長的支援，來幫助學校達成

所設定的教育目標。這個互動類型背後的三個假設信念包括：(1)學校認為學生的學習成就有賴學校與家庭之間價值觀與期望的連續性；(2)學校應當認同社會的價值取向及做法，以幫助學生奠定將來成功的機會；(3)家長應該認同學校教育的重要性，在家中協助並強化學校對孩子教育所設定的期望，提供孩子良好發展與學習的環境，以確保孩子至少達到學校與社會的最低要求標準。Swap發現，美國大部分學校的家長參與是基於這種類型的概念下發展的。而與保護類型不同者，就是這種類型認同家庭與學校之間互動的重要性，以及家長在孩子學習成就上的重要地位與責任，父母的角色包括協助孩子上學、鼓勵孩子把學校的功課做好、灌輸孩子成功者的價值觀及態度。學校依賴家長到學校做義工、幫助教學活動的進行、或者其他活動的推展（例如，準備點心、募款、購書、整理書籍、預備教學資源、整修校園等）。在這種互動類型中，教育目標是由學校單方面來決定和主導，家長或許可能參與決策小組，可是比例通常是非常的小，而且他們是被定位在配合、協助與支持學校目標的角色上，基本上親師之間雙向的溝通並不是學校所期望的，學校所期望的是家長能認同並支持學校的教育及教學目標。

Swap 指出，在教育過程中，由於學校本身是一個非常強而有力的文化，如果所有的狀況都由學校決定與主導（包括什麼樣的教育是孩子需要的、什麼樣才叫做成功……等），則它所傳遞給家長的價值觀就非常值得關切與探討。因為這樣的一個學校價值觀事實上反映了主導整個社會、政治、經濟結構的價值觀，值得令人深思。美國著名的黑人學者Comer（1980）稱這盛行在社會文化中的觀點為「社會主流」（social mainstream），Comer 發現：

「認同社會主流文化的父母，他們的孩子有比較多的機會習得將來成功的技能。非社會主流家庭的孩子，如果能接受學校教育，而且也有來自父母的支持與協助，也可以習得這些邁向成功的技能。」（p.192）

Comer 為什麼會這樣說呢？因為這正是他成長過程的寫照。Comer 生長在一個貧窮的家庭，他的曾祖母是一個奴隸，母親則是一個幾乎沒有接受過任何學校教育的家庭主婦。他將自己今日的成功歸功於母親，因她從小教導、鼓勵

他要在以中上白人為主的學校文化中，追求優異的成績表現、帶他上圖書館找資料、借書、配合老師的期望與要求等方式，一步一步幫助他邁向今日成功之路。Comer 發現，當一個人沒有擁有主流社會的背景，沒有進入學校接受教育時，那麼他／她的成長過程會相當艱辛，因為美國文化基本上是為那些生活在水平或以上的孩子預備的，學校中的老師所受的專業訓練並沒有讓他們知道如何去幫助一些不是來自這樣背景、在家中不曾有父母讀書給他們聽、不曾有父母教他們如何思考、如何解決問題、如何表達等族群的孩子，而這些學生往往很容易被學校視為學習遲緩或者低學業成就危險群。正如 Delpit（1988）指出，有些學校至今仍然以某種形式在拒絕某些孩子進入社會主流，因為學校沒有教導這些孩子如何可以順利進入主流文化的密碼和遊戲規則，這其中還包括某些特定的語言、溝通方式被認為是比較高尚的，而學校老師通常也很少知覺到去教導非主流文化背景的孩子這些說話與行為方式的必要性。所以當一個孩子回應老師的方式不是老師所熟悉的時候，這個孩子可能會被認為很沒有禮貌，或者反應遲鈍等。有感於非主流的弱勢與主流的優勢之現實，Comer 以過來人之切身經歷，認為在學校教育中教導非主流文化的父母學習主流文化成功的遊戲規則，讓他們能將這些在主流社會成功所需的技能教給孩子是重要的策略。不過，很多教育工作者及史學家指出，要進入主流社會的文化其實並不容易，因為不少學校似乎儼然扮演排他文化的主流文化仲介者，當問題產生時，他們通常怪罪於家長沒有協助孩子做好上學的準備、對孩子的期望太低、沒有幫孩子設定清楚且合宜行為類型，所以孩子在學校才會有如此那般的結果。

基本上來說，提供父母一些必要的訓練是這個類型主要的精神之一，學校協助父母學會如何在家幫助孩子的功課，透過此策略也確實提升了一些孩子的學習成效，美國〈Chapter 1〉的介入方案就是根據此類型的概念來推動的 6。由於不少父母（尤其是非主流社會圈子的家長）的確希望獲得可以幫助孩子更上一層樓的技能（Epstein, 1990），因此學校明確而清楚的傳遞一些資訊給家

6　〈Chapter 1〉是美國聯邦政府為了提升低收入家庭之中小學學童的學習效益，而於 1965 年推動的教育法案（The Elementary and Secondary Education Act, 簡稱 ESEA），它提供州政府在學校中辦理介入方案所需的教育經費。此一方案後來於 1994 年更名為〈Title 1〉（Zepecki, 1995）。

長是很受歡迎的。不過，這個類型雖然的確有其某些正面的效果，Swap 指出這個類型的背後信念有四個潛在的危機，值得教育工作者思考。

1. 家長對於參與的熱忱可能漸行漸遠

由於此一類型並不視家長為擁有特質與專長的教育夥伴，基本上認為老師比父母更懂的如何去協助孩子的學習。學校所設計的活動很少徵詢家長的意見及看法，在這樣單向式的溝通中，學校並不鼓勵家長表達意見或者提供建議，因此當家長開始意識到自己並不被尊重，或者覺得學校將孩子所遭遇的困難歸咎於家長時，長期下來家長對於學校事務的參與可能會漸趨冷淡，或者不願參與。

2. 忽略了家長可以參與的時間與精力有所不同

並不是所有的家長都有一樣充裕的時間與精力，去參與學校所提供的各項活動，尤其是那些家庭環境條件不好、健康狀況欠佳、工作性質較為僵化、工作不穩定者而言，很多時候在參與學校所推動的活動上是有現實上的困難。如果學校沒有提供這些類型的家長其他可能參與的管道，或者協助這些家庭解決所面臨的一些限制與困境，那麼家長參與的理想是不可能落實的。

3. 忽略了非主流背景學生家庭的價值觀

這個類型推動家長參與的方式只著重在傳遞主流文化的價值體系，在這過程中很容易忽略了某些學生的家庭文化與價值信念需要學校適度的了解與尊重。

4. 親師界線模糊不清

在此種類型中，老師與家長的角色界線往往變得模糊不清，父母可能會被要求去教孩子他們自己本身在學校沒有學會的技能或知識，或者如果孩子的學習狀況一直沒有起色，學校可能會怪罪家長用心不足，配合學校不力。

Swap 認為長期以來大部分的學校是以被家長委託的方式在運作，但其實這是一個隱含劣勢論點的親師互動策略，因為在這種類型的概念中，家長的能力基本上被認為是不足的，對於經濟狀況不佳的家庭，這樣的偏見尤為顯著。

Swap 引用美國教育部所發的一份有關家長參與的文宣來說明這種劣勢論點存在教育界中的普及性，這份文宣的部分內容如下：

> 「有效能的學校有賴於有效能的父母和社區！是什麼原因使得有些處在貧窮地區的學校功能不彰呢？那是因為他們所服務的對象（學生的家庭）條件不佳，缺乏能強化學校目標的社會資本。」（Coleman, 1991, p.13）

短短幾行字充分反映，不少學者或教育工作者在有意識或者無意識中，把親師互動的障礙及孩子在學校的問題都歸咎於父母，忽視了學生家庭背景會有個別差異性存在的事實。Swap 引用了 Pang（1988）的研究中所舉的一個例子，來說明一位老師如何在一次的家庭訪問後，修正了自己原先對黑人孩子不自覺中所持的劣勢論點，這位老師的心聲或許也能帶給我們一些啟發：

> 「我終於逐漸體會社會的壓力如何與學校的任務交織在一起。教育工作者必須對這樣的現象有足夠的敏感度，遇到問題時，不要對問題太快下結論與做決定。正如我過去曾經存在著一種偏見：認為住在貧民區的黑人根本上是不在乎上學這回事。身為一個老師，過去我一直放任自己在這樣的偏見中，認為我已經做了當老師所該做的事，學生的問題都是出自於他們本身。直到有一天，我到一位經常曠課的黑人學生家中訪問，這一次的經驗扭轉了我的看法，開闊了我的視野。我發覺對許多貧窮的黑人父母來說，教育是很重要的，他們期望學校能教他們的孩子脫離貧困的技能，而由於這個急迫希望孩子成功的心願，使得他們對孩子學習成效持續低落感到十分的挫折與無助，因而對學校產生不信任之感。」（p.377）

Swap 指出，不可否認地，有些學生的家庭的確是功能失調的，但一般來說，大多數不參與的家長並非屬於此類，但是這類型學校的參與策略很少去徵詢家長到底需要什麼樣的資訊與協助。其實學校主導類型有它值得推薦的優點，

它比保護類型來的開放，而且也的確幫助了一些家庭及其中的孩子。Swap 認為，如果校方能營造更多愉快、自在、相互支持的管道與機會，並且對所傳遞給家長的價值觀及資訊上能更加審慎，則這個類型應是一個不錯的過渡架構，讓有些學校可以試著從保護類型漸漸走向親師之間有更多真實合作的互動關係。

（三）多元課程類型：看重學生的文化背景，將之納入課程中

多元課程類型的產生有兩個主要的原因：(1)希望經由借助家長的專長，學校課程的品質可以提升與改進。(2)希望學校的課程能更確實反映不同學生的家庭背景、價值觀及學習型態等，尤其是移民者及少數民族（Ogbu, 1983, 1990）。此派人士所持的觀點是：(1)家庭與學校之間的連續性對於孩子的學習成效有很重大的影響；(2)許多孩子家庭文化的價值觀被學校長期地忽略，因而造成學校與家庭之間學習的不連續性，進而影響這些孩子的學習動機與成效；(3)這樣的忽略扭曲了課程的本質，阻礙了學校對移民者及少數族群之學生其問題癥結的了解。基於以上的觀點，此類型認為學校與家長之間的關係應依循相互尊重的原則，老師與家長一起合作來使學校的課程更為豐富，在這個合作的過程中，老師和家長都有其各自可貢獻的才能。因此在課程的設計中，學校希望囊括家長的專長，藉由家長與學校之間的互動來改善及達成學校教育的目標。

這個類型和其他類型不同者在於其重點擺在課程與教學上面，有時只有在某些學校，某些班級或者某一學科中才運用這個類型的信念。雖然這個類型在目前並不是很普及，但卻有其重要性，因為傳統以來，課程一向被視為老師與學校的領域；有些老師覺得如果家長介入，老師的專業訓練與尊嚴會受到挑戰，並且會對課程有負面的影響，但這一類型學校的老師則不如此認為。例如在美國加州有來自許多不同種族的人口，其中有一所學校將多元文化教育課程取為「一種食物，二位英雄，三種節慶」（one food, two heroes, three holidays）。在這種類型中，學校重視學生家庭的文化背景，並將之統整至課程中，例如將學生背景文化中的歷史人物融入社會科的教材，或者請家長到學校當義工，以其專長到教室帶領教學活動。這種類型增加了學校可用的資源，導正了一般人對學習不利之學童與其家庭之刻板印象。不過 Swap 也指出，當學校的焦點專注在多元課程的發展時，其中可能會有三點限制：

1. 在這樣合作的方式中，家長、老師和學校都需要投入相當的時間與精力，而彼此在觀念與作法上的差異，也需花很多的努力在溝通上，加上市面上可使用的教材極為有限，在推動上會碰到許多實際執行上的困難。

2. 當一個班級中有許多來自不同文化背景的學生時，老師要把每個人的需求都統整在課程中，是一件很複雜而高難度的工作，到最後可能變成對每一種文化的探討都流於非常表面而瑣碎。

3. 在面對多元文化背景的學生時，我們不能不去思考：學校教育的任務到底是什麼？這個問題在教育界中至今仍是個看法不一的爭議——是將學生導入主流？或者完全尊重其文化的原始性？在兩者之間要取得一個平衡並不容易。

（四）夥伴合作類型：平等的立足點，看重親師雙向溝通

讀者覺得這樣的一個學校可能存在嗎？

「學校裡的每個學生都很用心、很努力，功課都很不錯，每一位老師都熱心教學，士氣高昂，同事之間相互支援，行政人員和老師共同切磋如何幫助學校中所有學生的策略，家長和老師一起擔負教育的使命，社區提供學校所需的資源與協助。」

Swap 指出，這樣一個理想的學校在美國某些地方的確已經被落實了，而它的呈現是回應美國教育危機改革下一種新的親師合作類型，這種類型對於學校與家庭之間關係的界定與傳統者大相逕庭，它強調老師和家長之間是一種對等、同盟的關係，老師和家長同時擔負傳遞價值與教育的責任，為了希望學校與所有的學生都有更好的未來，親師雙方一起努力去達成學校教育的使命。這種合作類型的特色包括：(1)強調雙向的互動；(2)看重孩子在學校與家中的學習；(3)親師彼此提供相互所需的支持；(4)親師共同做決定。此種類型的落實並不容易，因為其中涉及許多人在時間上的投資，以及在態度上的轉變，而彼此間意見上的衝突也在所難免。此類型的背後含有兩個基本假設信念：(1)為了完成共同的使命，學校的環境、政策、結構、做法、角色、關係、態度等都必

須有所調整；(2)共同使命的完成有賴老師、家長、社區及教育工作者共同的合作與努力。這個類型與學校主導類型不同的地方在於它強調雙向溝通，看重家長的才幹，和家長共同解決問題。與多元課程類型不同的地方在於它追求各文化融合為一的教育使命，看重學校全面性的發展。在這種類型中，家長參與不被認為是外添的，而是學校教育改革不可或缺的要素，家長以各種不同方式參與學校的事務，幫助學校教育品質的提升。

夥伴合作類型比較著名的例子之一是由前面所提及的 Dr. Comer 所創設的學校改革方案，此一方案於 1968～1969 年最先在康乃狄克州展開，而至今已在一百五十多個學校中推行。跳脫學校主導類型的單向互動，此方案的重點主要在於開創一個屬於教師、家長及學生共同擁有的學習社群，家長參與方式的層面與深度都與傳統概念不同，例如包括加入學校計畫與經營委員、課程發展委員、社區與學習活動委員，學校歡迎家長在任何時間都可以到學校觀察孩子的學習狀況。Dr. Comer 認為現今大部分學校在教育改革上所做的努力都不夠徹底，他認為改革需要從學校整體的系統做起，強調學校必須調整現有的機制，願意以支持、協助的態度去整合所有與孩子學習有所相關的成人，以致能為發展中的孩子營造最有利的學習環境。Dr. Comer 認為，學習並不是一個機械化的過程，而是一個互動關係的過程，在這其中，孩子與成人之間情感的聯結依附，及模仿、認同及內化成人的價值觀與態度等，是激發學生學業成績表現的重要因素。惟有當老師和家長在學校教育的使命中攜手共進、老師能從學生全人發展的觀點著眼教育，則學生學習的效果才有可能展現與發揮。

以上兩位學者所闡述的親師互動類型並非按理想情況而排列，例如夥伴合作類型的優點看似很多，在教育改革呼聲漸高的今日，它似乎有其迷人之處，不過話說回來，優點也往往也容易變成限制，因為它的實施並不容易，它需要親師雙方對孩子的學校教育，願意付上對等性與持續性的承諾、省思、探索、檢討與評量，教育工作者願意從傳統上獨挑教育大樑的角色與權利，轉換至與家長共襄盛舉的合作性角色，而家長也願意改變教育委託人的傳統角色，積極參與教育過程。可是話說回來，並非每一個學校中的每一位家長都有相同的能力、時間與精力去投入孩子的學校教育。因此在思考親師互動類型的議題時，單單了解表面的現象及特質應該是不夠的，更需要去了解現象形成的背後影響

因素，如此我們就比較能避免拿同一個標準去要求所有的人。因為每一特定類型的呈現都反映著學校與家長的特質、價值體系、文化時代背景、家庭結構特質、學生需求等不同的限制與條件。因此某一特定類型的親師互動，在某校由於天時、地利、人和的配合，的確有其推動與實現的空間，但在另一個學校可能就有不同方面因素的侷限，而顯的格格不入或遙不可及。再者，在同一個學校中，也有可能因為班級老師及家長特質的不同，而激盪出不同的親師互動類型。不過無論如何，在社會不斷的變遷中，許多的現象與徵兆都透露，過去階層式或單向式的學校與家庭互動關係，或許可以滿足過去時代的需求，但可能無法滿足現在或未來親師雙方的需求與期望。親師之間如何協調一個彼此都可以接受、認同的互動關係，可能是教育工作者需要去思考與面對的挑戰。

　　讀者在閱讀之餘，不妨也去思考下列的問題：在推動親師關係的議題上，我通常抱持著什麼樣的一種信念？我對親師之間界線與權力有什麼樣的看法與體會？美國社會所呈現的類型，在我們台灣社會的學校文化中是否有類似型態的呈現？本校親師互動關係的類型比較接近哪一種類型？或者兼具了哪些類型的特質？或者非任一類型可含括？如果在既有的親師互動關係上希望有所改變，可以從什麼地方著手？小結來說，他山之石固然可以攻錯，可是因著文化與國情的不同，我國學校與家庭互動關係類型的界定會有／應有如何不同層面與路徑的發展、詮釋與考量呢？當學校在城鄉之間、家長不同背景特質之間有所差異時，親師互動與合作的類型，可能會有什麼樣的不同？其中的答案有待更多對此議題關心的教育夥伴，一起投入探究的行列。

第五節　家長參與角色的可能性

　　教育孩子是父母的責任？或是老師的責任？或者缺一不可呢？家庭教育和學校教育是兩個分隔的世界？或者是相互重疊與影響呢？不同的家長與老師對於以上的問題可能會有不同的答案，但不論答案是什麼，生活在現代社會中，

我們都無法否認一件事實，那就是隨著時代與社會的變遷，家庭與學校的功能與角色都在改變，各自都受到不同向度，但相似程度的挑戰。這導致了家庭與學校越來越不可能獨善其身或者自掃門前雪，因為在孩子接受學校教育的過程中，父母和老師雖然與孩子有著不同的關係，但卻都扮演著很重要的角色。從發展的角度來說，父母與老師都是影響孩子成長與學習的「重要他人」（significant others），他們或許以不同的方式、不同的時間，介入孩子的生活與學習世界，但所發揮的功能，卻都足以持續影響與決定孩子日後相關方面的發展。有鑑於此，長期以來不少學者與教育工作者投入了相當的心力，探討學校與家庭之間如何建立良好的關係，進而締造雙贏的局面。「家長參與」（parent involvement）的概念在這樣的期許下因應而生，許多學校在推展親職教育時基本上也是環繞著這樣的重點在發展。

在父母參與中，家長可能扮演些什麼角色呢？以下介紹幾個西方學者的研究心得來了解美國社會的經驗。從 Lueder（1997）分析美國學者從事相關研究所提供的資料中，我們可以發現，在西方教育體制中所成形的「家長參與」角色有大同小異之處。例如 Henderson、Marburger 和 Ooms（1986）提出家長在父母參與中可以扮演的角色有五種：

1. 夥伴：家長與學校共同擔負孩子教育及成長的基本義務。
2. 合作者及問題解決者：家長協助強化學校教育的目標及協助問題的解決。
3. 觀眾：家長出席孩子在學校的表演活動或展覽活動。
4. 支持者：家長到學校當義工、參與家長會等組織。
5. 共同決策者：家長針對學校的決策提供意見。

Williams 和 Chavkin（1986）所提出的「家長參與」角色和 Henderson 等人的意見有相似之處，其中包括：

1. 家庭教師：父母在家協助孩子學習及與課業相關的各項活動。
2. 觀眾：父母關心孩子在學校的表現、在學校的狀況、到學校觀賞孩子的演出活動。
3. 共同學習者：父母到校參加各種講座、和學校行政人員或老師一起討論有關孩子教育上的問題。
4. 支持者：父母支持學校的決策、扮演對外的發言人或活動發起者。

5. 共同決策者：父母針對學校的決策提出意見。

Epstein（1992）從事「家長參與」相關研究多年，她從另一個角度切入，將父母參與的型態歸納成六種類型：

1. 家庭基本義務

指父母有責任確保孩子的健康與安全、培養能幫助孩子學習的教養技巧、提供正向的家庭狀況來協助孩子的學習，使孩子在求學的各階段能有良好的發展。學校可以透過講座、訓練、座談、提供資訊等各種方式，幫助家長獲得了解孩子各階段發展的知識與技巧。

2. 學校基本義務

指學校有責任和家長溝通孩子在學校的學習狀況、學校所進行的各種活動、提供家長與孩子相關的各樣資訊等。溝通的方式可以包括發通知單、電話聯繫、家庭訪問、學習評量、親師會等。基本上來說，溝通的頻率和形式深深影響家長是否能充分了解學校所提的資訊。因此，學校應鼓勵親師之間能有雙向的溝通，以強化彼此合作的關係。

3. 到校的參與

家長到學校當義工，協助老師、行政人員、孩子等各方面的事務與活動。學校設法提供不同的時段，以便更多的家庭可以參與學校的事務。學校可以徵求家長義工，並給予適度的訓練，使他們能有效的幫助老師、學生和學校。

4. 在家學習活動的參與

透過一些資訊或訓練，老師幫助家長知道如何在家中協助及督導孩子完成與學習相關的活動。

5. 決策的參與與支援

父母參與家長會或決策小組，學校可以訓練家長成為領導者或對外發言人，讓家長可以確實地參與決策及改進學校等各方面的議題。

6. 社區組織的參與和合作

學校和各種文化組織、機構、企業界等合作，帶動他們分擔教育孩子的責任。這樣的合作也包括學校提供家長有益孩子各方面學習的社會資源（例如，課後托育、各種藝文活動等資訊），引導家長使用社會中的各種資源，去擴充家庭的條件和孩子的發展與學習。

針對 Epstein 所提出的家長參與類型，Swap（1993）指出「家庭與學校合作關係」的發展有賴四個重要因素的經營：

1. 雙向的溝通

家長和老師需要互相傾聽對方的聲音，因為家長和學校都各有珍貴的資訊可以分享給對方。例如，老師可以告知家長孩子在學校的學習情形、老師對孩子的期望、學校的課程及政策等。而家長則可以告知學校有關孩子的需求、特質與長處、家庭的背景、父母對孩子及學校的期望等。透過親師相互的了解與協調，雙方可以漸漸達成對孩子及學校較為一致性的期望，進而營造雙方都可以成長、一起努力的學習環境與氣氛。

2. 強化孩子在家及在校的學習

父母依照孩子個人的特質，為其設定某種程度的期望、為孩子預備可以專心學習的場所、給予孩子引導、關愛、鼓勵及合宜的管教。老師則需構思好的教學課程、教學法、和孩子建立良好的關係，使孩子在學校的學習可以達到最高的效益。再者，老師和家長可以共同思考，在學校裡及學校外，大人如何協助孩子學習的各種方式。當家長能清楚了解孩子在學校的學習狀況時，他們在家中也會比較知道如何協助孩子。

3. 提供相互的支援

學校可以根據家長的需求與興趣，提供一些訓練課程。而家長可以透過許多不同的方式支援學校，例如，到學校或班上當義工、協助某些活動的籌備與規劃等。學校也可以成為家長與社區之間聯結的橋樑，幫助家長善用具有教育

性、建設性等各種社會資源。

4. 共同的決策

　　家長透過參與學校各種委員會，和學校一起努力改進及提升學校的品質。這樣形成的決策團隊可以包括在不同層面的合作，例如在自己孩子的班級中、學校之內，以至學區、社區等不同層級。

　　Chrispeels、Borute 和 Daugherty（1988）所提出的觀點中除了呼應 Swap 的雙向溝通、相互支援與共同決策外，他還強調一個觀念——家庭與學校都是學習者，也是教導者：

1. 家庭和學校都是學習者

　　父母和老師都需要有機會去學習如何一起合作的知能。父母需要吸收有關學校課程、學校政策、學校活動，以及如何教養孩子等各方面的資訊。老師則需要充實如何能有效地和家長溝通、如何設計孩子在家的學習活動，如何合時合宜地讓家長參與教室和學校的活動等。

2. 家庭和學校都是教導者

　　「父母是孩子的第一個老師」是一個重要的事實，而學校則是提供專業性的架構與組織去延伸、充實及協助孩子各方面的學習。父母需要去引導及幫助孩子在學校的學習，而老師及行政人員需要去發掘如何與家長合作的多元管道。

　　以上西方學者的研究，提供我們了解「家長參與」方式的各種可能性與方向。受到西方文獻及策略之影響，國內針對家長參與角色的研究，所提出的角色似乎大致與西方社會相似，這些角色包括義工、參與者、合作者、支援者、支持者、倡導者、學習者、決策者（如：吳璧如，2001，2003；楊巧玲，2000a；孫淑柔，2005）。有一點值得國人思考的是：由於中、西方文化、價值體系、社會背景與結構等特質的差異，合宜的父母參與角色與方式在我國應該會有所差異，西方社會的經驗應只能做為我們思考與推展的參考，無法、也絕不宜照單全收，因為各種觀念與做法的落實有其因時、因地、因人、因境制宜的必要性與重要性。回想個人曾在美國求學及居住多年，其間經歷幼兒老

師、課程主任及家長等三種不同的角色，在實際參與的過程與經驗中，深深體會到中、西兩個社會在本質及教育體制上的許多差異。我想國內身處幼兒教育工作第一線的實務工作者，在覽讀以上西方學者所提出各種「父母參與」的角色與方式時，對於其中某些觀點可能覺得心有戚戚焉，而對於某些觀點可能覺得有隔靴搔癢、削足適履、不切實際、行不通之感。這其中的差異不僅來自於中西文化的不同，而且因著學校性質（公立 vs.私立、城 vs.鄉、幼稚園 vs.小學、大校 vs.小校）、家長特質（社經背景、教育程度、工作性質、家庭結構）等等方面的不同，都會影響家長參與方式及實際可行方向的推展與落實。

當許多研究文獻都證實，父母參與對於孩子各方面的學習成效有很大的影響（如：Chavkin & Williams, 1988; Epstein & Dauber, 1991; Henderson, 1987）之際，如何能同時兼顧與正視學校與家長雙方特質的前提下，去發揮家長參與的實質精神？這實在值得關心教育改革人士及學校教育工作者認真思考。因為「家長參與」固然是一件好事，也很重要，但它並非渾然天成；它的推展與成功有賴學校與家庭雙方面的努力與相互的了解與信任。合宜的參與方案能讓教師和父母都同得益處，雙方都感受到互相支持與合作的喜悅，也可以讓成長的孩子得到最大的學習利益。不過，從文化生態理論（Bronfenbrenner, 1979）的角度來說，沒有一個單一的家長參與模式可以完美無缺地套用在所有的學校上，雖然其中的精神與立意相仿，但方法與策略應該因校而有所差異。因此，研究者與教育工作者在探討家長參與的相關議題時，應避免以刻板的單一理想模式或標準去衡量、要求、期許每一個學校、及其中的老師與家長做相同的付出與改變，因為每一所學校都有其獨特的文化與生態環境。更進一步來說，每一個學校在家長參與的沿革、歷程及現況上等之「什麼」（what）及「為什麼」（why），值得研究者以客觀的態度去深入了解。如果研究者只單單呈現了「什麼」，而沒有去了解其背後的「為什麼」，那麼在研究結果的分析與詮釋上很容易失之公允（劉慈惠，2000a）。

小結來說，當家長參與的概念日漸受到重視之際，行政人員及教師在推展各項親職活動時，不妨自我思考與釐清一些問題——例如，本校推動家長參與的短、中、長期目標與理想是什麼？老師是否了解家長的特質、需求、期望與限制？家長與學校雙方是否有足夠的溝通？親師之間對彼此的角色與期望是否

有所共識？或者落差甚大？老師在推展家長參與上可能有什麼困難與瓶頸？老師與家長在合作關係的推展上各需要什麼樣的協助與訓練？學校可投入的人力、財力、時間等資源有多少？學校所設計的家長參與方式重疊性是否太高？參與方式是否太單一、彈性是否太低，至終多只適合某些族群的家長等等。成功的家長參與之路並不容易，親師雙方知己知彼應是縮短現實與理想差距的重要一步，如此的努力應能降低校方「立意甚佳、做來轟轟烈烈，但掌聲卻稀稀落落，成效不彰」的感慨與挫折。

第六節　家長參與的障礙與瓶頸

一、知易卻行難，問題何在？

在理論上，雖然家長和老師都認同父母參與學校所提出需家長配合的活動是很重要的，可是在實際上，研究指出許多學校都感受到理想與現實的差距。例如 Moles（1982）針對美國各級學校所做的一個普查發現，90% 的老師相信親師的互動對孩子有益，但矛盾的是，父母對學校的參與卻少的令人訝異。蘇建文等人（1984）對台灣省托兒所的研究亦發現，只有 47.3% 的家長參加過學校舉辦的親職教育活動。Epstein（1990）針對「父母參與」相關研究所做的分析中指出，大部分的父母不曾、也不走入學校，而且只有不到三分之一的家長參與家長會的組織。所以我們可以發現，雖然父母參與之重要性普遍被認同，而其對孩子發展與學習的附加價值也是如鐵般的事實，可是為什麼學校與家長之間仍然保持相當的距離呢？我們該如何去解釋這樣的信念與行為之間的矛盾呢？根據學者的研究成果，我們來看看在推動家長參與上可能存在那些障礙與困難：

二、雙方之間期望與價值觀的落差

Lightfoot（1978）指出，家庭與學校的關係似乎有史以來，就存在著張力，因為父母的焦點通常是在自己孩子的需求上，而學校則必須兼顧所有孩子的需求。因此在本質上，彼此之間存在著一個期望的落差。意即，家長認為學校應該做什麼？與學校認為家長應該做什麼？兩者之間有一段相當的距離。Rich（1988）發現，雖然所有的父母都希望孩子得到最好的，也都願意去配合學校的要求，但是有些家長對於到學校參與活動，卻感到非常的不自在或者不舒服。

Lareau（1987）從社經背景研究學校與家庭的關係，她發現中上階層的父母通常認為孩子的教育要達到最佳境界，必須由家長與學校共同分擔，而中下階層的父母則偏向於認為教育是老師的責任（因為他們覺得自己無法勝任）。因此，有時候中下階層的父母沒有參與孩子的教育，一方面可能是因為自覺缺乏指導孩子的能力，另一方面也可能是因為他們對於孩子教育責任的歸屬有不同於老師的看法。Henderson （1987）的研究也有相似的發現，意即：中下階層的家長並不是不關心孩子的教育，而是他們不認為自己具有足夠的能力去擔負起教育孩子的責任。

一個學校中的家長可能來自不同的背景，教育程度也有所差異。他們對於和學校老師接觸或談話也抱持著不同的心態和詮釋。例如 Yao（1988） 發現在美國的亞洲移民者的父母會認為詢問老師有關自己孩子在學校的事，是不信任老師或者質詢老師的表現。這些父母通常抱持著一種傳統觀，認為教育是個神聖的使命，他們並不了解，而將之委託給學校。而有些家長因著自己某特定背景（如單親、不識字……等）的關係，會怕自己被老師看成二等公民，也怕去問老師一些問題。因此，雖然很多的研究都告訴我們，家長不論來自任何的背景，都很關心孩子在學校的學習，可是很多的父母不知道學校對他們有什麼期望？或者他們可以做些什麼來幫助孩子在學校的教育和學習？因此，親師之間對價值觀與對教育看法的差距，是造成學校與家庭無法達到密切合作的原因之一。

三、心理上的障礙

對於一些低收入或者特殊家庭的父母而言，在親師互動上可能因次文化的因素而存在著心理上的障礙（Moles, 1992）。因為在社會主流文化中，這群人很多時候是處於劣勢的，這些家長可能因自己的教育程度、社經地位、職業或婚姻狀況，會感覺學校對他們有一種無形的壓力。與受過高等教育、屬於中上階層的老師相形之下，很容易形成劣勢文化與優勢文化的對比。這種文化的差距，可能帶來另一種雙方合作與溝通的障礙，例如，先入為主的觀念、刻板印象、語言與價值觀的差異、教育方式的不同、對於合宜角色的不同定義等，都很容易造成彼此的誤解、不信任、害怕和疏離。尤其，如果老師或學校都只在孩子發生問題時才會和家長聯絡，那麼這種不良的互動關係就更加深了。Moles（1992）發現，有些家長因為所受的教育程度比較低，在面對老師時，有時會不知道該如何與老師對話，再加上有時老師對家長所說的一些學術性的專有名詞、複雜的對話內容，都會使家長對學校有一份無以言對的疏離感，會覺得自己在許多方面與學校格格不入，到學校讓他們覺得很不自在。Swap（1993）指出，其實這些父母多數是很想多了解自己孩子的學習，可是卻不知道如何著手，很需要學校提供他們一些具體可行的方法，讓他們知道如何幫助和參與孩子的學習過程。著名的社會學家 Kohn（1969）曾呼籲，教育工作者在了解問題時不能忽略「社經背景對一個人之世界觀、價值觀有深切影響」的重要事實。這樣的提醒值得教育工作者在在關切，因為有時因著我們對中下階層者的世界缺乏深入了解的緣故，而容易對之形成刻板與有失公允的評價。

四、社會與家庭結構的變遷

社會結構的改變也影響到親師合作的本質與推展。由於社會環境的改變，連帶影響家庭的運作與功能。以美國社會為例，有更多的孩子生活在貧困中，不同種族的人增多，離婚的單親家庭數目也日漸上升。Swap（1993）指出，有些教育工作者責怪家長沒有盡到做家長的責任，對孩子學校教育不關心、很少

花時間在孩子身上。當然這樣的心態與假設，事實上是沒有建設性的，也是不正確的。從另一個角度來說，家庭結構的變化不但影響父母，也同時影響老師；因為教書就如教養一樣，也是一件不容易的事，一來教學環境變的越來越複雜，二來一般人對老師的期望也越來越高。以美國社會來說，不同種族的問題，使得學童來源變的十分多元化。許多老師對於那些來自勞工階層或不同文化背景的孩子，其家庭的價值觀與期望沒有太多的認識。

由於社會的變遷，生活消費指數的提高，很多家庭都是雙薪家庭，這樣的變遷間接也會造成親師之間互動機會的限制。Moles（1992）指出，有些學生的家庭是父母兩人都在工作，而其中有些人因工作性質較不具彈性的關係，無法配合學校的時間，到學校開親師會議或參加其他相關活動。有時因學校通知開會的時間太急促，有些家長一時無法安排出時間來。學者（Leitch & Tangri, 1988）指出，有些家長雖然無法到校開會或參與其他義工活動，可是他們想要參與孩子學習的意願並不亞於其他出席的父母。

一般來說，雙薪與單親等家庭之結構，往往使得當事者所擁有的時間變得更形有限與奢侈，而老師和家長時常會把對方無法配合彼此需求的現象，詮釋為對方不關心孩子的一種訊號。在這種情況下，雙方很容易交相指責，認為錯在對方。當家長在親師會談中缺席，或者忽略孩子帶回家需要家長配合完成的作業時，老師會為自己的用心得不到配合而感到十分挫折、不諒解。而家長方面呢？當老師每學期只能花十五分鐘的時間和他們談孩子整個學期的學習情形，而且又忽略他們孩子的特長時，他們也感到失望、生氣與挫折。如此雙方各覺得筋疲力盡的現象似乎常見。在這樣的掙扎中，我們經常受困於一種刻板印象：父母（尤其是媽媽）和老師（尤其是女老師）經常被認為應該是無可限量的慈祥、非常善感、無條件的付出，隨傳隨到，而且焦點放在孩子身上。老師和家長互相對對方的角色和表現傳達一種高不可及的期望，然後又因對方的不完美發而衍生出無限感慨的失望。因此，從某個角度來說，親師合作的癥結的解答不在於學校需要新的方式去接近家長，而是在於如何使雙方可以更相互了解。

五、學校傳統文化的僵化／學校結構不支持

Swap（1993）指出，學校中親師關係的呈現，事實上是反映文化及社會對理想的組織結構的看法。傳統學校管理的方式強調階層、個人主義、技術勝於對話（Noddings, 1988），基本上「合作」不是傳統以來學校經營與教學方式的一種主流。「親師之間強有力的聯繫與合作模式」和「傳統個人自足的常態價值取向，以及行政單位主導政策的主流運作模式」的概念是背道而馳的。而個人主義模式的學校結構，影響到家庭－學校合作關係的建立。Seeley（1985）認為美國學校體系很多是採用「信託模式」（delegation mode）的家長參與——認為教育工作是家長委託給學校，學校接受被委託的責任，家長平時不需要介入學校事務，雙方的對話僅在有問題產生時才有必要。

教學對不少老師來說，基本上是一個孤立而且孤獨的經驗；在其中，團隊與合作、共同解決問題，以及教師意見的被採納，一般來說是特例，而非常態（Kidder, 1989）。大部分的學校長期以來都是以階層化而非合作化的概念來組織和管理，而師資培訓機構也多少以這種模式去培育未來的師資。所以階層式、權威式的原則一向主導學校與家長之間的關係，是一點都不令人驚訝的。Seeley（1985）指出，目前學校管理制度及其系統本質是親師合作關係最根本的問題所在，他認為今日的公立教育是一種所謂專業化、官僚化、政府化的事業，政府企圖將教育視為一種服務。而事實上這樣的系統是個錯誤，因為它企圖輸送一種不可能被輸送的東西。Seeley認為教育注定會持續失敗，除非有一天我們能將教育重新定位為一種引發個人動機、自發性及關係的人性發展（human development）事業，而非系統與輸送服務業。

從文化生態的觀點來看親師互動關係的改進，並不只是增加老師和家長接觸時間的質與量的問題。因為如果整個學校文化沒有改變，親師合作的理想還是難以落實的。傳統以來，學校經營的方式並不支持平等與合作式的解決問題、定期的自我評量、以及開放性對話等親師合作的方式。這樣的結果很容易導致惡性循環——人身攻擊及隱藏性的衝突隨時可能引發。另外，學校結構中所能提供老師的支持與協助等資源的有限，也會造成親師合作關係的困難。例

如，Swap（1993）在一個研習會中，曾經請老師提出無法和家長深入接觸的限制可能是什麼？有一個老師不加思索地說：「時間和金錢」——所有的時間幾乎都分配在教學上，沒有時間去處理問題，也沒有時間去建立關係，要花錢的地方也沒預算可支持。

　　一般來說，學校傳統往往具有長遠歷史，很難輕易被改變。有些學者指出，要改變學校文化是非常困難的，親師合作的問題並不在於沒有模式可循，而在於學校文化在本質上是一個非常頑固的顧客；非常難以改變（Joyce, Bennett & Rolheiser-Bennett, 1990）。Swap（1993）認為，家庭與學校的問題是一個「文化」情境的問題，而非「個人」情境的問題。因為我們大部分的人都是在這樣的傳統與模式中成長過來，也在這樣的機構中工作，從某個角度來說，我們或多或少都助長了這個趨勢的發展，我們自己很難很客觀地去分析自己，以及評量整個制度。如果我們希望突破這樣的障礙，家長參與的實施需要對學校文化與環境進行很徹底的修改和變革。正如 Seeley（1989）指出，我們不但需要去面對新的政策和實施方式，而且也需要去改變基本的學校結構、角色定位、相互的關係、態度和基本立場的假設等。

六、避免衝突發生的消極心態

　　在學校—家庭夥伴合作關係的建立，有時會受到「避免衝突」之常態取向的影響。Krasnow（1990）指出，學校教育之所以無法改善，其中的一個原因是，學校無法建設性的去面對衝突——人與人之間或者群體與群體之間的衝突，在學校裡一般是不被討論的，負向的資訊也通常是被壓下來的，為的是什麼呢？——避免彼此產生正面的衝突。Swap（1993）認為「家長參與」的推動過程中，很不可避免地會引發一些不同形式的衝突，進而會帶給學校壓力與自我防衛，有些學校經年下來已發展出一套如何降低與家長接觸與衝突的策略。

　　Lightfoot（1978）分析學校與家長之間之所以會有不可避免之衝突的原因時發現，有一部分是源自於父母與教育工作者和幼兒之間的關係，在本質上有所不同的緣故。因為對父母而言，他們的關心的焦點是在自己孩子的需要與興趣上，老師則必須關注到班上所有孩子的需要。父母想辦法希望為自己的孩子

爭取最好的教育，而學校所尋求的則是如何將有限的資源平均分配給所有的學生。大體上說來，老師專注在孩子學業及社會化技能的發展上，而父母關心的是孩子內心的感受與自尊心的培養。當家長和老師之間的背景、文化、社經或權力有所不同時，在詮釋對方所說的話或肢體語言時，會很容易將之扭曲，彼此之間的心結與挫折很容易就被強化。

教育工作者之所以和家長保持距離，其中另一個重要的原因是：額外和家長接觸會使自己在原本已經過重的教學與行政負荷上，再增添無法負擔的工作量（Henderson, 1987）。而有一些家長本來是因關心孩子的教育而積極投入學校的一些事務，可是卻被校方視為挑戰教育工作者的職權與能力的問題製造者（Swap, 1993）。再者，很多學校與家長之間平時缺乏溝通，等到有問題發生時，老師和家長勢必得撥出時間來處理。可是在這種時候，雙方所感受到的情緒比較多是痛苦和壓力。當信任和尊敬及開放的心並不存在於平時，當問題發生要建立並非完全不可能，可是困難度就變的很高。如果在平時，雙方就可以常有非正式的接觸，建立互信的關係，如此在危機產生時，就比較能更有效地共同解決問題。

Lightfoot（1978）發覺，在美國全國各級的一些學校裡，似乎多少都發展出「保持距離，以策安全」的策略與心態，來避免學校與家長之間衝突的產生，親師之間的接觸與對話往往流於客套而表面。Swap（1993）從自己以家長的身分和學校接觸的經驗，很能體會 Lightfoot 論點的真實性——在小學教育中，每學期一次的親師會議是規定的例行公事，在當中每一家長與老師大約只有十五分鐘的會談時間，在這短短十五分鐘中，雙方要交換學生的學習成果、要有真誠的對話幾乎是不太可能的。雙方的溝通往往是很倉促的，很多時候只是一個象徵性的意義；製造一個完美的老師，完美的家長形象。

七、知能與資訊的不足

Epstein 和 Becker（1982）針對美國六百所學校三千七百位小學老師所做的調查研究顯示，絕大多數的老師同意家長參與對孩童學業有所幫助，可是他們也同時表示不知道該如何去推動家長的參與。同時，他們也質疑自己是否有能

力去推動家長來學校開會，或者請家長在家裡協助孩子的學業。而少數能有系統的推動家長參與的老師，大多數是由於擁有職前或者在職訓練的緣故，否則多半的老師是抱持著不將家長含括在學校教學過程中的態度（Becker & Epstein, 1982; Epstein, 1986）。Moles（1992）的研究發現也傳達相似的訊息，老師和家長雙方欠缺合作與了解的技能與知識，是造成彼此親師合作關係無法突破的一個瓶頸。Leitch 和 Tangri（1988）指出，大部分的家長和老師都希望學校能協助他們如何能增進對雙方的了解和合作。不少老師表示，在校求學時並沒有修過如何與家長互動這方面的課程，教書以後往往在實務中感到很欠缺與家長互動的的技巧與知識；大部分的人往往必須從摸索與累積的經驗中去學習如何與家長互動（Swap, 1993）。

可見，隨著老師與家長互動關係的越趨密切，教師與家長互動知能不足是學校教育中推動家長參與不可輕忽的問題。不過，當我檢閱相關資料與文獻時發現，師資培育機構的課程結構並未反映教育現場在這方面的需求[7]，即便西方社會在家長參與的推動上已經行之有年，但是相關科目在師資養成過程中並沒有受到相對的重視；因此畢業後擔任教職的老師，在面對「家長參與」推動的責任與使命上，其能力往往是不足的。例如以美國社會來說，Charkin 和 Williams（1988）針對美國南部六個州的師資培養機構所進行的調查研究發現，只有4%的教授在學校中有開設一門完整的家長參與課程，15%的人表示在課程中有涉及家長參與議題的討論，37%的人只用一堂課來講述家長參與的概念。Foster 和 Loven（1992）針對主修幼教和初教學程的大學生的研究亦發現，雖然大部分的學生相信家長參與對學生的學習成果有很大的影響，但在師資培育課程中卻很少幫助學生提供「家長參與」方面的訓練。從事家長參與相關研究多年的學者 Dauber 和 Epstein（1993）呼籲，由於老師在家長參與之推動上扮演直接而關鍵的角色，如何幫助老師獲得所需的知能裝備與協助就變得很重要（Tichenor, 1997）。Graue 和 Brown（2003）指出，儘管大家普遍都認定，家

7　師培機構與一般大學所開辦的幼教學程，幾乎沒有出現專為家庭與學校合作關係設置的專門學分或課程，大部分的狀況是授課教師透過某些課程（如親職教育、教育實習等），稍加論及相關議題，並未能作深入的探討。

庭與學校合作關係是很重要的，但是在師資培育課程中卻很少提供準教師這方面的知識與訓練，他們呼籲師資培育機構應修正既定的課程，幫助學生擴展如何與多元家庭合作的理論背景知識及能力。

在我國社會中，老師與家長互動與合作方面知能之欠缺，較之西方社會應似有過之而無不及的[8]，例如，吳璧如（1998）的研究發現，在一百七十六位各級校（園）長及四百九十六位教師中，僅有極少數的人曾接受過有關家長參與方面的職前訓練。個人在教育大學體系教書多年的經驗，也深深感覺，即將踏出校門的大四準教師，對於家長不同的背景與期望、如何與家長建立關係、如何與家長談話及溝通等的知能都非常不足，也甚感惶恐。因此，於 2000 年，我開始在系上開設相關課程。幾年下來大四選修「幼稚園中的家長參與」課程的學生，都覺得對他們預備進入職場面對家長很有幫助。不過，類似這樣兩學分的課程對準教師來說，也只能提供他們與家長互動時基本的認知及心理預備，嚴格來說仍是很不夠的。師資培育機構如何因應現實與社會變遷之需求，針對課程結構面進行更周延的思考與調整，應是更為根本應對之道[9]。

小結來說，學者及研究者針對家庭與學校合作關係中所提出，親師雙方可能存在不同面向的障礙與瓶頸，值得教育工作者及決策者關注、思考「家長參與」及「適性家長參與」之間可能存在的差異性，如此方能讓家長在孩子教育過程中享有權利、親師合作力量加倍的初始美意，可以更貼切地落實。

8　個人在地區性的幼教及小學老師在職進修課程中，因應校方的要求曾陸續開設相關方面的短期研習，在會中絕大部分的基層老師都表示在校時未受過這方面的訓練，教書以後發現很需要這方面的學習和協助。

9　在美國已有多位學者（如：Greenwood & Hickman , 1991; Tichenor, 1997; Graue & Brown, 2003; Graue, 2005）提出，師資培育機構有必要調整固有的課程組織結構與內涵，以提供老師具備將來畢業後和家長互動的能力，以及對教師角色宜有的認知。這樣因應時代變遷與需求的調整，勢必也是我國師資培育學程中必要去思考的議題。

<table>
<tr><td>第七節</td><td>適性 vs. 非適性的家長參與
——我們從凹凸鏡看家長嗎？</td></tr>
</table>

第七節 適性 vs. 非適性的家長參與 ——我們從凹凸鏡看家長嗎？

「有些家長根本不在乎？」「有些家長又熱心過度？」在進入本文議題的探討之前，請讀者先「聽聽」以下虛擬的真心幼稚園一群老師的對話，基本上它綜合了多年來個人在教學現場所觀察到、聽到的一些老師的部分心聲；雖然它非能反映全貌，但我試圖勾畫近年來被炒的如火如荼的家長參與議題所存在、但卻鮮少被探討的一些可能迷思與盲點。

為了今晚「親子共歡同成長」的活動可以完美登場，真心幼稚園上上下下大家都已忙了好一陣子，在送走最後一位家長後，總算可以稍為喘口氣了，老師們一面幫忙把禮堂恢復原狀，一面聊了起來，話題很自然的就落在今晚家長的出席率上：

李老師：我們班的家長真是關心孩子，今晚幾乎全到齊了耶！電話總算沒有白打，聯絡簿沒白寫，有這樣配合的家長，當老師再辛苦都值得。

季老師：真羨慕你們班上家長的素質那麼整齊，我就沒你那麼幸運，每次辦活動，不管我怎麼三催四請，最後來的總是那幾個，真正該來的，就是不來。真是傷透腦筋，家長不關心孩子的教育，不跟老師合作，孩子在學校問題一堆，我又能怎麼辦呢？老師又不是十項全能，真是有夠無力感！

古老師：你說得一點都沒錯，唉！我覺得現在老師越來越難當，大家都在談什麼「家長參與」、「親師合作」，學校活動越辦越多，好像活動越多，親師合作做的越成功。老師個人的家庭生活都豁出去了，這不打緊，當家長出席不夠踴躍時，老師似乎要背負不小的壓力與責任。可是說實在的，家長在不在乎孩子的教育，哪是老師可以掌握的？有些家長很關心孩子，不用你提醒，每次辦活動一定到，聯絡簿除了簽名，還會寫回應，見到你，也會主動跟你講話。而有些家長就不是這樣，他們根本就不

在乎孩子的教育，任你聯絡簿寫再多，他也只會簽個名，更別說指望他們來參加學校活動，可是偏偏需要教育和溝通的總是這些家長。

張老師：是啊，我也覺得，所以我常很認真蒐集一些好的文章給家長，希望可以「教育」他們、「改變」他們的觀念，可是好像沒什麼效果耶！因為會讀的就是會讀，不讀的或是讀了之後依然故我的，我們當老師的也沒辦法。

童老師：我也覺得家長的特質真的差很多，有時我自己很矛盾，一方面希望班上有多一些教育程度比較高的家長，他們往往很關心孩子的教育，參與也比較踴躍，很願意幫忙，可是你們不覺得這些人有時候也令人又愛又怕嗎？雖然他們並非都一樣，但有些家長學歷高、意見多，有時過度熱心，也會帶來課程或教學上的一些干預和困擾。

高老師：你說到這個，讓我想到我有一個朋友畢業後第一個上班地方的家長就是如此，她說自己在那些高學歷家長的面前總好像矮了一截，使得她下意識裡總是採取「敬而遠之」的態度。後來她換了一個學校，那裡的家長則是另一個完全不同的世界，外籍配偶、隔代教養、單親，什麼型態的家庭都有，任你可以想到的不利家庭一樣都不缺，班上孩子問題一籮筐，和家長之間的問題面向和先前的學校完全不同。有一次她告訴我：「不換工作，不曉得台灣的城鄉差距有這麼大，簡直是天壤之別，在那個地方大部分家長教育程度都不高，每天忙於生計，什麼家長參與？對他們來說根本是不可能的事，雖然他們對老師都畢恭畢敬，好客氣，但你不可能期待他們付出什麼的，聯絡簿會簽名，孩子每天會來上學，就已經謝天謝地了，什麼故事媽媽、義工家長，對這些類型的家長來說都是不可能的事。在都會地區教書的人大概很難體會，有時孩子到了學校，老師要幫他洗澡，放學了，孩子沒人接回家，老師送他回去，到了家裡又沒人在……唉！這些孩子說實在也很可憐，千頭萬緒不知從何說起？有時真想再換個工作，但我想什麼地方大概都有不同的問題要面對吧？」我覺得她的經驗似乎反映，面對不同特質的家長其實是有不同的挑戰和問題。

何老師：真是家家有本難唸的經，面對不同的家長，老師要有不同的

理準備，當老師好像要十項全能才行。不過，看來我們還算是幸運的，至少我們碰到的家長問題沒那麼複雜，家長沒有那麼難應付，大部分家長都還算配合，每次辦活動場面都沒有太難看，意見也沒那麼多。

黃老師：是這樣沒錯，我們園在這方面好像還在水平之上。像我有兩個朋友，多年教書下來產生兩個不同的極端，一個是在歷經了和家長過度接觸後產生諸多困擾，後來乾脆婉拒家長走入教室做任何形式的幫忙，因為她覺得跟家長還是保持距離以策安全為妙。另一個則是多多益善，來者不拒，在她的教室裡隨時都可以看到家長身影穿梭其中，她和家長之間可說是合作無間，如果要以頻率來論定家長參與的成功與否，前者是失敗？後者是成功嗎？可是我也很懷疑：有多少人可以那麼幸運，可以有那樣願意配合又好商量的家長，我覺得家長的時間那麼有彈性，除非是有閒又有錢？還是有其他的可能性嗎？你們覺得呢？

方老師：我是覺得大家說的好像都有那麼一點道理，但也似乎好像也不全然如此那般。像我也碰過書沒有讀很多，但很樂意幫忙、很關心孩子的家長，也有家長學歷很高，但很好相處，對老師很尊敬，不過也有人有閒也有錢，但卻很少出現在學校。說實在的，很難一概而論耶！我這一陣子常常在想：在我們既定的認知中，是否存在一些偏差？或者被我們忽略的現象呢？或許我們該找個時間好好深入地聊聊吧？

園長：看你們聊的那麼起勁，好像都忘記了今晚的疲累了。我想為了努力提升家長參與，我們都已經很盡力了，有些家長怎麼請都請不來，真讓人覺得氣餒。我覺得當園長的心情是很複雜的，常像是個夾心餅乾一樣，因為上有政府的既定政策要學校照章行事，要驗收成果，可是下有諸多不同家長的狀況要考量，然後也要考量老師們也需要保留一些家庭生活的時間，真是為難！多年活動辦下來，只能以「忙、盲、茫」來形容，我先生都說我已經把自己賣給了幼稚園，說來也是很多的無奈和矛盾。其實為了幼兒的教育，辛苦一些是無所謂，只是不知親師合作和家長參與是否一定要透過辦很多活動來呈現呢？家長參與一定是多多益善嗎？我不知道別的園長怎麼想，可是好像一般我所讀到的文章或報導都是指向那樣的價

值判斷。不過,真的是如此嗎?還是有別的可能性?我自己其實也沒有答案,以前在學校也沒有修過這方面的課,和家長之間關係的建立和互動也都是從摸索與錯誤中去學習和調整。唉!這個問題其實有夠複雜,時間个早了,還是先別再談下去,以後再聊!總而言之,今晚不管你們班上家長來了多少,我覺得每一個人都已經很盡力了,都一樣很棒,現在還是趕快回家比較實際,明天還要上班呢!

不知讀者在個人的經歷中,或從老師,或從行政者的角色出發,對以上的對話體會與洞察了些什麼值得商榷之處?順著這樣的問題,以下探討親師合作及家長參與概念上,一般人可能存在的迷思及刻板印象。

「家長參與」在今日的社會和教育圈裡是個經常被提及、論及、議及的名稱。不僅有越來越多研究者投身其中探究一二,現場老師談,校長談,園長談,家長也談。不過,雖然這個名稱非常普遍,也無人否定它對孩子學習加分的重要性,但事實上,「家長參與」是指什麼?大家講的、想的都是同一回事嗎?事實並不然,同一概念(例如,「聽話」、「獨立」、「孝順」等)對不同人而言,往往具有不同的涵義,其涵義之不同不僅存在不同文化之間,即便在同一文化社會中,隨著時代的變遷,或因著論述者價值信念與所抱持理論架構之不同,也會被賦予不同的意義(劉慈惠,1999)。美國學者 Bloch 和 Tabachnick(1993)就一語道出,在談家長參與時,很多人有一個迷思,以為「別人講的,和自己想的是一樣」,因而很少去解釋、界定或說明自己究竟所指為何,而且談到家長不參與對於孩子教育成就的負面影響時,通常會把箭頭指向低收入、少數族群的父母;認為他們是造成孩子教育問題的關鍵所在。試想:如果將情境換成台灣社會,這箭頭是否同樣會落在經常被邊緣化的某些族群呢?

綜觀多數家長參與及親師合作等方面所提出的研究結論,我們可以發現,如果研究者或撰文者從社會主流優勢族群的觀點探究此議題時,某些特定的家庭往往很容易被冠上我上篇文章中高老師口中所謂的「不利家

庭」，而接下來的結論和建議大概都透露著相似的訊息：「提升家長參與很重要，但不利家庭的父母是推動家長參與中令人頭痛的一群，因為由於家庭因素的「不利」（家長太忙、沒時間管小孩、很少關心小孩、不重視孩子的教育、不懂教育、未提供孩子所需的環境刺激等），深深影響孩子在學習與發展上走向『失利』，或者落入學習不佳的『高危險群』。如果要改善孩子的學習狀況，『教育』這些父母重視家長參與是重要的改善關鍵。其他學習上沒有問題的孩子，家長有沒有參與，似乎比較沒有那麼大的差別！」

　　這樣的說詞不曉得讀者覺得如何？現場的老師或行政者如此感慨的心聲並不少見，或許不少人也覺得它有幾分的真實性存在。不過當我們仔細思量時，可以發現，這樣結論的重點並不在於它具有幾分真實性，而在於我們無形中把社會資本較為受限或有限的族群，與社會資本較為豐富的族群做等同的要求，再加上多數人口中所謂「家長參與」的策略，基本上大多是以學校所設定、所熟悉、所期望、所主導的方式來期許家長做一致性的配合，而較少深入地去考慮家長本身所擁有的資源可能存在著極大差異性的事實。從學術觀點來說，這其實是立足點不公平的一種期許，也反映了多數人不知不覺中落入西方學者所批判的、不應被鼓勵的「劣勢論點」[10]（劉慈惠，2000a；Howard & Scott, 1981）。在這種觀點與期待下，不符合既定評量框框者往往容易被認為是「不稱職、失職」，或者「極待教育」者[11]。對於這樣似是而非的迷思，在西方社會陸陸續續已有不少學者從文化生態觀或者從批判理論，提出批判、深思與再

---

[10] Howard 和 Scott（1981）指出，多數人所熟悉的教養理論大都源自以中上社經背景之白人為研究對象，其所產生之教養方式與理論如果被當成放諸四海皆準的圭臬來評量文化背景或特質有所差異的族群時，很容易產生偏頗而導致劣勢理論（deficiency theories）的產生；這樣的信念是以社會中資源較為充沛之優勢群族可以做到的行為模式，來評量其他家長是否關心孩子的教育、是否稱職的標準。

[11] 例如非裔美國人經常被刻板化為沒有文化（cultureless）的族群，墨裔美國人為殘缺文化的民族（damaging culture），華人父母為專制型（authoritarian），中下階層的父母則被認為是貧窮文化（culture of poverty）的族群。這些標籤都是因研究者缺乏從文化生態觀來了解現象而產生的刻板化認知。筆者（劉慈惠，1999，2000a，2002）發現，研究者在進行研究時背後所持的理論架構深深影響其研究觀點及對研究結果之詮釋，實不能不慎。

思的呼籲[12]。

　　反觀在國內學術界或者教育界，這樣反思的聲音或討論則仍然十分有限。因此自從「家長參與」在台灣社會被大力的重視與推廣後，不分城鄉、不論學校家長的背景與特質為何，家長參與的政策及實施總是在「**活動辦的越多，績效越好，家長參與越多越好，活動出席人數越多越成功，因為出席等於關心，不出席等於不關心**」等迷思下，持續發酵，不少教育工作者關注的焦點總環繞在「以量取勝，以量求安心（如學校今年要辦多少場次的活動？）」，而較少花時間去思考「為什麼要辦這些活動？」、「我們的活動策略是否多由主事者單方決定與推展，而未貼切因應家長的背景及地區性特質？」「學校活動量與策略的增加，學生的均衡發展有得到實質的關切嗎？」等。為了避免讓不斷推陳出新的活動及策略不會淪為「換湯不換藥」下一連串熱熱鬧鬧的活動，也為了讓教師與行政決策者可以把有限的時間、精力及經費用在刀口上，我們需要花些心思去釐清一般人對「家長參與」的基本認知與期望可能存在什麼問題與迷思？這樣的思索可以幫助我們分辨：我們所主張、所推展的「家長參與」策略是從適性[13]的觀點出發？或者是對老師或某些背景的家長來說，是一種非適性，甚是一種硬性及有口難言的負荷呢？

---

[12] 如 Bronfenbrenner（1979）、Goodnow（1988）、LeVine（1980）、New（1994）、Ogbu（1981）、Super 與 Harkness（1986）、Bloch 與 Tabachnick（1993）等。

[13] 適性（goodness of fit）的概念最早由研究幼兒氣質發展的學者 Thomas 和 Chess（1977）所提出，主要重點在於強調教養者如何因應幼兒個別氣質之差異，而回應以適合該幼兒發展的互動模式，如此的策略與思惟可以使得照顧者與被照顧者之間的互動在依循彼此特質適配的不斷調整下，達到最佳發展與互動成效。這一概念後來深受學者的重視及肯定，陸續應用在不同領域的研究上，諸如教養與親子互動（Belsky, Robins & Gamble, 1984）、兒童氣質與社會心理調適（Lerner, 1983）、早期介入（Simeonsson, Bailey, Huntington, & Comfort, 1986）、學前幼兒家長與學校之間的互動（Churchill, 2003）等。採用此一觀點的研究者基本上都強調互動策略、期望、需求、機會等，必須反映、切合相關當事者特質狀況之重要性，個人覺得這樣的立足點與 Bronfenbrenner（1979）所提出的文化生態觀，在某些方面有著異曲同工之妙；這類學者皆不贊成將一套標準處方做為放諸四海皆準的依據。我綜合 Thomas & Chess 和 Bronfenbrenner 的理論所強調的核心精意，將之應用在家庭與學校合作關係的探討上，稱此跳脫主流刻板思惟、考量家長特質差異之觀點為「適性」親師合作的觀點。

一、常見的迷思：有些家長資源滿溢？有些家長空空如也？

　　針對家長參與所存在的迷思，陸續有不少學者提出批判（如 Bloch & Tab-achnick, 1993; Graue, 1993b; Lareau, 1987; Lightfoot, 2004），其中 Lightfoot 從隱喻（metaphor）的角度所提出的分析，綜括了歷年來一些學者的批判重點。她指出，從理想上來說，「家長參與」的意義應該是在社會脈絡下建構的一種概念，它理應是多元的，而非單一的，但很可惜，放眼望去，在學校或機構或政策的推展與落實上，它往往是單一的，而且隱含及突顯了人與人之間權力（power）的差異。換言之，一般人用來描述家長參與的現象所使用的語言，其背後所蘊含之意義充分透露著權力結構的落差 [14]。這樣由語言所帶出的權力差異，往往是因為許多的說法大家已聽的太熟悉、用的太習慣了，以至於大家知覺不到這樣的評語事實上是不公平的，而且更危險的是，久而久之大家都不再會去質疑它的真實性與公平性，也就更難去挑戰或打破這樣的刻板思惟。

二、語言的威力不宜輕忽之

　　或許大家都不否認「語言」其實是具有相當大的威力，不過很少人會認真、仔細去思考它對我們與他人互動模式的實質影響力。Lightfoot（2004）指出，我們用不同的話來形容與反映不同特質的人，也期待他們應該表現出某特定的行為，因此從某個角度來說，「語言」形塑了我們對不同特質之人的了解與印象。Popkewitz（1992）認為，「透過個體為自己所建構的各種界線，權力往往被具體化，這些界線決定了何謂「好」與「不好」的類型，同時也開創或限制了諸多連帶而來的可能性」（引自 Lightfoot, 2004）。針對語言的威力，Cushman（1995）也說道：「語言可以使我們了解真實的世界，但它也可能阻礙我們了解真實的世界應該是什麼樣子。因為我們使用語言來假設現實的世界

---

14 語言所反映出權力差異的描述，充斥在一般我們耳熟能詳的說法中，例如，「高教育程度的家長比較熱心，出席都比較踴躍。外籍配偶的家庭就很令人頭痛，他們通常不太關心小孩」等。

應該如何運作，不同的人該扮演什麼不同的角色，在這同時，語言也往往被當成是一個測量的基準面；它限制了我們重新去構思一些較為理性、非習慣性、但可能有所助益的可能性方向。」（引自 Lightfoot, 2004）。

不知讀者是否覺得以上針對語言威力的分析有些抽象難懂？我舉例稍微說明一下：如果大家一直反覆說：「經濟不佳、教育程度低、外籍配偶家庭等的家長是令人頭痛的一群，是等待被教育的一群、學校不可能期待他們有所付出或貢獻」，那麼我們就會越難跳脫那樣的刻板認知，或越難看到這些族群可能具有的優勢面或者可以貢獻的地方。舉這個例子讓大家了解，雖然習慣性的思惟及刻板印象之形成往往其來有自，有時的確也促使學校運用一些方法來幫助這些家長，但另一方面來說，如果我們過度受制於刻板認知，就很可能在無形中限制了我們以公允之心去做另類思考、去發掘將之視為教育夥伴的其他可能管道。學者 Cushman（1995）和 Popkewitz（1992）指出，任何的術語及語言都有其共享的基本涵義，它形塑了某特定行為的產生，鼓勵或者限制了某特定族群的人進一步被了解的可能性；慣用的語言無形中彷彿成為人們下象棋時的遊戲規則，引導雙方或朝向或避開某特定方向來移動（引自 Lightfoot, 2004）。

在主流觀點下的「家長參與」可能有哪些不自覺的刻板思惟呢？Lightfoot（2004）分析美國國內學者針對學校對家長參與的期望之相關研究文獻時發覺，許多研究者的論點雖有所差異，但大致上似乎反映相似的訊息，其中往往突顯了非常對比的二元族群：高教育程度的中上社經背景家長和低教育程度的中下社經背景家長。以下我將所觀察到有關家長參與相關研究所反映的主流刻板思惟，套用Lighfoot所提出的容器狀態之於家長特質比喻的概念，綜合整理歸納如表 1-7.1。

三、從情境脈絡了解家長，突破慣性的二元思惟

透過表 1-7.1 所列，不知讀者對於其中的對比認知是否有些怵目驚心之感呢？我們是否在不知不覺中戴了凹凸鏡或有色鏡在評量家長呢？很明顯地我們可以發覺，當研究者或教育工作者在探究「家長參與」和「親師合作」的議題時，如果未能從生態觀來思考，會很容易忽略了家長之間存在本質與資源差異的事實，所使用的語言或結論進而就容易刻畫出 Lightfoot 所批判的「容器狀

表 **1-7.1** 不同背景之家長的容器狀態及其聯結意義

之於家長參與		A 中上社經家長	B 中下社經家長
家長背景 中西社會 共同點		高教育程度、高收入	低教育程度、低收入
典型 刻板 認知 族群	西方 社會	白人、英語為母語者	移民之少數民族、英語非為母語者
	台灣 社會	平地人、國語為母語者等主流族群	原住民、新移民、隔代教養、偏遠地區家庭等非主流族群
若以容器 狀態比喻		滿溢的——時間、資源、能力等都很豐沛	空乏的——時間、資源、能力等都不足
之於親師合作 的聯結意義		很可以付出,很關心孩子的教育。他們的參與、支持與協助對學校具有很大的貢獻,不過在量的方面需要稍加限制,否則過度的參與會帶給老師及校方一些困擾。	無法付出,只能接受,需被教育、被提升。除非被增能,學校不可能期待他們的參與或提供協助。
常見的 刻板認知		• 主動、積極的家長(active parents) • 很能提供幫助的家長(helpful parents) • 咄咄逼人的家長(pushy parents) • 出席的家長(present parents)	• 被動、消極的家長(passive parents) • 等待被幫助的家長(needed parents) • 沒有聲音的家長(silent parents) • 缺席的家長(missing parents)

態」現象:種族、語言、經濟或教育程度非為社會主流的家長是「空盪」(emptiness)、「不足」(deficit)、「無法給予」等之容器,是「家長參與」的不配合者;反之,種族、語言、經濟或教育程度為社會主流與菁英的家長是「滿溢」、「充沛、有餘」、「可以付出」的容器,是「家長參與」的高支持者與貢獻者,但需適度協調,否則此類家長過度的熱心和參與會帶給學校及老師壓力與困擾。以上諸如此類二元的刻板認知與迷思如果不斷被強化,那社會上就更會將特定背景的家長在家長參與的議題上做某種特定的意義聯結:B 類的家長是「不能」、「不可能」、「不行」、「不會」,A 類的家長是「能」、「可能」、「行」、「會」等兩極化的對比。因此,在思考親師互動的議題時,教育工作者如果希望與自己背景不同的家長建立實質互信的合作機制,實不能不謹慎省思:自己習慣說話的方式、措詞用語、活動方式等是否在不經意間使得某些族群的家長因不甚其解、不熟悉、不安、不自在而為之卻步?事實上他們

並非不配合、不關心、不支持，而是有教育工作者在主流思惟模式下所不能了解的困難與限制；驟然將家長缺席與不關心、不配合畫上等號，是有待商榷的。而任何補救、協助方案即便立意甚佳，但如果是從劣勢論點出發；未充分了解之前就先下「家長是空空如也」的定論，未能將之視為有特定能力的獨特個體，或者去了解與掌握其可能具有的特質與優勢面，則長遠來說，策略與活動的成效一定都會有所折扣與偏頗，並無形中強化強者越強，弱者越弱的不公平。因此，我們需要小心所使用的語言，檢視良好意圖背後的信念，以使那些處在社會邊緣，聲音微小，或者沒有聲音的一群能被更多的了解，其需求能被合宜的顧及，特質能被合宜的重視與運用。

在與不同背景家長的互動上，一些社會學學者所提出的「文化資本」（cultural capital）和社會資本（social capital）[15] 的概念，提供我們從比較客觀、公允的角度來了解不同特質之家長的親師合作，為何呈現不同現象的另一管道，提醒我們避免落入單一刻板的思惟或劣勢論點。Lareau（1987）指出，一般學校所用來評量家長參與的基準並非是中性的；其所要求與期望的「家長參與」模式，事實上是承載著某特定的社會與文化價值及經驗，這使得某特定族群的家長較易吻合學校所設定的框框，而某特定族群的家長則總掉落在設定的框框以外，或者在期望的邊緣掙扎與適應。換言之，不論家長社經背景為何，一般學校對家長參與的要求與期望通常都是一致的，可是問題是學校所實施的策

15　社會學者對於不同形式的資本，如何影響個體在社會資源的多寡和成就的高低有許多的討論和研究，最著名者如法國學者 Bourdieu、美國學者 Coleman 等。Bourdieu（1977, 引自 Lareau, 1987）指出，社會和學校的結構往往反映社會與文化資源運用上的不均衡，通常往往有利於中上社經之主流族群。例如，學校使用某特定的語言、課程結構、組織模式等，這些特質使得來自中上階層的主流孩子，因著家庭與學校經驗的一致性，使得他們可以很快、很順利地適應學校生活，以及獲得高學業成就。在這樣的結構下，個體因著家庭背景所擁有的文化資源很自然地轉化成所謂的文化資本。Coleman（1988）從功能的角度界定社會資本的概念，他認為社會資本是不同本質的聚合物，它們擁有兩個共同的要素：都具有某特定的社會結構、對當事者在特定的社會結構內具有協助的功能。社會資本很多時候是無形的（如義務、期望、信任結構、資訊管道、規範等），它的存在使得個體的某特定目的可能達成，是個體學業成功的重要家庭資源。不過顯然地，某些社會結構對於個體社會資本的獲得是特別有利的。美國普林斯頓大學社會學學者 Portes（1998）指出，研究者對於社會資本的定義雖各有差異，但基本上都同意社會資本代表著個體透過人際網絡或其他社會結構，達到保障與穩固自身利益的能力。

略和活動中，家長的文化資源與資本並未得到等同分量的肯定及運用，因此很自然地，現存家長參與的主流意識和模式有利於中上背景的家庭，而較不利於背景與之有所差異的其他族群。事實上，非社會主流的族群也有其所擁有的文化資本，只是它們很少被主導的教育工作者及決策者認同、看重、發掘及運用。Graue（1993b）從 Vygotsky 的社會互動理論出發，強調我們對親師互動行為與現象的了解，必須從其所處的文化與社會脈絡中著手，不同背景的家長所反映的不同親師互動過程，事實上是交織了其文化資本特質的一種內化過程（the process of internalization）；使當中的個體對責任及與他人互動關係的認知與期望會有所不同。Lareau 和 Graue 跳脫劣勢論點的研究有不少相似的發現——其實不論什麼背景的家長都很重視孩子的教育、都希望自己的孩子能把書讀好，可是不同背景的家長對於何為理想的親師互動關係與責任，卻有不同的界定，他們也運用不同的方法去達到目標，我將她們的發現綜合整理如表 1-7.2。

　　結語來說，個體的認知、語言及行為並非產生於真空中，乃是由其所處的文化、社會、歷史及機構的情境脈絡交織影響而形塑（Graue, 1993b），因此從情境脈絡去了解家長是重要的。雖然並沒有一個理論可以全然解釋所有的現象；文化資本與社會資本的差異與被運用的不均衡並不是全部教育問題的癥結所在，也不能全然解釋家庭與學校互動的多元面貌與落差（何瑞珠，1998）；但不同的理論可以互補及幫助我們從不同的角度對所關切的現象有更周延的探索[16]。面對今日社會與家庭多元與快速變遷下，「家長參與」及「親師合作」議題該如何看待與推展？如何做才較合乎「適性」原則？仍存在許多尚待釐清與探究的不確定性，不過我覺得至少有一點可以確定的是：如果我們單只從問題的表相去做結論與推論，很容易淪於「只知其然，不知其所以然」的困境及不公允。在西方社會，有越來越多的學者呼籲：在家長參與的相關議題上，「一種政策滿足所有人」（one-

---

16 超越文化與社會資本理論之限制而從 resilience 觀點，去探究個體發展是其中一例。resilience 有不同中文譯名，如韌性、抗逆力、復原力、耐撞性等，該理論的精意呼應我們文化社會所談的「逆來順受」的抗壓能力。不少研究證實，環境非為決定個體發展成功與否的絕對因素；有些一般人眼中認為「不利」的孩子因著抗逆力可以超越困境的限制而順利發展（例如，Middlemiss, 2005; Prevatt, 2003），我們社會中也不乏此類真實故事，也有學者進行相關研究（例如，莫藜藜，1997；陳雅鈴，2004）。

表 **1-7.2** 不同背景之家庭與學校之間的互動

特質	主流族群	非主流族群
家庭狀況傾向	收入高、穩定、工作時間較有彈性。	收入低、不穩定、工作時間較無彈性。
與學校互動	支持而主動、頻繁。	支持而被動、疏離。
家長之於老師	認為老師和家長是平等的,有時對老師抱持督導的心態,對自己很有信心,有時會質疑老師的專業能力。互動時很自在,平起平坐,熟悉老師所使用的語言,勇於發言及表達想法。	視老師為教育專家,信任老師的建議及決定。互動時不自在,位居下方,不熟悉老師所使用的語言,怯於發言及表達想法。
家庭和學校的關係	視教育為一連續的過程;家庭和學校各分擔一半的責任,家長在家裡也負有教育的角色。認知和經驗與學校所設定的期待吻合、一致。家庭與學校形成相互依賴的世界與關係。	視教育為一分隔的過程,認為學校與家庭的功能不同。在信任與依賴中將教育責任全權委託給老師,認為自己的責任在於養育及基本生活的照料。認知和經驗與學校所設定的期待不吻合、有落差。家庭與學校形成兩個分隔的世界與關係。
個人社會網絡	較大,以非血親為主,和其他家長互動與來往較為密切,會相互交換教育或教養相關資訊。	較小,以血親為主,很少和其他家長互動或來往,很少交換教育或教養相關資訊。
學校相關資訊與來源	資訊豐富,對孩子學校狀況所知很多,能直接或間接從其他家長獲得相關資訊。資訊的交流多為雙向;家庭與學校相互交流。	資訊不多,對孩子學校狀況所知有限,多半間接或依賴親屬來獲得相關資訊。資訊的交流多為單向;多從學校傳遞到家庭。

size-fits-all policy) 基本上是行不通的,也是不可能的,因為家長非為同質團體 (Bloch & Tabachnick, 1993; Graue, 1993b; Lareau, 1987; Lightfoot, 2004)。反觀,在我們的社會及學校教育中,跳脫刻板思惟的討論仍為數甚少[17];誠然需要有更多的人願意從社會脈絡的角度去思考、了解、欣賞與探討不同背景之族群所擁有

---

[17] 少數學者如楊巧玲(2001a)曾從社會學觀點,借鏡英、美兩國的教育經驗對國內家長參與的意識型態提出省思。

的「獨特性」與「能」，並善用之以開創適性親師互動與合作的多元策略。不過，話說回來，欲朝理想的適性原則邁進之前，先對現象有所了解是非常重要的一步，因為唯有如此才有可能在對現狀有足夠的認識與掌握下，思索接續可行的調整與改變策略。這也是個人在文獻理論探究之後，有很強烈的好奇心及動機，希望走入幼教現場，透過教育民族誌的觀點，一窺尚未被國內學者以質性研究法揭開的「學前教育階段中家庭與學校合作關係」可能存在的面貌。

第八節　國內相關實證研究概況

　　在進入下一章個人在兩所幼稚園所進行之研究歷程介紹之前，透過本小節的討論，希望提供讀者對於過去二十多年來，國內研究者針對家庭與學校合作相關議題的研究概況，稍有輪廓性的了解。此一相關文獻搜尋的心力，雖拜電腦網路線上資料庫之發展，而較之以往方便許多，然而由於目前網路資料庫所收納、建檔的實證研究資料仍不完整，因此本節做為討論依據的文獻並非周延[18]。此一概要的分析與整理，希望提供有興趣投入這塊園地的研究生及實務工

---

18 自八十七學年度起，全國博碩士論文資訊網開始辦理全國各大學院校研究所畢業生論文之上傳與建檔，因此八十七學年度以前的論文資料，收錄在此一資料庫的數量較為有限，而即便八十七學年度以後所建檔的論文資料，雖然在完整性上提高很多，但由於各校上傳的要求與作業不同等之原因，在論文資料的即時更新上仍有一些漏網之魚〔如，在書寫這篇論文的過程中，在全國博碩士論文資訊網查不到涂毓容（2003）與親師合作相關的碩士論文〕，再加上有時若作者未設有關鍵詞，研究者如透過關鍵詞查詢相關論文時，亦會有所疏漏〔如，陳佩琪（1994）父母在學校教育上的權利〕。基於不等原因所造成的遺漏，有時研究者必須以其他管道補充相關文獻的來源（如，從其他研究者引用之參考文獻、各大學博碩士論文系統獲得）。鑑於收錄論文不完整性與缺漏現象之存在，全國博碩士論文資訊系統提供線上勘誤表之功能，以期透過讀者的回報，提升資料網的完整性。另一點需要說明的是，由於全國博碩士論文資訊網針對每一篇論文所登錄的系統編號、出版年與該研究生的畢業學年，有時是不一致的，再加上不同系統的檢索結果有時在年代上會有所出入，為避免混淆，本文中所註明的論文年代統一以研究者的畢業學年為準。

作者，在探究、耕耘上的一些參考。

對於研究新手或研究老手來說，文獻資料的蒐集都是一件龐大、費時、費力的工作。而文獻的搜尋往往只是自己的研究真正開始前的一小部分，接下來的閱讀、判斷、篩選、消化、統整、分析、批判等，又是另一階段浩大的工程。透過概念化（conceptualization）、意義化（sense-making）所閱讀的文獻，研究者得以在別人的研究與自己所欲進行的研究之間進行聯結，並釐清在前人所累積的既有成果下，有什麼議題、焦點與研究落差（research gap）是值得進一步延伸、補充、或開拓的？由於任一研究都有其研究的侷限性與限制性存在，學術研究也因此得以不斷延展。後進者彷彿是站在前輩、巨人的肩膀上鳥瞰，在一番咀嚼、思索後，擷取自己最感興趣、好奇的議題，以最能回答研究問題的研究方法，去試圖尋找問題的可能答案。而由於每個研究者背景、特質、研究興趣等不同所形成的多元性，使得相關領域的觸角越來越廣，研究成果的累積越來越豐富而多元，這當中的多元性包括隨著年代與社會之變遷，研究者所鎖定的研究焦點、教育層級、理論架構、研究法等有所不同。這也是本文所欲分析的重點，以下針對國內學校與家庭合作關係相關實證研究的搜尋，做簡要探究。

一、國內相關實證研究之搜尋

目前國內最常用的實證研究論文線上資料庫包括「全國博碩士論文資訊網」、「中華民國期刊論文索引」、「行政研究資訊系統GRB」、「國科會科技資訊網路」等，其中「中華民國博碩士論文資訊網」，顧名思義，收錄了國內各大學研究生的畢業論文。隨著國內研究所越來越多，這一個資料庫成為國內實證研究論文的最大量來源。不過如前面所言，此一資料網所收錄的研究生畢業論文並不完整，因此如果只透過此一資料網的搜尋，讀者並不能尋得所有現存相關的論文資料，需要輔以各大學院校各自建立的論文資料庫之搜尋才能提升完整性。

「中華民國期刊論文索引」資料庫所收錄之論文含括實證性與非實證性的文章，作者背景含括較為廣泛，如學者、教師、教育工作者、行政工作者等，其中實證研究論文的主要來源為學者的研究成果、博碩士論文進一步修改後的

發表。讀者若欲進行實證研究文獻之搜尋，此資料庫的來源需經過個人就研究目的進行過濾和選擇。國內專家學者所進行的相關研究計畫，則主要透過「行政研究資訊系統 GRB」、「國科會科技資訊網」查詢，不過這一來源的研究相較於博碩士論文的生產量來說，為數是較少的。搜尋相關實證文獻的資料庫還有「EdD online 教育論文資料庫」、「教育論文全文／索引資料庫」、「專案研究報告全文資料庫」等。基於個人人力之有限，本小節所討論的國內相關實證研究概況文獻之搜尋以「全國博碩士論文資訊網」、「國科會科技資訊網」和「行政研究資訊系統 GRB」三個資料庫為主。

二、學者進行的相關研究概況

至 2005 年 12 月止，從國科會資訊網及行政研究資訊系統 GRB 查詢發現[19]，學者進行之相關研究以國科會專題計畫來源為主[20]，依研究者投入年代[21]先後計有阮碧繡（1989）、吳璧如（1997，1998，1999，2001，2002，2003，2004）、陳麗欣（1997）、陳麗欣和鍾任琴（1998）、鄔佩麗（1997，1998）、林明地（1998）、王文科（2000）、莫藜藜（2000）、劉慈惠（2000b，2001b，2003）、楊巧玲（2000a，2000b，2001b）、孫淑柔（2003，2005）、梁碧明（2004）、吳毓瑩（2004，2005）等（參表 1-8.1）。

分析學者所進行之國科會研究計畫，包括常態教育及特殊教育，不過以前者為多數。其中阮碧繡（1989）應是最早針對幼兒之閱讀進行家庭與學校的相關研究，往後數年來似無學者以國科會計畫進行家校相關的研究，一直到 1997 年開始才又有學者陸續投入不同教育階段之研究，而且幾乎自此後每年都有學者投入

---

19 此文中所搜尋的研究案限定於涉及家校之間互動之探討的教育領域類研究。

20 其他來源為數較少，個人發表的論文中依年代先後，學前階段者有王莉玲（1989）、高傳正與梁惠美（1997），小學階段者有吳武典、林繼盛（1982，1985）、林義男（1988，1993）、張笑虹（1993）。

21 這裡所指的年代是以學者國科會計畫通過的年分而言，通常也是計畫開始執行年。學者於計畫執行完畢後的三個月內會完成結案報告。但有時視計畫執行實際狀況的需求，有些學者會申請研究案延期，期限最長可達半年。因此一般來說，學者國科會研究結案報告的年分會與研究計畫通過年分會相隔一年或以上不等的差距，端視研究案是否如期結束，或者是否為多年期研究案而有所不同。

表 **1-8.1** 學者國科會相關研究一覽表 [22]

	研究者	研究主要重點	研究方法
學前階段	阮碧繡（1989）	幼稚園家長參與幼兒閱讀興趣、態度和前閱讀技巧之關係	問卷調查
	劉慈惠（2000b，2001b）	幼稚園親師對幼兒學習及合作關係的期望與行動	問卷調查、參與觀察、深度訪談、文件分析
小學階段	陳麗欣（1997）	家長參與校務的狀況、親師對家長參與的意見	問卷調查、訪談、參與觀察
	莫藜藜（2000）	過動兒的親師互動策略、問題	焦點團體
	楊巧玲（2001b）	親師對於家長參與層面的看法、滿意度	問卷調查
	劉慈惠（2003）	幼小銜接中小一生的學校適應面貌、親師想法	行動研究、觀察、訪談、文件分析
	孫淑柔（2003）	啟智班家長參與情形及意見	問卷調查
	梁碧明（2004）	學障兒童家長對特殊教育與相關服務的認知及參與程度	問卷調查
	吳毓瑩（2004，2005）	東南亞裔新移民女性之親師互動與其子女自我效能、學校生活	問卷調查、訪談
	孫淑柔（2005）	學校行政人員和教師對融合教育中家長參與的知能	懷德術
中學階段	鄔佩麗（1997，1998）	親師合作關係與諮詢角色	行動研究、問卷調查、觀察、訪談
	陳麗欣、鍾任琴（1998）	校長、行政人員、親師對家長參與校務的看法	問卷調查、訪談、觀察
	楊巧玲（2000a）	學童家長參與狀況	問卷調查
	楊巧玲（2000b）	行政人員、親師對教育改革和家長參與的認知	焦點團體
	王文科（2000）	資優學生的家長參與狀況	問卷調查

表 **1-8.1** 學者國科會相關研究一覽表[22]（續）

	研 究 者	研 究 主 要 重 點	研 究 方 法
跨教育階段	吳璧玲（1997）	高中（職）、中小學校長、幼稚園園長對家長參與的看法	問卷調查
	吳璧如（1998，1999）	學者、師培教師、小學教師對家長參與及家長校關係的期望、現有相關學科教學綱要分析	懷德術、文件分析
	吳璧如（2001，2002）	家長性別對家長參與方式、影響因素之比較	問卷調查、半結構訪談
	吳璧如（2003，2004）	高中（職）中小學家長參與子女學校事務的狀況	問卷調查
	林明地 （1998）	中小學校長對家長參與的態度	問卷調查

相關之研究。以教育層級來看，投入學前階段之研究的學者是為數最少的，探討小學階段者為數最多，其次為中學或跨教育階段者。分析學者切入的研究焦點時，可以發現以「家長參與」為主的探究一直為數最多，包括針對校長、行政人員、教師及家長等，較少人探究較為廣泛的學校與家庭合作的多元面向。而近年來由於社會與家庭結構之變遷，有學者開始進行新移民家庭親師相關的研究。以研究法來看，以問卷調查進行之量化研究是為主流，透過訪談、參與觀察等質化方法之研究，為數至今一直都仍十分有限，學前教育階段更是付之闕如。

三、國內博碩士論文概況（1980～2004 年）

相較於學者之研究，研究生所進行之學位論文在數量上多出許多，而由於學校與家庭合作關係的面向相當廣泛，因此在相關博碩士論文的搜尋上，除了參考一些論文內的參考文獻以補充未出現在資料庫中的論文外，最主要是透過

---

22 為了讓讀者了解學者投入各教育層級相關領域研究之先後，此附錄主要依年代和教育層級來排序。學者之國科會計畫如為多年期，我將之合併以單筆呈現。

全國博碩論文資料庫，在關鍵字、文章標題、摘要等欄位以「家庭與學校」、「親師合作」、「家校合作」、「親師關係」、「家長參與」、「親師互動」、「親師溝通」、「親師衝突」、「家長期待」、「學校教育」、「夥伴關係」、「班親會」、「家長會」[23] 等進行檢索。這樣搜尋歷程所得的論文資料檔案，在配合人工剔除重複出現及並非真正探討學校與家庭互動之中間系統者後，大約有一百六十四篇左右[24]，其中除了一篇博士論文外，其餘皆為碩士論文。其中最早探究此主題的實證研究，可追溯至 1980 年李惠加探討「母親參與幼兒學習活動之研究」。在 1980 至 2004 年間，我國教育歷經解嚴、教育鬆綁、教育改革、九年一貫、家長參與教育權、鄉土教學、教育市場化、線上學習潮流等社會脈動與諸多因素交織之影響，研究生進行此方面的相關學位論文有明顯增加的趨勢。以下依序以年代、教育層級、研究派典、議題取向等不同主軸進行國內博碩士論文的概況分析[25]。

（一）隨著年代，學校與家庭合作關係之相關研究有增加的趨勢

根據所搜尋到、截至 2004 年的一百六十四筆博碩士論文為例來分析，從表 1-8.2，讀者可以發現，自 1980 年至今，國內研究生投入學校與家庭合作關係相關研究，基本上呈現逐年攀升的趨勢[26]。尤其當我們以五年為一個期間來觀看時，可以更明顯看出相關研究在近些年來增加的速度相當快，例如

23　最後三個關鍵詞被使用的時間較晚，「夥伴關係」的概念在國內於1996年開始被廣泛運用，但多運用於研究工商企業、國際關係等領域，出現在教育類的運用時也多偏重於知識管理或行政管理層面，目前資料庫上查詢到的只有吳彣雪（2002），於近年以此概念進行家校關係的探討。早期的論文也並未出現以「家長會」或「班親會」作為關鍵詞，相關的研究主要在「家長參與」的範疇下出現，一直到1995年國內家長會組織越來越普及的趨勢下，投入探討家長會組織運作之研究隨之增加，1997年開始有論文以「家長會」設定關鍵字，2001年出現「班親會」的關鍵字。不過探討家長會組織運作與參與之研究，多集中在國小、國中階段，學前階段之家長會或班親會，至目前線上搜尋狀況來看，似仍無專文進行探究。

24　這樣的數量只能說接近現狀，未出現在資料庫中的論文極可能因人力搜尋不足而有所疏漏。

25　針對過去二十多年來國內研究者針對學校與家庭所形成之中間系統，所進行的相關實證研究中，為量最多的碩士論文部分，我將之統整於本書的附錄一，希望能提供有興趣投入這一塊園地的研究者及教育工作者，在接續探究與耕耘時的參考。

26　2004年的論文資料數量較少，可能與有些論文尚未上傳至網路資料庫有關。

1980～1985 年僅有四篇，但 1996～2000 年有三十六篇，2001～2004 年高達一百一十篇。近四年相關議題的研究篇數遠遠超過 1999 年以前的總篇數，這樣的現象反映了近年來由於學校與家長互動關係趨於密切及多元化，使得家庭與學校合作關係相關的探究，在國內有如西方社會般受到越來越多的關注與重視（參表 1-8.2）。

表 1-8.2 1980～2004 年家庭與學校合作相關博碩士論文統計表

年代	篇數	教育層級				研究取向[27]			
		學前	國小	國高中	跨層級	量	質量	質	其他
1980-1985	4	3	0	1	0	4	0	0	0
1985-1990	2	0	2	0	0	2	0	0	0
1991	1	1	0	0	0	1	0	0	0
1992	1	1	0	0	0	1	0	0	0
1993	0	0	0	0	0	0	0	0	0
1994	0	0	0	0	0	0	0	0	0
1995	2	0	1	0	1	2	0	0	0
1996	1	0	1	0	0	1	0	0	0
1997	9	0	7	1	1	6	1	1	1（政策法令分析）
1998	7	0	5	1	1	3	0	4	0
1999	9	2	6	1	0	4	0	5	0
2000	11	1	9	1	0	6	2	3	0
2001	31	2	25	4	0	14	7	10	0
2002	33	1	25	5	2	14	3	15	1（法令分析）
2003	36	5	24	5	2	23	3	9	1（網路系統）
2004	17	2	14	1	0	11	0	5	1（網路建制）
總計	164	18	119	20	7	92	17	52	4

---

27 研究取向的分類以研究者自行稱述為依據，除了一般常見之量、質之研究法外，其他類乃指研究者採用文獻分析、法令分析，或網路規劃等。

在這一百六十四篇的學位論文中，主要來自教育大學的研究所，其他非教育大學體系投入相關議題研究者，也都以教育相關系所為主。教育大學體系之學校中相關研究篇數較多的是台北教育大學，其他如台中教育大學、台北市立教育大學、高雄師範大學、屏東教育大學、台灣師範大學、嘉義大學等；其中最主要以國民教育研究所、教育研究所之畢業生為主，其餘則有幼兒教育、人類發展與家庭、多元文化、環境教育、家庭教育、課程與教學、數理教育、工業科技教育學系等系所。

（二）探究國小教育階段的學位論文最多，學前階段數量不多

從表 1-8.2，讀者可以發現相關的學位論文以探討小學階段的篇幅為數最多，計有一百一十九篇，其次為中學（包括跨教育階段者），計有二十七篇，學前階段為數最少，僅有十八篇，這樣的現象反映，學前階段的相關研究仍有待更多研究者關注與探究。不過讀者可以發現，在早期相關研究仍然為數不多的年代（1980～1993），研究生在學前階段的探究反而是為數較多的，然而由於學前教育在我國並非在義務教育行列之中，隨著教育改革的聲浪在小學階段的大力被推動，研究生投入小學階段之研究逐年增加，中學階段的研究雖然不如小學階段那般蓬勃，但仍然多於學前階段。這樣的現象除了受到教育體制本身的影響外，應該也與國內學前師資相關研究所的數量遠在小學師資相關研究所之下有關。

如果要分析為何自 1996 年起，小學階段投入此主題的研究論文有顯著增加的趨勢？應該是學術界反映實務界與社會脈絡變遷的一個現象。檢視我國當時與近期的教育措施與時事變革時，包括了幾個重要的社會事件：1994 年由民間發起教育改革，「410 教改聯盟」成立，萬人遊行呼籲教育改革的訴求，喚起了政府對於教育改革的重視與回應。1999 年〈教育基本法〉之制定，揭示了家長為保障子女教育權的守門員。2000 年開始，小學階段逐步實施九年一貫課程，課程結構的改變帶動了家校互動關係的被重視、學校本位管理、鄉土教學等隨之蘊孕而起。2002 年全國各地家長團體紛紛成立，強化了家長組織化、集體發聲的力量，於 2003 年〈家長參與教育事務法〉催生成功，奠定家長涉入學校教育的法理依據。以上這些社會與教育改革現象交織影響，使得親師之間

的合作與互動較之以往更為頻繁，家長的角色漸漸從被動者蛻變成主動者，也成為教育決策者與促進教育改革與學校效能中，學校無法漠視的一環。

（三）大多為量化研究，近年來質性研究逐漸增加

　　一如學者之研究，研究生採用之研究方法以量化為多數。以所搜尋到之論文數量一百六十四篇來看，除了四篇歸為其他類之外，質性研究約五十二篇，其餘一百一十二篇以量化為主軸[28]。不過隨著年代改變，研究生在學位論文研究法的運用上有一些變化與趨勢：從 1997 年開始有研究生採用質性研究法探究研究問題，不過只有一位，之後每年接續都有，2001 年（十篇）和 2002 年（十五篇）質性學位論文在數量上有明顯增加的趨勢。而近年來行動研究之風自歐美吹至國內，在教育界各層級漸漸受到重視（如王莉玲，1999，2000；高敬文，1999；黃政傑，1999；陳伯璋，1988；陳惠邦，1998；蔡清田，1999；甄曉蘭，2001；熊同鑫，2003），一些實務工作者回學校進修時，會以行動研究進行學位論文，自 1997 年開始有人以協同行動、行動研究探究自己在教學現場相關議題，而且此一研究法的運用在帶職進修之教育工作者中，有增加的趨勢，而這些論文一般都採用質性研究法。近年來受到網路普及之影響，自 2003 年有少數研究生（劉上嘉，2002；楊崇姍，2003）跳脫一般的研究法，進行網路平台建制的相關探討[29]。

（四）探究之焦點與內容隨著年代與教育層級，同中有異，異中有同

　　早期（1993 年以前）有關家庭與學校合作關係的研究主軸在家長參與和家庭聯繫的影響，或教師與家長對教育的認知與需求的探討，其他面向的相關議題諸如親師互動、親師溝通、親師合作、親師衝突等在該階段較少有研究生進行探究，此階段的研究對象多鎖定在家長與教師身上，較大範圍的行政者、學校組織、政策層面等則尚未或鮮少有人觸及。由附錄一國內相關學位論文一覽表，讀者可發現，研究者在各教育層級關注的議題主要都為「家長參與」和

---

[28] 稱質、量並用之研究者，基本上在研究方法上仍偏重量化為主。

[29] 這類論文著重在硬體技術層面的探討，較少涉及內涵的探討。

「親師溝通」，而且不分教育層級針對「家長參與」的探究，均有逐年增長的趨勢，這樣的現象反映了國內家校關係在教育改革種種政策的推動下，親師互動更加頻繁，家長在孩子學校教育過程中參與的角色與方式及過往有了更多的變遷與可能性。學前與國小階段由於孩子年齡較小，家長涉入學校教育的程度較高，故這兩階段的研究者較國高中階段關切「親師互動」、「親師合作」與「親師衝突」等親師議題。

　　從另一個角度來看，隨著九年一貫的推動與鄉土教學的實施，在國小階段針對親師合作探討之焦點漸趨多元，例如，家長參與學校事務、教科書選用、戶外教學、協同教學 30、班親會等，其中學前階段由於體制與小學不同，目前尚未有人針對幼稚園中之班親會或家長會進行探究。在「親師溝通」議題中，過去的調查研究均指出聯絡簿是親師最常使用的溝通媒介，但隨著e化時代的來臨，親師溝通的媒介有了不同的可能性——電子聯絡簿。這樣的趨勢也提供了研究者不同的研究切入點，2000 年開始陸續有人針對電子聯絡簿、班級通訊電子報、親師聯絡之電子化系統等進行探討（王昭君，2004；蔡明貴，2002；郭素文，2003；楊崇姍，2003）。不過，在探討「親師溝通」、「親師合作」等議題時，一如國外的現象一般；研究者多將焦點放在教師與家長身上，身為教育主體之學童，在親師互動、合作等的議題上，「孩子」如何想？如何說？是比較被忽略的一環（Edwards & Alldred, 2000）。在國內迄今僅有極少數研究觸及，而且都集中在小學教育階段（吳瑾瑜，2001；賴秀英，2001；陳怡君，2002）。Edwards 和 Alldred（2000）從社會學的觀點呼籲，在家長參與被大聲疾呼之主流正統浪潮中，研究者亦應關注與重視孩子對家長參與有什麼樣的看法與想法。不過，這一面向的探討在學前階段來說，由於學童的表達語彙有限，侷限性可能是較大的，要深入探討學童的觀點有其實際的困難；對於年齡較大的小學或中學學童，他們在其中的角色及想法，應是值得研究者開拓的空間。

　　綜覽國內家校相關之實證研究，除了上述學童觀點之外，可以發現有一些議題也是較少被研究者觸及的。例如，針對特定非主流家庭（如：原住民家

30　多以鄉土教學為主。

庭、新移民家庭等）與學校互動之探究也是其中之一環，少數研究雖斷斷續續觸及（如：王泰茂，1998；蔡奇璋，2003），但仍屬非常有限，唯當中之新移民家庭近年來之相關研究有較為明顯的增加（如：吳毓瑩，2004，2005；黃雅芳，2004）。不過話說回來，即便針對主流親師族群的研究較之非主流族群誠然較多，但是在此類別親與師的諸多研究中，針對互動的雙方各自如何思考？為何如此思考？如何行動？為何如此行動？……，卻一直鮮少被以"why"和"how"的角度來關注與剖析，學者部分的研究亦然，因此這一方面的實徵知識仍十分缺乏，此一現象也是激發個人進行本書中所分享之研究的主因。

　　結語來說，本章透過八個小節，綜覽家庭和學校合作相關議題一些重要文獻，本小節乃針對國內學者及研究生歷年來所進行之相關研究，進行概況性的介紹，以提供讀者對於家庭與學校相關研究議題之趨勢和議題上些許的了解。當學者指出，同一概念因著當事者所在情境脈絡之不同，而可能存在不同的涵義時（Bloch & Tabachnick, 1993; Okagaki & Sternberg, 1993; Triandis & Brislin, 1984），我很好奇：在家庭與學校之間，「合作關係」及「家長參與」，在不同學校情境中會如何被界定？被詮釋？因此，在國內既存文獻諸多尚待補足的落差中，我抽取了其中之一，聚焦於以下特定之研究問題——在學前教育階段，在不同的情境脈絡中，不同的家庭與學校在特定的期望與價值信念下，究竟如何思考、看待、詮釋雙方聯結與互動下的「合作關係」？而在各自所界定的「合作關係」中，大家常論及的「家長參與」，又會有什麼不同或相同的面貌存在？本研究的目的由於在於反映教育民族誌研究法的精神——「了解現象」，因此針對在田野中之所見所聞的現象和現象之間可能存在的不同，並不做「優劣、合宜與不合宜的評論」或對之提出「改變與建議」。以下第二章帶領讀者進入回答以上研究好奇的研究歷程。

CHAPTER 2

第二章

研究歷程

在第一章理論架構的闡述後，在本章中分七小節，逐一介紹我在兩所幼稚園為期一學年的研究歷程，其中包括研究參與對象的找尋與確定、徵求兩園參與的過程、兩所幼稚園的概況、焦點班級參與對象、資料的蒐集、資料的建檔、資料的分析與詮釋、他人對故事的檢核，以及故事鋪陳的簡介等。

第一節　研究參與對象的找尋與確定
——私立果子園和公立種子園

本研究案參與對象的敲定經過許多的波折，從一開始在七月分得知研究計畫獲得國科會補助後，即開始尋覓願意參與研究案的幼稚園。在過程中接觸了好幾所學校，但是基於各種不等的原因與考量，他們都婉拒了。經過不斷地嘗試與接洽才終於敲定了樂意參與本研究案的兩所幼稚園，我將其中的私立園化名為「果子園」，公立園化名為「種子園」[1]。之所以刻意選擇公、私立幼稚園各一的原因，是希望能了解在台灣社會的大環境下，幼稚園的性質可能會如何影響親師之間教育期望及合作關係的發展？希望試圖探討其間可能呈現之異、同現象。在正式進入兩所幼稚園進行研究之前，透過事先的電話聯絡，在約定的時間，我分別至兩所幼稚園向園方詳細說明研究目的與內容，除了口頭的說明之外，也準備了一份研究計畫簡要說明（見附錄二）。在那一次的面談中，我向園方詳細說明研究的方式與目的——我與研究助理將以學習者與旁觀

---

[1] 兩所參與研究案的幼稚園及文中所有的人物皆為化名。研究對象的尋覓過程費時約一個月，心中的焦急不在話下，這過程更讓我體會到許多質性研究者共同有的相似經驗——田野的工作是一個不斷妥協、修正與調整的過程（如 Graue, 1993a; Tobin, Wu, & Davison, 1989; Whyte, 1981）；質性研究者要學習與「不確定、模糊、困惑」共處（Lareau, 1989），這樣的不確定包括與參與對象的塵埃落定、和參與對象之間互惠關係的發展、研究者進入場景的方式、研究資料記錄工具的開放性程度（錄音？錄影？園方文件資料可公開的程度？）等。

者的角色進入園方，透過觀察及訪談，探討幼稚園與家長之間的親師合作關係及對彼此期望的看法，而研究的目的在於了解現況的「什麼」與「為什麼」，並不做好壞、理想與不理想等之價值判斷。

在我進入之前，參與本研究的兩所幼稚園都有與其他學者進行研究的合作經驗，所以園內的行政人員、老師及幼兒對於局外人的出現，大致都不會感到陌生或不自在，兩個園的園長都表示十分樂意盡量提供本研究各方面的支持與協助。基本上來說，本研究以整體幼稚園為研究的全景，而研究焦點則分別選定各園中的一個大班。在徵得園長的同意之後，取得園中一班老師及該班家長的同意是重要的下一步。很有意思的是，兩個園在處理徵求家長同意的過程與方式很不相同，這其中似乎反映了不同的人對研究倫理在敏感度與詮釋上的不同。

第二節　徵求兩園參與的過程
——不同思惟與回應模式

對質性研究者來說，尊重與徵求參與者的同意是一件重要的事，可是不同的學校所形塑的文化，似乎無法讓研究者以同一套標準程序來進行各層面的協商。在過程中，我發覺研究者如何入境隨俗是一門很大的藝術，因為在甲園認為重要而理所當然的事，如果在乙園，研究者也要執意如法炮製，可能會有不盡人情，或削足適履之感，而其中不同的做法，似乎無關乎尊重與否的問題，而是研究者該如何適度調整自己的學術認知或標準，以因應及符合該園的文化組織模式。就此次兩園的接洽經驗，我覺得對於一個研究者來說，入境問俗，因時因地制宜，似乎比執意依循所謂的「學術倫理」的規範來得重要。本研究在公立種子園徵詢研究參與者同意的模式，比較是依循及吻合一般學術研究倫理，以個人化（individualized）、分層負責的方式進行，亦即沒有人可以

代替別人做決定，研究者必須針對相關的對象一一取得同意，逐步完成所需的程序。在私立果子園的徵詢過程，則比較是反映由上而下（top-down）、家長式的包裹（packaged）決策模式進行——亦即園方的大家長「園長」為主要對外窗口，如果園長點頭，就萬事OK了；因為家（園）中事由家（園）長決定，並不需要逐一正式徵求相關對象的同意。以下進一步說明在兩園的徵詢過程。

在公立種子園，當我打電話給園長時，她在電話中表示樂意接受本研究案在該園進行後，她即將此一訊息轉知園方每一個班級的老師，希望徵詢其中一個大班的老師自願參與。最後是其中一個大班的兩位老師表示願意試看看，我將此班命名為種子班，兩位老師各化名為風鈴老師和愛音老師。這兩位老師一向與家長之間的互動關係密切，當我在約定的時間到園方與園長碰面時，風鈴老師和愛音老師也一起到園長室，進一步了解有關本研究案進行的方式。在言談之中，兩位老師表示她們兩人都很樂意參與本研究，但是家長的部分，她們不能代為決定，雖然根據她們的了解，原則上家長應該不會有意見，不過她們仍然希望我能正式取得該班家長的了解與同意。因此園方開學時，我將寫好的「給家長的一封信」（見附錄三）交給兩位老師，她們除了幫我影印，發給班上的家長之外，也同時主動邀請我參加該班第一學期期初的班級家長會議，好讓我有機會再一次親自向出席的家長自我介紹及說明，透過自然的接觸，逐步建立與家長的投契關係。該班家長對本研究的態度，一如兩位老師所說，在信函發出後，所有家長都同意本研究案在該班進行，有部分家長表示樂意接受訪談。至此，從園長到班級老師到班級家長，所有與本研究相關的參與者，都一一獲得當事人第一手的同意，在公立種子園進行本研究方始正式敲定。

在私立果子園部分，焦點班級老師的決定過程和公立種子園不同，很多關於行政程序的決策，都是由園長或主任全權負責——從以電話徵詢研究案的進行到正式到園拜訪，園長都展現了大家長的風範，他胸有成竹的表示，焦點班級的擇定絕對沒問題，篤定地表示可以代為決定。去園方拜訪的那天，因值暑假輪休，有些老師不在園內。主任問我是否一定要選擇合格教師的班級時，面對這個問題，原本覺得有些棘手，不過稍加考慮後，我委婉誠實地表達基於本研究對於兩園教師專業背景一致性考量的需求，希望能選擇與合格老師進行合

作。園長非常體諒、了解本研究主題的需求，就主動推薦其中一班的老師給我。我將之化名為果子班，不過，當天果子班的主教老師（我將之化名為櫻桃老師）適逢休假，並不在園裡[2]。我原本有些擔心當下就這樣決定了焦點班級，是否對櫻桃老師不太尊重？可是園長笑著很肯定的擔保：「沒問題，櫻桃老師一定會很樂意的，她人很熱心，教學很認真，她回來後我會跟她說，絕對沒問題的。」不過即便有園長及主任打包票，但是受制於常態研究倫理的思惟，對於沒能當面徵詢櫻桃老師的同意，就敲定她的班級為焦點班級，在當時心裡覺得十分過意不去和不安。這樣的擔心在幾天後證明的確是自己的多慮。因為後來當我第一次正式進入現場，到果子園進行觀察時，倒真如園長及主任所說的，櫻桃老師看到我，就主動趨前打招呼，她的開朗與熱忱化解了我一直耿耿於懷的愧疚感和擔憂，她很輕鬆愉快地告訴我：「園長跟我提過了『這個研究案』，沒問題啊！我很樂意啊！我也想趁機會好好成長哦！」在本研究案的進行過程中，和公立種子園的老師因是多年前的師生關係，彼此原本就較為熟悉，但是和私立果子班櫻桃老師以前並不認識，彼此之間的投契關係則是在研究過程中漸漸建立的。記得在第二次到果子班進行教室觀察後，櫻桃老師剛好在樓下找資料，我把握了這自然難得的機會和她聊天，試圖找尋輕鬆的話題，化解彼此的陌生感。在那次約一小時非正式的談話，櫻桃老師侃侃而談許多她個人的想法，使得我們之間的投契關係有了不小的進展。接下來徵求家長同意的部分，園長也一口表示會代為處理與全力協助；在學期初全園家長會座談會中告知家長。不過雖然果子園從未主動要求我發給家長參與研究的同意書，我仍然依循在種子園的方式，透過櫻桃老師的幫忙，發了一封信給果子班的家長，結果也如預期，並沒有家長反對。

　　在這個研究中，接洽與徵求兩個園參與所經驗的不同過程，讓我體會到，研究者對園方組織文化的敏感度，是一個很重要的學習課題，因為其中可能涉

2　果子班還有另一位草莓老師，是櫻桃老師的搭檔，去年高職幼保科畢業，已經與櫻桃老師有一年的搭班經驗。當日有在園裡，主任請她過來並加以解釋後，她笑著很客氣地表示她的部分沒有問題。不過由於她不是合格老師，本研究案為了取得老師專業背景的一致性，在果子班老師部分的資料集中在櫻桃老師身上。

及不同文化之間，對人際互動與倫理不同的認知與界定[3]，也可能涉及不同園所本身既定的組織文化[4]。對於何謂「合宜的研究倫理程序？」應該是沒有絕對的標準。研究者從學術界跨到實務界時，學會如何在「客隨主便」與「學術規則」之間做合宜的拿捏，似乎是重要的。因為如果一廂情願地執意套用西方社會所發展出、公認的學術研究倫理規範和程序，可能會讓當事者覺得突兀與強人所難。而太過執著於遵循學界的遊戲規則與框框時，有時是否也會令站在第一線的實務工作者，誤解那樣的堅持是學者的一種高姿態呢？從這樣的過程中我發覺，入境問俗和適度的隨俗，可能也是研究者展現尊重研究參與者之生活世界觀和遊戲規則的重要考量之一吧！

<hr>

第三節　兩所幼稚園的概況

一、私立果子園概況

　　果子園成立於 1995 年，位於市中心巷道住宅區內，園舍為一棟兩層樓的建築，左側是鋪著人工草皮的戶外遊戲場，沿著矮牆種著高高的樹，與周圍的住家區隔開來。室內走道鋪著木質地板，一樓中堂為開放性空間，通常園方將之布置為一幼兒藝術作品展示區，左側有兩間小班教室，右側一進門為行政辦公室，緊接著是一開放式的圖書室和一間綜合活動教室，上了二樓有四間中、

3　我於 2002 年參加在美國舉行的 ACEI 論文發表會時，在一場跨文化的學者交流中，一些來自不同國家的幼教學者，亦在會後交流、討論到在他們社會中，所經驗相似的研究倫理問題。我發覺，目前一般所認定的研究倫理概念，多源自西方社會的文化常模；有時其實並不適用於一些他文化社會中的人際互動模式。

4　Tobin（1989）等人在其 "preschool in three cultures" 研究中，也提出什麼是取得參與者同意的合宜路徑，其思考模式與做法在三個文化中有所不同。

大班的教室。園所整體給人的感覺是乾淨、幽雅，家長對於這樣的環境品質大都給予很高的評價。果子園共有六班，約有一百五十位小朋友，十二位老師中一半為合格教師。園方的幼兒除了來自附近社區之外，也有坐娃娃車來自其他地區。幼兒在園時間為早上八點至下午四點。園方未設有家長會的組織，園內任何的教學活動及事務皆不藉助家長，園務運作皆由負責人、主任及行政人員負責。果子園的負責人兼園長高先生原本從商，但是由於對於教育及社區關懷具有興趣與熱忱，所以在太太（田主任，亦為園長）投入幼教後的幾年，也加入行列，積極進修幼教相關知能。園內聘有一位專任的教學主任（何主任），在園方所製作、發給家長的家長手冊中，陳明其經營理念為透過發現學習，以統整教學的方式[5]，達到幼兒全人發展為目標。基本上來說，在教室觀察過程中，我發現果子園的課程結構性高；每天都有固定的上課時段和課程表，各班老師雖擁有一些自主的教學空間，但整體來說，在每一學期中各班各科的教學需要朝著園方事先設定的進度與目標努力。幼兒在果子園一天的生活作息如表2-3.1。

二、公立種子園概況

　　種子園是一所公立幼稚園，成立於 1923 年，至今已有七十餘年的歷史，座落在市中心，園舍是一平房建築，占地約 1600 坪，擁有寬敞的戶外場地。目前共有八班，皆為全日制：大班四班，小班三班及融合班一班，合計約兩百二十八位小朋友。除了專任園長一位之外，每一個班級皆有兩位合格老師。本園之幼兒來自市內各地，年齡四足歲之幼兒皆可就讀，由於報名者眾，每年皆以抽籤方式決定入學幼兒名單。園方不提供娃娃車，上下學全由家長自行接送。園中設有全園家長會及各班家長會，協助園務及教學活動之推展。幼兒在園時間為早上八點二十分至下午四時。園中設有全園家長會，除了協助園務及

5　手冊中說明園方整體、統整的教學特色乃包括生活、感官、數學、語文、文化、音樂、美勞、體能等教育。手冊附有當學期的教學計畫表、大中小班蒙氏及延伸教學進度表、美語課程進度表、音樂課程表、美術課程表、陶藝課程表、體能課程表等。

表 2-3.1 果子園幼兒作息時間表

	星期一、五		星期二、三、四
08：30 以前	自由活動	08：30 以前	自由活動
08：30～08：40	收拾、整理、準備早會	08：30～09：25	操作及個別小組教學
08：45～09：00	早會 （時事、律動、生活常規指導）	09：40～10：00	各班檢討及律動
09：00～09：15	常識、時事討論		
09：15～10：00	（星期一、三、五語文、音樂、 體能）		
10：00～10：20	靜息、兒歌、點心時間		
10：20～10：50	休息、室外活動		
11：10～11：30	自然、社會、數的活動		
11：30～12：10	午餐時間		
下午			
12：10～12：30	午睡指導		
12：30～14：10	午休時間		
14：20～14：30	起床、收拾寢具、服裝整理		
14：30～15：00	點心時間、戶外活動		
15：00～16：00	幼兒多元數學、美勞、個別小組教學、複習活動、整理		

班級教學活動之推展外，不定期出版家長會會訊，報導校園生活、新知介紹和分享。在園方所製作的家長手冊上，強調園方採用開放教育的理念，透過主題式教學及不同學習角落的設計，引導幼兒全人均衡的發展，培養孩子自主、自動及自發性的學習能力。園方並未訂定教學進度或特定的教學內容；每一學期園方老師一起討論與決定小班及大班的主題大方向後，實際進行的教學活動由各班老師自由發展。幼兒在種子園一天作息如表 2-3.2：

表 2-3.2 種子園幼兒作息時間表 （每週一至週四）

起迄時間	活動要項	內 容 說 明
08：20～08：55	幼兒入園	自由活動、整潔活動（每週一校園整潔活動）
08：55～09：20	快樂時光	早會、生活教育、律動
09：20～10：00	學習活動	以觀察、討論、實驗、創作等教學方式引起幼兒學習動機

表 **2-3.2** 種子園幼兒作息時間表 （每週一至週四）（續）

起迄時間	活動要項	內 容 說 明
10：00～10：45	健康活動	點心時間、互動活動
10：45～11：40	學習活動	教學活動、角落活動、分組活動
11：40～12：55	午餐時間	午餐時間、教室整理、戶外活動
12：55～14：40	午休時間	午休靜息
14：40～15：05	健康活動	收拾整理、戶外活動
15：05～15：40	學習活動	成果分享、生活指導
15：40～16：00	點心整理	點心時間、整理放學
16：00 後	幼兒離園	放學時間

註：每週五實施大分組活動，下午實施團體活動（如慶生會或競賽活動）。

第四節 焦點班級參與對象

一、私立果子班

　　果子班櫻桃老師畢業於師院幼教系，三十出頭，單身，在幼稚園有五年多教學經驗，和草莓老師雖然在名義上沒有主教、助教之分，但實質上課程進度、與家長的溝通，主要都由她負責，是果子班對外的窗口。班上二十七位幼兒中，有十二位男生，十五位女生。家長教育程度從小學至研究所都有，其中以高中畢業居多。班上幼兒都為雙親家庭，其中有六位全職媽媽。

二、公立種子班

　　種子班風鈴老師和愛音老師也都是師院幼教系畢業，兩人都是資深幼教工作者，都在種子園任教多年，兩人都已婚，其中風鈴老師的兩個孩子都已讀高

中、大學,而愛音老師的三個孩子則較小,在小學及學前階段。舉凡關乎教學、與家長溝通、班上事務等,皆由兩人一起負責,無孰輕、孰重之分。班上三十個幼兒中,有十八位男生,十二位女生。家長教育程度的分布與果子班相似,也是各教育層級皆有,以高中畢業者居多。班上有四位單親幼兒,十三位全職媽媽。兩個園所、焦點班級、受訪家長等之基本資料,綜合整理如以下表2-4.1、2-4.2:

表 2-4.1 果子園與種子園概況

	果子園	種子園
性質	私立	公立
歷史	5 年	78 年
班級數	6 班	8 班
全園幼兒數	150 人	228 人
全園教師	12 人	16 人
行政人員	專任園長及主任一人 老師不兼行政	專任園長一人 行政分教務、保育及總務三組,由老師兼任

表 2-4.2 果子班與種子班基本資料

	果子班	種子班
幼兒男女比例	男生 12 人 女生 15 人	男生 18 人 女生 12 人
焦點班級 教師背景 及教學年資	櫻桃老師師院幼教系畢,教學 5 年 草莓老師非合格教師,幼保科畢,教學 2 年	皆為合格教師,師院幼教系畢業 風鈴老師教學近 10 年 愛音老師教學 20 多年
父親教育程度	研究所 5 人　　　　(18.5%) 大學 6　　　　　　(22.2%) 高中 14　　　　　　(51.9%) 初中 1　　　　　　(3.7%) 小學 1　　　　　　(3.7%)	研究所 1 人　　　　(3.3%) 大學 9　　　　　　(30.0%) 高中 17　　　　　　(56.7%) 初中 2　　　　　　(6.7%) 小學 1　　　　　　(3.3%)

表 2-4.2 果子班與種子班基本資料（續）

	果子班		種子班	
母親教育程度	研究所 3 人	(11.1%)	研究所 2 人	(6.7%)
	大學 5	(18.5%)	大學 4	(13.3%)
	高中 17	(63.0%)	高中 21	(70.0%)
	初中 1	(3.7%)	初中 3	(10.0%)
	小學 1	(3.7%)	小學 0	
母親工作狀況	4 位全職媽媽		13 位全職媽媽	
家庭結構	全為雙親家庭		4 位單親家庭	

第五節　資料的蒐集、建檔與分析

一、資料的蒐集

　　透過參與觀察、訪談及文件蒐集等方法，我們[6]在為期一學年的過程中，上半年平均每星期到各園進行焦點班級觀察一次，下半年則以每週輪流的方式，平均兩星期到各園觀察一次，遇到園方舉行研究主題相關的活動時則例外，會盡可能到園觀察。在觀察過程中，大部分時間我們主要是以低度參與觀察者的角色，坐在教室中較不會干擾到幼兒學習活動的一角，做觀察記錄，只有當老師需要協助時，才適度參與教學和活動。在這一學年中，園方舉辦與研究主題

---

[6]　本研究在田野資料的觀察部分，包括在幼稚園內及幼稚園外之戶外教學或親子活動等，獲專任研究助理黃美瑛小姐全程參與及協助。美瑛是新竹教育大學幼教系畢，有一年的幼稚園教學經驗，因著她的幼教背景及十分認真的投入，本研究田野資料得以順利而深入的蒐集及建檔，其中包括犧牲了一些週末與下班後的時間。

有關之各式活動，我們都盡量參加，以深入了解在不同的互動情境中，親師合作關係在各園是如何被建構和詮釋。在這一學年期間我們參與的觀察活動項目很多，其中包括常態教室中之教學觀察、家長參與教學之觀察、親師會、親子活動、教學參觀日、班級活動、戶外教學、特別活動、家長讀書會、早會等共六十八次，其中果子園三十二次，種子園三十六次。在取得園方及班級老師同意下，大部分的親師活動，除了做現場筆記外，我們也以攝影的方式，蒐集及記錄田野資料。基本上來說，兩園由於課程信念、組織結構及親師角色之不同，所舉辦與家長相關的活動，在量與面向上都有所不同。在種子園，由於家長會的角色活躍，所舉辦的活動比果子園多出許多，加上焦點班級內家長參與面向也很廣，因此雖然兩園田野觀察的次數不是相距太多，但在種子園蒐集到的田野資料，比果子園多了許多，尤其是針對親師的互動及合作部分（包括隨機和家長、老師的互動及閒聊），因而在該部分的結果討論與分析，兩園所呈現的篇幅亦有所不同。

　　除了觀察之外，為了了解在幼兒學校教育過程中，親師雙方如何思考親師合作關係及對彼此期望的想法，我訪談了園長、焦點班級老師及家長。針對老師的部分，在種子班，由於愛音老師當年兼任園方教保行政工作，課堂以外的時間較為忙碌，再者因孩子尚年幼，下班後彈性時間較受限制，而風鈴老師因孩子都已長大，下班後自己能運用的時間較有彈性，因此與風鈴老師接觸及閒聊的機會較多；與她的訪談、閒聊有好幾次是約在下班後進行。在果子班，由於草莓老師不是合格老師，雖然在研究過程中與她也有接觸、閒聊，不過基於研究議題性質的考量，正式的訪談資料僅限定在櫻桃老師部分。家長部分的訪談，在兩園中都是先透過「給家長的一封信」徵求樂意進一步分享看法的家長。在種子園原本有八位家長表示願意接受訪談，但在實際進行中，有一位單親媽媽雖然表示很樂意，但幾次約定的時間都無法成行，最後只有七位得以順利進行深度訪談。在果子園透過書面的回條中，表示願意接受訪談的原本只有兩位，後來經由櫻桃老師從中穿針引線的協助，幫忙尋得另外四位媽媽願意接受訪談。在家長方便的時間及地點，我分別與這十三位家長進行一次約二個小時的深度訪談，有的在白天進行，有的則在晚上，其中十一位訪談的地點是在幼兒家中，與種子班君君媽媽是在她送孩子上學後在園內進行，與果子班小杰媽媽是在麥當勞進行。兩園接受深度訪談家長之基本資料如以下表 2-5.1、表 2-5.2：

表 2-5.1 深度訪談之果子班家長基本資料[7]

果子班	職業	教育程度	配偶教育程度
CF1 文文媽媽	工程師	大學	碩士
CF13 琳琳媽媽	圖書銷售	高中	高中
CM1 小力媽媽	教	碩士	碩士
CM3 小偉媽媽	家管	高中	高中
CM4 小杰媽媽	會計	碩士	碩士
CM9 小冠媽媽	家管	高中	高中

表 2-5.2 深度訪談之種子班家長基本資料

種子班	職業	教育程度	配偶教育程度
CF2 宜宜爸爸	自由創作	大學	大學
CF5 芳芳媽媽	家管	高中	高中
CF7 君君媽媽	家管	高中	高中
CF10 柔柔媽媽	家管	大學	碩士
CF11 安安媽媽（單親）	公	碩士	大學
CM13 & CM14 小軒、小輊爸爸	補教業	大學	高中
CM17 小可媽媽	家管	大學	大學

　　訪談一開始，我通常試著和家長聊一些家常的話題，當對方覺得輕鬆自在時，才開始切入主題。在徵得家長同意下，每一份深度訪談都全程錄音，並於事後轉成逐字稿，通常兩小時的訪問，平均要花一百零五小時的時間轉譯及處理。除了深度訪談之外，在研究過程中，配合園方或班上舉行的相關活動，亦隨機在參與觀察活動中，進行非正式訪談或閒聊，不過這樣的形式在種子園較為頻繁。以本研究訪談相關研究對象的訪談次數來說，排除較為短暫或與主題

7　焦點班級中，受訪家長的孩子之化名方式，為便於讀者區辨，女生幼兒一律以複名（如文文、芳芳等）處理，男生則以「小」字起頭（如小力、小可），班上其他幼兒則以在班上的編號代之（如CM1、CF1）。

較不相關的閒聊外，做成訪談紀錄的計有五十二次，其中果子園部分二十四次，種子園二十八次。詳細的訪談與觀察資料來源如表 2-5.3。

研究資料除了來自觀察與訪談之外，我也蒐集兩園發給家長的相關書面資料，其中包括兩園的家庭聯絡簿、園訊、文宣資料、家長提供學校的資料等。綜合以上所述，以圖 2-5.1 和 2-5.2，呈現在兩個園所的研究情境及資料來源如下：

表 2-5.3 兩園訪談與觀察資料來源

	訪談				觀察		
	老師	家長	行政者	總計	教室內	教室外	總計
私立果子園	12	7	5	**24**	24	8	**32**
公立種子園	11	15	2	**28**	13	23	**36**
總計	23	22	7	**52**	37	31	**68**

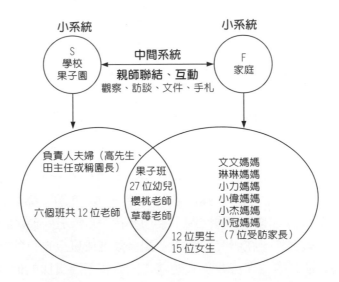

圖 2-5.1 私立果子園之研究情境與對象

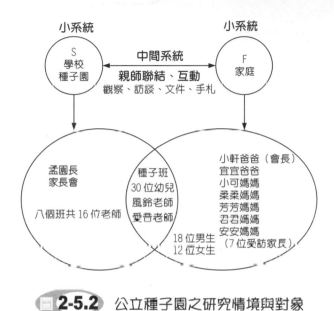

小系統　　　　　　　　　　　　　　　　小系統

S
學校
種子園

中間系統
親師聯結、互動
觀察、訪談、文件、手札

F
家庭

孟園長
家長會

八個班共 16 位老師

種子班
30 位幼兒
風鈴老師
愛音老師

18 位男生
12 位女生

小軒爸爸（會長）
宜宜爸爸
小可媽媽
柔柔媽媽
芳芳媽媽
君君媽媽
安安媽媽
（7 位受訪家長）

圖 2-5.2 公立種子園之研究情境與對象

二、資料的建檔

　　在研究進行的歷程中，為了資料的管理與建檔，一開始我即建立研究進度表：果子園研究進度表、種子園研究進度表、兩園研究進度總表，以利了解整體及個別進入田野蒐集資料的狀況。每一份田野資料按照進行的時間序，以及性質編號，兩園各別的研究進度表以簡要範例呈現，如下表 2-5.4、表 2-5.5：

表 **2-5.4** 果子園研究進度表範例

資料整理 完畢日期	研究工作執行日期及簡要內容	進行時間
	890807 電洽徵求研究之可能性，約定見面時間	10：00-10：15
08/14	890811 到園與負責人、主任會面──說明研究的目的、內容	16：00-17：00
08/16	890816 觀察記錄 01──教室互動(1)──暑期小一先修班	09：30-10：50
08/25	890825 觀察記錄 02──教室互動(2)──暑期小一先修班美語課	09：00-10：35
10/14	891013 觀察記錄 11──戶外教學(1)──十八尖山	09：00-11：00
11/07	891025 訪談記錄 01──教師(1)櫻桃 T-1	12：00-13：30
12/13	891209 觀察記錄 16──全園親子活動 2──園遊會	09：00-11：30
02/03	900202 訪談記錄 07──家長(1)──CM9 媽媽	13：20-14：30
03/ 11	900309 訪談記錄 16──行政人員(2)──園長	13：00-14：30
03/26	900324「公立果子園」親子活動──親子大地遊戲闖關	09：00-12：00
04/27	900426 觀察記錄 26──教室互動(19)──早會	08：30-10：00

表 **2-5.5** 種子園研究進度表範例

資料整理 完畢日期	研究工作執行日期及簡要內容	進行時間
	890829 電洽說明徵求研究之可能性，約定見面時間	11：00-11：20
08/31	890831 到園與園長、帶班老師會面──說明研究目的、內容	10：00-11：10
09/13	將家長同意函交由種子班老師發給家長	09：00-09：30
09/15	890909 觀察記錄 01──親師會議(1)上學期種子班家長座談會	09：50-12：50
09/22	890921 觀察記錄 03──戶外參觀(1)──參觀文化局寶兔館	09：00-11：20
10/03	891002 訪談記錄 01──家長(1)──CM13 爸爸 1	09：30-11：50
11/16	891112 觀察記錄 10──親子活動(1)──班遊「北埔古早味」	08：30-16：30

表 2-5.5 種子園研究進度表範例（續）

資料整理 完畢日期	研究工作執行日期及簡要內容	進行時間
11/21	891119 觀察記錄 13——親子活動(2)——全園環保小尖兵	09：00-11：30
11/25	891124 訪談記錄 06——教師(2)－愛音 T-1	13：30-15：20
12/12	891209 觀察記錄 14——親子活動(3)——全園親子運動會	09：30-12：00
12/21	891219 訪談記錄 07——教師(1)——風鈴 T-2	17：00-18：30
12/30	891228 訪談記錄 09——家長(5)——CF7 媽媽	10：30-12：00

　　針對所蒐集之研究資料的管理，我依資料性質將之分為「原始資料」及「分析資料」兩大類建檔。在「原始資料」中，我主要以園為單位做區隔，又將之分為觀察、訪談及書面資料三類。觀察部分因逐字轉譯後的原始資料甚多，將之分上、下學期放置與建檔。訪談部分依參與對象角色之不同，又分老師及行政人員、家長等個別建檔。所蒐集之文件資料，分為兩類放置——親師互動及幼兒個案資料及其他。隨著原始資料的累積，我逐步嘗試概念化（conceptualizing）及意義化（sense-making）所習得的故事，「分析資料」因應而生，這一類的檔案包括每次退出田野之後務必留下的觀察心得與手札、訪談心得與手札、資料編碼、初步整理、分析與書寫等，這些「分析資料」的建檔在「資料蒐集」及「反覆閱讀原始資料」的過程中，或交錯或同步進行，並逐步修改、調整、更新與增加。就以上所述，本研究歷程中所建立的研究資料分別以十六個三孔夾進行建檔與管理，如表 2-5.6 所示：

表 **2-5.6** 研究資料主要檔案一覽表

研究資料性質	檔案夾內容
原始資料	
1.觀察資料	果子園觀察原始資料（上）、（下） 種子園觀察原始資料（上）、（下）
2.訪談資料	果子園訪談原始資料：又分老師及行政人員、家長 種子園訪談原始資料：又分老師及行政人員、家長
3.書面資料	
(1)親師之間	果子園親師互動與幼兒個案資料 種子園親師互動與幼兒個案資料
(2)其他	果子園行政相關資料 種子園行政相關資料
分析資料	觀察手札與心得 訪談手札與心得 資料編碼 初步整理、分析與書寫

三、資料的分析與詮釋

　　本研究以教育民族誌進行，是希望以學習者的角色進入兩個園所，從每天例行的生活中，去了解與貼近研究參與對象的世界及想法。為了達到那樣的目的，本研究資料的蒐集與分析並非是一線性前進的過程（研究設計→研究對象→蒐集資料→資料分析→書寫），而是不同研究行動之間不斷循環、交錯的過程。如此做法的主要目的，是希望在田野中不斷修正與調整研究焦點與問題、開發資料蒐集的新方法、發掘尚未被探討，但值得關注的議題、合宜反映當事者情境脈絡與意義的書寫方式等。如此資料蒐集與分析交織的過程，Graue Walsh（1998）將之以彷如一碗義大利通心麵一般來形容；在本質上是「糾結而全面性的」（tangled and holistic），一如圖 2-5.3 所示：

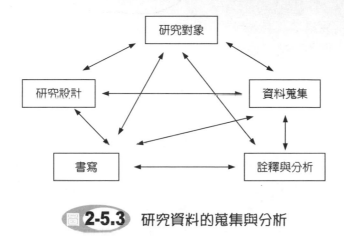

圖 **2-5.3** 研究資料的蒐集與分析

（一）撰寫備忘錄與手札

根據圖 2-5.3 所呈現的研究歷程，在田野現場，除了特定使用工具（如錄音機、攝影機）的協助外，針對訪談時所聽到的，觀察時所看到的，在狀況許可下我都會盡量寫田野筆記（field work notes），一方面是因為錄音機或攝影機並不全然可靠；有時會出狀況，另一方面是田野筆記非常有助於事後逐字稿之轉譯。退出田野後，趁著感受與記憶尚為鮮明之時，我會於當天完成備忘錄（memo）或手札（journal）[8] 之記錄，這一件事在時效性上的掌握，根據個人的學習經驗來說，它是田野研究歷程中不宜低估的重要工作[9]。備忘錄及手札的功能、意義及重要性，許多質性學者都曾加以論述（如：Charmaz, 2000; Graue & Walsh, 1998; Spradley, 1979; Strauss & Corbin, 1990）。綜合以上學者大致異曲同工之看法所提供的洞見，在研究歷程中，我在備忘錄和手札中留下的書寫內

---

[8] 質性研究者對於退出田野後所寫下的感受筆記，有的學者以備忘錄（memo）稱之（如 Graue & Walsh, 1998; Strauss & Corbin, 1990），有的學者以手札（journal）稱之（如 Spradley, 1979）。

[9] 1994 年至美國修習博士學位時，教授質性研究課程的老師正是本文所引用文獻的作者之一 Elizabeth Graue，課堂中她深刻分享個人進行研究的辛苦經驗，其中她談到退出田野後要做的第一件事，不是轉譯逐字稿，而是寫下當天田野的備忘錄。後來在個人學習質性研究的歷程中，亦實際體會其當年切切叮嚀的真實性。因此即使有時退出田野後，雖然很疲憊，還是要勉強自己一定不能省略這樣逐步累積的重要分析資料。

容包括：對所蒐集之資料、參與對象的想法與理解、概念性與回應文獻理論的想法、議題之間的銜接、編碼的想法、困惑、失誤、問題與突破等。基本上，備忘錄和手札如此形式之分析資料書寫的目的，是為自己的研究歷程留下內部資料（非正式對外公開的資料），因此在下筆時比較是以 free writing 的方式書寫，讓自己當下的思緒可以流暢地化成文字；並不花時間刻意做文字或語順上的修飾，因為主要重點是在於針對不同面向的議題，留下自己對所觀察或訪談過程中的重要想法。不過雖然在文字的呈現上並不求嚴謹、在表達上不苛求想法的周延性，但它在本質上是具概念性及理論性的。隨著數量的累積，它們幫助我在研究歷程中，分析層次得以不斷推進、提升，書寫焦點與方式得以從模糊、不確定到逐漸清晰、具體。以下摘錄在種子園參與觀察親子運動會，和與果子班家長訪談後，所書寫之備忘錄的片段內容：

備忘錄——種子園親子運動會　　　　　　　　　　　（891209）
【親子運動會的籌劃——園方與家長會共同合作】
之前在跟園長訪談的時候，她提到今年的家長會很特殊，會長跟副會長都十分熱心、活力十足，今天有幾個活動是由家長來籌劃、負責。例如卡通明星是因有一個家長在中學教書，他找學生過來扮演卡通人物。體適能的測驗是由在大學教體育的家長所提供的服務。另有一個家長拿了非常專業的攝影機在幫忙全程錄影。所以今天看到的是，園裡的家長不只是來學校參與活動，他們在活動中本身就有不同的分工，實質的工作參與。還有，園長在過程中也跟我聊到「家長詢問小朋友進場的時候，需不需要裝扮？」本來在討論這事的時候，老師都說不要有裝扮，因為裝扮要另外再花時間去做。不過，家長問家長會，家長會說「要」，所以到最後今天所呈現的頭套、裝扮都是由家長會去負責的。還有，親子遊戲的道具也是家長做的，所以在整個親子活動呈現之前，家長參與很多。在果子園，家長沒有如此型式的參與，而是以出席方式來反映他們的參與，享受園方精心預備的成果。可以明顯看到兩個學校都很熱心在辦教育，但是在親師合作的模式上，以及他們想要建立的親師關係似乎是很不相同的。

【家長積極參與，對老師可能有些影響與衝擊】

似乎不是每個公立園的家長會都可以運作到像種子園這種程度，我想種子園的家長會是蠻特殊的，家長參與要有條件（需要有時間、精力、才能、自信、敢站出來、願意站出來），也需要付出一些代價（一些西方文獻也指出推動家長參與進入學校，是具有爭議性的，並非沒有代價，也不是沒有條件的，在種子園我似乎能體會到其中的一、二困擾。）例如，**老師需犧牲假期**：活動多，相對來說，老師要放掉週末本來可以跟家人在一起的時間。再者，**老師的壓力**，家長介入形成老師無形的壓力，但是有時是無法抱怨的，因為家長也是一番好意，不過這樣就會對老師會造成兩難的困境，拒絕不是，不拒絕也不是。雖然實質上家長平常提供很多的幫助，可是相對來說，家長很活躍的時候，活動是一直來，老師可能壓力很大。有老師提到有的老師是拒絕家長走入教室的，因為會潛藏著一些衝突感！所以其實這是有代價的。親師之間界線怎麼劃分比較合宜呢？至目前看到在兩園的呈現狀況是有所不同的，像果子園老師跟家長之間就分的很清楚，平常孩子就交給學校，學校辦活動的時候，家長就來參加，參與的程度就止於出席與參加，界線很清楚，不會很混淆；但在種子園的話（或是高度參與型態的學校），可能有界線劃分的困擾——到底什麼事情是老師主導較好？什麼事情是家長可以主導？界線就開始有些模糊不清了，可能就會帶來一些潛在的問題，是蠻值得繼續思考與了解。

【不同家長參與狀況不等，其中透露不同因素之影響】

今天在園時想到似乎不是每個公立園的家長會都可以運作到這種程度，種子園的家長會是蠻特殊的，不過影響家長參與的因素至目前為止有一些 pattern 似乎是明顯存在的，例如：

教育程度：發覺核心家長中扮演推動角色者幾乎都具有大學教育程度，本身對自己都很有信心，樂意提供自己的才能與時間。教育程度稍低但熱心參與者，似乎較多扮演配合的角色。

經濟許可、有時間：有時參與活動要花錢，並無法所有活動都參加。有的家庭並不允許只有一個人上班，或者請假參加活動，因為會被扣薪水。

家長的觀念與想法：種子園的家長似乎大多認為在孩子的學習過程中，家長是不宜缺席的，應該適時的參與。不過在這樣的概念下，在相同的條件下（教育程度、經濟狀況、時間等），家長的想法還是有差別的，並非同質的。像有一些媽媽雖然沒上班，時間是自己可以支配的，但她們不常出現在學校。而有些媽媽，家庭經濟雖然不差，但希望有自己的另一片天空而選擇上班，不把全部精力花在孩子學校活動上；反之，也有媽媽家庭經濟並不是特別好，但因很重視參與孩子的學習過程，所以選擇不上班，以控制生活開銷的方式來應對。因此家長參與與否背後的原因，其實是諸多因素交織的，很多時候並非單一因素可以解釋。

備忘錄──訪談果子班小杰媽媽　　　　　　　　　　（900220）
【訪談時間敲定不易】

今天 7：15 約小杰媽媽在麥當勞訪談，其實約小杰媽媽已經好幾次了，每次都臨時有事情取消，一直到這一次總算成功了。在果子園的家長訪談其實都不是很好約定，因為大部分家長都有工作，所以時間上都經過很多次的變動，很多家長都會在電話中告訴我「很不好意思，取消很多次了。」可是我從一個研究者的角度來說，其實我自己也覺得很不好意思，好像覺得耽誤到他們的家庭生活，以小杰媽媽來說，她出來時，本來是想請爸爸在家裡看小孩，但因為小杰個性上的問題，爸爸沒辦法處理他的問題，所以他就必須要跟著媽媽出來。媽媽帶了一些他喜歡的車子模型玩具，讓他在一旁玩，我們在麥當勞的二樓聊，還好今晚人很少，不然錄音的品質就不能掌握了。

【看到一位傷心、無助的媽媽】

今天訪談小杰媽媽是果子班第五個媽媽，我發現訪談中每個媽媽的特質都不太一樣，今天她給我的感覺是——她是一個傷心、無助的媽媽。在整個訪談過程中，她悲從中來，掉了很多次淚，蠻感傷的，因為我問的一些議題都觸發她在教養孩子過程中的困難，她一直覺得自己把孩子帶的不好，有很大的挫折。在平常父子的衝突上，她常要去護著小杰，有時候覺得很累、很挫折。在與多位家長訪談後，我看到每個媽媽在孩子的教養上都非常用心，可是他們所關切的點有相同的地方，也有相異的地方。在今天的談話中，因為媽媽最關切的問題是與孩子的特質有關，因此談的主題多繞在小杰的人格特質、人際關係上。其中讓我印象深刻的是，在我們談話的過程當中，我發覺小杰在情感上似乎是蠻早熟的、會察言觀色，當他看到媽媽在哽咽時，他眼眶就開始紅，當媽媽眼淚從眼角掉下來時，他會過來抱住媽媽。我覺得他似乎知道媽媽跟我談什麼，媽媽說其實爸爸傷害他很深，她很害怕這樣的傷害到他長大都還在。小杰的舉動讓我好生感觸，我在一旁看了，感覺蠻心疼的，因為看到這麼小的孩子就已經了解到「爸爸不喜歡他」。

【研究者角色介入與否的掙扎】

和小杰媽媽訪談結束時，深深感覺她很需要協助，站在同為人母、教育民族誌研究者、研究者是朋友等多元角色上，我就很掙扎，在聽她述說的過程中，我是蠻感慨的，隨著她的情緒，我們的對話好幾次停頓，不解為什麼孩子的爸爸會這樣去傷害孩子而不自覺？我就想要不要與她分享一些經驗？還是純粹只想了解我所感興趣的議題，她是怎麼想的？訪談快結束時，我覺得這個媽媽真的很無助，站在一個教育工作的立場，我似乎應提供她一些協助、支援，所以我留了家裡的電話給她，跟她說如果以後有什麼問題的話，可以打電話來聊一聊。我覺得在做研究的過程，有時是很難去做一個中立者，因為有時候會掙

扎「到底我適不適合介入情境？就個人專業提供一些建議？」深覺有些研究議題，研究者在涉入與抽離之間實在是一件不易之事。

【小杰媽媽所勾畫的稱職幼稚園老師畫像】

當我們在聊天時，小杰在旁邊玩的很好，當他聽到我們談到老師時，他轉頭過來笑著說「櫻桃老師」。從他的言談中，可以看到櫻桃老師的特質蠻讓小杰和媽媽滿意的。在媽媽的口中，櫻桃老師是個蠻能堅持原則的老師，也很會鼓勵孩子，會刺激孩子學習的慾望，不會太寵孩子，孩子有錯的時候，她會讓孩子知道，在界線的拿捏上做的蠻好的。相對來說，這是媽媽的弱點，因為她覺得自己在界線的拿捏上常常做的不太好，所以小杰會得寸進尺，試探她的忍耐度。媽媽覺得小杰在果子園，問題已經比較有改善了，可是在家裡面的問題還是一直存在，這可能跟她自己教養的一些態度、堅持度不夠有關。小杰媽媽的分享讓我體會到家長對好老師的認知與需求，一個好的老師在某個程度來說，可以幫助父母抒解、聆聽教養上的困難。我想櫻桃老師做到了這一點，讓班上幾個行為上特別有困難的孩子家長，都對她蠻滿意的。這樣的孩子在櫻桃老師的班上，並沒有被貼標籤變成不受歡迎的孩子，反而從家長口中，知道老師會用蠻正向的方式去引導孩子，比起其他的家長，也有較頻繁的溝通，表示櫻桃老師願意付出心力去幫助家長，不會覺得這樣的家長很麻煩。

以上透過兩則在研究歷程中寫下的備忘錄，供讀者了解個人如何從研究歷程中，逐漸概念化學習心得與資料。隨著研究的進行，我會將同一主題的備忘錄做進一步的彙整與延伸。閱讀至此，讀者或許可以對撰寫備忘錄的重要性體會一二，因為它記下了在田野中研究者逐步感受到的議題與焦點，思考什麼現象與概念需要再關注及跟進？不過在那樣的過程中，由於身兼教學、研究、服務及家庭等不同角色的諸多需求，常有與時間賽跑的壓力，因此在退出田野之後，有時並無法擁有充裕的時間，慢慢地咀嚼與書寫當日在田野的諸多感想，

或將備忘錄立即付諸文字。為了解決這樣的困境，我使用了一個變通之道——透過錄音的方式來做記錄，在這樣的過程中，我盡可能和研究助理美瑛一起進行，或是以自己述說的方式，有時是以兩人相互討論的方式，以議題為主軸，逐錄下想法、感受、浮現的主題、回應文獻理論架構的揣摩等。這樣的錄音資料由美瑛或我自己於得空之時，盡快將之轉成文字稿，印成書面資料，再按性質內容歸類放置於三孔夾內。

（二）資料的編碼

根據所蒐集的龐大研究資料，如何回答所提出的研究問題？如何進行分析及詮釋呢？在那樣的過程中，除了上述備忘錄的書寫與累積之外，在資料的分析上主要是透過反覆閱讀轉譯的原始資料逐步進行，試圖從中了解與研究主題相關的圖像，並找尋浮現的主題。通常在每份田野資料的逐字稿轉譯好後，我都會針對該份資料，用鉛筆在書面上做些初步分析的註記。而隨著研究進度而依序累進、更新、增加的手札與備忘錄，也提供自己在研究後期進行編碼及分析上非常有幫助。整體來說，在資料的分析上，我綜合參考了一些質性研究學者所建議的方法，例如 Spradley（1979）提出領域分析法（domain analysis），讓我試著去找尋資料與資料之間的關係（semantic relationships）、思考對比性的問題（constrasting questions）、找出可以反映概念與文化的標題（conceptual & cultural themes）等。而 Strauss 和 Corbin（1990）在紮根理論中，強調研究者要在資料與資料之間，不斷地進行比較（constant comparisons），在那樣的過程中去發現類別（categories）、為類別命名（naming categories）、進行開放性的編碼（doing open coding）、思考七個 W 的基本問題（Who、When、Where、What、How、How much、Why）、發掘類型（uncovering the patterns）等。Peshkin（2000）針對質性研究者進行資料的分析與詮釋的提醒也提供我非常受用的幫助，例如他提到，詮釋是想像與邏輯的行動（an act of imagination and logic），它使得研究者將其在田野所習得、感受、發掘及理解的現象或故事，透過選擇、排序、聯結及形塑意義的等要素之串聯，將之化為讀者可以了解的文字。

綜合以上所述的策略和步驟，透過反覆研讀，我試圖從資料中找尋相關聯之概念，以及重複出現之類型，做為編碼與類別建立之依據，最後將研究結果

以主題方式呈現。在分析的過程中，我試著以文獻做為理論基礎與架構，去思考在事件或現象的描述上，該研究發現之於文獻可能存在的意義、呼應性、相異性、延伸性及挑戰性。在進行研究資料的編碼及歸納時，也不斷問自己：這樣的方式是否幫助自己及讀者了解參與對象的想法及世界（Graue & Walsh, 1998）？

在呈現研究結果與分析時，我交錯摘錄當事者的話[10]，這是為了在呈現研究結果與分析時，可以使讀者更貼近表達想法之人的主觀想法及生活世界，也藉之輔證所分析之主題、概念的客觀性。在訪談或對話內容的引用上，為了讀者理解之便，我採用了質性研究者在處理訪談資料時的一些基本修飾技巧，例如省略過於反覆或多餘的字句、跳脫主題以外的描述等（Rubin & Rubin, 1995）。但這些技巧的運用是以保存研究參與者思考及談話原貌（例如，所使用的字彙、語氣、意圖及順暢性等）為前提。表 2-5.7 呈現了我在文本中處理資料時所使用的轉譯符號：

表 2-5.7 研究資料轉譯符號對照表

符號	轉譯
>	對話的方向
[ ]	補充說話者在對話脈絡中的語意或語氣
( )	接續發生的對話或狀況
CM1	班上編號 1 號之男生
CF1	班上編號 1 號之女生
F	某一幼兒的爸爸
M	某一幼兒的媽媽
T1，T2	園所教師，編號為資料在該處引用呈現的順序
表 2-2.1	第二章——第二節第一張表
圖 3-2.1	第三章——第二節第一張圖
我	研究者

---

[10] 有些引用內容較長，是基於本研究關切議題之需求，為了讓讀者對當事者想法或看法有較為完整之脈絡的了解，而加以保留較多的原貌。

第六節　他人對故事的檢核

　　在質性研究中，研究者的詮釋並無所謂正確（correct）與否，重要的是研究者的解釋是否可信？所解釋的是否合乎所描述的（Janesick, 2000）？透過相關成員的檢核（cross-check），是質性研究者確定研究可信度（trustworthiness）與真實度（authenticity）重要的方法之一（Lincoln & Guba, 1985）。在成員的檢核中，對本研究而言，最重要的當然是來自私立果子園與公立種子園參與夥伴的回應。因此，本書於 2006 年 1 月初稿完成後，於 2006 年 2 月，我將書稿面交兩園的老師及園長閱讀[11]，請他們針對我書寫的內容，尤其是與她們各自相關部分的詮釋，提供意見及看法，我很希望了解、也很重視：從他們的觀點來看，我的詮釋是否忠實反映他們的世界？他們是否認同我對他們學校各自的描述與剖析？這樣的一份關切除了是尋求研究的可信度及真實度之外，也是為了尋求公平性（fairness）。Lincoln 和 Guba（2000）在論及質性研究的「真實度做為效度」（validity as authenticity）時提到，研究參與者的觀點與聲音在文本中被呈現，是反映研究者在檢驗研究的真實度時，對於「公平性」（fairness）的重視。因此在兩園的老師、園長各自完成初稿的閱讀後，我分別或與他們面對面，或者透過電話，聆聽他們對於我所詮釋之故事的回應。他們除了表示在很用心閱讀下，都覺得我所提供的初稿內容易讀、有趣，也都表示我所書寫的內容與分析，符合與反映園裡「當年、當時之人、事、物」的狀況[12]。他們檢

---

[11]　閱讀初稿的對象，在果子園部分包括負責人高先生夫婦、櫻桃老師、何主任，在種子園部分包括孟園長、風鈴老師及愛音老師。家長的部分，由於他們的孩子都已經自幼稚園畢業，聯絡不易，未能將書稿給予他們閱讀，是本研究歷程最後的一個小小遺憾。不過兩園的老師和園長在讀過初稿後，都表示文中的家長應該和他們一樣，會同意書中內容反映的真實性。

[12]　之所以強調「當年、當時」（2001學年）是因本書所呈現的故事，只能侷限於反映研究進行當年的狀況。研究結束後，兩園在不同人、事、物的交織下，會有不同親師故事面貌的呈現，這也是 Bronfenbrenner（1986）從文化生態觀出發，提醒研究者不能忽視「人（person）－過程（process）－情境（context）」在時間的轉換下，將如何影響所探究之現象的變遷。

核後的回應讓我終於可以放心、安心地將書正式付梓出版。他們在閱讀過程中，不僅用心檢視故事的真實性，也提供我在文本中一些基本資料或字誤、語誤等，需修改的寶貴意見。其中，果子園的櫻桃老師、種子園風鈴老師及園長等三人，除了口頭上與我交換意見之外，亦在百忙中給予書面的回應如下：

【研究參與者檢核後的回應之一：果子園櫻桃老師】

Dear 慈惠老師好：

不好意思，答應說要給您一些回應，結果拖了時間，今晚我在翻閱回顧我之前看的，寫了我的想法，因為時間的堆積，今日的我想法也有所不同，對於歷經兩種不同的園所[13]，讓我現在看來感觸特別深，以下是我的回應。

我很喜歡文中討論與省思的部分，我覺得可以讓不同背景和鄉鎮的學校及老師，從不同觀點來思考，而且不會偏哪一方，讓讀者看來客觀又深具省思。而以下是自己看完當年和老師合作時，當時我的想法和現在我的想法，及多年有經驗幼教老師觀點的思考。誠如文中談到教育的信念如何影響家長他們選擇怎樣的幼稚園，我覺得許多果子園的家長，或許和我之前自己教育信念的想法一樣，深受著傳統教育中重智育的觀念影響，所以很注重孩子的讀寫的部分學習，總認為把學生教會讀寫是很重要的。尤其長期在這樣的教育職場，久而久之，也習慣這種教學模式；然而隨著自己接觸開放教育的信念後，我也改變了自己的教學方法和課程的設計等。在我目前教學的幼稚園中，家長就如書中種子園家長一樣，他們很重視孩子能快樂的學習，自由的探索，以幼兒為主體的教學方式，所以他們不是很重視孩子在讀寫算的認知練習，他們最在意老師能否提供孩子適時適宜的幫助，讓他有個快樂的童年。

面對不同型態及教育信念的學校和家長，自己也發現家長他們最重視

---

13 櫻桃老師目前在另一所幼稚園任教。

的是老師的人格和教育熱忱（愛心、耐心）。我有很深的感觸是，不管是在怎樣的幼稚園，家長總是希望自己的孩子是被老師喜愛和鼓勵的，相對著也反映出師資的重要。我常常和許多幼教老師談到：為什麼有些家長不在乎老師是否合格？當然有合格更好，表示有專業的知識的訓練。我覺得應該是說家長最在乎的是，老師是否有愛心和教育熱忱？特別是老師本身有沒有用心去對待孩子們？家長也很在意老師是否有回應孩子在學校的生活點滴？我在教學經驗中體會到，老師其實也可以教育家長，透過每一次的溝通，可以增進他們教育觀念的思考，所以親師合作是很重要的，特別是很多家長意識到品格教育、情緒 EQ 的重要，所以親師溝通會影響家長對學校和老師的看法，不管是私幼或公幼這都是很重要的部分。老師溝通技巧更是學習重點，因為當你讓家長信任你，他們會全力支持學校和老師的做法，但當你沒有得到家長認同，他們會問題多多，有許多質疑。家長的信任是老師們教學動力最大的推手，家長的認同、放心，是支持學校及老師更上一層樓的力量。以上是我個人看完的心得感想，其實還有許多，零零落落，不知道這樣寫是否可以？

櫻桃　950329

【研究參與者檢核後的回應之二：種子園風鈴老師】
覺得老師寫的很真實，與實際狀況沒有落差，讓自己學了很多，老師在班上做研究那年，對我的幫助很大，今天看這份出爐的報告，覺得真的很不簡單，從老師的寫作分析中，對我正在進行的論文有很大的幫助，但因為自己本身整個腦子都被正在寫作中的論文塞滿了，所以無法以更多文字來表達[14]。」

風鈴　950322

---

[14] 風鈴老師目前在另一所幼稚園任教。

【研究參與者檢核後的回應之三：種子園孟園長】

竹大劉慈惠教授於 89 學年度在本園進行一年「幼兒家庭與學校合作關係」的觀察，從她的研究報告中，使我能夠再一次回顧那一年裡，與家長間互動的點點滴滴，家長們為了孩子的學習與成長，無怨無悔的付出時間、金錢和力量，熱情的參與學校活動，親師之間不計個人利益，都能為對方著想，然後慢慢磨合出最恰當的互動模式。至今回想這段歷程，心中仍有深深的感動和滿滿的感恩之情，感謝這一群支持學校教育理念的家長，成就我們的教育志業，讓我們在親師合作的路上，走得又穩健又踏實。

孟園長　　950403

除了上述主要研究參與成員的檢核之外，本書的初稿亦陸續經由與其他一些人的閱讀後的對話、意見，而幾經修改、校正與延伸，其中包括本系大學部與研究所學生、校內與校外幼教同仁等。以上諸多人或透過面對面，或書面所反映的觀點、疑問與建議，都幫助我得以在「多元觀點的並置與互動下」（蔡敏鈴，2002，p. 86），將初稿中所講的、寫的故事，不斷在深化、透明化、水晶化上，做進一步的嘗試與努力。其中所抱持謹慎、戰兢的心情，一如高敬文（1996）在《質化研究方法論》一書中，與質性研究者互勉的一段話中所反映的：

「聽故事時，『我』是客觀、寫實的研究者；到了『講故事』時，則把『我』的主觀意見溶入其中。『主、客體交融』乃是一自然的現象。分寸上如何拿捏，以免偏向兩極，乃是一門學問，或『藝術』（p.312）我既以『聽、講別人的故事』為志業，也就是以『了解別人的戲碼』為我的專業『戲碼』，我在演出這部分戲碼時，更要小心去傾聽別人內在的聲音，理解他們內心的世界。（p.327）」

第七節　故事鋪陳的簡介

　　在為期一學年的研究歷程中，我享受了許多來自田野溫馨的友誼與成長，那是研究中最令人享受的部分，但是在資料的蒐集、轉譯、建檔、分析、詮釋與書寫的過程，負擔則甚為沉重，其中酸甜苦辣、挫折與失誤皆有之[15]。經過漫長時間對大量田野資料的咀嚼、消化與歸納後，我終得以把所看到、聽到各觀故事，經由「主、客交融」的方式，將對研究主題的發現、領悟與詮釋，分別寫在第三章、第四章及第五章。其中，第三章的書寫是為第四章和第五章鋪路，因為在第三章中，我主要呈現了家長對於幼兒學習所抱持的信念與期望，有些讀者在乍看之下，可能會覺得這樣的議題與家庭和學校的合作，似乎沒有很明顯而直接的關係，但在研究歷程中我深深發覺，家長的信念的特質，在實質上深深影響與形塑了親師彼此之間對於合宜互動和合作的認知與詮釋，這進而萌生了不同特質之家庭與學校合作的面貌。因此，欲深入了解第四章私立果子園和第五章公立種子園所呈之故事的 what、how 和 why，第三章的引路是重要的，否則讀者對於現象的理解可能會流於表相。在第三章針對家長信念的剖析之後，在第四章及第五章的鋪陳中，帶領讀者進入本研究的核心議題——「在學前教育階段，家庭與學校合作關係可能存在什麼樣的面貌？不同園所對合作關係有什麼異或同的認知與詮釋？親師的認知與期望如何影響合作關係的形塑？」在這三章故事鋪陳的方式，有同，也有異，那是幾經多番思考後所選

---

[15] 西方學者如 Whyte（1981）及 Lareau（1989）等人在研究成果集結的書中，對研究者研究過程的甘苦談多有描述。例如，Lareau 在其著名的《民族誌研究》（*Home Advantage*）一書中提到，學術界學者對於研究過程的描述與著墨往往非常低調，以至於後進的學生往往不知、也無從了解田野工作的真正滋味，有感於進行民族誌研究背後的內部工作（inner workings）鮮少被重視，Whyet 在其著名的《*Street Corner Society*》一書出版後的十二年，決定寫下當初進行該研究的詳細過程，以供後進參考。Lareau 受其影響，也詳細闡述其研究過程中所發生的種種，他們的用心令人感覺到做研究實在不是不食人間煙火，而是有血有肉的，其中有挫折，也有失誤，研究者如此的真摯令人十分感動。希望自己待吃重的寫作告一段落後，日後也可以分享與寫下這一趟研究之旅的 inner workings。

擇、嘗試的一種書寫方式，主要的用意是希望書寫的風格、分享的故事，不會
只侷限於學術性的語言和答案（intellectual answer），而也能反映、描述社會
寫實的一面（social reality），一如 Lareau（1989）在她的研究中對自己的期
許，以及對我的啟發。在本章結束及下章開始前，對於自己所選擇的詮釋方
式，以及終究需暫時畫上句點的故事，我以Denzin（1989）的一段話與讀者相
互切磋：

> 「所有的詮釋都是未完成、暫時而將來可能改變、不完全的（p. 64），
> 研究者並不需要去證明自己論點的對或錯，真正重要的考驗是在於，
> 我們洞察事物的方式，對讀者而言，究竟有多大的幫助與興趣？（p.
> 1）」

CHAPTER 3

第三章
幼兒被期待
學些什麼

隨著社會、家庭結構的變遷與婦女就業的提升等因素，高達 96% 的學齡前幼兒會進入學前教育機構就讀（教育部，2002），因此幼稚園與家庭成為形塑孩子學習的重要搖籃與推手。學齡前幼兒應該學些什麼？對這階段的孩子什麼是重要的？這是不少學齡前幼兒父母心中常有的疑問。父母如何思考這個問題是否影響他們選擇幼稚園時的決定？不同教學型態的幼稚園，滿足了不同家長對孩子期望的需求嗎？本研究中的兩個幼稚園在性質與型態有諸多差異，各有其特質與信念，從某個層面來說，這兩個園的特質或許多少反映了，現代社會潮流下學前幼兒家長不同的需求與心聲。

第一節　私立果子園篇
——從家長如何為孩子選擇幼稚園談起

根據田主任表示，他們的老師從來不需要去招生，家長都是經由口碑相傳，慕名而來到園方，因為這裡畢業的孩子給人一般的評價是：「很有禮貌、在小學的功課大部分都很好。」田主任認為那樣的評價是辦學這麼多年最大的欣慰之一；每當在路上遇到以前畢業的學生家長，他們會跟她說：「謝謝妳，我們的孩子在果子園學到很多東西，所以現在在小學的表現很好。」田主任對果子園辦學成效的自信心，的確反映在我所訪談或接觸的一些家長中，而小冠的媽媽是其中最明顯的例子之一。

一、口碑相傳——為孩子贏在「起跑點」

小冠媽媽有兩個兒子，和先生兩個人都是高中畢業，原本在工廠上班的她，生了老大小冠之後，因為希望全心陪伴孩子成長，毅然辭去工作，在家專心帶孩子。這個決定並不容易，因為先生的收入不高，再加上房屋貸款，經濟

壓力很大。不過，由於夫婦兩人都深深覺得自己就是因為沒有受很高的教育，以至於現今只能靠勞力賺取微薄薪水；不像小冠媽媽的兄弟因為大學畢業，可以穩坐白領階級勞心不勞力的工作[1]。這樣的成長經驗使得小冠媽媽深深感受到「學歷」好重要；她的心聲反映了教育是改變社會階層、提升經濟品質重要途徑之觀點（Smith, 1992）。他們把「孩子，我要你比我強」的希望寄託在小冠身上——希望他能從學齡前就奠定好學業基礎。為了達到目標，夫婦倆商量的結果，決定由先生兼兩份工作：白天送報紙，晚上送貨，太太則在家全心協助孩子的學習。對孩子的學習抱持高度期望的小冠媽媽，之所以選擇果子園，正是在朋友的推薦下慕名而去。雖然果子園的學費與附近其他私立幼稚園相較算是稍高的，對家裡是一個不小的負擔，可是為了給孩子打下好的基礎，他們決定咬緊牙關、縮衣節食，讓孩子去唸心目中的名校。

二、「師資合格與否」家長並不關切、不了解

　　當我問小冠媽媽當初決定讓孩子就讀果子園時，除了因為園方風評不錯之外，是否有了解園方的課程和師資狀況呢？小冠媽媽搖頭說：「**沒有耶！因為很多人都說那裡很好，我從來沒想到要問。**」小冠媽媽對果子園口碑相傳的信心，以及對園方師資狀況絲毫不好奇的情形，也是絕大多數我在園方親子活動中隨機接觸到的家長的心態。在個別和何主任及田主任談話中，她們也都表示：家長帶孩子來參觀時，幾乎沒有人問過師資方面的問題；家長通常都比較關心：**孩子在園裡可以學到什麼？**果子園並非所有教師都合格，由於課程結構與上課型態滿足了多數類似小冠媽媽擔心孩子輸在課業起跑點，同時也重視孩子生活常規教育之家長的需求，因此招生狀況一直很好。這樣的經營型態，對於教育滿懷想法的高先生來說，是在理想與台灣大環境競爭激烈潮流的現實之間不得不的一種妥協與無奈。

---

[1] 小冠媽媽表示自己是父母重男輕女傳統觀念下的犧牲品；認為女孩子不需要唸太多書，在家中經濟不好的情況下，家中女孩在唸完高中後都沒能繼續升學，而哥哥弟弟都讀完大學。她很羨慕兄弟的工作及經濟都比她好很多，她常常要小冠向舅舅看齊。小冠媽媽的經驗反映，傳統文化中重男輕女的價值觀念仍對這一代某些婦女的教育機會有所影響。

三、讀寫算能力的需求──家長看法同中有異，異中有同

　　雖然果子園在課程的設計與安排上，考量了家長對幼兒讀寫能力訓練的需求，但與其他一些專以讀寫為考量的私立幼稚園相較，果子園是教、寫沒那麼多的學校。田主任表示，曾有少數家長認為果子園教、寫得不夠多，而在孩子讀大班時轉到其他私立園就讀[2]，不過辦園以來絕多數家長對園方都很肯定，覺得園方能兼顧幼兒讀寫及與其他生活方面的教育。琳琳媽媽是其中一例，她高中畢業，從事兒童圖書的銷售工作，在幫兩個孩子找尋幼稚園時，花了很多心思打聽、比較。琳琳哥哥目前上小學一年級，之前唸過另一所教、寫很多的私立幼稚園，後來因搬家之故必須換學校，經由朋友的推薦及諸多比較之後，她覺得果子園似乎是考量孩子多方面需求下，較為均衡的選擇，雖然她很在乎孩子讀寫的訓練，但是覺得其他方面的學習（如生活教育、人際關係、人格等）也很重要，而這正是老大所缺乏的。因此當老大在果子園唸了很滿意後，老二也進入果子園。琳琳媽媽談到為孩子選擇幼稚園時，透露了家長對園所課程特質的詮釋，會受到先前相對性經驗的影響，以及對課程實質並不甚了解的現象：

> 　　後來因為搬家我就到天天幼稚園，可是它比較屬於那種填塞式，後來
> 一直打聽，打聽到果子園，他們說果子園是用啟發式引導的方式，我
> 有朋友啊在當國小老師，我參考他的意見，覺得真的很不錯（我：妳
> 覺得果子園它的特色是什麼？）……小孩子能夠自主學習、自動學
> 習，比較獨立式的教學法，東東幼稚園的教學法比較是填塞小學的東

2　根據田主任表示，果子園大中小班訂定不同的教學目標，因園方也很重視幼兒的生活教育，因此大班才開始強調讀寫、注音符號等學習，在中、小班原則上不教，只讓孩子接觸。有些家長會跟她反映別的幼稚園從小班就開始教了，希望園方也能如此。田主任覺得私立幼稚園辦學不似公立幼稚園，需要將孩子學習的具體成果展現給家長看，這是私立幼稚園很大的壓力，無法不適度去滿足家長的需求與期望。

西，我覺得引導的方式各有利弊，填塞的未必也不好，我老大基礎打
得很好，上一年級我覺得好輕鬆喔。不過他比較沒信心，會的也不敢
表現出來。那琳琳的話，她要表現什麼就會表現，因為我看過果子園
教學觀摩，即使她不會，老師一問她還是舉手。

　　學前階段要學多少讀寫算，才能使孩子上小學後課業不會令人擔心呢？針
對這一個問題，家長有不同的想法。對果子園多數家長來說，園方所安排的讀
寫算課程是恰如其分的，對極少數家長而言，讀寫分量多少都無所謂（如小杰
媽媽），或者甚至覺得有點多（如小力媽媽），但是對某些家長來說，可能是
仍嫌不足的（如文文媽媽）。**不過當家長選擇幼稚園在乎的因素不只一個時，
有時為了配合本身資源的限制或最需優先考量的需求，家長在園方某些狀況並
不盡如己意時，往往會做出最合乎自己重要需求的選擇**。例如文文媽媽具有碩
士學位，在一科技單位擔任主管，先生在台北工作，只有週末才回來，文文媽
媽由於工作忙碌，加上就近並無親人協助，平時文文上下學的接送都只能交給
保姆照料，而家就在果子園同一條巷子的她，自然而然選擇了對職業婦女最為
省事的果子園。雖然她也聽說果子園畢業的孩子上小學後成績都不錯之口碑，
但是由於她十分看重課業成就，她比較了目前唸高中的老大早年就讀的私立幼
稚園所教的讀寫算分量，認為果子園在這方面提供的學習並不很足夠。為此她
曾經向園方反映過，可是田主任覺得讀寫方面的課程分量已足夠，沒有再強化
的必要。文文媽媽在考量自己工作時間較長，無法把文文轉到其他教得更多，
但較遠的私立園，她的應變之道是，私下再買一些自認不錯的讀寫教材及練習
本，下班後幫女兒補強。在果子園類似文文媽媽高學歷、高學業期望的家長，
在家長座談會也有所見，他們對孩子學習上的期望反映了，在台灣社會中，家
長教育程度及社經背景之於教育觀開放性的相關度，並不如西方社會那般具區
隔性；受過高等教育的家長仍可能抱持傳統社會的價值體系，看重孩子以反覆
練習的方式習得讀寫的技能。談到選擇幼稚園的考量時，文文媽媽談到她在期
望之間的折衷之道：

我當初是選擇學校比較大、比較近的。因為果子園蠻有規模化的。但是在教材方面可以採用 XX 出版社的……果子園的教本老實說比較簡單。你看像這樣子只有單一的字〔她把果子園的練習本拿給我看〕，能夠加強孩子的記憶嗎？……我覺得文文跟哥哥比起來，哥哥學得很好，因為以前那個學校很著重認字和數學，所以我就去買了很多不是幼稚園的教材給文文做。

在談到對學齡前孩子的期望時，果子園家長大部分都會主動提及讀寫算。基本上來說，在這些家長的理解中，**幼兒學習的期望似乎無法不和讀寫算的預備畫上某種程度的等號**，因為不論是源自主觀的想法、經驗，或是經由周遭朋友所得到的資訊，都讓他們深深覺得──「如果孩子在幼稚園階段沒有把讀寫算學好，課業的落後會使得孩子一上小學就輸在起跑點。」在果子園的研究過程中，除了極少數的家長之外，這樣的擔心與關切，在親師座談會、家庭聯絡簿、教學開放日等場合都可以深深感受到，不過家長的擔心是有著程度上的差異。在所接觸的家長中，小冠媽媽是屬於非常擔心的類型，她的擔憂與牽掛是那般的深，談著談著眼眶都紅了：

現在社會腳步很快，我怕孩子若在這方面沒有學好會很吃虧，真的不能讓小孩子輸在起跑點……可能我就是輸在起跑點，所以我會對小孩子要求比較嚴格……因為學校是蠻現實的，你成績一不好，他〔老師〕就把你列為不好的學生去，會影響小孩子求學的自信心，我怕會影響到小孩子的學習過程，真的會很擔心〔哽咽〕。

與果子園家長談話的過程中，我發現周遭親朋好友、鄰居等人的經驗對他們如何思考與預備上小學之後的狀況，有著不可忽略的影響。例如琳琳媽媽聽朋友說：「有些小學一年級的老師開學第一天，就會問：『注音符號還不會的舉手？』而舉手的小朋友往往就會被編在同一排。」她覺得雖然並不是所有一年級的老師都會如此做，可是這樣的現象畢竟存在，如果不幸碰到，孩子一上

小學就被老師期待「注音符號都要會」，在這種情形下父母很難沒有壓力。她認為在現實環境中，父母是很矛盾的，因為雖然教育政策上一直宣導幼稚園不宜寫字，可是從現實狀況看來，孩子如果在幼稚園不養成寫功課的習慣，上小學後就會輸在學習的起跑點。她對現實的詮釋反映，傳統以來「望子成龍，望女成鳳」的心情及士大夫的觀念，至今對某些家長來說仍是那般真實：

> 其實現在做父母的都會怕孩子輸在起跑點，其實〔父母〕是很有壓力。我覺得讓孩子自由發展，那是不可能的……說不要跟人家比較，可是我有時候很矛盾喔！說不要比較，可是你還是會要求他都要做好這樣子，覺得別人可以做這樣子，你為什麼不行？……政府一直在推動說幼稚園還不適合寫太多，可是我不覺得，我覺得大班已經可以寫很多了。

　　果子園家長對讀寫算之於進入小學的關切，在第一學期九月中所舉辦的大班家長座談會中也可看出一些端倪，當晚家長的出席率非常的高，整個會堂坐的滿滿的，正如田主任會前很有信心地告訴我的：「每一年大班家長的出席率都相當不錯！」這反映出家長對孩子即將上小學之前一年在園裡的學習十分關切。在歷時約一小時的團體座談會中，大部分時間由主任向家長說明園方的教學方式，內容多著重在學業相關等認知性方面的學習，例如認字、兒歌、教材、注音符號、數學、美語等教些什麼以及如何進行。從園方所構思的家長座談會內容，反映了家長對大班幼兒讀寫算學習的深切期望與關切，例如何主任在座談會中談到了注音符號的教學，也傳達希望家長在家可以幫忙幼兒複習，以強化園中所學的知能：

> 注音符號我相信也是各位家長最關心的一個問題。……我們把這三十七個注音符號分上下學期兩個部分，每週注音符號有三堂課，裡面有兩堂課是教新的注音符號，第三堂課做複習的工作……在這三堂課中我們會讓孩子知道注音符號怎麼寫，讓孩子確實知道他們學到的注音符號，所以家長不用擔心。家長基本上的工作就只要在家把每週教的，有時間給予複習就好。

在隨後各班的家長座談會中，果子班櫻桃老師除了談到她對孩子生活教育的重視與要求之外，大部分時間仍偏重在進一步向家長說明果子班會如何進行注音符號、認字與筆順的教學等。雖然主任及帶班老師在說明這些議題的同時，一再強調讀寫算並不是幼小銜接的全部，希望家長不要太過於著急和擔心，但對大班家長而言，與課業相關的學習，似乎還是他們對孩子學習最重要的關切點。因為即使整晚園方大部分的時間，都已花在說明與讀寫相關的議題上，在果子班座談會快結束時，最後一位發言的爸爸所提出的問題，仍擺脫不了他對孩子學習拼音的焦慮和困惑：

> 我想請問一下：注音符號的單音，是要兩個注音符號的單音拼起來，
> 還是……？我們以前是「ㄏ一ㄨㄧㄚ一花」，但是現在新式教學是
> 「ㄏ一ㄨㄚ一花」，那拼兩個單音起來是下學期會教嗎？不知道是照
> 我們以前傳統的？還是照新式的？

整體上來說，果子園的負責人在考量現實與教育理想之間，在辦學上仍然期望能兼顧幼兒其他方面的發展需求，因此比起其他專以讀寫算為主要訴求的小學先修班式私立幼稚園來說，是教得不夠多，寫得不夠早的。談到讀寫算的議題，田主任認為，受到台灣社會大環境的影響，大部分的家長都會擔心孩子，所以在課程上有其必要性。她的想法是：孩子在幼稚園學習了，可以減少上小學後的挫折感，但是也不能過度強調，否則會讓孩子失去了學習的興趣。面對有些家長以「有些學校中班就開始教了」為由，要求園方再提早一些教、再多教一些的期望，田主任通常都是想辦法和家長溝通，希望家長不要對讀寫算太過擔憂，而也能看重孩子其他方面生活能力的培養。

四、老師的愛心與耐心吸引家長

果子園的口碑除了在於對孩子讀寫能力的訓練、生活人格教育的重視之外，還包括老師的愛心。在多數果子園家長的觀念中，**老師的愛心似乎是比合格與否更具說服力與重要性**。幼稚園家長對於幼兒老師愛心特質的期許，在西

方社會也有相似的發現（Graue, 1993b）。我所接觸到的果子班家長，對櫻桃老師之於孩子的愛心與耐心多誇獎有加，其中尤以小杰媽媽感觸最深，雖然她也是在別人的介紹下來到果子園，但她來到果子園的原因不是因為課程，而是聽說老師很有愛心。小杰媽媽選擇果子園的歷程，也突顯私立幼稚園吸引家長的另一可能面向，以下是她的例子──一個無助的媽媽求助於園方：

　　小杰是家中的老大，有一個小他兩歲的妹妹，也在果子園就讀。小杰的父母都曾留學美國，回台後媽媽從事會計工作，爸爸是工程師。和小杰媽媽的見面是在多次電話聯繫、更改日期之後，終於在某日下班的晚餐後約在麥當勞二樓見面，小杰跟著媽媽一起來，手裡拿著機器人玩具。媽媽說本來是想一個人來的，但因不放心把他單獨留在家中與爸爸共處，所以不得已把他帶著走。在訪談過程中，小杰在一旁玩著他帶來的玩具，隨著我們的對話，小杰媽媽談到這個孩子的學習過程，數度落淚、哽咽不已。原來小杰從小堅持度很高、情緒很不穩定，教養過程非常辛苦，而先生的管教很嚴厲，總是以大人的想法與標準要求小杰，動輒打罵的結果使得父子關係一直都很緊張，夫妻二人經常為了對小杰的管教起衝突。不過出於先生的強勢與不退讓，造成她常常必須在孩子與先生之間收拾不知如何是好的殘局。另一方面小杰在學校與同學之間的衝突總是不斷，經常不得不以轉學收場。在唸果子園之前，小杰已經換過三個學校，教過他的老師視他為頭痛人物。對於小杰學校生活的適應不良，媽媽一方面感到難過與無助，一方面也十分心疼孩子。透過朋友的介紹，知道果子園這個學校，就想何妨姑且一試。一年多來在櫻桃老師愛心與耐心的引導下，她覺得小杰在情緒控制、人際關係上都進步很多。面對這樣特質的孩子，對她而言，學校是否教孩子認字、寫字等技能，一點都不重要，是老師對小杰的包容與用心令她十分滿意。因著小杰在果子園的人際與行為的成長，老二也進入果子園。小杰媽媽回憶起那段尋尋覓覓、不知何去何從、心力交瘁的日子，娓娓道出了她對果子園老師愛心的深切感激：

　　市場那邊有一個幼兒成長教室，小杰在那裡適應得不是很好，有一
　　天我去接他，他在一個小教室裡面丟東西，好幾個大人在看著他，

可能又是被罰站，我好心疼，他們說拿他沒辦法……後來劉老師介
紹我果子園，我想說既然有老師這樣推薦的話，去那裡碰碰運氣，
說不定會找到比較適合的老師。……還有之前婦產科的夫人說她女
兒在那裡唸過，好像不錯，我想說就碰碰運氣，說不定他能適應。
果子園雖然不大，但蠻溫馨的……我覺得在果子園是跟對老師，我
蠻感謝櫻桃老師，小杰跟她蠻合得來的……他很喜歡櫻桃老師，他
讀過的幾個學校，帶得動他的好像只有櫻桃老師，大概是〔櫻桃老
師〕能夠堅持原則，能夠鼓勵他，提高他的學習欲望、降低他的挫
折感。

五、 對公立幼稚園的印象不佳

對有些果子園的家長來說，公立幼稚園給他們的感覺不是很正向，這其中
的認知包括：公立幼稚園的工作是鐵飯碗，老師在教學上比較沒有私立幼稚園
老師認真、有愛心，孩子學到的東西比較少，上小學後課業的銜接難等，這些
觀感促使部分家長傾向選擇私立幼稚園。高中畢業的琳琳媽媽是其中的一個例
子，雖然她強調個人對公立幼稚園的經驗是很片面的，不能以偏概全，可是這
樣的認知誠然影響了她為孩子選擇學校。從琳琳媽媽的談話中可以發現，不少
家長在孩子學齡前階段十分看重讀寫能力的訓練與預備，公立幼稚園正常化的
教學往往給予某些家長一種刻板認知的誤解：如果孩子讀公幼，上小學後在課
業上會很吃力！考量現實環境壓力的家長，如果再加上對公幼有過不佳的接觸
經驗，很自然而然地會捨較為便宜的公幼，而選擇收費較高、但能滿足其特定
需求的私幼，因為不少家長覺得為了提供孩子一個他們認定好的教育環境，多
花一些錢是值得的：

我覺得公立幼稚園不太好……我也不能一概而論啦！……它是公家
的，老師是上班的職務，比較沒有私人的那種有壓力、有競爭，相對
的對小孩子的付出就不夠。私立的話會比較去注重生活，真的去照顧

小孩子。……像我的鄰居就有一個在某國小附幼，小孩子說肚子不舒服，竟然沒有〔老師〕幫小孩子處理，就打電話給家長來接他回家，那種照顧讓我感到很心痛，畢竟幼稚園小班生理方面還不是能夠照料得很好，需要非常有愛心的老師。……私立的話，為了招生一定會比較注意，不管在教學內容或是在各個方面的設備，會比公立的好，所以我寧願多花一些錢，人家說讀幼稚園好像讀大學一樣，我寧願花這樣的錢，讓小孩子受到的照顧或是學習應該都會比公立的好，我個人的看法啦！我相信公立的也有很多愛心的老師。……在公立我所聽到的就是教的不是那麼多，最基礎的ㄅㄆㄇ的認知那些，可是到了小學很現實的就要面對那種〔壓力〕……，他的信心會有挫折，再加上家長沒有那麼多時間的話，會影響。

小力媽媽也是因不好的舊經驗而影響選擇的另一例子；她是高中老師，家中有三個孩子，哥哥、姐姐年紀比小力大十多歲，之前都是唸公立幼稚園，因著對當年老師不甚滿意，在十多年後的今日面對老三讀幼稚園時，對公幼的感覺仍停留在過去接觸的不良印象中。雖然她聽說某國小附幼不錯，但因為還要經過層層的手續（如報名、抽籤、等公告），覺得很麻煩，因此仍然不考慮學費比私幼便宜甚多的公幼。選擇果子園是因她覺得園方整體環境條件不錯，最後成為她選擇果子園的最大誘因，這呼應了幸曼玲（1996）的研究發現──幼兒父母選擇幼稚園時，非常重視園方的環境品質，包括室內活動空間、戶外場地及空氣流通等：

其實我最考慮的是學校的環境！還有交通對我來說方便也是，因為要接送小孩三年，如果中間颱風下雨都不會離太遠，所以就是找近的，我覺得主任是蠻有理念的，然後整個環境看起來有戶外的、室內的。果子園還算近，我婆婆住很近，有時我很忙沒有辦法去載時，奶奶可以去載。

六、影響因素多重交織

　　以上的例子反映了家長個人的主觀經驗及對公幼的刻板負面印象，可以根深蒂固的影響學齡前幼兒父母為子女選擇學習環境的決定，雖然受訪的家長也都表示，所認知的只是個人的經驗；不能以偏概全，不過這也反映了公立幼稚園潛在問題之一：**合格不代表專業，而專業不一定敬業**，如何改變一些人對公立幼稚園老師的負面刻板印象，值得公幼老師深思。

　　話說回來，家長在為孩子選擇幼稚園時，通常都不只是考慮單一因素；對有些人來說，他們可能同時在乎許多不同的條件，例如**學校環境好、離家近**是必須納入考量的重要因素。在沒有單一幼稚園可以滿足所有需求的情況下，**家長往往在綜合考量可能的利與弊、家庭與本身的特殊狀況，最後以較能滿足自己必須優先考量的點做為抉擇的依據**。例如由於目前的社會中，婦女就業比例逐年提升，許多幼兒母親是職業婦女，再加上很多時候接送孩子的責任多落在母親身上，因此在為孩子選擇幼稚園時，往往也必須配合距離的考量——離家近或者在工作地點附近。在我深度訪談的幾位果子園有上班的母親中，這一項因素的重要性程度雖不盡相同，但都是她們考量的諸多因素之一。

第二節　公立種子園篇——從家長如何為孩子選擇幼稚園談起

　　公立幼稚園的學費較之私立幼稚園便宜許多，任教的老師都是合格的幼教工作者。這些條件對幼兒家長來說，是一個很大的誘因嗎？種子園的家長在為孩子選擇幼稚園時，其想法不同於私立園的家長嗎？種子園一來不做宣傳，二來不以特定訴求去吸引家長，那麼每年趨之若鶩的家長是抱持著怎樣的思惟呢？

這是我感到好奇的問題。談到家長如何來到種子園，園長認為家長讓孩子來唸公立幼稚園有諸多不同原因的考量，對於經濟狀況不好的人，基於學費便宜，公幼是他們最優先的選擇，種子園中確有這樣的家長：送孩子來園裡讀書別無他求，只因便宜，而自己又需上班。至於對經濟不是問題的家長來說，其中除了有些與果子園家長考量相似、與學習無特定關係的原因（如離家近、環境不錯）外，他們在為孩子選擇幼稚園時，在主要的想法與期待上有別於果子園家長。

一、抽到了就讓孩子唸看看

　　在接觸種子家長的過程中，我發覺有一些家長將「讀公立幼稚園」視為市民的權利，因為學費便宜、師資不錯，認為在這樣的前提下，孩子在學校的學習有一定的水準。不過一般來說，位在市區的公立幼稚園由於報名人數往往太多，都必須抽籤決定，對於能抽中籤的家長總覺得是一件很幸運的事，因為並不是想要唸就可以唸。種子班有些家長就是抱著「姑且試試運氣」的心態而入園。然而值得玩味的是，有一些家長在抽中籤後卻會有所掙扎：「要不要真的讓孩子去唸？還是放棄算了？」為什麼會有這樣的矛盾呢？與不同家長接觸時才發覺其中的原因居然都是一樣的，而且也正是不少果子園家長風聞的傳言之一：「聽說公立幼稚園什麼都不教，孩子上了小學會跟不上？」而這裡所謂「什麼都不教」指的是傳統認知中的讀寫算，這似是而非的傳言，也正是果子園有些家長在家庭經濟不甚理想的情況下，為了怕孩子「輸在起跑點」，再辛苦也要把孩子送到私立幼稚園的原因。一開始會擔心孩子念公幼會導致學習落後的這類家長中，君君媽媽是受此傳言影響很明顯的例子之一。

　　君君媽媽和先生都是高中畢業，君君上面有兩個哥哥。和周遭的親友一樣，他們對孩子的學業抱著深切期望，所以老大（五年級）、老二（三年級）以前都是上很強調讀、寫、算的私幼，上了小學後在課業上雖然沒什麼問題，但是由於個性都很內向、膽小，讓他們一直很傷腦筋。經過兩個孩子的教養經驗，面對君君的教育，他們開始思索或許做不同的嘗試。不過在考慮的過程中是很掙扎的，因為周遭親友對種子園的評價都是負面的——「孩子學不到東西，上了小學跟不上，老師會很排斥，小孩子也會很痛苦」；她徘徊在孩子的

課業及人格發展之間，不知該如何是好？似乎顧此就失彼。後來她想：就讓抽籤來決定吧！沒想到如此的放手一搏，倒使得君君媽媽有了百聞不如一見的領悟，不但釐清了外界對種子園的傳言並非屬實，後來竟也逢人就替種子園宣傳，而且也成了種子班重要的義工媽媽之一。她的改變與投入是因看到君君上學後，逐漸變得開朗、活潑、敢於表達自己想法等具體可見的人格成長，這些都是在哥哥身上沒有的，而種子班生動有趣的諸多教學活動，使得她大大修正了對孩子學習的期望，她不再擔憂孩子上小學後的讀寫問題，她後來甚至說服了小姑，也把孩子送到種子園「**好好玩一玩**」：

> 那時候說實在的，我也考慮要不要放棄不讓她讀？因為接收太多有關種子園負面的消息，後來我想就讓她讀看看吧，〔如果〕有像外面說得這麼差，就轉學〔笑〕。後來碰到的老師真的很好，數字和注音都在無形中帶進去，讀了一學期學到了很多學不到的基本禮儀，我就讓君君繼續讀下去了。（我：你覺得君君在種子園最大的收穫是什麼？）她原本很內向不敢表達，現在變得比較外向活潑。她在家裡最小，以前表達能力不是很好，遇到很多事情都不敢講，遇到事情她頭就低下去，慢慢的就不會了，回到小孩子原本天真的一面。像我先生大姊〔孩子〕那邊的幼稚園只收大班的，教什麼一堆東西，我說你讓他去讀〔種子園〕，結果她也覺得小孩子變得很快樂。……我覺得知識可以慢慢的累積，不一定要在幼稚園階段都學會。

二、欣喜孩子獲得較讀寫技能重要的人格及人際成長

君君媽媽的例子說明了有些家長的教養，在經驗的累積下會逐漸修正；父母對孩子教育的期望與看法並不是一成不變的，而是會隨著經驗而改變與調整。一般來說，**為孩子選擇某類型的幼稚園，在某種程度上反映了父母對孩子某特定能力的期望與價值信念。**在台灣整個大環境似乎普遍重視學業成就的社會潮流中，讓孩子讀公立幼稚園，父母會面臨的一個最大困惑和不安有些是相

似的——孩子上小學後會在課業上有銜接的困難？面對這樣似乎形成一股社會風氣的困惑和不安，一般家長若在經濟能力許可下，似乎很難逆向思考，去選擇一般人刻板認知中「沒教什麼、都在玩」的公立幼稚園。不過反之，有些家長比較不受社會風潮的衝擊而動搖，這樣的家長我發現在種子園主要有兩類：(1)在教養過程中，親身體驗到孩子在不同學習環境的確帶來不同面向的成長，因而改變了自己原先的想法；(2)原本對學前教育的目的就具有清楚的認知，不認為讀寫算是幼稚園教學的重點，因而不受困惑。在種子園以上兩類的家長皆有之，君君媽媽和芳芳媽媽的經驗是屬於第一類的家長；她們為孩子選擇幼稚園的歷程，可能反映另一些之所以送孩子讀公立幼稚園的家長心態。

　　君君媽媽和芳芳媽媽的背景具有多重的相似性：兩個人都是高中畢業，目前都是全職媽媽，都是種子班熱心的義工媽媽，原先都很看重孩子讀寫能力的預備，可是也都因為教養經驗的累積，以及從孩子身上看到令他們訝異的成長，而願意調整自己原先的價值觀。芳芳媽媽有兩個孩子，老大唸國小一年級。一開始面對老大要上幼稚園時，她也深怕孩子上小學跟不上，也聽說有些小學一年級的老師會把沒學過正音的孩子另外區隔。她覺得這樣孩子很可憐，父母也很沒有面子，因此一開始她考慮讓老大去唸私立幼稚園。不過那時鄰居有個孩子唸某私幼，每天有很多的功課，感覺上似乎學很多東西，可是後來那孩子居然每天吵著不想上學，這個情形使她對是否送老大去唸私幼有了一些遲疑，後來在誤打誤撞的情況下抽到了種子園。和君君媽媽一樣，抱著姑且試看看的心理，沒想到老大在種子園適應得很好，學到很多團體生活的紀律與應對進退的禮儀，雖然老師沒有刻意教寫字、認字，但她發覺孩子很喜歡上學，而且在自然情境下也學會了一些基本認知性的技能，這使得她對老大在種子園的成長非常滿意，因此對於老二芳芳，她完全不做他想的以種子園為目標，很幸運的芳芳也抽中了：

> 我以前也會很擔心，說沒有壓力其實是騙人的，因為很多人都講說「種子園什麼都沒有教」。可是當我覺得刻意要讓孩子去學，就發覺孩子很不快樂。就拿哥哥的經驗來說，以前我都會刻意安排一些課程，後來就想說放棄算了，可是當我不要刻意讓孩子去學東西，反而日曆上的數字，孩子就寫得出來。我發覺其實強迫孩子去學什麼東

西，是沒有什麼益處，所以後來就比較尊重孩子的興趣、意願……我覺得團體生活很重要，像我們家樓上的一個小朋友都不太會叫人，不像我們家哥哥，看到人就會說叔叔好、阿姨好，會主動的去認識去打招呼。……我覺得種子園很好，覺得沒有必要〔在幼稚園〕學那麼多，因為上國小後也是要學，沒有必要讓他一直重複。

　　芳芳媽媽提到，老大上小學一年級時，孩子唸私立園的鄰居太太聚在一起時常常喜歡比較，話題常會繞在孩子讀寫算的能力上：「我們家小朋友在幼稚園學了很多，上小學後都不用擔心，學的很輕鬆，因為在學校都學過了。你們家小朋友怎麼樣啊？」面對著別人抱著「**先跑先贏**」的心態，她一開始也有壓力，但現在比較能有自己的想法，可以很坦然的告訴自己：「**學那麼多有什麼用？到了學校覺得很無聊，該學的都學過了，我們家小朋友沒學過，所以會很新鮮，會學得很用心。**」芳芳媽媽在聊到孩子的學習時很健談，舉了很多老大成長過程的例子，來說明自己目前對孩子學習的態度，如何從摸索的經驗中慢慢修正，這一路走來心態的調整很不容易，但她很高興自己看法改變了，不過言談之間她對於自己的看法常會很客氣的說：「**其實我沒有唸什麼書，在教育孩子上也沒有什麼太多的資訊，這都只是我個人的想法，不曉得對不對〔笑〕？**」

　　芳芳媽媽和君君媽媽對學前幼兒學習的態度，引發我們去慎思有一些刻板的認知：家長的教育程度與對幼兒教育認知的合宜性成正比；教育程度不高的家長會看重幼兒讀寫能力的訓練。可是在本研究中，種子園一些教育程度不高的家長，因看到孩子在學前階段有比讀寫更重要的成長時，卻能突破社會風氣與潮流的影響，選擇周遭朋友、鄰居認為沒教什麼的公立幼稚園而甘之如飴；反之，在果子園教育程度高而看重讀寫能力的家長，卻大有人在。因此，家長教育觀念的合宜性，與教育程度之相關性似乎並不如西方社會那般顯著，反而**家長對孩子的學習信念與期望較之家長的教育程度，是一個更重要的了解指標**。

　　基本上來說，種子園大部分家長對孩子的學習，比較著重在學習態度與動機上的培養，在思考認知學習的議題時，比較不會只侷限在讀寫算能力的培養上，或者把這樣的能力和「輸在起跑點」畫上等號。對他們而言，孩子的起跑點指的是讀寫算之外更重要的抽象能力，諸如求知欲、學習興趣、好奇心、解

決問題與思考判斷力等。這樣的學習觀，對種子班小部分的家長來說，是經過一些轉變的歷程，而該班多數的家長而言，則是在教養的過程中一直都很篤定的信念，這些家長倒是以受過大學教育程度者居多。以宜宜爸爸為例，他以前是國小美術老師，後來辭掉工作專心創作。他覺得起跑點不能界定在狹隘的讀寫上，也不擔憂孩子讀寫的問題，因為這樣的能力時間到了自然就會了。他認為自己之所以可以如此篤定，而不受社會潮流影響，主要是因為自己從事過教育工作，對於孩子是一個怎樣的個體，需要什麼能力看的很清楚。對於一般家長之所以會很擔心，他認為除了可能是因為對教育的本質不甚了解之外，也與小學和幼稚園之間的銜接有問題有關，他語重心長地認為教育者必須關切兩個階段之間的協調：

> 我覺得現在小學和幼稚園學制之間有點對立，幼稚園強調「不要怎麼樣」，然後國小說「一定要怎麼樣」，結果變成各掃門前雪耶！大家〔幼兒家長〕又擔心孩子上小學的問題，我覺得這應該是屬於階段性的，怎麼會一下子落差那麼大？可能是國小出問題，也有可能是幼稚園出問題，兩個怎麼去銜接？我覺得教育者應該要去想、要去談。

宜宜爸爸的例子反映出，當家長不太確定孩子能否勝任下一階段的學習任務時，很自然因著擔心而轉化成對孩子眼前具體可見之讀寫能力的要求；反之，如果家長能清楚明白孩子全人發展的重要性，以及在成長各階段需要培養的能力為何，可能就比較不會隨著社會潮流而搖擺，對一些具體學習的成果就比較不會那麼重視或擔心。再舉安安媽媽為例，她服務於教育局，由於工作性質的關係，常有機會接觸國小的課程及家長。她發覺政府雖然一直在推動教改，希望改變社會傳統以來過於強調智育的學習觀，可是在她所接觸的家長中，升學主義與文憑的現實壓力[3]，對多數人都仍難以超越，父母的擔憂與期

---

[3] 根據她工作上的觀察，安安媽媽發現時下的學童家長大致有三類：(1)不滿現行教育制度，有很高的理想，也有能力在體制外築夢者；(2)升學主義掛帥，以不變應萬變，自始認為學科能力和學歷很重要，課後補習樣樣來者；(3)順應制度的改變，接納九年一貫，順其自然者。在她的觀察中，第一和第三類的人都占少數。

望因而加諸在幼兒身上。這樣的現象明顯地反映了，文化生態觀中大系統對個體發展的深遠影響（Bronfenbrenner, 1979）。在教育職場上工作這麼多年來，安安媽媽發覺很多家長很容易把焦點放在學習結果，而忽略了學習過程其實更重要，因為如果孩子能培養主動學習、喜歡學習的態度，那麼時間到了，讀寫算等基本技能都不會是問題。她覺得父母在家裡可以透過遊戲的方式，引導孩子學習基本技能，而不需要求老師透過反覆、刻板的教學方式去灌輸，她自己在家裡就常和孩子玩寓學於樂的遊戲，在種子班多數家長也是抱持類似的學習觀。

三、有少數家長仍會擔心孩子的讀寫能力

對於「在幼稚園是否需要提早教注音符號」一事，種子班一些家長從小學一年級老師所聽到的建議，和果子園家長有所不同。例如安安媽媽說：「我遇到很多小學老師都說：千萬不要把小朋友送去正音班或提早學，不然開學後我就沒有什麼好教的了〔笑〕。」顯然的，面對幼稚園小朋友學習注音符號一事，小學老師有不同的期待，而家長從個人社會網絡所得到的訊息也不盡相同，這或多或少都影響了家長如何思考與詮釋學前階段的學習重點。不過，在種子班有少數的家長，因著自己對台灣社會大環境的主觀了解，也因著受周遭資訊的影響，對讀寫算也有一些不確定的迷惑與矛盾，這樣的困惑在第一學期初種子班的親師座談會顯露了些許徵兆。和果子園一樣，種子園也在第一學期期初舉辦親師座談會，不過型式不同；是由各班各自舉行。種子班家長座談會在九月上旬的某星期六早上舉行，帶班的老師和出席的家長在種子班教室，圍繞著小朋友平常坐的小桌子就開起會來了，大部分家長之間彼此顯得相當熟識，笑聲此起彼落，當天由於國小同時段舉行親師座談會，出席的家長只有十四位，在歷時約兩個多小時的會中，討論的內容與進行方式和果子園有很大的差異，其中包括由新學年家長幹部的推選、班級圖書外借辦法的擬定、畢業紀念冊的製作、班上家長參與協助方式的討論等。座談會全程由家長擔任主席，帶領各項議題的討論後，才由老師簡要說明本學期的課程。種子班的教學主要以主題方式進行，老師大部分的

時間都在說明家長如何可以共襄盛舉，參與教室及戶外的教學。一直到座談會快接近尾聲時，老師才提出「最近有家長問起注音符號」一事，請在座的家長發表意見 4。陸續發表想法的一些家長大多贊成老師維持現狀，即在自然的主題活動中將之融入教學而不要刻意教寫，以其中一個媽媽發表的意見為例，如下：

> 我覺得老師這樣教很好，像那個「值日生」三個字〔老師寫在黑板上的國字和注音符號〕，就是從很自然、很生活化的方式帶進課堂，或者是在主題中讓他們很自然的去認識，我覺得不要很刻意教他們注音符號，硬要他們記在腦海裡。

嫻嫻爸爸是當天座談會唯一提出對讀寫提出困惑和矛盾的家長，雖然他對種子園教育方式十分認同，但每當想到現實環境的壓力時，一如私立果子園大部分的家長一般，也會擔心幼稚園不刻意教寫注音符號的結果是否會讓孩子上小學之後有適應上的問題？面對小一老師特質與認知的不可預測，他語重心長的道出孩子上小學似乎要靠運氣的莫大無奈：

> 種子園的教育方式我相當能夠支持，可是問題是一年後她要接受另外一種教育，這牽涉到時下不太好的風氣，很多幼稚園普遍強調什麼教學，這種情形之下造成孩子到小學去的時候可能要憑運氣的唷！運氣好，遇到的老師很負責，也有運氣不好，老師不是像我們在座的老師這樣好……他可能只是帶過去而已，沒有學過的小朋友會很吃虧，所以我跟我太太說我很矛盾，其實種子園的教育我們很能支持，接受，但是很現實的就是一年之後，我們必須要面對現在小學的教育。現在的教育有這樣的問題存在，我所得到的資訊就是家長要燒香了，遇到

4　開學初有家長問這一年會不會教注音符號一事，風鈴老師表示其實種子班在平常主題的教學中透過活動，都有讓孩子很自然地接觸、學習相關的注音符號與國字，只是沒有刻意的按照順序教拼音，或是要求孩子在格子裡寫字。家長的問題反映出，顯然有些家長仍然會擔心。

好的老師真的是運氣，教育變成一個運氣的問題，蠻奇怪的現象。

在嫻嫻爸爸提出了讀寫之於銜接幼小的矛盾後——「**理智上覺得不重要，但是現實讓他覺得可能很重要**」，引起了家長的熱烈回應，彼此一來一往回應相當熱烈，老師在一旁扮演聽眾的角色。家長們根據自己主觀的經驗或聽聞，提供了不同面向，但傾向安撫的許多意見。柔柔媽媽以自身的經驗呼應了嫻嫻爸爸「碰到什麼老師靠運氣」的說法——她老大的運氣很好，可是有一個朋友的孩子就很辛苦，因此她回應嫻嫻爸爸的擔憂，也語重心長的認為教育當局有必要正視兩個教育階段之間銜接的問題：

> 嫻嫻爸爸這個問題我曾經遇過，因為我老大是小一，在幼稚園她從來沒有接觸ㄅㄆㄇ，誠如你講的，我女兒運氣很好，遇到那老師真的〔很好〕。因為小學有十週的預備週教注音符號，……我女兒一路走來學習上沒有障礙。我有位朋友，遭遇就跟我女兒截然不同，開學第一天老師出七行功課，她就嚇到了，她根本就沒有學過，叫她如何下筆？所以我覺得這真的是小學教育的斷層，有的老師覺得家長都已經偷跑了，認定你學過了，如果碰到這樣的老師，家長會惶恐，孩子也會，所以我要提出來討論，希望透過一個管道，讓教育當局知道幼稚園和小學的銜接真的是蠻重要的。

小軒爸爸認為雖然的確有一年級的老師很快的帶過注音符號的學習，不過，「**要不要因此跟著著急，讓孩子提早學習**」則要看父母的選擇與定力，他覺得訓練孩子平時在學習上的靈敏度比急著去學寫來的重要，因為有很多提早學的孩子到了國小學習動機很低，後勁不足，反而是揠苗助長。不少家長陸續呼應小軒爸爸的說法，認為雖然潮流如此，做家長的要有定見；選擇讓孩子有快樂的童年比較重要，以高中教育程度的CF6媽媽的分享為例，反映出種子班家長大多志同道合，較能超越時下社會大環境的潮流，而從學習過程來詮釋孩子的學習價值：

我真的蠻認同小軒、彥彥爸爸說的靈敏度，……其實家長本身的心態是蠻重要的。像我哥哥的小孩是讀私幼，每天都有功課，有一次我去載他，他就選一篇類似詩歌來照唸，當我就指一個字問他，就唸不出來了，所以我覺得這沒有必要，自然就好，讓孩子有個快樂的童年。

在整個討論注音符號的過程中，雖然在座大多數人與嫻嫻爸爸持有不同的看法，但大多能對其所提出的擔憂感同身受，不過在言談之間他們都表達希望種子班能維持目前不刻意進行讀寫算課程的常態教學，讓孩子從探索與遊戲中得以均衡快樂的學習。

四、希望孩子擁有一個快樂無憂的童年

來到種子園的家長，除了部分是抱著試試看的心態，結果無心插柳柳成蔭而留下來的之外，還有一些家長是原本就肯定公立幼稚園正常化教學的可貴，而選擇該園，這一類型家長的理念雖然並非全然同質；他們對孩子的學習仍有或多或少不同的期望重點，如有的人重視孩子團體生活與人際關係的學習，有些人重視孩子思考、邏輯與表達能力的培養，有些人則看重孩子情緒與人格的成長等，雖然所求互有不同，但是基本上他們有一個相似的信念──「**幼稚園不應該是小學先修班，學習的過程遠重於學習的成果，希望孩子在幼稚園能快樂無憂，自在地發展**」。這類的家長在種子園為數不少，大多為大學畢業，都視孩子可以抽籤進入種子園是很幸運的事，但不是因為公立幼稚園學費比較便宜或者比較近，而是因為公立幼稚園的正常教學，提供了孩子一個可以不用提早學習、不需承受過多不必要壓力的快樂童年。以宜宜爸爸的看法為例，他認為「**孩子去上學就是要快樂**」，「不要輸在起跑點上」這句話對他一點都不造成困擾，因為他清楚明白，學前教育與小學教育的任務應有所不同：

> 我 ：選擇種子園時，你有稍微了解它的課程是怎樣嗎？
> 宜宜Ｆ：不是很了解，但是我想一定會比私立的正常。我本來是有

兩個選擇，一個是 A 國小附幼，一個是種子園；因為種子園是獨立的，我覺得一定可以運作得比附設的好。然後就是要抽籤，抽中了，我當然就是選這邊。

我：送孩子到種子園讓你覺得最滿意的是在哪一方面呢？

宜宜 F：我覺得她很快樂的去上學，蠻高興的。……在這麼大的空間裡，過的比較自在啦！唸幼稚園這兩年很像是黃金的兩年。

我：以你的了解，種子園比較不教讀、寫、算？你會擔心幼小銜接的問題嗎？

宜宜 F：這我倒不會……我們是教過書，比較不會煩惱，反正以後多練習就會，但一般家長可能會有很大的困擾。……我一直有一個想法就是說：人要活得很好，最重要是有一股能量，我很難形容〔是什麼〕，像很多人小時候沒有學過音樂，後來喜歡上就可以一飛沖天，所以我覺得能量應該是很自發性的。我對人的感覺是這樣子：人要用的能量不是在於他以前學過什麼，而是在於一股對生命的熱愛！

正如先前所討論的，宜宜爸爸對於學前教育階段的功能如此篤定，和他從事教育工作的背景有些關係。在種子園，一些從事教育工作的家長，對於學前教育的目的似乎比較能不受社會風潮的影響，小軒爸爸和安安媽媽之工作性質也都與教育相關，在幼稚園的選擇上，其理由與宜宜爸爸類似，對於一般家長認為公立幼稚園「沒教什麼、都在玩」的缺失，反而是他們之所以為孩子選擇種子園的主要誘因與優點，因為園方沒有一些各種名目的才藝教學和簿本練習，孩子能快樂地均衡發展。小可媽媽及柔柔媽媽都是全職媽媽，也因著希望不要讓孩子提早生活在太多學習壓力下而選擇種子園。小可媽媽認為，為孩子選擇幼稚園很不容易，因為市面上私立幼稚園各種才藝課程廣告五花八門，家長如果不是很清楚掌握自己要給孩子什麼，真的會眼花撩亂，不知如何取捨。對她而言，選擇公立幼稚園一開始並不是刻意的，而是不甚認同一般時下的私立幼稚園給孩子填塞太多東西下的退路，可是在無心插柳中，小可媽媽很慶幸

能抽中種子園，免去了不知如何在眾多私立幼稚園做選擇的困惑，也對孩子在種子園諸多方面的學習與成長感到很滿意：

〔孩子〕要唸幼稚園的時候，就聽大家講私立的怎麼教怎麼教、公立的又怎麼教怎麼教，我們也是一個心吊在那裡，覺得很為難。他那麼小，不想讓他去接受一些私立的東西。但是現在好像大家都是這個樣的一個趨勢，真的有莫衷一是的感覺。……後來抽籤時間到了就想說碰碰運氣吧！想不到居然抽中了〔大笑〕！（我：省了很多煩惱？）對呀！你知道嗎？什麼私立的啊，一個學期就七、八萬、五、六萬的，又雙語呀，美語呀，聽得很困惑，真的很為難，不知道怎麼〔選擇〕才好！後來抽到了，是無心插柳吧〔笑〕！我發覺孩子學習的效果真的是蠻驚人的！

五、口碑相傳──孩子能均衡發展

　　一如果子園，以口碑為孩子選擇幼稚園的情形也存在種子園中，只不過兩個園口碑蘊含的意義有所不同。柔柔媽媽是因著口碑而選擇種子園最明顯的一個例子。柔柔媽媽有三個女兒，柔柔是老二，她對於學前幼兒的學習有很清楚的藍圖，她很看重學校是否以「幼兒為中心」做為辦學的理念，老大唸的是一所以方案教學為主的私立幼稚園，夫婦兩人對於老大在那裡均衡的成長與學習非常滿意。後來因為與園方在一些想法的溝通上遇到瓶頸，因此想幫孩子換學校。轉換學校的過程中經由朋友的大力推薦得知了和以前學校課程理念相似的種子園，她幫孩子報了名，很幸運地也抽中了。

學齡前還有哪些學習是重要的？
──兩園家長相似的期望

　　上述透過「家長如何為孩子選擇幼稚園」的討論，呈現了兩個園所家長對於幼兒在學齡前階段應該學些什麼的一些想法。我們可以發現：兩園家長因著對學前教育認知與對孩子期望的不同，呈現了一些差異性的看法。其中看法最大相異之處在於：他們對於讀、寫、算等認知性技能之培養是否為幼稚園階段的重要學習任務，有很不一樣的看法。基本上來說，種子園的家長在談話中，較少主動提及這方面的學習是他們對孩子的期望；反之，較多比例的果子園家長在談話中會主動提及這方面的學習為重要目標。值得注意的是，生活在台灣社會的家長，在跳脫一些信念上的不同考量之外，對學齡前幼兒的學習仍有一些相似的期望。最明顯的相同之處，在於兩園之父母對孩子品性道德、人格、禮貌都相當的重視，這反映了我國傳統文化價值的影響力，雖然歷經幾千年的變遷，但是某些價值信念不分社經與教育背景，至今仍深深地影響國人的教養觀與發展觀（黃迺毓，1996；劉慈惠，2000a，2001a）。以下針對三個面向的學習稍加描述。

一、道德品行

　　在所訪談的家長中，不論是果子園或是種子園，多數家長在談到孩子在學齡前該學些什麼時，都主動提及對孩子在品性道德上的期望，這與筆者先前的研究一致（劉慈惠，2001a），也就是說，受到長久以來我國傳統文化價值信念的影響，今日台灣社會的父母對孩子的期望，還是很自然而然地會含括對孩子「品行道德」的要求，這一範疇通常包含了對孩子在禮貌、待人接物、行為端正、人格健全等方面的要求。我發現大部分家長對這一特質之要求與重視，幾乎是下意識、反射性的：「**因為它就是很重要！**」在兩個園中各有一位家長

對於「品行」之所以重要做了深入的描述，其所表達的觀點除了反映傳統文化價值的影響力之外，也呼應了 Kohn（1969）的理論——**家長的職業影響其世界觀及對孩子教養上的期望**。這兩位家長從事的工作性質都與教育相關，對於人性與社會的變遷，因著工作的關係似乎比其他家長多了一些體驗，也因而對品行與人格之重要性感觸良深。以種子園的小軒爸爸來說，由於從事安親班工作多年，使得他有比一般人多的機會接觸到許多孩子，他發現大部分家長把孩子送到補習班，無非是希望孩子的學業成績能更上一層樓，可是從一些孩子平時的行為表現上，小軒爸爸很感慨不少父母只看到孩子學業，卻忽略了對孩子品德的要求。而隨著社會結構與價值觀的改變，物質生活雖然不斷向上提升，可是道德意識卻逐漸下滑，孩子在課業以外的問題層出不窮。有感於此，基於對人性善良面的期許及關懷，他也會把品德教育列為幫助孩子的重點之一，他擅長以輕鬆自然的方式去引導孩子做人處事的基本道理，如此的用心也換來不少家長的感謝：

> 我常在想：現在的父母是要訓練孩子「才」？還是「德」？很多父母在孩子上五、六年級的時候，才發現自己錯了，我以前是學管理的，在管理學中有講到一個座標，「能力」和「態度」的座標，我覺得這很重要。來到我們這邊，我們都會要求小朋友進來安親班的時候，要跟老師問好說：「老師好！」回家的時候，要跟老師說：「老師再見！」有些家長跟我說：「乀，老師你怎麼教的？他現在回家都會跟我說『我回來了！』，以前都不會。」

果子園小力媽媽在高中任教二十多年的教學經驗，使得她對於孩子在成長過程中，什麼時候父母需要給孩子什麼東西的時機有很深的感觸，因為她從許多學生的身上體會到，家長從小對孩子的期望如果沒有長遠的目標，只是一味的填塞給孩子各種大人認為重要的才藝，而忽略了最重要的學習動力與人格本質的培養，到後來多年付出的心血可能成了白忙一場，而這些國中生負面的人格現象與結果，是孩子還小的幼稚園家長在眼前看不到的，不少父母到了中學看到孩子並不如自己所預期時，常有「**為時已晚，悔不當初之憾**」。因此孩子

成長過程中，到底什麼是最重要的？從中學階段往回推到學齡前，歸根究柢，小力媽媽深深體會「**人格教育才是父母從小最應重視的根本**」。基於從事教育工作多年的經驗，她道出了父母有必要重拾華人傳統社會對孩子品行道德重視的重要性，其「怎麼種，就怎麼收」的感慨之言，值得今日汲汲營營為孩子安排各種才藝學習，而可能忽略了孩子整體人格發展之學齡前幼兒父母再思：

> 我覺得人格的培養是一切的起跑點，在人格養成的時候千萬不能錯過
> 那個時機。……很多家長都會問我：「我們的小孩三年級就去補英文
> 啊，可是為什麼到國中英文還是只考 2 分？」所以要看啊，小時候你
> 給他的人格是什麼？他的學習態度是什麼？家長就是沒有去培養，所
> 以他人格不太健全，父母要他功課好，我其實是很懷疑。我們〔高中
> 老師〕看到的結果，在幼稚園〔家長〕還看不到……學生教我很多東
> 西，每一個學生都是一面鏡子，他們反映出家庭背景、父母的人格、
> 教養態度。……我覺得很多家長都忽略掉了其實人格的養成是每個家
> 長都可以做的。

二、穩定的情緒

　　除了品行道德之外，幼兒家長在分享觀點時，都提到了對於孩子心理層面的感受及情緒狀態的重視，呼應筆者先前的研究發現（劉慈惠，2001a）。有些家長以「**EQ 高很重要**」來表達對情緒發展之重視，有些家長則平鋪直敘的以「**孩子快樂很重要**」來表達。至於為什麼孩子快樂很重要？家長們的想法有很多相似之處：他們似乎都覺得孩子一旦進入小學，課業上的壓力就跟著來，幼稚園變成是孩子在邁入小學之前，唯一能自由自在、快快樂樂、沒有壓力的樂園。因此孩子能快快樂樂的過日子，成了父母對孩子在學齡前最大的願望，正如果子園小偉媽媽說：「**幼稚園就是很活潑的階段，希望他們能隨心所欲的去學**」，種子園的君君媽媽說：「**這是他們的童年，我們不要去給他們抹煞！**」這一代父母對幼兒情緒發展的重視，除了明顯受到西方教養觀東漸之影響外，

也反映了父母在教養過程中會將「孩子個人特質」列入重要的期望目標（劉慈惠，2001a），前所述小杰是其中一個最明顯的例子。媽媽之所以特別在乎小杰的情緒發展，主要是起因於那是小杰成長過程中最大的一個弱點，為了幫助他能學習控制情緒，聽朋友說學圍棋可以幫助情緒的控制情緒，媽媽也因此用心良苦的帶他去學，談到這個孩子的特質，媽媽說道：

> 我覺得他的 IQ 還夠，就是在 EQ 上比較頭痛……他從小比較調皮，個性也比較偏激，受挫的容忍度很低，比較不能控制自己的情緒，一有事情肢體動作就來了……我帶他去學圍棋，我想說圍棋可以幫助他學習控制情緒，還有專注力。

三、人際關係和團體生活規範

目前的社會由於婦女就業率逐年提升，幼稚園成為幼兒重要的社會化場所；幼兒進到幼稚園學習如何順應團體生活的規範，與同儕建立和諧的人際關係，也因而成了現代父母對幼兒重要的教養期望之一。有些父母從一般日常生活的經驗中，感到目前社會有越來越多的孩子待人接物能力很弱，很容易和人發生摩擦、不尊重人、看到熟人不會打招呼等。以種子園安安媽媽為例，她覺得現代家庭一般來說孩子都很少，在家裡都得到父母很多的注意力；反之，到了幼稚園裡要與來自不同家庭背景、不同個性的同儕相處，在每天頻繁的互動中，同儕難免會有摩擦與爭執，而通常一個班級中，二個老師要面對三十個小朋友，在這種情形下，家長不能期待幼兒在團體生活中所發生的衝突和問題，都要依賴老師調解，所以她覺得幼兒要學習如何解決和同學之間的問題，因為這樣的人際到了小學是很重要的，正如余思靜（1999）在小學一年級的研究中所發現。有些父母對於幼兒人際能力的重視則是受到本身工作經驗的影響很深，以果子園文文媽媽為例，身為主管的她常有感於職場上接觸到一些高學歷的年輕同仁，工作能力雖然很強，但在人際能力卻令人感慨。因此她覺得雖然學歷在目前競爭的社會中很重要，但是學會如何與人相處也是幼兒很重要的學

習目標:「我現在上班的地方,手下曾經有過很多博、碩士,在語文的溝通上面或是辦事的能力上面都沒問題,但待人做事的方式不一定好,所以我每天與這麼多人相處後,會覺得說我的孩子,做人第一,功課擺第二。」

第四節 小結

綜合前面三節所述,種子園及果子園各以不同的學校特質吸引著不同的家長,家長對幼稚園的選擇基本上反映了其對孩子學習的期望與價值觀。值得注意的是,家長在為孩子選擇幼稚園時,無論在果子園或在種子園,都並非是單一因素使然,乃綜合多方條件之考量下,做出最能符合自己需求的決定,而至於什麼是最需滿足的優先次序,答案則因人而異。大致上來說,兩園絕大多數的家長對於孩子能在目前的幼稚園唸書都感到滿意;不少人是慕園方的口碑而去,只是兩園的家長對於「口碑的內涵」以及「幫助幼兒贏在重要的起跑點」上,具有不同的認知與期望。對私立果子園家長來說,當他們在為孩子選擇合適的幼稚園時,雖然不同的家長對於多少讀寫算的課程分量才算足夠?在看法上有程度上的差異,但基本上多數家長都認為讀寫算能力的培養,與孩子是否能「贏在起跑點」有密切的關係,家長對於「師資合格與否」並不關切,也不甚了解,對他們而言,老師對孩子的愛心與耐心是比較實際而更重要。而當私立幼稚園的費用,一般來說遠比公立幼稚園高時,家長為何會捨便宜的公幼就私立,其中的原因除了他們普遍對孩子上小學之前課業銜接能力的預備,寄予深切的期望外,有些人是看重私立幼稚園良好的硬體環境條件,有些人則是因為對公立幼稚園一些負面的傳聞與經驗所致,例如公幼不教注音符號,孩子上小學後會跟不上、老師愛心與耐心不夠、入園手續麻煩等。雖然其中可能不乏以偏概全的刻板印象,但它誠然影響了家長為孩子選擇幼稚園時的重要考量。

就公立種子園的家長來說,當他們為孩子選擇幼稚園時,公立幼稚園便宜的學費是一部分人最優先考量的因素,排除經濟因素之外,種子園開放課程的

學風、重視幼兒全人發展的辦學理念，是多數以此面向界定「幼兒重要起跑點」、希望孩子不要提早承受讀寫算課業壓力、享受快樂童年的家長選擇該園的主因。在這一群家長中，有些人是原本就抱持那樣的信念，有些是在教養過程中經過一番的調整與改變。值得注意的是，種子園的家長並非全然不看重孩子的讀寫能力，只是多數人不希望孩子透過機械化反覆練習的方式去習得，而能在教學活動的探索中自然習得，也能接受「學習的過程較之學習的結果來得重要」。有少數家長因著對台灣社會大環境向來看重學業能力的現實體認，也不免擔心孩子上小學後的銜接狀況，但透過同為幼兒家長相互經驗與應對策略的交流與分享，雖未能全然釋懷，但因看重孩子能快快樂樂學習的課程特質，而也終究選擇讓孩子在入班時繼續留在園中就讀。

　　果子園與種子園家長除了上述在期望上有所差異外，因著同樣生活在台灣社會之故，對孩子的學習期望也具有文化內的相似性，如道德品性、情緒發展、人際關係、團體生活規範等。這些期望的特質反映出華人傳統文化之影響，以及社會變遷下，西方教養觀之於我國傳統教養價值信念之影響，這印證了學者所言，文化本身是機動的，並非一成不變，它會隨著時代而不斷的變遷（Harkness et al., 1992）。再者，本研究發現，家長教育程度的高低與其選擇不同課程特質的幼稚園，兩者之間並未有絕對必然的關係，因為兩園家長的教育程度從國中至研究所皆有之，背景上並沒有太大的差異。家長教育程度之高低未必然反映其對學前教育功能認識的多寡，反倒是家長的價值觀，在某種程度上超越了教育背景的範疇，影響父母在思考與安排學齡前幼兒學什麼是重要的決定，而這樣的價值觀可能反映了社會文化潮流、父母個人成長背景、教養經驗的累積與摸索、孩子特質，以及家庭、工作、經濟與資源等諸多不同因素綜合交錯之影響，因而在抉擇時會有不同優先次序的考量。這樣的價值觀對某些人來說，可能是根深蒂固，一成不變，對某些人來說，可能是一個不斷修正、調整的過程。

　　結語來說，果子班和種子班受訪家長對於幼兒的學習期望，都反映了該個體成長的情境系統中，不同因素對其具有不等面向與程度的影響力。不同因素交織下的幼兒家長信念，因著處於同一文化傳承脈絡中而具有一些相似性，但因著其他系統因素之影響，成長於同一文化的人在信念上會產生不同程度的差

異。家長不同的選擇信念中反映了其對「何謂幼兒重要起跑點」的界定，在不同的界定與期望下，A家長心目中所認為的課程特質優勢，可能會成為B家長所認為的弱勢；反之亦然。這樣的現象反映了，個體所抱持之價值信念，或持守，或調整，或更新，或變遷，背後都有其值得了解的原因。當絕大多數父母都同樣期許自己能為孩子提供最好的學習環境，以期孩子在學齡前階段就開始逐步奠定良好的人生基石時，不同人建構了不同的藍圖，進而影響他們對於孩子就讀幼稚園的選擇，以及孩子進到幼稚園後，他們和老師互動及合作方式的理解與詮釋。以第三章以上的討論做為基礎，接下來帶領讀者進入第四章私立果子園及第五章公立種子園親師合作的面貌與故事。

CHAPTER 4

第四章

親師合作在
果子園的展現

● ●

第一節　前言
——相同議題，不同鋪陳與詮釋

　　親師合作議題在西方社會行之有年，近幾年由於西風東漸，在台灣教育界這股浪潮有逐漸被炒熱的趨勢，尤其是在學前與國小兩個教育階段，因應政府政策或教育工作者用力推動下，家長參與的多寡無形中似乎已被形塑成一個關心孩子教育與否的重要指標。當學校當局忙於「發球」（設計並推動各種活動），家長忙於「接球」（出席與參與）之際（或者反之），我對一個問題感到好奇：親師互動與合作有一定標準與理想的模式嗎？或者受到家庭與學校雙方特有的因素背景交織影響下，它的發展會有不同面貌的呈現呢？研究者受到不同理論觀點的影響，會對這個問題提出不同的答案。透過一學年的研究歷程，我試圖探究在台灣特定的文化社會情境脈絡下，在不同學前教育機構中，可能存在哪些親師互動的不同類型？當老師和家長都同樣希望提供給孩子最好的教育時，在不同園所中親師雙方是如何詮釋彼此的合作關係及角色？他們發展出什麼樣相似或相異的合作策略和行動呢？為尋找這一研究好奇的答案，也為了了解存在的現象，抱著學習的心態，我進入了私立果子園和公立種子園，在為期一學年的不同活動或場合中，接觸了園方行政人員、老師、家長和孩子，看到了兩個園所親師的互動與合作，由於性質的不同，帶來課程結構的不同，而課程的不同反映了園方的教育理念及方式的不同，進而吸引抱持不同期望的家長進入園所（如第三章所呈現的），自此各自開展親師互動與合作特有的面貌。寫作過程中思量許多，最後我以「**同一主題，不同鋪陳與展現**」的概念，來書寫所學習與領悟有關親師之間的故事。其間兩個園對理想的親師互動與合作模式有著不同的面貌、詮釋和困境，其中因著親師雙方對於「放手」與「攜手」之間具有不同的思惟和需求，而發展了不同的親師合作面貌與詮釋。基本上，果子園的型態可能反映了台灣時下學校教育中較為多數的親師互動方式，而種子園的型態則可能反映在西風東漸、教改與父母教育權、參與性日日

升高的趨勢下，少數人試圖改變傳統親師結構關係下的一種嘗試。值得一提的是，由於文化的不同，相似類型的親師互動在中西不同的文化中，仍有著它獨特不同特質的呈現與詮釋，第四章先帶領讀者進入私立果子園親師合作的展現與詮釋。

第二節　家園分工式的親師合作
——學校辦事，家長放手與放心

　　私立果子園的上學時間從早上八點半到下午四點。一般來說，在常態的教學時間裡，很少會有家長出入其間。以一天的作息來說，可以看到家長出現在學校的時間，不外乎兩個時段：早上孩子上學及下午孩放學；其他時間通常很少有機會看到家長出現在教室或者學校中；除非家長有事需與園方或老師接洽，或者幫孩子帶遺忘的物品到學校，或者孩子生病需要帶回家等。雖然果子園每個月都訂有一天做為班級家長觀察日，歡迎家長到學校了解孩子學習的情形。不過在我進行田野觀察一年的過程中，很少看到家長到班上觀察孩子的上課情形[1]，或者以任何的形式到園中或班上幫忙。這樣的現象透露了，理想的家庭與學校的合作關係，在果子園大致上被界定為兩個獨立的學習世界；家長將孩子送到學校後全然放手，學校則全然接手幼兒在學校的學習。家長全然的放手反映了家長對學校全然的放心與委託，這樣的親師互動關係，在家長與學校的供需之間各自得到滿足的情況下，成為該園運作最為順暢的親師合作與互動模式，以下探討此一面貌背後形塑的可能機制。

---

[1] 雖然園方有提供每個月一次的班級觀察日，歡迎家長到班上了解孩子上課的情形，不過實際上很少有家長會真正出現，在本研究進行期間只看到過果子班一位媽媽出現，主要是因該幼兒腳受傷行動不便之故。

一、從家長選擇私立幼稚園背後的需求和期望談起

對園長田主任來說，現在的家長似乎都很忙碌，而當家長把孩子送到私立幼稚園就讀時，基本上對學校都有某些特定的相同需求：希望孩子得到比較多的照顧、希望孩子在認知性技能上學得比較多，因此家長行動的背後通常隱含著「**我把教育的責任委託給學校**」的信念，再加上私立幼稚園的收費，一般來說比公立幼稚園高。因此，園方亦覺得家長在付了學費之後，家長可以全然放心地上班、忙自己的事，學校理應擔負起完全的教育責任，這樣才算是盡到「**受人之託，忠人之事**」。如果平日還要麻煩家長到學校，那學校就是未善盡被委託的責任了。根據田主任辦學多年的經驗，以上的想法並不是園方一廂情願下形成的，而是大部分的家長都抱持著這樣的想法：「**我付費，你辦事**」，雖然未必所有的私立幼稚園都是依循這樣的思惟模式，但對果子園的家長來說，誠然是如此的。因此受到大部分家長多少抱持著付費、消費心態的影響，園方在接受委託後，必須全然擔負起孩子在學校教育的責任。為了避免家長對學校產生辦學不力的誤解，園方平日都盡量不去麻煩家長做任何人力或物力上額外的付出，包括希望老師避免要求孩子從家裡帶任何需要花錢去買的食品或物品到學校，或者主動邀請家長到教室或戶外教學擔任義工等。果子園堅持將親師在家裡及在學校的責任劃分清楚的信託制關係，有其過去背後的原因，因為曾經有老師在教學過程中，配合教學單元主題的進行，希望孩子從家裡帶幾樣蔬菜水果來學校，當年就有家長抱怨：「**不是已經交了學費了嗎？為什麼還要求我們家長配合這個？配合那個？那我們交那麼多錢幹什麼？**」或者，當老師邀請家長參與戶外教學活動時，會有家長質疑：「**學校不是有老師嗎？為什麼還要家長去？是園方人手不夠，無法照顧好孩子嗎？**」類似這樣的經驗，使得果子園長期以來，很自然的因應大部分家長的思惟與認知，發展出相似於西方委託制的親師互動模式：**學校全然擔負孩子在學校的教育責任，家長對孩子的教育責任始自孩子回家後**。在果子園整體經營方向上掌握較多實權的田主任道出她之所以覺得「**要求家長是增添家長麻煩**」的經驗與詮釋如下：

公、私立學校最大的差異，第一個〔在於〕私立學校收費比較高……這是我蠻主觀的想法啦！家長送過來會有幾個目的：希望孩子得到的東西比較多，老師可以照顧比較多。第二個因為父母親比較忙，希望所有的事情都委託學校來處理，因為他們信任學校。一般公立學校相對來說，費用比較低一點，可能公立學校希望家長做些什麼，家長就必須去配合……。所以我們園裡有時在做一些大型活動，我都跟老師們強調一點：要求孩子從家裡帶什麼東西到學校，如果是廢物我不反對，因為廢物可以再生創造出一些其他的東西來。但是如果配合教學要求小朋友從家裡帶吃的東西，如配合過年團圓要求小朋友帶火鍋料，這樣我就不能接受　　老師需要什麼東西可以跟我說，我們可以準備好給小朋友參與，不希望為了小朋友再去麻煩家長去準備這些東西，那種感覺不好。……我不希望家長得到的訊息是：「怎麼又要帶這個東西、又要買這個東西，那我交的錢是幹什麼的？」公立學校家長這樣的配合可能無可厚非，但是私立學校不可以再去要求家長。

第三節　果子園之於教育夥伴的界定與期待

在孩子學校教育的過程中，親師之間該形成何種教育夥伴關係比較理想呢？負責人夫婦在這一點的看法上大致相同，但其中仍有些差異，其中反映了私立幼稚園在親師互動模式上，理想與現實之間可能存在的兩難困境。基本上高先生因平常接觸許多公益事務，在辦學上比較從理想的層面去思考，希望推動和家長之間有較多的合作與互動，而田主任則比較從私立幼稚園現實的限制面去思考，覺得最好學校主導一切，和家長之間保持適當的距離是必要的。高先生認為家長和老師本來就應是教育的合夥人，因為學校和家長的目標都是一致的：都希望給孩子最好的教育，家庭與學校之間觀點或許有所不同，但只要

有愛心，雙方的溝通就不是太困難：

> 我覺得因為我們同樣都在經營孩子，所以合夥應該是合理的，……但
> 只是說大家的權利與義務的關係應該要建構到什麼程度不容易……我
> 覺得雙方絕對可以有一個很好的合夥關係，因為大家的目標是一致
> 的。可能在彼此之間自己主觀的部分要注意一下，因為家長會覺得他
> 的孩子是完美的、沒有缺點的，但在老師的眼中不一定是，在這樣的
> 關係之中怎樣去達成一致？所以我常跟老師說，你不可以排斥任何一
> 個孩子，因為任何孩子在父母眼中可能是完美的，因為父母有愛，因
> 為有愛就可以一致。

　　不過，高先生雖然在理想上一直有心推動與家長之間成為合夥人的關係，
但深入了解時，我發覺合夥人的概念之於他而言，比較多是在理念的層次。例
如，他一直很希望成立全園性的家長會，讓家長在園方的政策面有所參與，透
過這樣的組織，讓家長可以與學校成為教育合夥人的關係。不過這樣的理想多
年來並未在園裡落實；至今果子園並沒有家長會組織的存在。至於在公立幼稚
園甚為普遍的班級家長會是否存在果子園呢？答案是沒有。這個問題多少涉及
了私立性質的限制，基本上高先生認為站在教育的立場，那是應該要做的，但
在現實面，班級家長會的組織在私立幼稚園，似乎隱含著不能不提防的危機。
因為在他了解的經驗中，曾經有私立幼稚園的老師和家長關係很好，結果當老
師因為對現職不滿意而離職時，可以影響到把整班的孩子一起帶走。雖然這樣
的狀況不見得會發生在每一個私立幼稚園，但為了園方穩定經營的考量，因此
他並不是很鼓勵班級家長會正式組織的成立。在果子園中老師和家長之間關係
的經營，除了透過老師平常上下學例行的接觸外，基本上是由園方行政部門做
整體性的掌握；因此親師互動關係的維繫比較是著眼於全園性，而非班級性。
　　對於高先生從理想層面想去推動的一些親師夥伴關係，田主任從現實的層
面考量，都抱持著比較不樂觀與保守的態度，基本上她認為，親師是教育合夥
人的定義與方式，在公立幼稚園和私立幼稚園中是絕對不可能相同的；許多在
公立幼稚園可行的理想，在私立幼稚園受到先天因素的限制，做法一定很不一

樣。因此，在思考家長在學校的角色和關係時，田主任一直都站在很務實的層面，她認為，**家長身為教育夥伴的角色是定位在「被動配合的輔助者」，而且輔助的範疇主要是在家裡**——學校滿足家長的期望，以最好的教育方式來引導孩子學習，家長做學校與老師的輔助者；配合學校的教學進度，在家裡多給孩子一些關心、花時間陪孩子，協助孩子複習及強化學校教學的內容、配合學校老師的意見，關心孩子不合宜行為的修正等。透過這樣的支持與配合，家長就是與學校成為孩子教育的最佳合夥人了。以下是我們之間的一段對話：

我　：你覺得家長在幼稚園中扮演一個怎樣的角色呢？

田主任：我所期望家長扮演的角色，就是像老師幫手這樣，老師在教學的部分可以符合家長的期望，除了這樣我不希望家長有太多的干預，可能在私立幼稚園家長比較沒有課程方面的問題。因為在私幼，家長喜歡就來，基本上都已經做過一些選擇了，比較不像公立幼稚園，可能比較便宜，各方面的考量比較少，在果子園就比較沒有這樣的狀況……基本上家長在教學的部分都蠻喜歡學校的，因為我們提供蠻多的資訊給他們。

我　：現在社會有人提出「家長是教育的夥伴」，就你目前在私立園中，家長是教育的夥伴可以實施到怎樣的層面呢？

田主任：到目前為止我所期待的只是學校有需要的時候，家長配合，自己的孩子可以好好照顧。……透過我們給家長的資訊，比方說園訊或是所發的資料中，告訴家長如何處理孩子的不正常問題，家長可以去吸收，試著去做做看……多加一些愛在孩子的身上。

第四節　家長參與的方式
——專注在學校力所不能及之處

　　因應園方生態與辦學理念，家長參與的概念在果子園有其獨特的界定：除了在家裡關心及強化孩子在學校所學內容之外，就是「出席」學校所辦的親子相關活動。在園方這樣的認知下，在公立幼稚園普遍存在的家長參與方式之一——家長義工，在果子園是不鼓勵，也不看好。果子園負責人夫婦在這一點的看法上是一致的，基本上他們認為，園方需要家長參與的地方，應該是園方力所不能及，而家長是可以做到的，所以園方可以做到的部分，都盡量不去麻煩家長。以家長走入教室當義工這件事來說，田主任認為，園方每一個班級都有兩位老師，在教學上人手都很足夠，因此並不需要家長到教室協助，除非家長想要了解自己孩子在班上的學習狀況，則另當別論。在創園的早期，園方也曾發問卷徵詢有意願的家長到教室說故事，但是結果並不理想，因為大部分的家長都表示沒有時間，所以後來園方也就不再推行。果子園之所以不看好家長當義工的原因，除了家長很忙、園方人手足夠之外，在他們的經驗中，義工家長之於教學，並不一定有加分的效果，很多時候反而有其負面的影響，高先生個人雖然也贊成家長可以到教室分享專長，老師應該開放心胸，從正面去看待這件事，但從現實面，他談到家長走入教室也可能帶來一些困擾：

　　第一個首先是與老師之間關係建構上的矛盾，有時候老師覺得家長來到這邊，跟他預期的表現有所出入。再來一個部分是，家長在建構這個事情的時候，用討好的心情比教育的心情大一點，所以有些東西可能會對於班級原本建立起來的常規、秩序上，會有一些變動。第三個最主要的問題是，他與他孩子之間的互動會在課室方面造成一些影響、困擾。……我覺得家長要進入教室的話，專業很重要，另外事前雙方面的溝通很重要……。這些都要透過不斷的練習，不斷的研究與

修正，才能達到。就像一個人第一天當老師，與第一年當老師，或是第三年當老師，是完全不同的，所以是要時間、機會。

在果子園行政人員的認知中，因著每一個老師其實都不是完美的，都需要空間與時間去成長，因此在教學上可能無法一舉一動，每時每刻都令家長十分滿意，如果家長太貼近教學情境，可能對老師的教學帶來壓力與困擾，這是園方並不覺得家長走入教室當義工是必要的原因之一。除此之外，「術業有專攻」也是園方覺得家長參與教學並不是很妥當的另一理由；因為很多時候如果家長缺乏教育上的專業知能，他們的熱心與好意，可能反而帶給老師教學執行上的干擾。就以看來較為輕鬆的戶外教學來說，在田主任過去的經驗中，有些家長來幫忙學校的郊遊活動時，很多時候焦點只放在自己孩子的身上，媽媽的存在往往使得平常很獨立的孩子，脫離群體活動與規範，而一直黏在媽媽身邊，或者因有媽媽當靠山而為所欲為，造成老師在常規管理上，有時為了怕得罪家長，而產生無法一致性要求所有孩子遵守既定規範的兩難困境。

　　我　：對於家長做義工方式的協助和參與，不知你的看法如何？
田主任：因為每個家長認知的角度不一樣，如果是義工的部分，我希望是在親子活動上面他可以配合參加，因為那是一個很明確的點──「我們需要家長來協助〔參加〕」……如果是在教學的部分，要義工媽媽到學校來，可能不是很必要。其實幼稚園跟國小不一樣，幼稚園的孩子就是很活潑，可能會出現一些狀況，老師都要很適時的去處理，但是對老師說來，有家長在，可能在處理事情上面會跟平常的方式不一樣……因為（會）在乎家長的感覺。那對老師說來是一種無形的壓力，無形中會覺得礙手礙腳的，所以我不會很期望有家長委員會，或是義工媽媽。我們班級上都有二個老師，在人力上都應該足夠，甚至說郊遊活動，說實在，我也不會很希望家長參與，……有的家長就是我們所說的「溺愛」，他會參與是因為他擔心老師帶不好，

因為擔心他的孩子會有什麼樣的狀況，才會想要跟去。他去的目的不是說要協助老師，而是照顧自己的小朋友，我想大部分是因為這樣的關係。因為以前我們出去戶外教學的時候，家長帶著自己的孩子走得很散，之前就有一位家長陪著去，小朋友就好像有了靠山一樣：「我要玩這個機器的電動」，這是我們不能玩的，但是家長就說他會哭鬧呀！老師說不太好……像這樣，老師不是就很困擾嗎？老師又不能強迫說不行，只好請家長照顧好他，但是其他的小朋友又會說：「他怎麼可以去玩？」

一、歡迎家長以提供建議的方式參與

果子園對於家長之於合夥人的界定，雖然不鼓勵家長參與任何形式的教學，但是很歡迎家長對園方提出建議。不過果子園通常所採納的家長建議，大多偏向與家長出席有關的活動方面；而不直接涉及或影響到教學方向或方式者。例如，以家長座談會來說，園方曾經在辦園幾年後，因為很多家長對該園的教學成效很滿意，經常口耳相傳，靠著口碑，家長就把孩子送過來，園方因而不曾有招生的問題，這令園方覺得家長對學校的教學理念及方式似乎都很了解，所以一度把家長座談會取消了，後來有家長提出建議，希望園方能定期召開家長座談會，使家長一方面可以對學校的教學比較清楚，另一方面也可以知道別的家長的想法，因此後來園方從善如流，又恢復了目前一學期一次的家長座談會。另外，園方採納家長建議而做的改變，還包括親子活動的型態與性質——「家長表示動態性的親子活動比較有意思」，比較樂於出席，因此後來園方在舉辦給家長參加的活動時，都朝活潑動態的方向去絞盡腦汁，力求創新，以吸引更多家長出席的意願。以上是果子園開放家長參與園方決策的一些例子，至於有關教學方面，園方基本上有其既定與堅持的辦學方向和理念，雖然歡迎家長提出意見，但基本上辦學涉及專業，很多時候並不是家長可以參與的，高先生提出他個人的看法如下：

家長參與意見絕對是可以的，但是參與到哪個程度，那當然要視狀況而定。就我來說，我是蠻能夠接納各種不同意見的人……家長有什麼建議，我們都可以坐下來好好談。不過，我想每個領域都有每個領域專業的部分，我絕對不能說我〔什麼都〕比你〔家長〕專業，但就整個學前教育裡學校的狀況來說，我想我絕對是比家長優秀的，但是在別的領域就不見得了。

「園方比家長了解教學的專業」，基於這樣的一份把握與信念，果子園對於過度催促孩子讀、寫、算技能的家長，有其定見。所以當有些家長覺得園方較之一些「小學先修班型」的私立幼稚園，讀寫算教的不夠多、不夠早時，園方除了與之溝通外，並不會因為想留住這樣的家長，而改變既定的辦學理念與方向。田主任表示，果子園在課程的設計上，已經兼顧了教育理念與社會現實平衡的考量，所設計的教學內容乃著眼於幼兒全方位性的學習，雖然私立幼稚園在經營上，多少都有生存的壓力──「要先能生存才有辦法談理想」，因此在教學上無法灑脫的不看重孩子具體學習成果的展現，不過那也絕對不是果子園辦學的唯一目標。基本上，園方以其所認知、對學齡前幼兒重要的全方位學習為主軸，除了一些適度的紙筆練習之外，也強調幼兒透過操作與動手的機會，培養除了認知之外，生活與學習各方面所需的能力，不會因著少數家長一味強調認知基本技能而迎合之；課程的決策權是由園方全然掌握與主導：

如果家長太偏向讓孩子學好多好多東西，那我可能跟家長協調、說明我們的方向是如何，其實孩子的學習不只是認知能力的部分……我一直強調注音符號是到大班才進行，可是有些家長會說：「有些學校在中班就會做了！」我就說：「還有些學校小班就做了耶。」每個學校都有不同的方式，我覺得大班就已經足夠了，甚至有的大班家長到下學期會說：「他的拼音還不是拼得很好？」我就說：「孩子現在拼得不標準是正常，如果他通通都會拼了，他上國小他會覺得很無聊。」我想孩子在幼稚園有接觸過就夠了，如果完全沒有接觸，我想會是一個很大的問題，孩子上小學後會有挫折感。所以我們注音符號教一年

的時間,可是還是全方位的學習,重點不只放在注音符號的學習的部分,從上學期單音的部分到下學期拼音,嘗試四聲調的練習,這樣就夠了,上小學孩子不會覺得很陌生,可是也不會太無聊。有些家長還是會擔心孩子上小學後注音符號的部分,有的家長也會擔心孩子坐不住。在我們學校,我希望我們的孩子不管在學習什麼東西都要很清楚現在是什麼時間,現在可以做些什麼,操作時間就是可以自由選擇,教室裡面不可以亂跑,什麼時間要扮演什麼樣的角色,要非常了解。讓孩子有自理能力,這是最基本的,學習對自己負責是我們整個教學最重要的部分。從小朋友的操作部分就開始重視對自己負責,怎麼拿、怎樣收,今天沒做完明天就是要繼續做,慢慢的養成該做的事情要先完成,然後再做其他的事情。

果子園所界定的家長之於教育合夥人的角色與期望,似乎也符合了某特定族群家長的需求,而且可能也反映台灣一些私立幼稚園的現象,因為學校收費相對來說比公立幼稚園高,家長很自然抱持著一種消費者的心態,因此所有孩子學校教育的相關工作,都由學校一手包辦,而園方也不會期望家長在人力上有額外的付出。

第五節　家長參與的面向
——出席就是最佳的支持和參與

　　家長參與在果子園的主要面向,除了在家的協助之外,另一就是到校的參與——出席學校舉辦的相關活動,表達父母對孩子教育的關心。對於舉辦和規劃全園性家長出席的活動,果子園總是抱持著很高的自我期許——「要能吸引家長踴躍出席」！所以任何全園性的親師相關活動,園方總是卯足了勁,全力以赴,

讓家長能充分感受到園方的用心。田主任的想法是：「全園性的活動要讓家長有所期待，家長的參與率就會高，要辦的話就要講求創新，每次要辦出不一樣的感覺是很重要的，如果辦的形式都雷同的話，就會喪失掉吸引力，家長的凝聚力就會少。但是也不能常辦，不然學校和老師會累壞了。」在本研究進行的一年中，園方所舉辦的親師相關活動包括上下學期各一次的家長座談會、親子園遊會、家長參觀日、家長讀書會、畢業典禮⋯⋯等。在這些各類的活動中，出席的家長幾乎都以母親為主，而出席比率的高低因著活動性質的不同而有差異。基本上動態性質的活動，家長的出席率往往比較高（參表4-5.1）。以下依照活動舉辦的時間序，帶領讀者進入當時的現場進一步了解，在該園的組織文化與教育理念下，親師在孩子學習過程中扮演的角色、互動關係，以及家長參與情形等。

表 **4-5.1** 果子班家長出席園方舉辦各項親師活動狀況 [2]

親師活動（學期）	媽媽	爸爸	總出席人數
家長座談會（上）／9月	8	1	9
親子園遊會（上）／12月	16	4	20
家長讀書會（下）／3 & 4月	1	0	1
家長參觀日（下）／5月	17	7	24
家長座談會（下）／5月	6	2	8
畢業典禮（下）／6月			家長全出席

一、家長座談會

　　果子園每學期固定舉辦一次全園性的家長座談會，第一學期大約都在開學後9月多舉行，第二學期的家長座談會，則是配合大班畢業前所舉辦的家長參觀日活動後連帶一起舉行，時間大約都在5月多。從參與觀察上下學期所舉行的兩次家長座談會中，我發現，家長座談在果子園是園方讓家長了解教學內

---

[2]　親子園遊會和畢業典禮兩項活動因都是外借大型場地，家長分散各處，無法確切得知家長出席的人數，果子班父母出席的狀況是事後詢問老師所得大約人數。

容、教學進度及教學成果等一個很重要的活動。由於果子園的組織文化以園，而非以班級為主要對外窗口，因此整個座談會的籌備過程，乃由園方行政單位全權精心規劃與掌握，各班老師配合園方的需求，負責事前不同工作的推展，家長則為接收信息的出席者與聽眾。

以第一學期的家長座談會來說，是於 9 月中某週日晚上七點到八點半的時間舉行 [3]，地點在果子園相關企業的教學大樓地下室。當天我和研究助理下班後都沒回家，六點半左右打點好研究所需的攝影機、腳架、照相機、錄音機和紙筆等，就直接從辦公室一起出發到現場。去到那裡，園長和各班的老師已一切準備就緒，站在一樓的門口迎接陸續來到的家長。和園長、老師們寒暄後，我們就到地下室準備器材的架設 [4]。會場的空間很寬敞，座位是以一般聽演講排排坐的方式排列，先來的家長除了少數一兩位母親站著和老師談話之外，大部分各自坐在位置上，安靜地等著座談會的開始，彼此之間沒有互動。

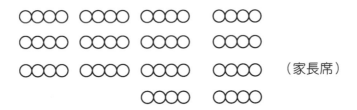

以下為座位示意圖：行政人員座位

（家長席）

3　果子園第一學期的家長座談由於大中小班的教學重點與內容不同，因此是分年級於不同天舉行。由於本研究的焦點為果子班，因此我只觀察了大班的座談會，當晚包括果子園負責人所辦另一所幼稚園大班的家長，總共有四個大班一起舉行座談會。

4　當晚攝影記錄一事，事先徵得了園長的同意，不過由於還涉及家長，在還未正式徵得家長同意之前，我覺得在座談會之前就直接攝影不太妥當。不過園長保證說，家長部分絕對是沒有問題的；座談會開始前，她會先向家長告知研究案。在取得研究參與者同意的研究倫理上，園長對本研究案的支持與配合，再度展現了園方大家長的風範，對於攝影，她開玩笑地說：「希望家長當天不要被攝影機嚇到不敢說話才好。」

大約七點整，全場坐滿了家長，我數了一下，在出席約七十多位的家長中，只有五位爸爸，其餘都是媽媽們。座談會一開始由園方的大家長開場，並向家長告知本研究在該園的進行，其開場白反映了園方座談會的主要用意及功能：

> 各位家長大家晚安……今天家長參與的相當多，相當的踴躍……這次都是大班的家長跟大班的老師，座談會的目的第一個是讓家長知道，這學期我們學校需要各位家長配合什麼事情？我們學校的目標是什麼？我們的教材是什麼？也讓我們知道各位家長的意見，我們希望知道大班的孩子在哪一部分要再加強的。我們怕家長都太客氣，不要不好意思。
> 在這邊我們可以看到有攝影機　　，我現在介紹新竹師範學院劉慈惠劉教授。因為劉教授今年有一個有關專題研究在我們學校做，所以今年我們學校大大小小有關親子的活動，他們都會參與，在座的家長也不要擔心，因為有攝影機在，就不知道該不該舉手發問〔笑〕？或是擔心問的問題會不會影響到園方？……家長什麼問題都可以提出來，絕對不要因為攝影機在，就完全沒意見哦！劉教授要不要說幾句話？

在我簡要向家長說明研究案的性質與目的後，園方正式開始當晚的座談會，整個座談會大約進行一個半小時，其進行的流程及內容如下：

（一）園長時間──全園性的行政事務

園長向家長報告本學期與家長有關的行政配合事項，其中包括：(1)幼兒券的辦理：家長需要交給園方戶口名簿影印本及印章；(2)第一學期的家長讀書會暫停辦理：因老師在職修活動很多；(3)美語教材的變更：新教材文圖並茂，對孩子的學習更具吸引力，鼓勵家長在每個月一次的家長參觀日撥空到學校了解孩子上美語課的情形。

（二）王主任時間──大班教學重點：認字與注音符號

園長向家長說明完後，就將時間交給兩園的主任，說明與課程直接相關的

議題，這也是座談會的主要重點所在。王主任主要負責說明大班家長非常關心的課業學習重點——認字與注音符號；解釋老師的教學進度及如何進行教學、家長如何在家協助與強化孩子的學習效果。在果子園，幼兒在認字與注音符號的學習，主要是透過坊間出版的兒歌讀本，配合老師的單元教學，引導幼兒每週都有具體與固定的認字與注音符號的進度。由於園方家長普遍十分看重幼兒在上小學之前讀寫能力的預備，因此園方從暑假 7 月開始，就動員園方所有的人力，積極構思幫助大班幼兒在讀寫技能學習上，更為有效的方法。今年在這方面，園方做了一些不同於以往的調整——除了固定使用的坊間兒歌讀本之外，另外又集結與統整了多種其他不同教材的特色，自行編製了配合單元內容的字卡：

> 我們這年兒歌是動員所有的老師與主任去參考很多很多的兒歌讀本，再針對我們的單元來做設計，……每一週都有認字，包括每週的一首兒歌，認字的方式就是盡量配合學生這週裡面可能會學到的單字或是名詞，我們都會編排進去，所以一定不會跟別家幼稚園一樣，這是我們這學期最不一樣的地方。……另外一個重點，就是注音符號。注音符號我們每個禮拜都會學兩個，如這個禮拜學「ㄉ」跟「ㄚ」，是從每一個句子或是一個單字去學習，譬如說我們教到「ㄚ」的時候，我們並不要讓孩子一下子就知道「ㄚ」怎麼寫或是怎麼唸，可以先找相同的音去讓孩子做聯想。如「ㄚ」，孩子的第一個反應就是「阿兵哥」，還有「鴨子」，只要有聽到「ㄚ」的音，他就會自己去唸，這是一種拼音的練習，讓孩子在同音中去造句。

對於大班幼兒上小學之前讀寫能力的預備，園方向家長表達親師需要一起合作的期許。在園方全然接手家長委託的教育責任之外，家長可以做些什麼呢？園方除了在家長手冊中說明家長的角色之外，透過今晚的家長座談會，再一次提醒家長，務必善用幼兒隨著卷宗帶回家的字卡，花時間以遊戲的方式和孩子一起互動，以了解及驗收孩子在學校的學習成果，如此不但可以強化孩子的學習效果，而且家長對於孩子在學習上看得見的成長與進步，也會感到很有

成就。在談話中，王主任也告知家長如何和孩子玩字卡遊戲的一些方法：

> 家長基本上的工作，就只要在家把本週教的複習好就好了，孩子在學習的過程中，很重要的就是複習的工作……從上學期開始，就有家長反應，孩子這樣的學習方式很有成就感，因為整整的一本認字簿孩子都認得了，而且每指一個字，孩子都認得，例如說指著常規，孩子就會念常規，從第一週到第二十週，總共加起來有好幾百個字喔！這樣厚厚的一本，感覺成果滿豐盛的。今年改成這樣的話，方式還是跟去年一樣，只是老師跟家長要做一個互動的溝通，以前是由家長負責做複習的工作，老師負責做檢驗的工作，今年就讓老師做複習的工作，家長要做驗證享受成果的工作。……你可以用遊戲的方式跟孩子來進行……家長可以用星期六、日的時間在家裡共同複習，但是星期一就要把書本帶回學校。在家裡的時候建議家長可以做親子的遊戲，譬如說可以玩文字接龍，讓孩子造出好多的文字接龍。另外就是老師常常跟孩子玩的造句遊戲，只要把詞放在日常生活的句子之中，並把句子講完整就好了。我想大班要進入幼小銜接的課程，造句對孩子是一種很好的結合方式，建議家長可以在家裡跟孩子玩。

（三）何主任時間──如何協助幼兒學習專注度的培養

接下來何主任的談話是一場簡短的親職講座；談幼兒的專注力。園方之所以和家長分享這個題目，是因為這是很多家長在幼兒學習卷宗中，經常反映與關切的問題。何主任首先以自己也是為人父母的立場，認同只要是家長都會很關心孩子在學習上，是否足夠專心的問題。在大約十五分鐘的演講過程中，主任穿插一些問題，試著與家長有些互動，不過果子園的家長似乎都比較習慣當聽眾；大多時候是微笑以對，只有極少數的人有簡短的回應。主任舉了許多孩子在學校操作課往往都很專注的例子，傳遞給家長一個訊息：專注力是協助孩子學習很重要的一個能力，家長在家裡可以透過各種不同方式，配合學校，協助孩子從小在日常生活中培養專注的能力。對於家長之於孩子學習上的關心與

疑問，王主任和何主任也以教育工作者專業的角色，提供家長一些具體可行的建議，其中包括電視時間、飲料與玩具的節制、指令與要求的合宜、生活公約的建立等，最後推薦好書一本，供有興趣的家長可以進一步閱讀。何主任的演講內容簡要節錄如下：

今天要跟大家談孩子專心度的問題。開學到現在每位家長應該都收到卷宗了，卷宗收回來的時候，我就到各班去看一看，發現最大的問題是什麼？要不要猜猜看？（許多家長都笑了，但沒有人回應）……你們都很客氣，但是如果我說出來你們應該都會認同。很多的家長很關心的，就是「孩子上課不專心怎麼辦？」更多的家長希望「請老師多注意、多關心、多教導」。我先生在我孩子一年級時，寫聯絡簿的時候，也是寫請老師多照顧、多關心。……這是一般家長的心聲，家長為什麼會有這種心聲呢？因為家長認為老師比我們知道怎樣讓孩子專心，不然孩子為什麼往往在家裡與在學校的表現都很不一樣呢？……各位家長你想一下：孩子真的是隨時隨地都不專心嗎？他有沒有專心的時候？回想一下，他在家裡什麼時候最專心？〔其中有一兩位家長回應：看電視、玩玩具〔有許多人笑了〕。〕……我們知道孩子可以專心，他不是不能專心，只是我們要怎樣讓他專心？……孩子可以專注是一種能力，孩子不是不能專注，而是他想不想專注。譬如在學校教具操作的時候，幾乎百分之八十以上的孩子都是相當的專注，要是你們有看過家長參觀日，你們會有這種感想，但是在進行其他的活動時就未必囉！

以下提出幾點給家長參考。第一點就是：不要給孩子看太久的電視！因為專家研究說：看電視看太久的小朋友有害小朋友的專注……，還有飲料不要喝太多，飲料之中有些成分會讓孩子不專心。還有不要給孩子太多的玩具，太多玩具的誘惑會使孩子無法選擇，也沒有辦法專注。……再來就是給孩子的活動不要一次給太多，例如，一個晚上要他寫數學，又要寫注音符號，他還很小，即使是國小一年級學生，也不會寫一堆的評量卷，……那我們應該怎麼做呢？一次交代一件事情就好了，而且交代的時候要清楚並且不要太快……在他完成一件事情

之後，我們再引領他去做第二件事，我們在學校上操作課的時候，也讓孩子養成這種習慣……在家裡也是一樣，請孩子把一件事情做完之後，才能再做另外一件。如果我們做到這幾點，孩子的專注力應該會好一點。……我建議家長不妨在家裡與孩子建立生活公約……我們學校一直都有幫家長帶領孩子一起做生活公約。……在這裡我推薦給家長一本書，這本書很適合國小一年級小朋友家長，如果有興趣的人可以去看看，裡面有許多分享具體行動的方案。

（四）各班時間──大班課程與果子班狀況

兩位主任結束談話後，時間已近八點，園長接手座談會，開放時間給家長提問題。家長都很安靜，只有一位爸爸發言[5]，園長簡要回應後，各班老師與家長進入分隔的教室，進行各班親師互動時間。果子班有九位家長留下來，其中有一位是爸爸，其餘都是媽媽。在為時大約四十分鐘的分班時間裡，主要由櫻桃老師主導講解，櫻桃老師一開始再次說明全園性的大班注音符號、字卡、美語教學等課程相關議題，提醒家長「在家協助孩子做複習工作的重要性」。接著談到自己帶果子班的一些想法與做法[6]，其中包括對孩子建立生活常規及自理能力的看重，在教學中實施靜思語、唐詩等活動，目的是希望幫助孩子品格及語文能力的建立，而為了讓家長了解孩子在學校的學習狀況，櫻桃老師除了提供家長果子班的課表之外，也把平常孩子在學校學的靜思語及唐詩內容印給家長了解。

剛剛主任有講到專心度的問題，如果整個情境吵雜的話，孩子一定沒有辦法專心，所以我們兩位老師就是讓他們多練習專心，……我們班

---

[5] 這位家長的孩子是新生，提問有關大班孩子早上要簽到的事。園長稍為說明讓大班孩子練習簽到的用意，並鼓勵等一下分班時再和老師進一步了解情形。

[6] 果子園雖然在大方向上主導全園性兒歌讀本及教學進度的決定，但在課程進行方式上留給各班老師自主的空間，因此各班老師可以在一定的範圍內，按照自己的理念去設計教學。

很重視他們的生活常規，生活自理能力上，即使是大班要幼小銜接，我會讓他們學習多照顧自己。另外，這學期我們班有做「靜思語」，……在上學期是用說故事的方法帶給孩子，……我想家長應該也滿需要這些資料的，所以我就打成資料，不然有時家長不懂小孩子在唸什麼，看到這張資料，就了解我們把內容分成生活、合群、感恩、助人，我有空閒的時候就帶著孩子唸，慢慢帶入生活中，發現班上的孩子也蠻喜歡的……，當老師說「老師示範時」，孩子們要回答我「我會用眼睛看、耳朵聽、嘴巴休息」；為什麼要嘴巴休息，就是要專心的聽，……。我覺得這些都蠻好的，對家長也蠻有用的，能修身養性，所以拿來跟大家分享。……我們班還有一個比較不同的地方，就是語文進度表。這是以唐詩為主所編出來的進度，其實在中班的時候我們已經有在做，但是現在進度弄出來讓家長了解，……希望孩子多學一些唐詩，多增加一些詞彙，加強語文表達的能力。這學期我們有把功課表發給家長，讓所有的家長知道一週什麼時間上什麼課，小朋友回家的時候，家長問孩子今天學了什麼，在孩子語言表達能力不足，無法完整說出的時候，家長就參考這張功課表。

在談完果子班本學期的一些課程狀況後，櫻桃老師花了大約十分鐘的時間，跟家長談學前孩子的特質，並與家長共勉——在陪伴孩子學習與成長的過程中，大人需要常考量到孩子在這階段的發展特質與個別差異，多給孩子一些時間、鼓勵與肯定，而避免給予孩子過多、過急的要求與期許：

當遇到孩子怎麼都教不會的時候，爸媽可能會心急，但是我們要去考慮到可能是孩子在發展上面比較慢，不要太心急。很多爸爸媽媽跟我們一樣受到傳統教育，即使老師跟我們說要用愛的教育、讓孩子發展多元發展，但是因為我們在傳統教育下長大的，所以就會用我們自己的方式去要求小孩子。……很多人都會想說：孩子在學校到底學了什麼？為什麼都沒看到他的成果？例如，他學注音符號學了這麼久，為什麼都沒有看到他的一張作業單？……現在的家長都很忙，所以我們

在課堂上就會讓他們寫作業單，但是我們寫得的不是很多，因為孩子的發展速度因人而異，孩子手肌肉發展的還不是很好，你會發現他寫字歪歪的，或是數字會顛倒，那些都是過渡性，他會慢慢的發展完成，當然家長可以幫他多練習，但是協助他之餘，不要給他太多的壓力，不要要求太多。……有些家長都會心急，他數學怎麼都不會，但是我們往往都忘了，他說不定語文方面不錯。大人跟孩子都是一樣，都喜歡別人讚美，……你一直講他負面行為的時候，孩子就會有自暴自棄的心情，……有家長會說：「明明沒有可以讓我誇獎的地方呀！」那你就要盡量去看，……或許是我們要求太高了？還是說我們平常就已經給他們貼上標籤了？像我們老師也會犯這個錯，……我們需要多站在孩子的立場想。

櫻桃老師的這番話，一方面主要是因應班上有不少家長很在乎孩子學習成果的檢驗，有時總過於心急；另一方面也是對於自己身為老師，面對班上幼兒學習狀況存在差異的說明。透過今日的座談會，櫻桃老師再度期盼忙碌的家長，能多利用果子園親師之間最為常態性的溝通管道——幼兒學習卷宗，希望它能在親師之間發揮雙向溝通的功能：當老師很用心把孩子在學校的成長軌跡，提供給家長了解時，希望家長在交回卷宗時，也能給予老師一些回應，因為家長的隻字片語，對老師都是一種很大的欣慰。對於期望家長配合的這番心聲，個性開朗的櫻桃老師娓娓道來，笑容滿面，輕鬆自在之間流露了一份教學上的自信：

家長有什麼問題都可以寫在卷宗裡面，因為希望看到家長多分享一些部分小孩在家的行為。有時候我們花了很大的心思在寫這份卷宗，家長可能不知道，以為上面只有幾句話，但是那是我們想了很久，或是累積我們很多的觀察，但是有時候家長只是簽一個名，看在我們老師心裡，就會想：「我們花了這麼大的心血，結果家長只是簽個名」，我們希望是雙向溝通，即使只有一、兩句話，但是我們看到就會很高興，……其實我們老師做事的態度就是用心，用心就是負責任，每一班都有不一樣的風格與特色，所以帶出來的小朋友也不同。

　　分班時間至此，將近三十分鐘，一直安靜聆聽老師說話的家長，在老師談話告一段落後，有家長開始問問題，在所剩的十分鐘裡，共有五個媽媽發言，當中除了一個問題是有關孩子的行為之外，仍多集中在與孩子課業學習的關切上——注音符號、美語課、電腦課等課程的狀況（如表4-5.2）：

表 4-5.2　果子班家長在上學期親師座談會所提問題

關切點	家長問的問題
家長參觀日	M1：剛剛有說每個月有家長參觀日，那大概都是在什麼時候？
美語課	M2：一般的美語教學都在什麼時候？
電腦課	M3：上電腦課的時候電腦裡面的軟體是教什麼？譬如是教 ABC？還是ㄅㄆㄇ？ M4：像電腦課操作電腦的時候好像沒有每個小朋友都有一台？ M5：電腦課的操作是兩位老師帶嗎？幾個老師帶？我有看過一家幼稚園說有上電腦課，但是只給小朋友玩遊戲，而且只有一個老師，真正收到的效果等於零，希望老師多輔導。
注音符號	M1：我想請問一下在注音符號的單音，是要兩個注音符號的單音拼起來，我們以前是「ㄏ－ㄨ－ㄚ－花」，但是現在的新式教學是「ㄏ－ㄨㄚ－花」，那拼兩個單音起來是下學期吧？
行為	M4：我不會買很多東西給孩子，但是他看到別的小孩子有這個東西，他就吵著會想要，可是每個家庭的經濟狀況都不一樣。希望老師在上課的時候，給予一個觀念，我不想要小孩子小時候就養成很虛榮的樣子。希望老師多給孩子多輔導。

　　在座談會中，家長提問的方式，基本上都期待來自老師的解答與協助，在座的家長之間，從頭到尾少有所對話與互動。櫻桃老師對於家長所提的問題，由於所剩時間不多，都只能給予簡短、但明確的回應。歷時一小時又四十分鐘的家長座談會，在園方提醒各班老師時間已晚終告一段落。今晚果子園家長座談會進行的方式和親師在其中的互動角色，反映了學校接受家長信託，「**全然負起孩子學校教育責任的親師互動模式**」。透過座談會的場合，園方傳達重要的教育資訊讓家長了解，而踴躍出席的家長人數，以及家長聚精會神的專注，透露了家長對孩子教育的關注，以及對老師是專家的一種期待與信任。

二、親子園遊會

　　親子園遊會是果子園一年一度的盛事，園方相當重視此一活動[7]，在活動內容的規劃上，每年都力求創新與變化，以吸引家長的高出席率。今年的親子園遊會於 12 月上旬的一個週六早上舉行。當天天氣相當好，九點不到，放眼望去，已到處是人頭鑽動，十分熱鬧，這一切說明了園方多年的經驗——「家長出席動態活動一向相當踴躍」。在活動場地的選擇上，考量了天氣、容納、物資運送與補充的便利性等主要因素下，園方借用了在果子園附近國小的體育館。當天兩個半小時的親子園遊會主要包括三個部分進行：

1. 親子律動

　　九點一到，園遊會準時開場，由外聘的專業體能老師主持，節奏鮮明的音樂，加上主持人唱作俱佳的口令，在很短的時間內就輕而易舉的帶動了台上滿場的家長與小朋友，隨著台上三位年輕有勁的男老師舞動。音樂一首接一首，三十分鐘的律動一轉眼就過去，節奏緊湊，完全沒有冷場，主持人掌握大型活動經驗的豐富可見一般，將攝影機拉近時，可以明顯看到在場的男女老少，家長、小孩的臉上都掛滿了歡笑和汗水，音樂一結束，「哇！好累哦！」聲音此起彼落。

2. 園遊會

　　律動結束後，負責人高先生上台代表園方簡單致詞，隨後即展開今日的重頭戲——親子園遊會。園方在整個會場布置了六個遊樂區，每一區都有兩個班級的老師負責，每一區都有其獨特的設計與布置。家長帶著小朋友，先從自己班級老師的區開始玩起。每一區視其性質的不同，遊戲規則有所不同，但每一區的活動都有一個共同的特色——所有活動的進行都為親子互動而設計。穿梭

7　通常這樣的親子園遊會集合了負責人所經營的四個園所一起辦理。

不同遊樂區之間，可以看到家長都非常的投入，孩子拿著遊樂券，拉著爸爸或媽媽玩這玩那；任誰都沒空聊天，家長與家長之間沒有交流，在如此放鬆的時刻，孩子的歡笑與滿足，成了所有家長唯一的關切。

3.美食共饗

園遊會後，園方準備了午餐，讓家長和孩子一起享用，也為今日的親子活動劃上句點。活動結束，家長帶著孩子盡興而歸，留下的是待收拾與復原的會場，這一切的善後工作，一如事前的籌備工作，絲毫不假手家長。這樣一個近三百人的親子活動，從頭到尾完全由園方一手包辦；園方有如主人，準備了一桌佳餚，發出請帖，邀請家長為座上賓，什麼都不需要準備，只要帶著孩子出席，盡情享受這場盛筵，就是主人最大的欣慰了。對於果子園而言，理想的親師合作模式，在這場盛筵中又再度表露無遺。當天滿場的父母，帶著孩子玩得不亦樂乎，這對精心策劃此一活動的田主任來說，結果是相當令她滿意的。根據園方負責報到的老師表示：「**出席率大約在七、八成左右，活動算是相當成功哦！**」大型親子活動背後的籌備工程一定相當浩大吧？園方的期待與想法又為何呢？我甚為好奇。當天在園遊會開始進行後，趁田主任得空之便，我有機會做了進一步的了解。

（一）園方籌畫的過程與想法

親子園遊會內容與架構由田主任負責策劃，與四個園的六個主任於 9 月底就形成一個籌備小組，每月定期開會一次。對於這樣的一個親子活動，田主任有一個很深的自我期許：「**是讓家長認同我們這個學校，了解我們設計出來的活動都是老師精心與智慧的心血，我想這是最主要的一個目的，家長認同我們學校辦的活動。……老師的話，雖然說很辛苦，但是她們也覺得家長的參與，是她們最大的一個回饋。一切辛苦都值得！**」基於這樣的一個目標，每年這一個大型的活動，園方都力求創新與變化，內容對家長具有足夠的吸引力，活動性質具有挑戰性。對於今年舉辦的親子園遊會，她希望能避開園遊會的一些缺失（沒頭沒尾與混亂），經過一番長考後，決定了這次活動的流程：整體性的律動開場，交由很有經驗會帶動氣氛的專業體能老師負責，中間穿插趣味性，

且動線分明的分區園遊會，最後以共進美食畫上句點，如此可以使得整個活動有頭有尾，有組織。初步架構決定後，全園的主任和老師形成一個工作團隊，分層各司其職，在三個月中有組織、有計畫的，逐步完成六個遊樂區活動的設計與材料的預備。所規劃的六個遊樂區（美語區、黏土區、體能區、七巧板區、美食區、電腦區），基本上由六個主任根據其專長，構思該區的活動內容與想法，然後提至籌備會，經由一再的討論與交換意見才定案。除了主任之外，每一區有兩班的老師幫忙，負責設計該區特有的精神堡壘、海報、材料的分割與裝袋等，至於所有所需材料則由園方統一採購。再者，對於一個可能高達兩、三百人的活動，如何避免失序與混亂？如何讓動線流暢？如何訂定每一區的遊戲規則？每一區可以容納人數的限制？等等，諸如此類看不見的細節與瑣碎之事，都必須事前縝密的規劃、思考、與沙盤推演。在透過園力動員全體行政人員和老師投入三個月的心力下，這場親子園遊會順利推出和落幕。而事前的充分準備與協調，使得田主任在今天的活動過程中，可以完全退居幕後。遊走會場之間，身為主人與園方的大家長，她的心情是相當愉悅的，正如在訪談中她笑著說：「在事前都忙完了，今天我就輕鬆多了，只要負責監督，每個區是不是完整？……還有沒有遺漏些什麼？再做補強就可以了。……只要家長能夠來參與，這種感覺我是覺得蠻不錯的。」

（二）家長在活動中的角色──出席就是最佳的支持與配合

類似像今天這樣親子同樂的活動，果子園的家長都非常的喜歡，會向園方表示希望能多辦此類的活動。對於家長這樣的肯定與回饋，園方是感到相當的欣慰。可是即便如此，園方在衡量現實人力的負荷下，這樣的大型活動通常也只能一年舉辦一次，田主任說道：

> 家長會跟我們說，像親子活動，我們最好常辦，……我說常辦是沒問題，但是你要多協助〔笑〕。我會這樣開玩笑，但是基本上我們也不會常辦，因為一個學期辦一次，家長會有所期待，參與率就會高，如果我們經常辦的話，我們要有所創新，要辦出不一樣的感覺是最重要的，如果辦的形式都雷同的話，吸引力會喪失掉，凝聚力就會少。所

以我是半開玩笑的對家長說：「可以常辦，但是你要多參與哦！」家長說：「我們一定來。」我說我是開玩笑啦！不然那不是要把我們老師都累壞了〔笑〕。

以上田主任的一番心聲，再度反映了果子園對家長參與的詮釋與界定：**「家長出席就是最好的家長參與！」**田主任所謂的家長「**協助**」指的也是家長**「出席、參加」**，而非人力或物力上實質的協助。因此類似這樣涉及家長的任何親師活動，園方對家長的期待只有一個：**當天記得帶著孩子來參加**。雖然果子園的家長都相當清楚，園方每學期都會舉辦一個大型的活動，但是為了提醒與鼓勵家長出席這樣精心策劃的活動，園方透過了三次不同的方式提醒家長，包括學期初印製的家長手冊、11月分的園訊，以及一星期前發給每位家長的個別邀請卡。園方如此定位親師合作中清楚分隔的角色，反映了不同學校和家庭之間不同的合作模式。在這裡，園方與家長的互動關係呈現了「**主導與託付**」的模式：平常上課期間，孩子交給學校，家長可以全然放手與放心；學校不期待家長走入學校，當園方舉辦活動時，家長以出席展現對孩子教育的關心，以及對學校用心辦學的支持和肯定。在這樣親師角色的界定下，今天的親子園遊會可以說是賓主盡歡，各取所需，各得其所。

三、家長讀書會

基本上，果子園所舉辦的親師相關活動，大多是全園性、大型的，唯有「家長讀書會」是屬於比較小型的一個活動。雖然參與的家長人數不多，這個活動在負責人高先生執著的推動下，**斷斷續續進行過三個學期[8]**。為什麼推動家長讀書會呢？高先生認為，讀書會是教育的方式之一，透過讀書會互動式的

---

[8] 果子園的家長讀書會在週六早上舉行，一個月一次。在實施過程中受到不同活動與時間衝突的影響，園方在無法兼顧的情況下，讀書會會因而選擇暫停辦理。例如，今年的上學期因園方的教師在職進修（美語教學、蒙特梭利教學、鄉土教學等），通常也都安排在同一時間，而且相當密集，幾乎每週都有，園方在考量人力與精力有限的情況下，讀書會因而暫停一學期。

討論，對參與的家長和他個人而言，都是個很好的成長機會：「我覺得教育在現代社會很重要，這就是為什麼我一直喜歡讀書的原因，因為讀書就是一個很好的教育機會，所以我希望家長可以透過讀書會學習。……我覺得大家真的成長很多，所以我會盡量透過這樣的力量……比較長期性的經營。」讀書會的進行多由園長或高先生或主任，輪流帶領，利用週六早上家長比較有空的時間舉行，而其進行的形式從一開始到今日，因應實際進行的效果與需求，都有些改變與調整。例如，在開始嘗試的初期，園方為了鼓勵家長與自己的孩子之間，有更多互動的機會，讀書會是以親子共讀的方式進行，園方鼓勵家長帶著孩子一起來，整個早上的時間分成兩個時段進行：(1)親子分開活動——高先生帶家長一起欣賞與討論圖書繪本，幼兒則由老師帶領進行與全語文相關的讀寫活動；(2)親子時間——媽媽講故事給孩子聽，讓親子之間有互動的機會。這樣的型式進行一段時間後，由於場面有些混亂，在很難兼顧大人與小孩需求的情況下，後來轉換成單純的家長讀書會，不過園方仍然提供托兒的服務，讓家長可以專心參加。

（一）參加讀書會的家長基本特質

家長讀書會進行以來，參加的人數一直並不多，雖然園方大力宣導，希望家長能踴躍參加，以增加教養孩子的知能，不過類似這種比較靜態的活動，每次參加的人數大概都在二十人以下。今年第二學期重新恢復的讀書會是第四次舉行，不過在園方各種週末活動的衝突下，這學期的讀書會只在3月份及4月分各舉行了一次，出席者清一色都是媽媽，第一次有十四位，第二次有九位[9]。出席者的特質，以第一次讀書會來說，大部分的媽媽是第一次參加（八人），其中三人參加過三次[10]。出席者中又以職業婦女（十一位）居多數，而身為家庭主婦的三位媽媽，都是在有了孩子之後，為了有更多時間陪伴孩子，才辭掉工作。以下透過本研究對第一次讀書會的全程參與，帶領讀者進一步了解讀書會的內涵，以及它之於家長的意義。

---

[9]　在兩次的讀書會中，我們只參與了第一次的過程，第二次的出席狀況乃事後由園方得知。

[10]　這三位媽媽是園方讀書會的忠實會員，只要有讀書會，她們一定參加。

（二）輕鬆中享受學習，增進親子互動知能

　　第一次的讀書會，在暫停一學期後，在3月中旬的週六早上九點重新上路，園方在幾週前發出活動通知，事先報名表示要參加的家長有二十二人，不過當天有些人沒出席，整個活動基本上按照發給家長的活動通知上所寫的方式逐一進行：

　　　主持人開場白→唱我們的歌→繪本欣賞→相見歡（自我介紹）→
　　　閱讀童話，自由論壇→回饋活動

　　活動一開始，大家圍著長形桌而坐，一眼望去，除了主持人高先生是男性之外，今天清一色是媽媽[11]，由於當天大多數的媽媽是第一次參加，主持人一開始把果子園之所以推動讀書會的用意又做了簡單的說明：「希望透過讀書會凝聚一些共識，可以讓我們在教養孩子的路上，多一點新的期望、新的共識，所以我們今天重新開始。……我們期待你們每次來參加這個讀書會是很愉快的，沒有負擔的，而且有收穫。」

　　高先生向家長解釋，以前的讀書會，參加的人要先在家裡把書預讀完，結果有些家長因為覺得有壓力，就不敢來了。因應這樣的狀況，為了讓家長喜歡來參加讀書會，而不會有壓力，所以園方後來在進行的方式上做了調整；家長不必事先在家讀書，到現場才一起讀。由於高先生對於繪本之於幼兒的重要性一直情有獨鐘，不但在園方常態教學中致力推動，在家長讀書會中也是以繪本為主軸，與家長共同切磋如何透過繪本，增進親子互讀的知能。在這次的讀書會中，主持人帶領家長一共讀了兩本繪本；其中一本是以導讀的方式，做單向式介紹，另一本則以雙向的方式，在成員之間進行討論與分享。在介紹今天的繪本之前，主持人先向家長解說：「什麼是繪本」，以及家長如何將在讀書會

11　高先生表示，以前的讀書會曾經有幾個爸爸參加，這次只有他一個男性。問他會不會覺得會孤單？他說：「不會啦！很習慣了，從我十年前參與幼教，那時候更少男生。很多研習會就只有我一個男的，倒是習慣了。」

學到的知能，應用在親子共讀上。為了讓家長了解親子共讀的重要性與影響，高先生請在座一位參加過讀書會的媽媽，分享她個人的經驗。這位媽媽是讀書會的常客，從一開始有些質疑「講故事給孩子聽，有什麼用嗎？」到一路走來慢慢體會到「孩子在無形中的成長實在令人驚訝」，她的現身說法，給予親子共讀一個很高的評價，她以個人的經驗，提醒在座同為媽媽者，不要小看每天點滴累積、陪伴孩子講故事的影響力：

我們家長就是把每天陪小朋友讀的書記錄下來，一學期如果都有在做的話，那也是一個很可觀的成績，有時候老師為了鼓勵他們，就會說「看誰讀的最多？」一個禮拜拿來的時候，就會給他們一張貼紙，有時候我比較懶，孩了就會惦醒我說：「媽媽妳要講，不然我就不可以領貼紙了。」……我家裡有買很多繪本……我們常去書局，他自己挑書，在書局看了很多書。其實小孩子的記憶力，我覺得非常驚人。我舉個例子：有次，我去××書局，帶他看了一本介紹火車的書，從早期的煤油火車，到電氣化的，到最新的，他看一看……他就說：「媽媽，還有一本也有這樣子。」他就在整個書櫃裡找，到最後抓出一本，翻了一頁就跟我講：「你看這個圖，就是剛才有講的，這火車也有。」我很驚訝，因為那本書我已經講了超過半年以上的時間，而且只講過一次，所以我覺得孩子的記憶力真的非常的驚人，有時候我們只是這樣子讀，可是他讀進去的，跟他所看到的，……在他腦子裡，就是像照相機一樣，有很深刻的印象，所以也因為那一次的經驗讓我感受很多。……或許家長剛開始會像我一樣質疑：「這樣子，他能夠吸收多少？」可是當你慢慢在做，在孩子身上看到反應、看到成績的時候，我發覺這些做都是很值得的。所以我提供給各位媽媽，如果你可以用一點你的心，每天五分鐘、十分鐘講個故事，累積下來，以後對孩子的語文能力都是很大的幫助，在學校老師都會跟我講說，他在語文方面的表達跟其他的孩子還是有差的。

　　「一起唱一首歌」是讀書會進行前一個暖身的活動，希望讓參加者在進入正式讀書之前，可以放鬆心情。今天唱的是台語歌「阮來打開心內的門窗」，高先生打趣道：「……以前是選女生唱的，這一次老師特別給我選男生唱的，因為這次只有我一個男生。我比較會講話，比較不會唱歌，所以請哪位幫忙？這首歌，大家應該有聽過吧！來吧！我們先來唱歌。」隨著伴唱帶，在座媽媽大多不能放懷的唱；只是很小聲的跟著哼，這可能多少和在座大部分的人彼此並不認識有關[12]，因此大家都顯得很客氣。在歌聲之後，高先生介紹第一本繪本《朱家故事》[13]，高先生很輕鬆的笑談之所以選擇這本故事做討論的原因，一方面是它的趣味性，另一方面是它的內容所描述母親的角色，似乎能讓在座的媽媽，在家庭與工作雙重的沉重負荷下，很能感同身受的一本書：

> 我選這本書有幾個意義，第一個意義，因為媽媽比較多，我特別選可以安慰媽媽的書，讓大家覺得你是很幸福、自在的〔在座的媽媽都笑了〕；第二，因為這本書看起來比較有趣，從整個畫面的結構、文字部分來講，對大家進入繪本世界來講，會有個很好的開始。

　　高先生請在座的一位謝老師[14]幫忙說故事：「來，謝老師，你來幫我唸一下。」謝老師笑著接下了任務，先對該書的作者與內容做一番導讀與介紹，然後示範如何以繪本向孩子說故事。謝老師說故事的技巧生動有趣，隨著故事情節的發展，音調抑揚頓挫，高低起伏，娓娓道來，淋漓盡致，在座的家長都聽的十分入神。說完後贏得了滿場的掌聲：「哇，好棒哦！」在稱讚之餘，許多家長也連連搖頭，覺得自己不可能把故事說的那麼精彩。高先生讓家長了解，

12　基本上，果子園的家長平常彼此之間並沒有來往，這樣的現象在讀書會中也很明顯；在座的家長除了少數因不是第一次參加，或者本來就是好朋友之外，大部分人互相並不認識，即使有人後來發覺孩子是在同一個班級，但因平常很少到學校，只彼此覺得面熟，也互不認識。讀書會的活動在果子園，提供家長之間唯一有機會互動與交流的管道。

13　《朱家故事》是安東尼布朗所著，漢聲出版社出版。

14　謝老師是別園的園長，和果子園園長是很熟的朋友，當天剛好有事到果子園，就順便參加讀書會。她對於該繪本很熟悉，在自己的園跟小朋友介紹過。

雖然做父母的不能像受過專業訓練的老師一樣，但經過學習，每一個人都可以
學會賞析繪本，經過不斷的練習與揣摩，說故事的技巧也可以漸入佳境：

> 因為我們是媽媽，沒有受過像老師這樣專業的訓練，所以有些表情發
> 揮的效果沒有老師那樣淋漓盡致。……不過我在這裡面要跟大家建議
> 就是說，你們真的不要把它當作一種負擔，你可以先看過一次，根據
> 書上的文字自己來講，試看看，事實上，這些繪者、作者的用文遣
> 字，都具有很好的文字涵養，所以一本圖畫書除了可以教養孩子，可
> 以擴展孩子的學習經驗、生活經驗以外，我想最主要的就是讓大家有
> 美的賞析、還有邏輯判斷的能力。繪本本身是一些插畫家、文字學者
> 所提供的一種東西，你們在說故事的時候，我想拜託你們就是要自己
> 要先看，開始的時候，可以照它的文字唸一次，第一次、第二次再加
> 上像謝老師說的一些創意。

　　讀書會進行到此，家長基本上都是位居聆聽的角色，彼此之間沒有互動。
接下來的白我介紹時間，為安靜的讀書會開啟了家長之間對話的窗口，也是整
個讀書會過程中笑聲最多的一個時段，這和主持人運用的介紹策略有關：「我
們朝過去的一個方式來自我介紹，先兩人一組，……大家談一談，六分鐘以
後，就回到團體，幫忙介紹你的搭檔，你不能把人家介紹的很差哦，所以人家
告訴你的，你要小心的聆聽，如果你比較聰明的話，可以不用做記錄。」接下
來兩人一組的時間，大家朝著主持人給的指示交談：個人的資料、為什麼要來
參加讀書會、參加讀書會有什麼樣的期待。這三個問題引發了兩人小組之間欲
罷不能的交談，話匣子一開，彼此的媽媽經就出來了，由於時間的關係，主持
人不得不喊停。在團體「相見歡」中，媽媽們彼此互相介紹，當事人偶爾為自
己做補充說明，主持人則適時地穿插了一些有趣的問題與回應，會場的笑聲此
起彼落。讀書會進行至此，原本因互不認識所形成的距離，一下子似乎拉近了
許多。媽媽們彼此的介紹與對話中，可以發現，現代社會中不少學齡前幼兒媽
媽，在教養上以幼兒為中心，為了給予孩子更好的童年，都很看重教養新知的
學習，也都期待自己做一個更稱職的媽媽，因此生活雖然忙碌，但都希望跟著

孩子一起成長（劉慈惠，1999，2001a）。這樣的心態在那些職業婦女的媽媽身上尤其明顯，因為在她們的自我介紹中，都透露了一些共同的特質：因為上班的關係，平常都很忙，可是為了孩子，都把讀書會當成一個充電的機會，希望藉此學習更多親子互動的知能，改進自己不足的地方。很有趣的是，其中有兩個媽媽表示，原本當天很忙無法參加，可是因應孩子的一再提醒與不忍讓孩子失望，最後都選擇來了，以下從所摘錄幾位媽媽參加讀書會的動機與期待中，讀者可以稍為體會現代幼兒母親對自我的深切期許（表4-5.3）：

表 4-5.3 果子園家長參加讀書會的動機與期望

全職媽媽	M9：參加讀書會最大的原因就是，平常在家裡沒有很多的機會接觸很多的人、事、物，希望藉著讀書會來增廣一些見聞。 M13：參加讀書會主要是覺得孩子電視看太多了，看書的時間很少，希望來這邊吸收一些知識，讓自己成長，也知道如何帶小孩子。
職業婦女	M6：希望參加這個活動能夠自我成長，幫助小朋友在閱讀方面能夠有進步。 M7：希望能夠了解繪本的一些閱讀方式，增加自己的常識，藉由團體活動來讓自己增長。 M8：本來很忙沒時間來，可是兒子跟我講：「媽媽，妳一定要讀書，不能不讀書。」我聽了很感動，覺得也是需要讀書，所以排除萬難來參加。……覺得小朋友在繪本真的學的很多，因為小孩讀了很多的繪本，在處理一些事情上感覺上孩子比較成熟一點，邏輯思考能力比較好。 M10：因為平常忙於上班，陪孩子的時間比較少，……希望藉由大家一些讀書心得能夠改善自己錯誤的方式、做訂正，……也是希望在這方面比較能改善之外，能增加自己更多一些常識！ M11：我想來讀書會充電，要幫助孩子年齡層小的時候，在閱讀方面給他多一點的資訊，更了解怎麼去引導小朋友。

在自由論壇時間，主持人帶領大家進入第二本繪本——《智者與豬》。所謂自由論壇，就是家長可以就該書中的內容，做自由的分享。主持人以每個人輪流唸一段的方式，把整本故事書唸過一次後，根據繪本的內容，首先拋出幾個開放性的問題，諸如「假如是你的話，你最喜歡你是什麼豬？假如是你的話，你最喜歡你是什麼豬？在這故事裡給你印象最深刻的是哪一點？哪一個句子你最喜歡？」……等，讓家長腦力激盪，謝老師將幾位家長的發言，逐一寫

在了白板上：

1. 人生有時候可以阿 Q 點	5. 不要鑽牛角尖
2. 豬不一定比人笨	6. 豬是豬，人不可貌相
3. 人是自以為聰明的豬	7. 對自己有信心，不要在意人家的看法
4. 笨者與豬只是個名詞	

　　主持人鼓勵大家以白板上所列的七點為大方向，進一步分享自己的看法。在座的媽媽在這段時間的分享，變得相當踴躍，話題幾乎都脫離不了自己本身與孩子互動的經驗，讀書會進行到此，似乎提供了在座的家長一個建立個人社會網絡的機制與功能[15]，因為透過此　繪本內容的分享與討論，引發了大家針對同為母親的角色，進行教養的分享，無形中也相互提供了精神上的支持，這些媽媽當時所分享的內容，再度充分透露，不少現代幼兒媽媽在教養上對自己能以身作則的期許；覺得教養兒女並不是渾然天成，而是需要經過學習，而在學習的過程中，父母認知自己的不足與會犯錯的自省是很重要（劉慈惠，1999，2001a），例如其中二位媽媽分享了和孩子互動的內容如下：

> M2：我兒子常常說的一句話，也是他們生活公約裡其中的一句，他說：「媽媽，不能罵人唷！」有時候我很氣時，我會說「笨」，他說：「罵人罵自己，你在罵你自己嗎？」以後我就不敢再說這個字了，他說：「其實豬也不笨啊！人有時候比豬還要笨！」所以有時候我們大人講話的話真的要很小心。

> M4：我的老大比較內向，對自己的信心不太夠，他比較胖，上體育課的時候，動作比較不靈活，所以有同學罵他「豬頭」，……我跟他說：「你對自己一定要有信心，你先不

---

[15] 常態來說，即使孩子在同班，果子園家長之間也很少認識或來往；之間很少有橫向聯繫，除非原本就是朋友。因此以果子園來說，家長之間並沒有因為孩子的關係而形成彼此的社會網絡（交換訊息的對象）。讀書會可以說是果子園家長之間關係的一個例外──參加的家長，有討論與分享。

要在意別人對你的看法，你在意的話，上體育課你就會很
害怕，越緊張就越達不到效果」，……他常常會把「豬
頭」兩個字帶回家，跟弟弟兩個人互相「豬頭」、「豬
頭」，好像變成一種習慣，在我們家的話，我規定他們不
能再講了，因為那不是很好的形容詞，這一點我們還在學
習。有時候，就像高先生講的，做人有時候要阿Q一點。

M8：我很喜歡那個「不能隨便罵人是豬，罵人如罵己。」因為
有時候自己很忙的時候，弟弟都會來叫「媽媽！媽媽！
……」我就會說：「你怎麼那麼笨啊？」他說：「那你就
是笨媽媽！」我說：「你怎麼那麼豬啊？」他說：「那你
就是豬媽媽。」……所以有時候罵他的時候，我就會想說
他一定會說下一句，所以我就會有所警惕。

　　讀書會進行到末後，在家長熱烈交換與分享媽媽經中，似乎欲罷不能，很
快地就超過了原本預定的兩個小時，主持人看時間不早，在十一點十五分左右
請大家針對今天的讀書會做簡短的心得回饋。在這段時間，每個媽媽都開口說
了一些話，十四位參與者分享的心得和自我介紹時大致類似（摘錄其中七人的
分享，見表4-5.4）——肯定讀書會的功能以及對自己成長的期許。其中有三個
媽媽表示，自己很不習慣在別人面前開口說話，參加這樣的讀書會是一種不小
的挑戰，不過她們還是鼓起勇氣來參加，目的是希望能從中學習新知，和其他
一樣做媽媽的人一起成長，以期更了解孩子的發展與需求。家長這樣的自我期
望，吻合了園方當初推動讀書會的目的——**在輕鬆、沒有壓力下，透過書籍與
家長共同建立孩子教養成長的模式**。此一整個讀書會比原來預計的時間超過了
半小時，它以繪本開始，也以繪本結束；園方送給每位參加的媽媽兩本繪本，
讓家長在家裡可以繼續享受讀繪本的樂趣。小結來說，讀書會這樣比較靜態的
親師活動，雖然沒有像果子園其他大型動態活動來的那般熱鬧，但是透過此一
小型活動，反映出果子園希望提供家長關心及參與孩子學習與發展的多元嘗試
與用心；而這些出席讀書會家長的心聲，雖然是少數，誠然回應了園方在所設
定的親師夥伴合作關係中另一種可能存在的形式。

表 **4-5.4** 果子園家長參加讀書會的感想

M1：我比較內向，因為我是念電子的，所以對一些語言感覺很冰冷，很不會發表、不會表達自己，我來這邊的目的也是在學習怎麼樣去教育小朋友。因為我們學理工背景，對於教育小朋友比較缺乏。我很喜歡唸書給他們聽，可是唸多了以後，會覺得自己的表達能力有問題，小朋友很喜歡唸書，我就想說我可能要去充實我自己，給他們比較好的環境，讓他們很喜歡唸書，不需要一直盯著他們，這就是我要學習的目標。

M2：今天很高興跟各位媽媽認識，我想今天會來參加這個讀書會的，都對孩子非常有心，可以從大家的互動中，學習對孩子一些好的方法，我今年是參加第三年了，……每一次來這裡，我回去都有收穫，……我覺得今天讀書會也是一樣，就像高先生講的，讓我們沒有壓力，我真的覺得很好，以前有時書沒有讀完，那一次真的就不敢來。

M3：我來這裡其實非常高興，因為像我女兒也知道我很喜歡參加，所以她拿到通知單的時候，就很高興的說：「今天有發你最喜歡的唷！」……我從兩個孩子身上都可以看到繪本對小孩子的好處，所以我希望來參加讀書會，來看讀書會運作的模式。其實我在公司，也會跟一些同樣跟我一樣是職業婦女，有小孩子的媽媽，推薦她們可以教小朋友看的繪本。

M4：我今天是抱著學習的態度來的，因為我認識果子園算是滿久的，可是我都沒有參加過這種聚會，這個聚會也是因為兒子的關係……不知道要心得報告，我滿緊張的，很少面對有這麼多的人發表自己的意見，我想這一次也是磨練我自己，讓我自己先成長，我再去教導我的孩子……。（高：我看不出來你很緊張！）我很緊張，我很少參加這種活動，有去的話也是聽別人的意見，很少發表自己意見。

M5：我參加讀書會覺得父母的成長，會比孩子的成長更明顯，我很鼓勵我的孩子參加各式各樣的活動，所以當然我自己只要有機會或是學校辦的活動，我一定都會去參加，我雖然參加很多次，我希望，也相信每次都會得到不同的感覺，就是一種複習，然後又不斷的充實。

M8：今天我感受蠻深的，因為我覺得有互相溝通的機會，我知道各位媽媽很努力在做些什麼事情，也影響到我，我也希望我又再回鍋一次童年的時光，在看一些繪本的時候，不僅是他享受，我也是一直 enjoy 在裡面，很開心。

M12：我抱著充電的心態來吸收各方面、各位媽媽跟小朋友互動的分享，然後能夠帶回家，跟孩子有更好的互動。

M14：我來這邊最大的期待就是因為自己本身工作很忙，沒辦法當全職媽媽，來這邊我最期待就是能夠適合我孩子年齡，學到適合他的東西，自己可以針對這方面來給孩子。

四、家長參觀日＆家長座談會

（一）前置工作與活動期望

　　一年一度的家長參觀日，有別於平日的家長參觀日，是果子園的一項全園性的重大活動[16]，配合平日忙碌家長的需求，這一項活動一如大部分的親師活動，安排在週六早上，緊接在參觀教學活動之後，則舉行該學期的家長座談會。參觀日的前一天，當我們到園方了解活動前的籌備狀況活動時，看到園裡從行政人員到老師都忙著在整理與布置環境與情境；那種感覺好像園方在辦喜事一般。除了每班教室中都有孩子平常作品與學習檔案的呈現之外，園方大部分公共空間都做了充分的運用；視線所及都可以看到用心擺設孩子的各種美勞、陶藝課作品。其中比較特別的是，園方在一進門的中庭玄關，布置了一個相當別緻的藝術角，當中放置了全園幼兒平日以不同素材創作的許多作品，以及一份果子班小朋友自發性集體創作的公路連環畫[17]，在通往二樓教室的階梯牆上也都掛滿了小朋友的作品，令人目不暇給，再加上當天所安排的各項動態教學活動，充分透露園方對透過此一活動，將孩子在學校學習的

16　果子園每個月都定有一天正常上課的時間，開放給各班家長參觀，而這樣的訊息也會在當月的園訊上提醒家長，不過根據張主任表示：「有些家長甚至看到了也不一定會來，有些家長則是上班沒有時間來，一般家長出席的機率很低，因此，這一次是很刻意的舉辦一次比較大型的家長參觀日，時間都會選在放假、大部分家長可以參加的時間。」

17　這一幅由八張圖畫紙接起來的幼兒集體連環畫，在創作上顯得非常的特別，在我們好奇的詢問下，果子班櫻桃老師做了簡單的說明：「最近果子班的孩子掀起了畫連環畫的旋風，起因於CF2因為操作某一教具而引發的想法，一開始她和幾個小朋友一起畫連環畫，起初草莓老師並沒有注意到這項孩子自發性的創作，後來陸續有更多的小朋友加入，而且很有意思的是本來不太會畫的小朋友，因著比較會畫的小朋友的引導，也開始加入創作的行列，一開始並沒有特別主題的創作，也完全跟主題不搭嘎的，後來在小朋友七嘴八舌下，變成了他們眼中所認為的高速公路，它的長度隨著一張張接起來的圖畫紙而越來越長，到最後幾乎有點欲罷不能。」這一項不在預期中的教學活動，櫻桃老師覺得自己都感受到小朋友自發性創作的興奮及不可限量的能力，也看到班上小朋友如何互助幫助的可貴。後來因為要準備家長參觀日很忙，沒有時間繼續延伸這個活動。

成果展現給家長了解的用心。正如負責課程的何主任及園長對於學年結束前的最後一項親師活動的期望 [18]，從不同的角度做了簡單的說明：

> 主任：希望家長可以了解孩子平常在學校做什麼，還有展示、呈現一下孩子的成果、成品。
>
> 園長：他們〔家長〕來主要是看教學觀摩……，其實我這次的想法比較單純，我只是想透過這樣的〔情境布置〕方式，讓一些藝術的課程讓人注意，所以在環境的布置上就弄得比較花俏一點。在布置上，老師要有美感的概念，讓孩子有欣賞的機會，這次比較著重在藝術方面，課程本來就有了嘛！因為我一直希望這個地方不同於別園創作的藝術角。

　　家長參觀日，彷彿是繼上學期親子園遊會之後的一場盛筵，從頭到尾由園方作東一手負責籌備，家長唯一需要做的事就是：撥空參加這一趟了解及驗收孩子學習成果之旅。園方透過多次的管道，提醒家長記得當天的活動，其中包括當月的園訊、一週前的個別書面通知單、幾天前班級老師打電話親自邀請，最後請對家長最具說服力的小朋友，於活動前一天再度提醒家長：「爸媽，你們一定要來哦！」

（二）參觀日的活動內容──展現教學成果

　　參觀日當天時間的活動內容，園方在通知單中已事先告知家長，主要是以老師的教學觀摩為主，家長座談會為輔：

全園性	08：00-08：30	戶外活動：律動，由體能老師負責
各班性	08：30-09：30 09：30-10：00 10：00-11：00 11：00-11：30 11：30-12：00	操作時間 才藝教學 主題教學：「小青蛙」、母親節活動 全園家長座談會 各班家長座談會

---

18 當天和行政人員及老師有一些閒聊，這些對話大部分是在他們一面進行手邊待完成的工作中斷斷續續進行。

　　參觀日當天一早入園，玄關處一張張的海報上貼著各班老師、實習老師以及幼兒的照片，門口擺著六張桌子，每張桌上放著各班家長的簽到簿，園裡的氣氛和往常小朋友上學的日子很不一樣，這當中最主要的差別是，園裡到處可以看到平日很少出現在學校的家長，整個園顯得很熱鬧，他們的出席反映了果子園家長對孩子學習的主要關心方式之一。一眼望去，樓下的教室都是鑽動的人頭，可以發覺家長的出席率相當高，以果子班來說，當天來了二十四位家長——十七位媽媽和七位爸爸，這一現象反映了，一如以往的親子活動一樣，對於孩子學校必要的家長參與，基本上都是以媽媽為主。

　　活動一開始，由體能老師在戶外的遊戲場帶幼兒進行律動，家長們或站著在一旁觀看，或拿著照相機或攝影機，忙著幫孩子留下成長的紀錄。律動結束後，各班老師先帶小朋友進教室，主任簡要報告參觀的幾點注意事項後，請家長在玄關欣賞小朋友的作品。接下來所安排的活動，基本上是孩子每天早上在學校半天的課程縮影，目的在於讓家長對孩子平常在學校進行的常態活動有所了解。以教具操作來說，這是果子園小朋友每天到學校後都會進行約一個小時的活動，在今天的參觀日中，果子班小朋友一如往常自行操作教具，櫻桃老師則遊走在小朋友之間提供必要的協助，另一位老師則在一旁幫孩子做學習的觀察記錄，整個教室顯得很安靜，除了偶爾有小朋友很興奮要爸媽看他們完成的工作。家長因著園方一開始有交待，希望他們盡量停留在教室地板上所指示的紅線區域內，做靜態的觀察，因此當孩子跑過來時，家長大都很配合；小聲地示意孩子回到工作區。

　　才藝時間裡，每班進行一項約三十分鐘的才藝課程（如陶土、音樂、美語、體能等），果子班當天進行音樂課，櫻桃老師帶著孩子到一樓的藝術教室進行活動，課程換由音樂老師帶，一開始老師帶領手中都各一樣樂器的孩子，表演一段唱遊與演奏，之後音樂老師發給每位家長每人一種樂器，讓家長和孩子一起進行親子演奏，大部分家長顯得有些羞澀，有些人則玩得很起勁，偶有人放炮，大家笑成一團，整個教室的氣氛和剛剛教具操作時的安靜絕然不同。主題教學時間小朋友又回到果子班教室，由櫻桃老師示範大約五十分鐘的常態團體教學活動，小朋友坐在地板上圍成他們所熟悉的半圓形的上課方式，櫻桃老師根據今天教學的主題「青蛙」，配合一些事前準備的教具，和小朋友進行討論之後，帶了一個數

學的遊戲。此時不少小朋友的情緒顯得有些亢奮，討論進行得不是很順利；有些小朋友常回頭去看爸媽，不能很專心的參與活動。櫻桃老師除了一再技巧性引導孩子的注意力外，有些苦笑著跟在一旁觀看的家長說：「小朋友今天很興奮，平常上課不是這樣的，大概是你們來，他們太高興了。」主題課程時間結束前，櫻桃老師帶孩子為在場的媽媽提早過母親節，孩子唱了一首歌「天下的媽媽都是一樣的」、唸了一首英文童謠，然後請小朋友把事前所做好的康乃馨、相框、卡片送給自己的媽媽或爸爸。小結來說，整個早上的參觀活動一堂接一堂呈現在家長的面前，雖然事先經過不少時間的規劃與安排，園方認為他們的主要用意是希望持平常心，將孩子平常在學校做的事，以教學觀摩的方式呈現讓家長了解。家長的高出席率反映了多數家長對孩子學校教育的關切之情，每個人注意力的焦點幾乎都鎖定在自己孩子的身上；家長與家長之間彼此很少有橫向的互動或交談，父母對孩子學習成果的展現與期待可見一斑。

（三）家長座談會──幼小銜接的說明

各班教學觀摩結束後，接著進行第二學期的家長座談會。按照園方慣例，因幼兒年齡層的不同，家長的關切點有所差異，所以大、中、小班的家長座談會和第一學期一樣，是分開進行。整個過程和第一學期的家長座談會類似──家長先集中在一起，由園方向家長針對一些重要的議題做報告與解說，然後再由各班老師主持班級性的座談。這次座談會所安排的主題，反映了園方回應大班家長對孩子目前最主要的關切──從幼稚園銜接小學的適應問題。課程主任以二十分鐘的時間，向在座的家長說明園方從 5 月分起更積極的幼小銜接做法，以及需要家長配合的事。針對做法的部分，何主任向家長說明為了幫助大班幼兒順利銜接小學，從 5 月分開始，大班在課程上已逐步改變及模擬一年級的學校生活方式，其中主要的改變包括作息時間（每堂課五十分鐘）、座位安排、午睡時間（趴在桌上）、回家作業（有國語練習簿，每天固定寫幾行注音符號，或相關課程學習單，每天要教給老師批改）。因應這樣的改變，園方需要家長配合兩件重要的事：每天督促孩子完成老師指派的回家作業、記得每天在孩子的聯絡簿上簽名。何主任提醒家長在幫孩子看功課時，如果看到孩子字寫得不工整，或者超出格子外，要多給孩子鼓勵，不要給孩子壓力或指責：

每一年我們都是在 5 月分、6 月分來進行幼小銜接，為什麼要有這幼小銜接的課程呢？我們希望小朋友能夠很順利的跨進小學，我們不希望給孩子有小學的束縛，我們又不希望他們到小學一下子又不能適應，我們發現用兩個月的時間來培養他們、建立習慣，是個很好的做法……，所以我們從 5 月分開始，他們已經開始提著書包回家了，爸爸、媽媽要做的工作很簡單，第一：放學回家，請你督促孩子先完成功課，然後再玩他們自己想玩的東西或是看電視。假設他想要先看電視，你要跟他約定好：「當你看完這段卡通，要開始寫作業唷！」或是約定好：「吃完飯，先寫好功課，我們才可以看電視。」讓他養成習慣，等到入了小學，你會很輕鬆。第二件事就是爸爸、媽媽不要忘記要確實的幫他簽名，如果沒有簽名的話，你的孩子到學校時，老師說「某某人沒有簽名」，孩子會覺得「爸爸、媽媽沒有關心我。」……假設字寫的不工整，請你不要太狠心的整排擦掉，這樣孩子會很挫折，你要說：「這個字寫的很漂亮，那另外一個字可不可以寫的跟那個一樣？我們重寫，好嗎？」輕輕的擦、慢慢的擦，或者是讓他自己擦……如果孩子本身小肌肉還沒有完全發展好，他在寫的時候，可能會有點困難，超出格子外面，也不要指責他，鼓勵他，不要讓他跟別人比，讓他寫功課變成一種樂趣，而不是壓力，這樣他就很快樂，天天很高興的寫功課，這是有關幼小銜接的部分。如果在小學遇到什麼疑難雜症，歡迎你們回來，我們有傾訴專線哦！我們的孩子到了小學去以後，適應都沒有問題，聽說小學的排行榜，果子園都是在前面的唷！

對於主任的說明，出席的家長從頭到尾都聽的十分專注，這多少反映出果子園家長對於孩子在課業學習上的某種期待，認為從幼稚園階段就讓孩子練習銜接小學是必要的，因此對於園方讓大班幼兒開始提早過有如小學一年級學習型態的安排都表認同與肯定。在開放發問的時間，除了一位家長問了一個有關小學的問題[19]之外，和第一學期家長座談會的狀況相彷，大部分家長都安靜的

19　有一位媽媽問：「到了小學，學校都不太讓人家選老師，怎麼辦？」張主任以自己是家長過來的人身分，分享經驗與看法，鼓勵家長從正向角度去協助孩子適應不同的老師。

聆聽，扮演訊息的接收者與配合者，對於園方所安排的教育方式與策略給予全然的信任。何主任請家長記得填寫「參觀日家長意見調查表」後，家長各自回到孩子的班級進行班級座談會。

　　大多數家長在全園性的座談會後即行離去，以果子班來說，繼續留下來參加班級座談會的家長只有八個人（五個媽媽、三個爸爸），家長安靜的坐在小朋友的椅子上，彼此之間沒有互動。櫻桃老師一開始先再一次提醒家長有關於大班最近作息的改變，以及請家長記得多在聯絡簿上與老師做雙向的溝通，也花一點時間跟家長解說展示在入園門口之連環日記畫的創作過程，鼓勵從另一個角度去欣賞孩子的能力：「最近我們班那個操作課拉長，很多創意的作品都出來，不知道爸爸、媽媽有沒有感受到？就像那個畫，很有創意，其實孩子的學習是慢慢來的，很多學習都是從潛移默化，那作品跟我們的教學主題『青蛙』完全無關，可是我覺得所引發的是小朋友間互相扶助，我真的以他們為驕傲。」從櫻桃老師的談話中，可以感受到她對於孩子這份無意中萌發的作品感到驕傲與興奮，可是並沒有家長針對孩子這樣潛移默化的創意學習有所回應；大家都只是很安靜的聽著櫻桃老師說話。倒是接下來開放問題的時間，有五位家長發問，問題的性質和第一學期的座談會相似；大部分仍集中在孩子課業的學習方面（如表 4-5.5）。櫻桃老師針對每一位家長提出的問題，都逐一給了回應。

表 4-5.5 果子班下學期親師座談會家長所提問題

關切點	家長問的問題
注音符號	M1：拼音的問題，他有時候組合還是沒有辦法唸對？…我都不太曉得如何教他。 M2：我想知道注音符號，老師教是先「『ㄨ－ㄚ－ㄨㄚ』？還是直接教『ㄨㄚ』」？ M3：像他都不寫注音，像他聯絡簿都是寫國字，可是他國字的筆畫好像都不對，是要糾正他？還是要教導他寫注音？
表達能力	M4：她表達比較差一點，在用字、用詞方面，我想老師給我們建議，有沒有什麼方法可以協助她？因為她表達可能我們聽得懂，可是不認識的人的話可能就聽不懂，都會顛倒，講了半天聽不懂。
專注力	F1：小力上課都很不容易專心，我自己也不知道要怎麼來改進？

每一位家長提問的方式，一如以往的親師互動場合，都視老師為問題的專家；期待來自老師的解答，家長之間未有意見的交流或互動，班級座談會為時約三十分鐘，為今天的家長參觀日劃上了句點。

（四）「參觀日」您滿意嗎？──學校用心，家長放心！

家長參觀日當天，每位家長都拿到了一份名為「參觀教學活動分享紀錄」的問卷調查，園方希望家長給予一些回饋，問卷的一開始園方寫了一段話：「未來是親師合作的時代，家長是老師的好幫手，也是學校的合夥人，不能在孩子的學習過程中缺席，因此希望家長根據當天參觀的心得，給予園方一些意見。」問卷中包括三個開放式問題（最滿意的／需要改進的／建議），以及二十一題針對環境、幼兒及老師的評量表。果子班有八位家長交回問卷，其中有一份是空白卷。在七份回收的問卷中，針對閉鎖式的評量題項，家長對環境及老師的評價大多勾選「滿意」，並以文字描述表達對學校各方面的肯定。針對自己孩子當天學習的情形，有些家長表示「尚可」，這似乎透露，參觀日當天，由於家長的焦點幾乎都在自己孩子身上，而覺得孩子在學習的專注力好像不夠。從所回收的問卷反映出，家長對當天園方費心準備的活動都感到相當滿意[20]。

在參觀日當天，幾乎所有家長都忙著觀察自己的孩子，趁著主題教學時間站在家長旁邊之際，我有短暫的機會，簡要地問了五位媽媽對參觀日的想法。我發現這些媽媽對參觀日期待的高低，多少與她們對孩子學習期望的方向有關。一般來說，重視孩子課業學習的媽媽，大多非常看重這樣教學展示的活動（如表 4-5.6）。因此這幾位媽媽雖然都出席了，但是對家長參觀日抱持不同的心情，從非常看重到持以平常心者皆有之，有家長表示比較喜歡可以和孩子有所互動的活動，有家長則希望透過這個活動可以了解其他家長的想法。不過，在整個參觀日的活動過程中，家長之間意見的交流或互動並不在園方的設計中。從某個角度來說，在這樣的場合裡，大多數家長的焦點都擺在自己孩子

---

20 家長寫的正向評語主要有：希望果子園能永遠這麼專業、這麼親切，培育更多國家未來主人翁；老師活潑，教學生動與小朋友互動良好；老師親切，有耐心、教學內容設計活潑；教室教具十分豐富，小朋友不會覺得無聊；小朋友很有秩序，操作完畢後都能物歸原位等。

的身上，當家長從主要的活動中了解孩子大致的學習狀況後，即先行離去。從只有八個家長留下來參加果子班家長座談會的現象，似乎反映果子園的家長，比較傾向將孩子的教育工作委託給學校及老師，而將自己定位為沉默和被動配合的觀眾；對於有機會和老師面對面進行雙向溝通一事不覺特別重要。櫻桃老師對於只有少數家長留下來座談覺得有些失望，她原本希望可以聽聽家長的想法，可是大部分的家長都提早走了。從好的方面來解讀，她覺得可能是因為家長都很信任老師，所以覺得沒什麼問題和意見需要進一步和老師談。可是從另一個角度來說，她也感覺家長都太客氣了，而使得親師之間很少能有雙向溝通的機會。即使針對班上的教學，她有一些開放理念的嘗試與改變，家長都很少表示意見或有所回應，她也無從得知家長的想法究竟為何。因此，家長的沉默有時會讓她有些無力感，不過久而久之，她似乎也逐漸習慣班上家長「信託式」的溝通特質了。

參觀日當天，我抓住空檔與幾位果子班家長閒聊其參加的感想，將主要重點整理呈現如下表 4-5.6：

$$\cdots\cdots\cdots\cdots\cdots\cdots\cdots\cdots\cdots\cdots\cdots\cdots\cdots\cdots\cdots$$

第六節　親師溝通的主要管道

一、幼兒學習卷宗

在果子園，親師溝通的管道可以從個別班級性及全園性的兩個角度來了解：就個別班級性來說，包括每兩週一次的「幼兒學習卷宗」、平日家長接送孩子上下學的對話、以及不定期的電話聯絡。就全園性來說，主要為每學期一次的家長座談會、每學年一次的家長參觀日。就各班老師與家長之間的互動與溝通來說，幼兒學習卷宗是最為常態性，也是最主要的一個管道。所謂幼兒學習卷宗（以下簡稱卷宗），其性質相當於一般幼稚園所稱的親子聯絡簿，是園

表 4-5.6 果子班家長對參觀日的感想

	受訪媽媽	對家長參觀日的感想	備註
重視學業 高 → 低	小冠媽媽 很重視課業、焦慮與擔心的媽媽	家長參觀日中班的時候來過一次，這是第二次。平常我常來學校，所以我覺得今天的活動都差不多。……今天可能可以吸收其他家長的一些想法，對我會有點幫助，不然我都覺得我太急了。 他在家裡也是這樣很會摸，覺得他上課真的不專心，很頭痛 在學習上面，我覺得他可能比較愛玩，不專心，很傷腦筋啊！ 會覺得自己的小孩很奇怪，怎麼能力方面這麼落後？他在學校的表現不好，造成我家長也會有壓力。櫻桃老師有跟我建議說，他在陶土方面比較專注，可以朝這個方向做，所以我有考慮要讓他去學陶土試看看。	小冠媽媽一早就來了，大部分時間都坐在教室家長參觀區很留心看小冠的一舉一動，她常很擔心孩子注音符號的學習，也常覺得小冠很不專心，對孩子學習上擔心。
	文文媽媽 很重視課業、多方觀看的媽媽	我已經來參加過三次，每年差不多都是這樣。親子活動我比較喜歡，因為跟孩子有互動。我有參觀隔壁班，我覺得不錯，我每個教室都有去看看。	當天文文媽媽除了果子班的教學外，也到各班級觀看不同老師的教學。
	小偉媽媽 重視各方面學習的媽媽、放心的媽媽	我已經來第三次了，這一次好像比較隆重，可能讓我們知道孩子哪一部分如何，可能是在教學方面讓我們知道他們在教什麼，學習什麼。我想他們是想讓家長放心吧！本來想說禮拜六有事，他說「媽媽你一定要來看」，我想想他是希望我來，他很期待這件事，從 4 月分就跟我講「媽媽，你一定要來參加」，可能現在媽媽在這裡，他會特別的乖。	小偉媽媽大部分時間坐在教室裡的家長參觀區觀看老師的教學，臉上常帶著微笑。
	CM5 重視生活常規、滿意的媽媽	我的孩子在這裡唸三年了，這是我最滿意的一次。 我覺得今天可以給老師打滿分，因為看得出來老師都很認真。 我覺得短短幾個小時來說的話，不是能夠看的很清楚，因為我相信小孩子今天的表現一定沒有平常的好，因為今天有爸爸、媽媽，他們平常的表現一定比今天好。我覺得我的孩子在這應該很幸福。	CM5 對今天的活動非常的肯定與滿意，雖然今天她身體不舒服，還是抱病來參加。
	小力媽媽 重視情緒、只要孩子快樂的媽媽	我覺得沒有什麼特別，只是孩子很想要媽媽來，其實我也不是真的非常重視這個家長參觀日，只是他說「媽媽你一定要來看」，我沒有特別期望學校要教給孩子什麼，所以對於家長參觀日並沒有太大的期望，所以來參觀只是來看看孩子做了哪些作品。 我並不在乎孩子在學校學什麼，我只要孩子快樂、有自信。	當天小力媽媽大部分時間是待在果子班教室以外的地方，觀看所張貼的幼兒作品，較少進教室看老師的示範教學。

方自行設計，每兩週發一次，每隔兩週的星期五早上約十一點的時間，老師會帶著小朋友一起預備及整理自己的學習檔案。老師會將這兩週來小朋友在操作課、數學課、注音課或是其他課程中所做的作業單、紙上作品，發給小朋友整理，放學的時候帶回家，讓家長了解孩子這兩週在幼稚園學習的情況。小朋友於星期一時帶回學校時，老師會透過卷宗分享的時間，讓小朋友談談在家與爸媽互動的情形。翻開每一位小朋友的卷宗來看，裡面所提供給家長了解幼兒在學校學習的資料不少；厚厚一疊，一般比較固定的資料包括：

1. 操作課的紙上作品：例如縫工、貼工、蓋印等的作品。
2. 數學作業單：數學課寫過的作業。
3. 注音作業單：注音課寫過的作業。
4. 每週評量表：評量表分成四個欄位。
   (1)檢核式評量表：針對兩週來各類課程活動的目標，檢核孩子學習狀況。
   (2)愛的小語：老師與家長分享一些名人名語或是一些教養的技巧、方式。
   (3)老師的話：老師個別與家長分享孩子在學校的表現。
   (4)家長的話：家長分享孩子在家的表現，或者給老師的一些意見、建議。
   (5)通知單：包括園訊、親子活動等消息。

透過卷宗，果子園讓家長了解孩子在幼稚園學習的情況，園方有任何的活動、訊息也會透過卷宗通知家長，家長有任何的意見也可反應在卷宗內，所以卷宗可以說是果子園家長與學校之間溝通最主要的管道。根據櫻桃老師的說法，在卷宗實施的初期，評量表中家長欄的部分幾乎都空白；意即大多數家長都只是簽名就交回來，很少人會寫一些回應或回饋意見。站在老師的立場，當然都很希望家長在過目簽名之外，多少能有些回應。針對這個現象的改進，櫻桃老師使用了一個貼紙的策略：透過小朋友普遍都喜歡貼紙的心理，請小朋友鼓勵爸媽寫些話給老師，如果家長只有簽名的，小朋友會得到一張貼紙。如果爸媽除了簽名，還有寫一些話給老師的，可以得到兩張貼紙，如果家長連簽名都沒有的小朋友，就完全沒有貼紙。櫻桃老師說，這一策略有一點點效果；目前大概只有少數家長還停留在簽名的階段，其他大部分家長，都會在家長欄的寫一兩句話。

二、幼兒上下學的時間

　　幼兒上下學的時間，雖然也提供老師和家長之間交換訊息與互動的一個管道，不過基本上來說，它在果子園親師溝通上所發揮的功能並不大，因為在果子園，每天早上都有值班的老師站在園方門口迎接小朋友入園，沒有值班的老師就待在教室中預備教學有關的事務，家長把孩子交給值班老師後，大多就隨後離去，很少人會帶著孩子進入教室，因此老師與家長並不見得有機會碰面，即使有，也只是例行性的寒暄與交待。放學的時間除了坐娃娃車的幼兒之外，其餘的孩子都是在值班老師的督導下，集中在園方的前庭或操場等待家長來接，所以各班老師和家長也不見得有機會碰面。因此，除了家長或老師有很重要的事需要溝通之外，幼兒上下學的時間，果子班親師之間的互動很有限。

三、打電話

　　透過打電話，也是另一個親師溝通的管道，不過由於園方認為老師在一天上課後已經很累，所以並未規定老師要定期以電話和家長溝通，而由各班老師視實際的需要和家長聯絡。或許有人會認為：下班之後應該是老師私領域的時間吧？對果子班櫻桃老師來說，晚上的時間打電話給家長，或者接家長的電話，是一件平常的事；她全然不介意。根據櫻桃老師和家長互動的經驗，可以發現一件很有趣的現象——許多爸爸會認為孩子學校的事是媽媽的事，這樣的心態在打電話聯絡時尤其明顯，很多爸爸一接到學校打來的電話，馬上會把電話交給孩子的媽媽。因此親師互動與溝通在果子班更具體的來說，是媽媽和老師之間。例如櫻桃老師談到和家長之間的互動時說道：

櫻桃 T：溝通好像都是媽媽跟老師說，爸爸就比較少，從以前到現在都是這種現象。

　　我：都是媽媽比較多？所以你聯絡對象比較多都是媽媽？

櫻桃 T：是啊，都是媽媽，像爸爸的話，就一兩個，這之中還是因

為媽媽不在，爸爸才出面。有些爸爸一接到電話都會說：
「老師，你等一下，我叫媽媽聽電話。」會這樣子。

我　：孩子的事情是媽媽的事？

櫻桃 T：對，他們會認為這是媽媽的事，有時候我們當面跟爸爸
　　　　講：「ㄟ，爸爸……」，話還沒講完，他們就說：「你先
　　　　打電話跟他媽媽講好不好？我都不管他耶！我都不管小孩
　　　　耶！」……有些爸爸就很簡單的說：「好，我知道了，老
　　　　師謝謝。」……發現很多和家長溝通都是媽媽比較多，爸
　　　　爸不知道為什麼會覺得責任就是媽媽的。

　　在果子園，電話聯絡的功能是在卷宗之下，因此除了需要鼓勵家長出席園
方的活動、提醒家長幼兒需要攜帶的束西、告知白天孩子在學校發生的重要事
情等之外，一般來說，櫻桃老師比較少以電話和家長閒聊孩子的事。不過，由
於櫻桃老師對自己下班之後時間的開放，班上有幾個媽媽因著擔心孩子在學習
上或行為上的問題，而會主動打電話給老師，希望得到老師的協助與建議。有
時因為很擔心孩子的狀況，會跟老師聊到很晚。這對老師的家庭生活會造成困
擾嗎？櫻桃老師說因為自己目前還是單身，所以也不以為意。透過這樣不定期
的電話聯絡，聊多了，有些媽媽也因而和老師成為像朋友的關係。

我　：班上家長會打電話給你的，大概有哪些呢？

櫻桃 T：CM7 媽媽有時候會打電話去我家，上次從晚上十點談到十
　　　　二點〔笑〕，可能談太久，就變成朋友了吧！所以有時候
　　　　她也會跟我聊其他的，我就能夠比較體諒她的家境，她很
　　　　在意 CM7 的生活行為，因為她很害怕他學壞，她覺得他
　　　　投機的行為不改的話，以後會變成小混混，因為爸爸那邊
　　　　的親戚很愛喝酒，所以常常會學到一些不好的行為。還有
　　　　CM8 媽媽，有時候會問到功課啦！問作業怎麼寫，因為他
　　　　抄的作業媽媽看不懂。還有小偉媽媽也打過，小冠媽媽也
　　　　很會打。CM7 是最多啦！因為媽媽懷孕，沒有辦法常常來

學校，所以她跟我要電話，之前小杰媽媽也會，小杰小朋
友也會自己打電話給我，小力也是，都是問一些小朋友的
問題。

　　根據櫻桃老師帶果子班兩年多來對家長的認識，她發覺在果子園，**大多數
家長傾向認為教育是老師的責任，家長的角色只是配合老師，在家關心孩子與
複習學校所教的功課，以強化孩子的學習效果。**基本上家長認為：「**孩子沒有
問題，家長就不需要到學校來，因為學校有老師會把孩子照顧的很好。**」在這
種認知下，家長到學校的目的比較是集中在驗收學習成果，而比較不在了解孩
子的學習過程。不過即便學校已擔負起絕大部分孩子學習的責任，有些家長還
是會以忙碌為理由，希望老師減少回家後家長要和孩子一起做的事。碰到這樣
的家長，也會令園方和老師感到十分為難，因為如果家長不配合，很難達到強
化孩子學習的理想。站在行政者與中間橋樑的立場，田主任除了提供雙方必要
的協助與疏通之外，她認為家長和老師之間的關係的經營，委實有賴雙方的努
力與付出，很難只單方面要求老師或家長：

　　有時我們希望家長配合些什麼的時候，多少會給家長一些壓力，這些
壓力過或不及，都可能達不到理想，過多會造成反效果，所以拿捏也
是蠻重要的技巧，這中間的橋樑就是老師，老師與家長關係互動很重
要。如果我們一直要求家長要怎樣做，如果因為老師與家長溝通的方
式不是很好，就會全盤都毀了。如果老師跟家長溝通很婉轉，目的一
定可以達成。比方說我們在推動認字活動，平常我們是在學校進行，
然後回去給家長簽個名，或讓家長與孩子有一些互動。這對孩子也是
一個成就感，有的家長非常的樂意，他覺得他的孩子非常喜歡玩，在
家長座談會的時候，我們會教家長一些方式，怎樣跟小朋友玩，有的
家長就會很樂意的去進行，如果有些家長比較忙，老師要求些什麼，
回家也不會進行，孩子就會比較散。這些家長會說：「老師呀，你知
道我很忙呀，拜託拜託不要再叫小朋友怎樣怎樣。」有時家長覺得這
是一個工作，老師就會滿為難的。

　　家長角色定位的不同，反映了不同學校的辦學理念和家長不同的教育信念與關切。基本上，透過不同管道與老師互動與溝通中，對果子班大多數的家長而言，老師的角色被家長定位為專家，是孩子學習上各種疑難雜症的解決者，也因而家長常將孩子學習或行為問題上的期望託付給老師，希望老師協助孩子改善。櫻桃老師半開玩笑的提到，果子班有五大天王，是在行為上比較令老師頭痛的孩子，很巧合的是這五個孩子都是男生，這幾個孩子因著有不同需要老師協助的地方，家長也因而和老師的互動較為頻繁。不過有時老師認為孩子真正需要關切的問題，不見得是家長關切的焦點。例如有些家長太看重孩子課業的學習，覺得學校教的不夠多，在家裡會自己再特別加強，甚至在學校還沒教之前就先教，這樣提早開跑的行動，似乎也反映了某些家長希望自己的孩子比別人能更具優勢的期許。只是大人的立意雖好，但卻苦了孩子，有時也造成孩子對自己很沒有信心，或者很排斥學習。櫻桃老師表示，有的家長會以超出幼兒年齡的能力，要求孩子寫字要寫的很工整，如果孩子在家寫作業，沒有達到家長認為夠好的標準，家長會把孩子寫好的作業擦掉，要求孩子一遍又一遍的重寫。對於這類愛之深責之切的家長，老師除了透過卷宗和其他機會，多和家長溝通之外，有時覺得很無奈，因為似乎無法真正改變家長對「什麼是重要」的想法。

　　一般來說，果子班家長跟老師之間的互動與關切話題，比較多是集中在上小學之前讀寫技能的學習方面，其次家長的關切也反映在孩子人際關係、行為與個性、生活自理能力等其他領域的發展上。在櫻桃老師與家長互動的經驗陳述中，果子班的家長除了少數不特別重視孩子在學校的認知學習成果之外，大部分都很在乎孩子上小學之前要學會注音、認字與加減等，在果子班比較不特別強調或關切老師要教讀寫算的家長占極少數，其中只有一位家長是中學教育程度，其他家長都是大學以上教育程度；他們對於孩子的學習能力都具信心，和老師對話的關切焦點比較在孩子個人特質的發展方面。從果子班的現象來看，就孩子的學習上來說，教育程度比較不高的家長，對於孩子上小學之前的認知能力的學習普遍比較擔心，而高學歷的家長則因人而異：有些順其自然，認為孩子快樂比較重要，有些也很看重。在櫻桃老師的經驗中，一般來說，當遇到一樣都會擔心孩子基本認知能力的家長時，教育程度較低的家長，經由老

師的說明與溝通後，其擔憂比較容易釋懷，全然信任學校的作法，而極少數學歷較高、原本就有自己想法的家長則仍會有自己的堅持：

> 有些大學畢業以上的家長比較能接受了解孩子很重要，讓孩子快樂的學習，不要那麼早叫他寫字，當然也不是說全部啦！……高中、國中的家長他們比較能接受老師的建議，他們雖然不了解孩子的發展，對孩子的學習會很急，可是以溝通來講，他們會對老師畢恭畢敬，可能也是因為我們傳統觀念對老師畢恭畢敬，會配合老師教的。像某些雖然大學畢業，書讀得很多，可是他們很有自己的想法，比較不能接受老師給予他的意見，會有自己的一套方法，你跟他講，他會說：「真的是這樣嗎？老師你確定嗎？」他會質疑你……有時候會無形中對老師不信任，……低教育程度可能是因為他們不懂吧，你告訴他之後，他還是會急，可是他會相信老師。反而高教育知識分子，他們會有自己的一套想法。

第七節 親師關係與互動

當果子園把親師各自職責界線劃分清楚的情況下，各班老師跟家長之間互動的方式就比較固定而一致；家長參與的展現基本上是以全園性齊頭式為主，較少個別班級性所在。即使果子班櫻桃老師，在教學上希望和家長之間有更多的互動，例如，邀請家長到教室和小朋友分享其本身的專長，但這個構想一直未能付諸實現，一方面因園方並不積極鼓勵家長以這種方式參與，另一方面家長都說太忙了，所以果子班家長會到學校的時間，和其他班級大致相同；基本上只在全園性的親子或親師相關活動時：

　　我：通常在你課程進行中，家長參與在你班裡有什麼方式呢？

櫻桃 T：就是家長參觀日啊！還是學校有辦活動的時候。如果沒有
　　　　辦活動，家長幾乎都沒有來學校，他們就是送小孩的時候
　　　　才來，……像有些學校會利用家長一些才華來教孩子，我
　　　　們學校倒還沒有，之前有說可以這樣子，跟家長說讓家長
　　　　一起來學校、一起教小朋友，像有些資源來協助啊！例
　　　　如，〔上課進行〕DIY 的時候，請家長協助，可是後來因
　　　　為很多家長都說：「沒時間」；後來這個想法就擱下來，
　　　　因為家長都沒辦法來，可能也因為我們學校還沒有真正
　　　　做，所以目前就是有親子活動、家長參觀日、家長座談
　　　　會，像這些時候他們才會來。

　　以上的例子反映，學校的特質會影響班級教師與家長可能發展與建立的親
師互動方式。以下以焦點班級—— 果子班為主軸，呈現果子園中的親師關係面
貌。

一、老師的觀點

（一）家長與老師之間的關係有不同的類型

　　果子班共有二十七位小朋友，家長的社經背景包括勞工階層和白領階層，
教育程度以高中學歷者居多數，其次為大學學歷，果子園其他班級的家長背景
大致上也是這樣的分布狀況；中高社經階層皆有之。不過在時下單親家庭普遍
有升高趨勢的情況下，果子班比較特殊之處在於，班上幼兒都來自雙親家庭，
其中全職媽媽有八位。櫻桃老師和家長之間的互動方式，除了每天上下學可能
的對話之外，主要是透過每星期五發回去的學習卷宗（類似親子聯絡簿的功
能）、不定期的電話聯絡、每學期一次的家長座談會。在研究過程中，根據櫻
桃老師的描述與現場的觀察，發現果子班親師關係受到園方的特質、老師的特

質、家長的特質與背景、孩子的特質與上下學方式等主要因素的交織影響，以互動頻率的多寡及親師距離的遠近大致可以歸納出四種類型（見表 4-7.1）：相敬如賓者、陌生疏離者、像朋友者、敬而遠之者等，以下逐一說明之。

　　在與家長的接觸中，櫻桃老師覺得家長大多數都很信任老師，個性隨和的她，很希望和家長之間建立像朋友一般的關係，彼此可以很自然的溝通，交換資訊，但是理想和事實之間是有差距的。在她的經驗中，果子班大部分的家長對老師都很客氣、很有禮貌，這樣的客氣使得老師和家長之間，存在著一種無形的距離；平常孩子沒事，學校沒辦活動，家長不會主動找老師講話，彼此見面的對話大多是例行性的寒暄，家長很少會和老師聊到自己孩子以外的話題。根據櫻桃老師所描述的狀況，我發覺這多數家長和老師之間所建立的關係，應該可以以「相敬如賓」來形容之；這似乎也反映了我國傳統文化中「尊師重

表 4-7.1 果子班老師認知中的親師關係類型

人數	親師關係類型	櫻桃老師的形容和詮釋
多 少	相敬如賓者	有些家長對老師就是畢恭畢敬、很有禮貌，他們這樣子對你來說，那種感覺沒辦法成為朋友。有些家長每天來接，可是你跟他講話，他就說幾句：「好啊！好啊」就走囉！像這種家長就沒辦法成為朋友，雖然覺得他對老師很尊敬，老師說的他都很配合。
	陌生疏離者	有些家長可能是因為接觸的比較少，像坐娃娃車的，會比較生疏一些，因為碰面比較少。
	像朋友者	會成為朋友的（媽媽）是因為可能她們會對孩子某些行為，對於教孩子方面，蠻有心的，會跟你一起探討……有時私底下，我們一些話題會比較閒話家常，有時候會從閒話家常扯到小孩、或從小孩扯到閒話家常，這樣就比較容易成為朋友……有時會講到那些買衣服啊、或是其他的事。
	敬而遠之者	有小朋友小時候有順手牽羊的習慣，他媽媽特地來找我，那種感覺就好像來興師問罪，感覺就不是很好，……平常你很想跟她溝通，可是因為做生意，他們都很忙，可是當我打電話請她來學校的時候，她的態度就是：「老師，我小孩有什麼問題？」很不高興，……有時候父母的自主觀念滿強，不能接受老師的建議，認為她的孩子不可能有問題……就說：「老師，我覺得不可能，他在家都不會這樣。」就是不相信，會對於老師提出的問題質疑，……應該是不信任老師吧！……有時候跟他們講話會成為應付性的吧！

道」的價值信念，在多數果子班幼兒家長的認知中仍普遍存在。

　　除了多數家長和老師保持相敬如賓的關係之外，在果子班和老師較為接近的家長也有，大約有四位，她們清一色都是孩子的媽媽，這幾位家長之所以和老師互動較為頻繁，關係較為密切，都具有一些共同點——孩子有行為或者學習上的問題、視老師為專家，相信老師能提供很具體而有效的協助、會主動接近老師。這一類的家長和老師之間慢慢熟稔之後，彼此對話的話題有時可以閒話家常，對話時的肢體語言較多，也較輕鬆自在。這類型的家長和老師之間的關係，較接近櫻桃老師所期待的親師關係——「像朋友一樣。」

　　另外，在櫻桃老師的感覺中，有一些家長由於平日本來就很忙碌，再加上幼兒是坐娃娃車上下學，家長除了學校辦活動之外，幾乎不會在學校出現；老師很難得能碰上家長一面，彼此之間的互動與對話少之又少，親師之間形成有別於相敬如賓之外，另一種「陌生疏離」的關係，這樣的家長在果子班大約有七位。不過親師之間陌生疏離，對櫻桃老師來說，並不是令她最感到無助與棘手的——在她的經驗中，有極少數的家長主觀性很強，是她最害怕接觸的一類，這類家長無事不登三寶殿，對於孩子在學校的事只能報喜，不能報憂，當孩子在學校有些問題產生時，家長總是抱著「**我的孩子絕對不可能有錯！**」的質疑心態，認為如果有問題，一定是別人的錯，對老師嘗試做的解釋，基本上是聽不進去，在問題難以進一步溝通的情況下，很多時候這樣的家長是由園方出面處理與化解，櫻桃老師覺得在自己現階段的專業成長中，似乎還無能為力去採取更積極的方式，去經營與這類家長的關係，因此大多時候是消極的「敬而遠之」，與之保持距離。

不知如何理喻的Ａ家長

事件一：誰都不能打我的孩子！

　　有一天Ａ和另外一個小朋友Ｂ在學校遊戲場互相推擠，Ａ回家後跟爸爸說在學校被Ｂ打，第二天，Ａ爸爸到學校後就直接找Ｂ，一看到Ｂ二話不說，一巴掌就打下去，質問Ｂ：「你為什麼要打我們家××？」老師當場都楞住了，事後Ｂ好幾天都不敢來學校。學校後來了解這件事的起因，發現是因為兩人在玩的過程中，Ａ咬了Ｂ，才發生兩人之間後續的推擠，經過園方的解釋，Ａ爸爸知道事情的來龍去脈後，也並沒有出面道歉，反而是Ａ媽媽覺得很抱歉，來園方道歉，還買禮物給Ｂ。不過因著這事Ｂ好幾天不敢來上學，讓Ｂ的父母都很心疼，但他們都很客氣，覺得孩子之間偶而有些衝突是很平常，對於Ａ爸爸的行為也不想追究。

事件二：還我印章來！

　　學期初時，園方因為辦理幼兒教育券需要家長蓋章，因此老師請家長交給園方一個印章，手續辦好後，各班老師就把印章交給孩子帶回家。可是有一天早上Ａ爸爸來到學校，氣呼呼的詢問老師有關「印章」的事，因為他的印章不見了。果子班的兩位老師都記得印章已經交給Ａ帶回家，不過Ａ爸爸堅持自己沒有拿到，因此來學校找老師。Ａ爸爸的口氣很不好，老師請Ａ爸爸回家再找找看，但他很堅定的告訴老師：「我沒有拿到印章，Ａ也不可能把印章弄丟，所以應該是老師你沒有把印章交給Ａ。」Ａ爸爸指責老師拿了印章後沒有歸還，老師覺得自己很無辜：「沒事我拿你的印章做什麼？」時間久了，兩位老師也不太確定自己到底有沒有把印章拿給Ａ，而Ａ自己也不確定，一下說「有拿到」、一下說「沒有拿到」，一大早就被家長指責，老師整天的心情都不太好。

　　親師關係的經營，對幼兒老師來說也是教學中的一部分；其品質可能影響老師每天上班的情緒與教學的信心。在果子園服務將近五年的教學經驗中，櫻

桃老師覺得班上親師關係的經營，基本上都沒有什麼太大的問題，唯有「敬而遠之」類型家長是令她感到很棘手的，因為雖然在教學五年的過程中多少累積了一些親師互動的經驗，不過畢竟比起多數的家長來說，她的年齡算是比較年輕，所以當碰到比較強勢的家長時，往往覺得自己人微言輕，不知如何處理。以下節錄櫻桃老師所分享她接觸過一位這樣型態家長的例子：A 是家中的老三，爸爸具有碩士學位，媽媽大學畢業，在與之互動的經驗，園方老師都覺得媽媽人不錯，但爸爸則很強勢，不好溝通，對於 A 相當保護，如果 A 在學校發生什麼事，回家告訴父母時，父母往往對於孩子所說的話都照單全收，可是A的認知與描述有時會與事實有很大的出入。當A爸爸覺得自己的孩子受到委屈時，就會到學校興師問罪，讓老師很頭痛，不過在果子園，遇到類似這樣令班級老師不知如何面對的家長時，以園方整體經營親師關係的組織型態來說，通常都由園長或主任出面協助溝通與化解，班級老師直接承受來自家長的壓力，相對來說得到不少的抒解與支持。

　　從某個角度來說，教育程度在親師互動的關係上，有時似乎是很微妙的，有時它會變成幼兒老師的一個壓力，因為有些教育程度較高的家長，自主性高的家長，知道自己要的是什麼，往往比較有自信，比較不擔心孩子學習上的問題。而相對來說，教育程度比較低的家長比較會擔心孩子跟不上，會比較緊張，對老師比較尊敬，覺得老師懂得比較多，會很配合。所以如果問：「家長教育程度的高低影響親師之間溝通的難易度嗎？」這個問題可能因人而有不同的答案。以櫻桃老師來說，她發現有些高學歷的家長，對老師很尊敬，也很好相處，但的確有少數高學歷的家長是較難溝通的。而田主任根據多年經營的經驗，發現少數具有碩士、博士學位的家長，往往是老師的最怕，因為這些家長會因自己的高學歷，覺得在知識與能力上比老師強，發生問題時，只相信自己孩子回家說的話，第一個反應一定是怪罪老師或學校沒有處理好，比較不會去想：是不是孩子的問題？而當家長姿態很高時，有些老師會因而對自己沒有自信心，更不敢去和這樣的家長溝通。類似這樣情況出現時，園長往往需要站在老師與家長之間，做一些協調，想辦法讓家長了解事情的來龍去脈。不過根據田主任的經驗，在果子園這方面來自家長認知差異所產生的困擾，比較是出現在孩子行為方面，很少在課程方面。田主任覺得，通常高學歷的家長對孩子發

展所給予的空間往往比較大，給孩子比較多的自由度，有些孩子會因而在行為表現上比較不受約束，她舉了一個口語表達能力很好、想像力很強的孩子，如何帶來親師之間的一些誤解，雖然最後在她出面溝通與澄清後，終於水落石出，家長最後也承認自己的孩子有些行為有問題，但整體來說，面對這類對自己孩子有過多不切實際的信任，對老師信任不足的家長，在處理與協調過程是很辛苦：

　　有一個孩子從別的學校轉過來，從家長得到的訊息是：「這個孩子非常棒，他跟以前老師的互動非常好。」但是到了我們學校以後，好多好多的問題，吃東西有問題，老師與家長溝通也有問題，……家長常會打電話來有點像在質詢：「老師為什麼那樣做？他在別的地方都那麼快樂，為什麼在我們學校不快樂？」班級老師就覺得怎麼可能，不會呀！他在學校裡面都很快樂，跟小朋友溝通的也很好，老師與他互動也很好啊……像他吃早餐拖拖拉拉吃很久，老師也不會限制他什麼時候吃完或是一定要吃完……有時候孩子的行為需要修正的時候，老師會叫他在旁邊休息，孩子就跟媽媽說我今天被老師罰站，還抱著電視機，還表演給媽媽看，媽媽就質疑老師為什麼處理的方式是這樣，直說：「我真的不敢相信〔他會這樣〕！」我說不只你不敢相信，連我都不敢相信我們的老師會這樣。……我就問有沒有什麼樣的事情？小朋友都說：「沒有呀！」我們就問他為什麼會想出被罰站的事……他就開始頭低低的。……我們處理過很多類似這樣的狀況，孩子出了一點點事，媽媽就會抓狂……很多小小的事情常常困擾老師，只要是他媽媽打電話過來，大家都怕接。後來我就跟他媽媽好好談一談，我說：「你的小孩發展真的是很好，語文能力很好，有時候說得好像真得有這麼一回事。」她說：「對呀！從小他就沒有給孩子太多的規範，給他思考的空間無限大，他可以天馬行空遨遊。」她後來也說孩子的幻想有時讓她蠻困擾的，在家裡的時候，會在他爸爸面前講他媽媽怎樣，如果被揭穿了，他也無所謂，就一句話「跟你開玩笑的」這樣帶過去。

　　「知識水準越高的家長，越沒有辦法溝通？」這是一個刻板印象？或者是一個事實呢？根據田主任的說法：「有些高知識水準的家長也是滿好溝通的，不是全部！」從果子園老師的經驗中，家長教育程度的不同，比較不在溝通難易度的差異，而在溝通問題面向的差異，例如教育程度比較个高的家長，在管教孩子上有時比較會有極端的現象產生——不是太寵愛，就是管得太嚴厲，孩子有錯通常以打罵來解決；有時孩子在學校犯了錯，老師要很小心斟酌如何與家長溝通，否則家長回家後，對孩子可能只是以打罵回應，對孩子行為問題的改善不會有真正的幫助，班上CM7、CF3和CF7就屬於這類比較典型的例子。至於太寵愛孩子的家長，孩子在學校的行為問題很多是反映在生活自理能力方面，班上CF8、文文是屬於這類比較典型的例子。這類的孩子，如果又碰上家庭狀況比較複雜，家長不願意主動告知老師需要了解的相關訊息，一旦學校有事情需要家長配合時，老師就經常不得其門而入。因為基本上來說，勞工階層的家長對老師都很有禮貌，但可能由於與老師之間缺乏共同的語言、詞彙及自信，他們大多不會主動和老師溝通，跟老師說話時，大多是很簡短而客氣。根據櫻桃老師的經驗，有些男性家長和老師說話時甚至會臉紅，或者不敢正視老師，基本上孩子有問題時，出面的都是媽媽，不過這類型的媽媽也很少會和老師做一來一往的討論，大部分時間和老師碰在一起時，大都扮演聽眾的角色。相對於白領階層很有主見的家長來說，這類不擅於表達，沒有什麼回應的家長，對老師來說又是不同類型的棘手個案。以下列舉櫻桃老師所描述班上兩個例子——CM7及文文，兩位孩子的家長都為中學教育程度：

管教過度嚴厲的家長

　　CM7很有小聰明、會投機取巧，很霸道，每一次都會做一些讓媽媽很生氣的事。有時候在學校會趁你不注意的時候，把喜歡的教具帶回家。三歲以前給爺爺奶奶帶，奶奶家的人都很寵，所以很嬌，很多行為都會得寸進尺，爸爸那邊的親戚很愛喝酒，所以常常學到一些不好的行為。媽媽很不滿意，帶回來後對他很嚴格、很兇，要求蠻高的，他一點點不行，媽媽就不能容忍，就會打他，媽媽也承認自己沒有什麼耐心，可是因為很害怕

他學壞，覺得他投機的行為不改的話，以後會變成小混混。媽媽希望我們協助他改掉一些不好的生活習慣，例如說話沒有禮貌、去到別人家，會直接把別人的冰箱打開，雖然教過他，但是他還是一樣，這些事媽媽都會打他。你要說他的不對，除非你找到證據，不然他都不承認。像有一次我貼紙放在抽屜裡，他看到了就拿走，問他，他就說那是他從家裡帶來，後來就有小朋友說看到他早上開我的抽屜拿，後來才承認這是他拿的。因為我知道跟他媽媽講，媽媽會打他、罵他，後來我就答應他，不告訴他媽媽。後來又發生第二次，我就打電話告訴他媽媽，回去也是被海K一頓，另外以學習來講，媽媽要求也蠻嚴格的，其實很多他都已經會了，可是媽媽覺得不夠，希望好還要更好。就像注音，我們才教了三十七個符號，媽媽就開始教他拼音了，如果不會的話就修理。

過度寵愛孩子的家長

文文在許多事上比較需要人協助，當你看她的作品，你會覺得她真的是很不用心，她常常都是第一個完成的，可是作品都是半成品或是很草率。吃飯也是一樣，第一個吃完，但是飯粒掉滿地，問她，她就說：「我收拾好啦！」可是她的收拾好，與我們的收拾好差距滿大的。⋯⋯後來發現媽媽太疼她，因為媽媽四十歲才生她，爸爸、媽媽年紀比較大，只有一個小孩，生活自理能力不是那麼好，什麼事情都是媽媽幫她做好好的，以前媽媽甚至還幫她穿鞋，餵她吃飯。文文的爸爸是做建築的，她爸爸很奇怪，每一次我們問他們家的地址，他都不告訴你。每次留的地址都不是他們家的，只要跟他們要地址的話，他都會說怕孩子被綁架。⋯⋯她媽媽人是很好，老師講什麼，她都接受，但就是不會有任何的反應。在卷宗裡都是媽媽簽名，每次都只寫「謝謝老師的教導」、「我會盡量配合老師」等的話，比較沒有辦法談到教學上的東西，可能是媽媽對那方面也沒有辦法理解。爸爸來學校時，有時候都留在外面，不會進來，不曾跟我們談過話，媽媽其實也只是來接，很少跟我們談話，都是我主動跟她談。

二、家長的觀點

　　親師關係的形塑涉及老師和家長雙方如何思考彼此的角色與關係，上述的篇幅呈現了老師與園方的觀點。至於家長部分，他們的想法又是如何呢？從六位果子班家長的訪談中，我發覺雖然家長送孩子到果子園的主要考量不盡然相同，但他們對於親師關係和家長參與的認知與行動，具有相當程度的相似性，而且與園方和老師所感受的觀點相當一致。基本上來說，果子班的家長談到與老師的關係時，幾乎都不約而同的談到「尊重」兩個字，這似乎反映了我國尊師重道的傳統文化價值信念，至今仍有其影響力存在（黃迺毓，1996）。在大部分接受訪談的果子班家長的認知中，他們對老師必須同時照顧那麼多的孩子，都抱持著體諒的心態，他們眼中所謂的尊重主要包括對學校的認同、對老師的信任、不宜過問老師的教學或給予意見，以避免給老師壓力。例如，文文媽媽、小偉媽媽，和小杰媽媽這樣說道：

文文 M：以我本身來說，我是一個家長，是一個比較理智的媽媽，學校的教材或是方向並不是老師能決定的〔由園方決定〕，我不想給老師壓力，這是對於老師的一種尊重，……你把小孩子送到學校去，就要尊重老師的專業……因為我有很多事情要處理……所以也不會主動去找老師。對孩子在學校狀況，就從小孩子那邊問……洗澡時我會問她，她都會說。

小偉 M：像兩個小朋友打架，有些家長會說：「老師，為什麼妳處罰我的小孩？」可能小朋友回去轉述時，不能把老師處理的過程，從頭到尾講的很清楚，現在小孩子都生的少嘛，家長都很寶貝，可能在口氣上不是很好。我是覺得你送孩子去讀這個幼稚園，你一定是有認同這個學校，給這個老師教的時候，也是要認同這個老師，這樣老師才可以教啊！

小杰 M：我們都心存著感謝之心去看這個老師教我們的小孩，因為

通常一個老師要教這麼多小孩也不容易，我們都蠻感謝
的，所以通常我在學期末，都會去表達自己對老師的謝謝。

親師關係之於果子園家長來說，再度反映了信託式的運作方式；家長和老師的關係與互動，一般來說顯得客氣而正式，一如櫻桃老師所感受的，透露著傳統尊師重道的概念，只有少數多半因孩子有特定需求而和老師較常聯繫的家長，多了一層覺得可以和老師當朋友的想法，小冠是其中一個最明顯的例子——小冠媽媽是一個全職媽媽，對於孩子在課業學習上有很高的期望，可是又因覺得孩子在這方面的學習落後很多，因此常和果子班老師聯絡，果子班老師平易近人的特質，使得她認為和老師保持一個朋友的關係，比較有利於親師之間的溝通：

有句話說什麼「良師益友」嗎？對，就是良師益友，如果當老師又好像太有距離，當朋友的話好像比較可以溝通，……如果老師能夠跟家長像朋友一樣，溝通比較容易，因為老師跟家長之間也是因為孩子的關係才認識，所以老師願意跟家長做朋友是滿重要的。

對於果子班家長來說，家長參與的涵義與行動主要包括兩方面：(1)在家關心及協助孩子強化在校所學內容；(2)以觀眾的角色，出席學校所辦的活動。換言之，在果子園，家長參與的概念比較多反映 Epstein（1992）所界定的「家庭基本義務型」，而不包括「到校協助式的參與」，雖然果子園的家長在實際行動上沒有那樣的參與，不過我很好奇：在認知上，他們對於家長到孩子班上做義工的參與有什麼樣的想法？在受訪的家長中，我發覺大多數人在理念上都認同它是一個不錯的方式，但因個人忙碌之故，都沒有如此參與過，以 CM2 的說法為例如下：

到班上做義工我覺得很好，可是我真的是沒有空，……覺得心有餘力不足，〔家裡做生意〕我常被綁住，我先生出去，我就沒有時間，我的時間就被控制，所以對做義工的人，我是很崇拜他們。

　　雖然果子班的家長並沒有到果子班當義工的經驗，不過有些家長根據個人生活中其他的經驗（例如，小力媽媽身為中學老師的經驗、琳琳媽媽到老大小學班上當義工的經驗），覺得義工制度固然不錯，很多學校也都陸續有家長這樣的參與，不過如果未能善加留意，也可能衍生其他的問題，例如有些家長因額外的付出，會對學校或老師有額外的要求，或者有些家長太過熱心，參與過度，而帶給老師壓力：

> 小力 M：我很少去學校……其實我覺得有義工媽媽是滿好的，可是我是覺得說義工就是義工，你不能干涉到學校大的事情，不能說因為我是義工，就去干涉什麼。我覺得很多家長會覺得我的孩子上學應該怎樣怎樣，我有付出，所以我要什麼，你要聽我的。我覺得那是你自己的私事，你考慮的可能是你個人方面的，沒有考慮整體，……所以我不太想去干涉整個學校的正常運作，我覺得在學校裡面，如果每個家長都告訴學校說他有意見，老師會很難做事。
>
> 琳琳 M：我是覺得對於學校老師教學的參與適時就好，你參與過多，老師未必歡迎，因為她有她的教學方式，……因為我老大〔一年級〕班上有兩個媽媽是很用心，每天中午去幫孩子抬便當、每天早上早自修時間幫忙看秩序，都在學校，他們還給老師很多意見，他們是想幫老師，怕老師經驗不足，出發點也是好的，參與很多，可是我真的感覺到老師有壓迫感……我覺得老師跟家長的互動適可而止。老師有他的專業領域嘛，干涉太多，造成老師壓力也不好。

　　小冠媽媽是受訪者中對家長走入進教室當義工，直接覺得不妥的家長，因為在她的認知中，覺得老師每天都有一定的教學進度，家長出現在教室一來會干擾老師教學的進度，二來也可能影響孩子學習的專心度：「我覺得到教室去做義工，真的會影響，真的不太合適，……孩子在學校有老師教就可以了，在家裡的話就由父母親來教，這就等於說學校與家長的一個互動方式。」整體來

說，果子班家長對於家長進入教室當義工的看法，雖然在看法上存在或多或少的差異，不過基本上她們都很少實際走入教室，而在認知上大致反映了相似的概念——教學是老師與學校專業的範疇，家長最好能尊重之，而不宜介入。而對於以觀眾的身分出席學校所舉辦的活動，大部分的家長是相當踴躍與重視；認為這樣的行動有幾個面向的重要性：反映父母對孩子教育的關心、了解孩子在學校的學習、了解其他家長的想法、孩子因感受到父母對他的重視，會很開心：

文文M：更能掌握、更能了解小孩子的學習狀況……你去看了，你就知道了，那你沒去看，就不曉得一些狀況。

小偉M：我覺得很重要，因為小孩子會說：「媽媽很重視我們的活動。」如果不參加的話，他會覺得：「別的媽媽都來了，為什麼妳沒有來？」再來的話，就是跟家長交流，因為每個孩子的成長不一樣，有時候在他們談話過程中，我們會吸收孩子這樣的行為是正確？還是不正確？我覺得蠻好的。

小杰M：讓孩子知道我們有關心他，然後也可以去了解他和同學之間的互動，然後順便跟老師互動一下。

小冠M：我跟我先生都會去，因為我們是希望不要讓孩子覺得很遺憾，有一次活動我們沒有帶照相機去，就沒有照到他的表演，小冠回來就很生氣，所以我就覺得說孩子的活動去參加是很重要。

第八節　小結

綜合前面七小節所述，在私立果子園，學齡前幼兒父母在孩子學習的路上，學校與家庭之間界線劃分清楚而固定，相互分工的方式被親師雙方認為是較為理想的合作方式。家長平常若沒有特定的事或活動，幾乎很少會出現在學校或孩子的班上。家長行動的背後隱含著「學校辦事，我放手且放心」的信念，而學校本著「受人（家長）之託，忠人（家長）之事」的高度自我期許，盡可能希望老師不去增添家長送孩子上學之後任何的麻煩，而盡全力一肩挑起幼兒在學校學習與教育的責任。家長對於孩子的教育責任則主要較侷限於在家中，學校希望家長能配合學校的教學內容，強化孩子在認知學習上的督導與協助。至於家長到校的參與，基本上都是以「出席、參加」為原則，並不包含協助或任何形式的義工，家長的出席被認為是對學校最佳的支持和參與。園中與家長有關的所有活動，除了不定期舉行的讀書會型式稍有不同之外，舉凡家長座談會、親子園遊會、親子運動會、家長參觀日等，基本上都呈現「學校是主人，家長是客人」的涵義，園中沒有全園性或班級性家長會的組織，沒有班級性的親師活動，所有活動都由學校以全園為單位，一手包辦。學校對各類親師活動的用心，彷彿預備一席佳餚，等待客人光臨，以期賓主盡歡。對園方來說，家長的出席代表了他們對孩子教育的關心，以及對學校用心辦學的肯定與鼓勵。家長身為教育夥伴的認知，被定位在「被動配合的輔助者」，而且輔助的範圍主要是在家中，因為那被學校認為是老師力所不能及之處，卻是家長可以使力協助學校的地方。對於雙方所共同關心的「幼兒」，親師之間溝通的管道主要透過幼兒學習卷宗，上下學時間、打電話等方式，較多是針對有特定需求或問題的幼兒家長，由老師採取較多的主動性。由於果子園有娃娃車接送，受到幼兒上下學交通方式之影響，老師和大部分家長能面對面閒聊的機會並不多。對於打電話方式的親師溝通，園方基於體諒老師一天上班下來已經很累，

並不刻意要求，全權交由各班老師自行決定。對果子班櫻桃老師來說，她全然不介意在下班之後跟家長透過電話溝通。在經驗中她發現，大部分家長仍抱著「孩子的教育是媽媽的事」之觀念，除了學校各式活動的出席以女性家長為主，打電話給家長時，只要是幼兒的爸爸接到電話，幾乎總是二話不說，馬上把電話交給孩子的媽媽。一般來說，當許多文獻指出，家長參與實際上是多為「媽媽參與」時，此一現象在果子園亦然真實；不論家長參與和親師互動的場域是在幼稚園，抑或延展至家庭中，均顯現了孩子的教育事務主要仍由母親擔負、看顧的普遍現象，「家長」參與和「親」師互動在實際面貌上，多為「母親」參與，以及幼兒「母親」──老師之間的互動。

再者，果子班家長社經背景不一、教育程度從小學到研究所皆有之，老師和家長之間溝通的難易、關係距離的遠近，並未必然受家長教育程度高低影響，原則上除了極少數令人棘手的家長之外，大部分家長在跟老師互動時，都透露出華人傳統文化「尊師重道」的特性，多數家長與老師建立「相敬如賓」的關係。櫻桃老師與班上家長互動的經驗顯示，家長對於父母在孩子教育過程中角色與功能的認定，與其反映在全園性活動之參與頗為一致，亦即「孩子沒問題，家長就沒有必要到學校來」，家長能做的是配合老師，在家關心孩子與複習學校所教的功課，強化孩子的學習效果。果子園這樣各盡其職的親師互動與合作方式並非由單一因素所形塑；而是受到家長（背景特質與教育信念與期望）和學校（課程結構、園方與老師的特質和理念）、文化等諸多因素交織下的一個結果，這也引導我們進一步去思考：在理想與現實之間，因著當事者文化生態因素特質的不同，家庭與學校之間「適配」（goodness of fit）的互動與合作模式，有那些不同的可能性？其定義和詮釋是否也將因而有所差異？

CHAPTER 5

第五章

親師合作在
種子園的展現

●●●●●●●●●●●●●●●●●●●●●●●●●●●●●●●

第一節　家園同工式的親師合作
——孩子的教育，親師攜手並進

　　公立種子園上學的時間從早上八點二十到下午四點。在常態教學的時間裡，看到家長出入班級或園中是很平常的事，這包括從早上接送孩子到學校上學、上課時段、自由活動、戶外教學、親子活動等。在種子園裡，家庭與學校的界線比較沒有明顯的區隔，因應園方行政及老師教學上的需要，家長以不同的形式及角色，到校參與孩子學校的學習與活動，這包括參與全園性及班級性的家長會組織、策劃園方或班級親子活動、以專長到班上帶教學活動、支援老師常態性及特殊性的教學、提供各式教學材料等。

　　在一學年的參與觀察過程中，由於家長出入班級及園方的頻率相當高，角色甚為積極主動，因此隨著研究時間的累積，筆者與種子班常出現在學校的家長，由於在各式活動中接觸機會很多，在投契互信關係逐步建立下，常有機會與家長進行事先預約的深度訪談，或者不定期在觀察活動之後的訪談或閒聊。比較值得注意的是，在焦點班級中，種子園的家長參與，超越了時下常態性多侷限於媽媽參與的界定；有少數爸爸在參與及投入孩子學校的活動上相當活躍，甚至扮演了推動與促發的角色。在園方組織、文化、課程結構、親師特質與信念等諸多因素的交織下，親師關係及家長參與的展現，在種子園有別於果子園的面貌。基本上，學校與家長的信念與行動都反映了，「孩子的教育親師一起來」的畫面；家長不認為把孩子送到學校後，孩子的教育就完全是老師的責任，而是家長可以和老師並肩合作，成為資源與助手，一起豐富孩子的學習經驗，這樣的親師互動型態的重要特質，接近西方社會所界定的夥伴合作模式（Power & Bartholomew, 1987; Swap, 1993）；在孩子學習過程中，重視平等的立足點與親師雙向的溝通。孩子的學習活動有時由老師主導，家長配合。有時則由家長主導，老師配合。換句話說，家長和老師所扮演的角色，較有彈性，視情況與需要而有所不同，親師視彼此頻繁的互動為自然的事，當有問題產生

時，雙方一起尋求解決的對策。不過值得注意的是，親師夥伴合作模式在種子園雖具雛形，但並未達到西方社會同一模式的全然特質，尤其針對家長主導課程活動相關面向的活動，是否合宜？在實際的執行上，仍有源自於文化影響下而產生的矛盾、困惑與不確定性，而且不同老師和家長的看法存在差異性。以下透過在各式活動中的參與觀察，和園長、老師、種子班家長的訪談等，逐一呈現種子園親師互動與合作的面貌[1]。

一、種子園的結構特質

　　種子園位於市中心，自設校以來就以課程的實驗性及學風較為開放聞名，慕名要把孩子送到該園的家長來自市內各學區，報名的人數永遠超過園方可以容納的數目，每年園方都要以公開抽籤的方式決定入園的幼兒。在學生來源從來不是問題的情況下，種子園沒有一般私立幼稚園招生的壓力[2]，這樣的特質多少成為種子園在課程結構上，能按照所設定的教育理念去進行的一個優勢。種子園在課程上看重開放性與實驗性[3]，不過在實施的細節上，整個園方並沒有統一的課程內容或進度，各班老師在課程上具有相當的自主性，因此每一班

1　種子園親師合作的相關田野資料較之果子園多了許多。因此在鋪陳種子園親師故事時，我使用了和果子園有些不同的方式，如何呈現兩個園所獨有的特質？在書寫過程中曾多方嘗試、困擾、擱淺許久，因為發覺如果要讓讀者有比較清楚的了解，兩園的狀況很難以同一鋪陳的方式及順序去呈現，因此在分析過程寫了又改，改了又寫，主要是因在種子園一年的參與觀察中，種子園和家長之間的互動相當頻繁與密切，不論是透過園方所舉辦的各項活動，或者家長以不同形式參與孩子的學校學習世界，在參與各項活動資料蒐集的研究過程中，常令人有目不暇給之感。在本章中，我將讓讀者先了解家長在全園性各項活動中如何參與及投入，親師如何詮釋理想的合作模式，以及過程中的可能困境，再接著呈現焦點班級──種子班的親師合作狀況，希望這樣的書寫順序及方式，能讓讀者從園方的鉅觀走到微觀，對種子園及焦點班級親師合作的圖像與發展脈絡，在彷如身歷其境中，可以有較清晰的掌握。

2　一般來說公立幼稚園在課程結構上，比較有條件或者說比較沒有壓力，依照〈幼稚教育法〉進行合於幼兒全人發展的常態教學，不過有些公立幼稚園因著所在地理環境特質之故（如較為偏遠，學風較為保守，家長期望孩子學校教很多讀寫算內容的地區），也會產生如私立幼稚園般的招生壓力，也因而在課程結構上也會因迎合家長的需求，而做不同程度的妥協。

3　種子園在課程結構上，隨著年代有不同的變革與嘗試，包括從早期的大單元到近年來的主題教學、方案教學等的課程實驗。

因著老師特質的不同，課程結構與特色具有或多或少的差異性，不過基本上都以幼兒全人發展為目標，課程結構性低，彈性高，作息上沒有一般私立幼稚園普遍存在的才藝課程，或讀、寫、算的簿本紙筆練習。長遠來說，種子園在幼兒教育路上朝著園長所勾畫的理想目標前進：「**希望我們在公立幼稚園裡面是一個比較具領導地位的園，就是我們的教學、設備，要比一般公幼還要更好一點，讓別人有一個學習的楷模，這是我們的理想。**」

獨立設校是種子園的另一個特質，而非一般附屬於國民小學之下，在行政的運作上比起一般的公立附幼，自主而單純許多；園長是園方最高行政主管，負責該園行政的推動與發展，園長通常由市政府教育局指派，是一專任的職位，這與一般國小附幼的園長多由老師或校長兼任有所不同。種子園的園長從創園至今歷經多任園長，本研究進行期間由孟園長擔任。孟園長在種子園擔任園長之前，有九年在小學擔任輔導工作，也曾在小學附幼教過四年，當三年前有機會接受種子園園長的職位時，她抱著「**以前在幼稚園很快樂，跟小朋友在一起很快樂**」的心情，接受了這樣一份全然不同於以往工作環境的挑戰。由於過去從事輔導工作的背景，使得孟園長在人際互動上重視尊重、溝通與平等對話的領導特質。她一向樂意聆聽老師及家長所提出的意見，希望經由討論來尋求問題的決策，她的輔導專業背景與個人領導特質，對於種子園近年來親師合作及家長參與的方式和發展，具有著某種程度的影響。根據孟園長個人的認知，由於這樣的領導特質與上一任園長傾向一人決策的領導風格，似乎有不小的差異，因此三年來對她、對園中老師、對參與的核心家長而言，都是一個摸索與揣摩中修正的歷程。從正向來說，這樣的領導風格提供了老師在課程和家長參與方式上，較多的自主性與新的可能性，從負面來說，在園長權力下放的結構中，相對上也因著各方意見與觀點的差異，而容易在過程中產生一些始料未及的困惑與不確定性，這包括與老師的互動模式，以及家長會在園方嘗試不同面向的參與程度的實驗[4]。三年多下來，隨著所產生的問題與狀況，親師之間透過摸索、檢討，在過程中不斷修正，試圖在開放中尋求合宜園方生態的親師互動與

4　在種子園，親師對於家長要參與到什麼程度？參與哪些層面是合宜的？等之困惑，隨著討論的進行將逐漸呈現。

合作方式。整體言之，雖然民主式的領導風格帶來有許多的不確定性，平常要花不少時間在園中老師之間、與家長之間，進行溝通，但孟園長覺得長遠來說，這樣的努力應該是值得的。孟園長所述說有關種子園諸多特質下所建構的親師合作情境反映，不同的選擇，存在不同的利弊，利弊之間如何取捨？如何詮釋其間所產生的表面價值和背後價值？這樣的答案可能每個人所持守的信念與所預期達到的目標不同，而有所不同。以下孟園長述說自己因著擺脫不了過去的輔導背景，在種子園曾被認為是一個「不像園長的園長」，其中對她、對老師，都帶來了一些衝擊；雖然過程很辛苦，但她還是決定不讓園中的運用方式回到從前一人領導、一人決策的模式，希望營造「大家一起來」的氛圍：

> 我來到這個環境才發現，前任的園長是比較有權威，她年紀比較大一點，屬於比較權威性，老師的聲音比較沒出來，……我剛來的時候不知道過去是這樣〔笑〕。通常老師有意見時，我都〔會〕很快的去聽、去想，結果發現常常這樣後，老師就比較敢說了，比較會表達自己的意見。不過一開始時他們會覺得「我當園長沒有一個園長的樣子，沒有園長的感覺」。這樣有時也有反效果，因為老師們會覺得以前都平安無事，因為大家都沒有什麼聲音，現在一下子對導護有意見、一下是課程、參加比賽等等，大家都會有一些〔不同的〕想法，就需要去折衝、協調，變成我就要去協調出一個大家都認同的方法，這樣就會花很多的時間在協調上……。例如，第一年的時候，老師提出導護要怎麼做？全部的老師都看我決定要怎樣做？而我的想法是：「你們要怎樣做？」就有老師會抱怨以前都不用這樣。那時候我就覺得滿衝擊的，想說是不是我要回到以前園長的方式，他們比較能接受？我就常會在兩者〔民主與權威〕之間抉擇，……現在比較有經驗了，知道有些事情要提出來討論，有些事情我知道怎樣做比較好，就去做，而怎樣做比較好，是我觀察後的結果。……我從頭兩年的經驗發現，開會決定的東西做起來有時不是很理想，但是我自己也還沒有想出一個怎樣的方式比較好，所以我也一直還在摸索。……很多事情要去了解之後，在這個環境熟了之後，才有辦法去做，……有時候我跟他們說，其實我自己不是每樣事情都懂……我很希望大家一起來想辦法，大家一起來。

在種子園一年的參與觀察中，我們看到了許多孟園長所期許的「大家一起來」的畫面，每一個人（包括老師及家長）的意見在被充分鼓勵與尊重下，親師互動、合作面向與角色，呈現了較之以往更多的多元性與開創性。不過這樣的多元性在各班老師與家長特質多少有所差異的情況下，又存在同中有異的現象，而且即使在本研究的焦點班級種子班之內，家長因著諸多特質與狀況的不同，參與的方式、面向和程度都有所差異。

二、教育夥伴的界定與期待

種子園在課程上強調開放性與實驗性，因此，在家長之於教育夥伴的界定上也呈現了類似的特質。當台灣時下家長的教育權和在家參與的概念被廣為推展與宣導之際，種子園對於家長走入孩子學校的學習世界，在推行上是不遺餘力。在學校各種的活動上，經常都可以看到家長的影子，其參與的方式包括了西方學者（Henderson, Marburger, Ooms, 1986; Williams & Chavkin, 1986）所界定夥伴型合作模式的許多角色，例如，(1)夥伴和家庭教師：與學校共同擔負孩子教育及成長的基本義務；(2)合作者及問題解決者：協助強化學校教育的目標及協助問題的解決；(3)觀眾：出席孩子在學校的表演活動或展覽活動；(4)支持者：到學校當義工、參與家長會等之組織；(5)共同決策者：針對學校的決策提供意見。基本上，當多數關心幼兒成長的家長，不論孩子就讀什麼特質的園所，大概都會做到「在家的參與──在家關心孩子的學習活動」和「到校的參與──以觀眾的身分出席孩子學校的親子活動」，絕大多數種子園的家長也不例外，家長出席當觀眾是最基本的角色。除了這兩種基本型式的參與之外，不少種子園家長參與的觸角更延伸到一些面向──協助老師教學與全園性行政的需求、活動的策劃[5]。親師為教育夥伴的界定在種子園呈現了親師常態性並肩而行，攜

5　不同形式的義工家長在種子園甚為普遍，不少活動是由園方家長會及各班家長會幹部負責，其中有一些活動由於今年新任家長會長──勇會長的熱心推動，在種子園是第一次新的嘗試，本研究很巧合地恭逢其盛，記錄了這一年家庭與學校合作展現、折衝的過程。勇會長剛好也是本研究焦點班級的家長，擔任班上的活動組長，在本章中討論家長會的部分，我以勇會長稱之，在進入種子班的分析部分，則以小軒爸爸稱之。

手共創願景的圖像。

● ●

第二節　親師合作的積極推手──家長會

　　種子園的家長會，在教育局對公立幼稚園的行政指令下，於三年前成立，在會長之下，設有各班的家長會幹部，計有三個組別：活動組、文書組、財務組，各組組長任期如會長一般，一年一任，連選得連任，通常其產生方式是由家長在親師會議中互相推舉，而家長會會長則是經由各班所推出的家長會幹部，在家長會會議中投票產生。在本研究進行時，種子園所謂「新式」家長會已有三年的歷史，其角色與功能在摸索中漸漸成長，有越來越活躍的趨勢。例如，第一年的家長會因剛成立時，雖然名為新式家長會，但基本上在功能上仍沿襲過往傳統的經驗與模式；主要是被動配合與協助園方的需求。到了第二年，家長會開始有較以往多一些的參與，但仍以配合及協助為原則。到了第三年，也就是本研究案進行的當年，會長由勇先生擔任，由於他的主動性強及對教育付出的熱忱，再加上一批重要幹部及義工家長在時間、能力、熱心等各方面條件都相當同質[6]，在會長的領軍推動下，種子園家長會第一次在園方嘗試扮演史無前例的積極主動角色，家長會這樣的特質在上學期尤其明顯，其中包括主動提議、策劃及負責園方一些大型活動。不過家長會如此積極的角色在一學期的實驗之後，對園方活動或課程運作方式帶來不小的衝擊，隨著活動的進行，園方及部分家長對於家長會如此積極主動介入的合宜性，開始有所困惑，在期末親師檢討會中，在多方面利弊考量、衡量下，園方活動的主導權重新定位。以下帶領讀者先大致鳥瞰、了解種子園這一年全園性之活動。

6　本屆家長會主要幹部多為大學教育程度的中上社經階層，種子班的家長就有好幾位，多數幹部的工作性質在時間的調配上都較有彈性。班上家長幹部大多由媽媽擔任。每一組之下，都有幾位義工媽媽幫忙各組事務。

一、全園性活動鳥瞰

在本研究進行期間，種子園舉辦的親師活動甚多，除了有全園性之外，尚有班級性的。基本上來說，除了 10 月分及 4 月分之外，種子園幾乎每個月至少都有一項全園性的活動，對於本研究的焦點班級種子班家長來說，除了參與全園性的活動之外，參與的角度又包含自己孩子班上平日不定期的課程活動、戶外教學、週末活動、特別活動等。以下表 5-2.1 統整種子園全園性親師相關活動一覽表。

從以上的表格，讀者可以看到種子園家長和園方之間的互動頻率及關係相當密切，此一近似西方夥伴型親師合作模式並非單一因素造成，是諸多因素交織下而形塑，其中主要包括了園方的教育理念、園長的領導特質、老師與家長的特

表 5-2.1 種子園全園性親師相關活動

上學期	日期	活動名稱	親師合作方式
9 月 11 月 12 月 1 月	9/09	家長座談會	園方策劃，家長出席
	11/19	環保小尖兵	家長會策劃，老師出席
	12/09	親子運動會	親師分工，園方統籌
	12/16	耶誕晚會	家長會策劃，會長主持
	1/13	園遊會＆跳蚤市場	親師分工，家長會統籌
		親師活動檢討會	園長主持，家長會委員出席
每週二次		讀經活動＆生活短劇	家長會策劃，老師協助

備註：上學期大型活動主要由家長會負責，園方配合、協助。

下學期	日期	活動名稱	親師合作方式
2 月 3 月 5 月 6 月	2/25	家長座談會	園方策劃，家長出席
	3/24	親子大地闖關遊戲	園方策劃，家長協助
	3/27	畢業紀念照	園方策劃，家長協助
	5/24	畢業聯歡會＆聚餐	園方策劃，家長協助
	5/26	親職講座	園方策劃，家長出席
	6/22	畢業典禮＆營火晚會	園方策劃，家長協助

備註：下學期大型活動回歸由園方負責，家長會配合、協助。

質，以及家長會組織等。因此，種子園在不同階段的親師合作模式並非固定，其中包括因家長會成員及會長領導方式的不同，而有不同。在探討今年種子園諸多活動產生與運作的機制之前，先描述種子園該屆會長在其中所扮演的關鍵角色，這將讓讀者對於種子園接近夥伴型親師合作的形塑，有些輪廓性的了解。

二、會長的特質及信念

　　勇會長年約四十多歲，大學企管相關科系畢業，從事國中、小學生的補教業多年，三個孩子都就讀種子園，其中兩個雙胞胎兒子在種子班。勇先生由於平日為人熱心，活力十足，在空閒之餘，經常參與許多的公益活動。去年擔任種子班的活動組長時，就投入甚多，為種子班辦了不少活動。今年在諸多家長的推舉下，連任種子班活動組組長[7]，並被推選為會長。他對於家長「該如何投入孩子學校的學習世界」，有其獨特而積極的想法，就任後對於如何帶動家長會投入園方常態性及臨時性的活動，構思了許多的計畫，學期初與他第一次訪談時，由於前一天幹部剛開完家長會，他興致高昂地談起對推動全園家長參與的一些理想與期許：

> 我從小就很熱心〔笑〕，希望能夠幫助別人。我覺得家長彼此之間本來就是應該要共同成長，我們要先成長，小孩才有可能〔成長〕，所以我就是在這種情況之下出來的，盡量把時間挪出來……我覺得家長應該可以扮演一些角色，我是給它兩個方向：一個是常態性的，一個是臨時性。……例如，我們這學期要辦一個環保小尖兵的活動，我為什麼提出這種活動呢？第一個它有教育性，淨山是一個環保，第二個達到運動，第三個可以拉近親子關係，大家可以同樂、聯誼一下。

7　在第一學期的親師會中，主持會議的家長柔柔媽媽大力推薦：「非常謝謝小軒爸爸，我覺得他真的太客氣了，真的大家都有感受到去年他對種子班的付出，辦的活動真的是非常精彩，他這樣的熱情，我想說今年繼續用他的熱情帶領種子班囉！」在座的家長全部回以熱烈掌聲，在盛情難卻中，勇先生續任了種子班活動組組長。

……今年聖誕晚會，我們決定跟園長溝通，由家長會來辦，辦一個全園性的晚會，……還有今年本來也想要辦全校性的秋季旅行，但排不進去。……今年我們希望橫向要加強，八個班級都要統合起來。

基本上，過去種子園的家長會幹部對家長會的功能與角色所抱持的共識，傾向「**在學校有需求之處，提供幫忙與協助，增加學校的一股力量**」。然而在勇先生接任會長後，認為家長主動積極的投入，不但可以讓家長自我成長、陪伴孩子，更可以成為學校的重要後盾。因此上任後，他把種子園家長會過去行之多年的「**被動協助模式**」，推向「**主動策劃**」。會長的理想經過在家長會會議中的討論與決議後，向園方提出了第一學期家長會所欲推展的多項活動。家長會如此積極主動投入的角色，對即使一向校風屬於較為開放的種子園來說，也是前所未有的第一次經驗。不過由於孟園長民主而開放的領導風格，樂見家長與園方攜手合作，豐富孩子的學習經驗，因此使得家長會不同以往參與方式的新嘗試成為可能。雖然一開始園方老師並非全然認同家長會部分活動提案的合宜性，但在園長居中協調下，家長所提出的活動草案在經過一些刪減後，有了牛刀小試的機會。對於家長會角色得以突破傳統模式，勇會長認為孟園長理念的開放在其中發揮相當重要的促成因素：

我覺得園長的理念很重要！園長是靈魂人物，一個園所的推動力量、指揮家，……孟園長很不錯！她的觀念蠻 open 的，很能接受一些意見。……家長參與能夠帶動園方，……當學校人力不足的時候，我們能夠提供協助，其實基本上出來的家長都是想要自我成長，跟著小孩子、陪著小孩子成長。……昨天家長會已經討論了這學期的一些活動方案，……我們那一天討論出來很多很多的案子，其實都是要幫助學校，但是不知道說這樣會不會去干擾到學校的教學？或是說有些老師會有不同的觀感？我們比較擔心老師的觀感……有時候就是會有不同的聲音出來啦！像有些老師可能會想說：「好累哦！我們禮拜天好好的在家裡休息不是很好嗎？」……所以我們要跟園長先溝通，她認為可行〔才做〕，這個一定要尊重園長啦！……園長認為可行的話，會

去跟老師溝通，……教學上還是要以老師為主體啦！我們〔家長〕是插花的，機動的啦〔笑〕！……這也是看老師願意讓家長參與到怎樣的程度，我覺得是經過一個溝通吧！

　　勇會長個人對於家長角色積極與主動的界定，使得他帶動了家長會幹部，進而推動各班家長會幹部、義工家長等，展開上學期一連串的全園性親師活動，期望透過家長的投入，讓全園動起來！接下來的討論先從園方鉅觀的角度，切入種子園全園性親師活動狀況。

第三節　全園性活動中的家長參與

　　話說種子園第一學期不少全園性的活動，都是由家長會推動的，其中个曾直接影響老師們既有信念或既定課程者，例如鼓勵家長每天早上送孩子上學後，留下來參與早上晨會時間的親子律動 [8]、定期出版會訊，強化園中各班教學與活動資訊的交流 [9]、鼓勵家長協助園方各種人力上所需的支援等[10]，這些活動在推動上，在園裡比較不具爭議性。不過另外有些家長會希望推動的活

---

[8] 會長推動家長參與親子律動的想法是：「我發現晨會時間常常都會有二、三十個家長站在後面，在那邊好像是局外人，……我發現其實很多人也想要跳，但老師也沒有邀請；啊我們也不敢主動上前去跳……如果孩子看見爸爸在台上跳舞，八！他跟著就會帶動，這就是一個家長帶動的精神，大家會比較有參與感。」

[9] 會訊是今年家長會提出的創舉，也是會長所說的——增加園方橫向聯繫的方式之一，透過隔週出版一次的會訊，報導各班教學與活動的概況，讓不同班級的老師與家長可以參考或參加。出刊以不增加老師教學額外的負擔為原則，因此由家長會幹部全權負責。

[10] 例如利用園方公布欄定期介紹好書、協助常態性的教學及週五大分組活動、老師開會時間進行「媽媽說故事」。種子班宜宜爸爸本身是藝術工作者，運用自己的專長，曾幫種子園進行美化校園的規劃，在暑假期間，利用園方場地，集合一些家長為幼兒辦夏令營。另外，有位爺爺家長，早上會到學校幫忙掃地等。關於種子班家長的協助，於第七節、第八節中會深入討論。

動，則似乎出現了會長的理想與園方在現實考量之間的落差，其中以家長會所預計策劃的一些大型親子活動和晨間的幼兒讀經活動最為明顯。以下逐一帶領讀者了解家長會主導的活動中，親師合作及家長參與的狀況。

家長會主導的活動，老師自由參加！家長會主動參與的熱忱，帶給園方不小的衝擊，老師們對於如此密集的活動頻率在量與質的掌握上，與家長會的觀點有所落差，園長在家長會的理想及老師的現實困難必須兼顧的情形下，在一番溝通協調後，適度地對家長會原本提出的全園性親子活動計畫做了一些刪減，保留了其中的四項活動——環保小尖兵、親子運動會、耶誕晚會、親子園遊會暨跳蚤市場等，並同時對園方老師參與此類活動提出折衷應變的原則：「由家長會全然策劃、主導的活動，如環保小尖兵和耶誕晚會，各班老師可以選擇自由參加。而由園方和家長會共同主辦的活動，則全園老師都必須參加。」不過，這樣的變通原則對於全園的大家長，園長來說似乎是沒有什麼分別的，因為只要是以園方的名義辦活動，園長都負有行政協調的責任，而且因著職責所在，幾乎是「有活動必到」。看看種子園掛在牆上的行事曆，我發現孟園長每個週末的時間幾乎都被園方活動占據了。在研究過程中，我或研究助理參與了大部分的大型活動[11]。以下透過呈現其中幾項家長會扮演不同角色的活動，引導讀者了解，是什麼樣的困擾與問題，使得園方在第一學期結束後，覺得有必要重新思考與調整第二學期種子園家長會與園方合作的模式。

一、家長會活動之一：環保小尖兵

在園方與家長會於學期初對活動計畫的協調原則下，各項大型親子活動中各班老師參與的狀況有所不同。以各班自由選擇參加的環保小尖兵來說，該項活動走出了校園，跨足到社區，是在一個市立公園舉行。當天一早八點半左

---

11 在種子園，由於觀察的密集性甚高，我們和一些種子班的家長變成了很熟的朋友，園長和老師都已經很習慣我們的存在，把我們當成園方的一分子。遇到園辦活動，都會很自然地問：「你們可以來嗎？到時見哦！」有些媽媽看到我們扛著攝影機進進出出的，會對我們說：「你們很辛苦哦！要不要我幫什麼忙呢？」基本上在種子園的研究過程中，我們常有機會與家長碰面、聊天。

右，負責的家長會幹部就開始在活動場地忙碌不已，公園入口處兩旁插滿了環保的旗幟和園方孩子的作品，左右兩邊擺了長桌，各坐四位媽媽負責報到，登記各班出席情形。另一邊的桌上則擺了許多資源回收物製做的物品，最前面的舞台牆上貼滿了有關環保的標語。整個場地的布置顯示，家長會在事前花了不少的時間和心力，當天參加的家長相當踴躍，大大小小將近百人，每一班大約都有十位小朋友及其家長、親人參加 [12]，放眼望去，參加的家長以女性為多數。園方除了園長之外，有四位老師出席，其中種子班兩位老師都到了。

當天活動的整個流程由會長主持，內容包羅萬象——健康操律動、環保有獎徵答、專家教授廚餘處理技巧 [13]、各班分區打掃公園、頒獎、介紹家長會幹部、參觀玻璃工廠及動物園等。由緊湊的內容可以看出會長希望營造「**親子一起來**」的用心。以分區打掃來說，每個班級都有一個負責的區域，由園方提供掃除用具，家長帶著自己的孩子到指定的地區打掃、撿垃圾。大約二十分鐘後，每個人都大有斬獲，家長帶著孩子，提著大包小包的垃圾，丟到事前接洽環保局所安排的垃圾車中。整個活動的高潮是頒獎活動，會長鼓勵與答謝來參加活動的孩子們，由幹部頒獎，會長也藉這個機會介紹今年家長會的幹部，讓在場的家長認識。

整體來說，這次跨足社區的活動展現了這屆家長會策劃及善用資源的能力，例如，過程中安排許多家長協助事前及當天活動各項細節、聯絡與借用市立公園為活動場地、徵得環保局的協助、邀請大學相關專業教授指導廚餘的處理。當天活動在會長主持經驗豐富的帶領下，活動於中午圓滿結束。今天整個活動從籌備到進行，園方老師只是出席參加，未負責任何的工作，這彷如家長會出面作東，準備了一場盛宴，邀請老師出席作客，共襄盛舉。不過，活動力強的家長會立意固然甚佳，這樣一反學校與家長合作常態運作的機制，對一般傳統上「**家長之於老師角色**」的期待，在不了解園方與家長會所達成之變通協議下，有些家長可能會對園內老師的出席狀況產生一些誤解。以此次跨足社區

---

[12] 種子班來了九位小朋友、十一個家長；四個爸爸、七個媽媽。

[13] 家長會請了一位學有專精的大學教授來進行此部分的活動，希望處理廚餘的概念與技巧能落實到每個家庭，因為如此不僅可以減少垃圾量，製作出來的有機肥還可以用來栽培花草樹木。

的活動來說，在活動進行過程中，當會長在介紹今天來參加的老師時，我們夾雜在家長群裡攝影，聽到旁邊一位家長與義工媽媽之間的一小段對話：

　　　　M：老師來參加的很少哦？

　義工 M：家長會辦很多的活動，有些老師有意見……所以家長會辦的活動，老師自由參加，不過種子班的兩位老師都有來。

　　　　園方在兼顧老師的困難及家長會的熱心下所達成的折衷原則，並未對園方所有家長說明，只在家長會和老師之間達成內部的共識。當一般的家長對於其間的過程與狀況並不了解時，有些來參加活動的家長不明就理，按照傳統模式思考，難免會有一些困惑：「為何園方辦活動，老師來的不多呢？」當園方的決策過程及考量原則，並未得到全園家長了解的情況下，對長期親師合作的模式可能埋下一些潛在的衝擊，因為在實質上它影響到老師個人家庭生活——當園方舉辦活動的頻率很高時，老師們會出現力有未逮的困境，因為「老師」的角色只是生活諸多角色中的一個，無法把週末的時間全花在工作上。舉例來說，當天在「有獎徵答活動」的時間，我們和風鈴老師在會場一角的一小段交談中，透露了些許親師在主客之間，被動與主動之間定位的兩難困境，而其中又涉及親師因著角色的不同，對於親子活動的目的及意義會有不同的期待與界定：

　　　我：會長真的很有活力哦！

　風鈴 T：其實很少可以看到這麼活躍的家長，我想他今年做會長，如果明年再做，連續兩年把這種機制傳承下去也是不錯的。像我們今年的家長會應該算是第三屆，第一屆的家長會還蠻傳統的，也就是說只要出錢，不用做任何事情的那一種，第二屆有辦一些活動，但不像現在的家長會這麼活躍。不過，家長會這麼熱心也引起學校老師的一些爭議。因為以前沒有這麼多的活動，現在突然要辦這麼多活動，很多老師都不太習慣，因為很多活動都是在週末、假日，

有些老師認為好不容易可以放假，還要來辦這些活動，老
師也是需要休息的，不可能常常這樣犧牲自己的假期。

我　：你們辦活動的頻率很高？

風鈴 T：你有看到我們家長會發的行事曆嗎？〔笑〕那上面有家長
會要籌辦活動的時間，不過行事曆上面的活動沒有先前決
定的那麼多，那是經過刪減的，因為活動太多引起老師的
困擾，所以最後就挑選幾個比較有意義的活動來辦。

　　當類似這樣的活動轟轟烈烈結束後，不免為園方勾起一個待思索的問題：
「家長會積極與熱心舉辦活動的角色，從園方整體性來考量時，是否全然合宜
呢？」對以前沒有如此積極合作經驗，但也樂於給家長參與空間和機會的種子
園來說，利弊之間如何取捨？在這一學期開始走入一個難度不小的抉擇歷程。

二、家長會活動之二：親子耶誕晚會

　　親子耶誕晚會於 12 月中旬的一個星期六下午五點到八點，在園方的戶外
遊戲場舉行，整個活動的籌劃與活動的細節，包括事前各班參加意願調查[14]、
活動場地的布置、活動內容及流程的設計、活動結束後的收拾等，都由家長會
分層協調家長會幹部及各班家長全權負責。由於此項活動由家長會策劃與主
導，基本上老師只在事前被動配合家長會交代的事項從旁協助，例如，家長會
告知老師當晚會有化裝舞會這項活動，需要老師協助班上孩子設計晚會想要的
裝扮方式，因此參加的班級老師都撥出了當天課堂的一些時間，引導孩子完成
此項活動。

　　當天到種子班觀察時，看到會長中午就來到園裡開始布置場地，後來陸續
有義工家長加入幫忙的行列，或架設聖誕燈飾，或在周圍的樹上綁各種顏色的

---

[14] 在活動之前，家長會在各班公布欄貼調查表，了解各班參與的人數。調查結果園所八個班級有七個班
級參與，有一個班級因在學期初就已規劃了親師聯誼活動，而且日期就在隔週。該班老師覺得在時間
上來不及和家長協調或變更，因而選擇不參加。

汽球,家長會期待營造晚會氣氛的用心充分流露。此次活動有七個班級參與,家長來的相當多,似乎反映家長喜歡這類型動態的親子活動。以焦點班級種子班來說,當晚有二十六位小朋友參加,有的是全家出動,有的家庭甚至阿公、阿嬤、阿姨、姑姑都來了,不少的爸爸出席了,雖然媽媽的人數仍多於爸爸。在現場大部分家長都投入其中,忙進忙出,很少家長在一旁靜觀當客人。

當晚活動一如環保小尖兵,是由會長主持,活動排的琳瑯滿目,包括了聚餐、班級性表演、耶誕老公公發糖果(家長裝扮)、小朋友個別才藝表演、小朋友的妝扮造型展示、帶動唱等。當晚活動顯得輕鬆愉快而熱鬧,但從整個活動所發生的一些現象似乎反映,家長會在事前雖投入甚多的人力,但是這樣一個全園性的親子活動,在實際執行上並不容易,也未如會長所預期的那般順利,因為活動進行過程中出現了因事前構思或協調不足而產生的疏漏。以一開始的聚餐為例,家長會事前告知每位參加的家長提供一道菜或點心,但家長把菜帶來之後,並不很清楚聚餐的方式如何進行?由於當時家長會大家都在忙,沒有人出面統籌,當有部分先到的家長把小朋友上課的桌椅搬到教室外面時,就陸續有人跟進,所以當晚聚餐的方式是各班自成一區自行用餐,大部分家長坐在自己孩子的旁邊一起吃,有部分家長坐在一起聊天,在吃飯過程中聽到了種子班兩位媽媽的對話,透露了家長對聚餐方式的期待有所落差:

M1:原本今天的聚餐是在自己班級的教室前面,戲水池是表演用的。誰知道到學校的時候,發現大家都把桌子排在戲水池的旁邊,所以就跟著大家一起這樣了。

M2:我以為今天會擺成一個長桌,各班家長把帶來的食物都放在一起,全園混合著吃,而不是一班、一班分開來,因為這樣子只能吃到自己班上的食物,就不能交流啊,很可惜。

在用餐的同時,有些家長、老師在教室幫孩子裝扮,以種子班為例,走進教室,看到不少媽媽都在為孩子換裝,有些造型是孩子在學校自行設計的,有的則是穿媽媽精心設計的成品,例如南瓜、小仙子、瓢蟲、阿拉伯公主、白雪公主、蝴蝶等造型,這一類刻意裝扮的類型清一色都是小女生。大約六點十

分，有些班級還有家長還沒吃完，為了不擔誤時間，晚會就開始了，當第一個表演活動進行一半時，開始飄著毛毛雨，會場出現一些騷動；許多家長紛紛把食物移到教室走廊上。會長告訴大家不要擔心，雨應該不會下很大，活動還是照常在戶外進行。第一個表演結束時，由兩個家長裝扮的耶誕老公公串場，出來發糖果給小朋友。當第二個節目表演完後，雨勢越下越大，活動不得不暫時中斷。由於家長會當初並未考慮到雨天的活動備案，一時狀況顯得有些混亂，一些家長和老師商討著是否轉移陣地至室內？討論還未有結果，已有不少家長陸續先行移動至禮堂中。待多數家長在禮堂坐定後，雨又停了，會長建議大家還是回到戶外場地進行活動比較理想。有老師表示，大部分家長和小朋友都已經在禮堂，加上當晚天氣很不穩定，再度移動可能會有困擾吧？

> 會長：你看吧！我就說雨一下就停了吧！我覺得還是在外面比較
> 　　　好，因為外面的場地比較大，而且又有布置。
> 　M：是啊，去年就是在禮堂，人很多，很悶熱，外面可能比較好。
> 　T：可是家長都已經到禮堂了？
> 會長：我可以再請他們出來，只是稍微移動一下，應該沒有關係
> 　　　吧！

　　在場老師和多數家長都很客氣，並不特別有所堅持的情況下，活動又再度移師到戶外進行。接下來小朋友自行報名的個別才藝表演包括直笛、小提琴、兒歌、呼拉圈、唱歌等，在這過程當中，雨又斷斷續續下著，時大時小，活動仍將就持續進行著。不過由於下雨的關係，除了表演小朋友的家長在旁陪伴孩子之外，其餘的家長大多坐在孩子班上的教室走廊前，由於離表演場地有一段距離，加上當晚的音響設備時而出現狀況，因此後來除了表演者的家長外，大部分家長的焦點都不在表演者身上；大多在遠處的走廊上或坐、或吃、或聊天，有些小朋友留在教室，自行玩了起來，晚會進行至此感覺有些許的失焦。此時和風鈴老師閒聊，得知園方老師在這個活動中，抱持著尊重家長會承辦活動的熱心與用心，而完全退居幕後做配合與協助的工作，因此所有老師們對於今晚活動的內容和流程為何都不清楚：

我：接下來還有什麼活動嗎？

風鈴 T：我也不知道，我們今天沒有節目表，完全都是由家長會籌
劃，至於他們有哪些活動，我也不清楚。不過聽家長會說
會很勁爆，等到最後就知道了〔笑〕。

　　家長會所謂「很勁爆」的活動，指的是才藝表演結束後的「小朋友化妝舞
會」，這也是當晚最高潮的一項活動，因為此時此刻難得所有家長的焦點匯集
在同一處。種子班的妝扮陣容很龐大，除了班上小朋友之外，連同來參加的有
些兄弟姊妹和爸媽也都有裝扮，是全園裝扮人數最多的班級（有爸爸扮演耶誕
老公公、有媽媽裝扮成可愛的巫婆）。當會長在台上一一介紹各班小朋友的裝
扮時，由於家長關注的焦點都在自己孩子的身上，不少人開始圍到場地中間，
此時只見人頭四處鑽動，每位家長都想找到最佳的位置，幫孩子留下美好的回
憶，閃光燈閃個不停。後來有老師覺得局面似乎有些失序，向會長提議暫時停
止活動，搭一個較高的台子，讓所有小朋友站在台子上，如此所有的家長可以
同時看到所有的小朋友。這樣的建議獲得許多家長的贊同，於是大家放下照相
機，許多爸爸到教室內幫忙搬桌子，搭設展示台。在家長一陣忙碌後，化妝舞
會重新開始。當每個班級的小朋友都充分展示自己、家長都拍得盡興後，當晚
唯一以家長為主的活動上場，這是會長為了帶動家長參與的氣氛，用心良苦安
排了此項「家長律動時間」，他一開始希望徵召十位家長到場中央，帶動大家
做律動。不過由於家長並不踴躍，大約只四位家長自願參與，後來會長只好直
接點名家長會幹部，或比較熟悉的種子班家長出列。活動最後由某一班級的小
朋友帶領大家一起跳「聖誕鈴聲」，整個晚會的節目於八點多告一段落，大部
分家長回到自己孩子的班級，幫忙整理教室、走廊及清理食物，待大致恢復原
狀之後，家長與老師才逐一離去。

　　回顧這項第一次在園內舉行、由家長會一手策劃主導的活動，有些美中不
足之處。由於是由家長會主辦，原則上雖採各班自由參加，但有些老師對於此
次活動性質在意義上的必要性，並不是全然認同，再加上耶誕晚會前一週已經
有全園性的親子運動會。多數老師基於家長會的熱心和好意，在不好意思說

「不」的情形下，大多仍配合參加，未出席的該班老師班上學生，因有兄姐在其他班，當天也有一些小朋友及家長參與活動。在這樣的情形下，選擇參加或不參加，似乎對老師和園長都帶來實質上或心理上不同面向的負荷。而回顧當晚的活動過程，雖然親子盡歡，熱熱鬧鬧，但過程並不如在戶外舉行的環保小尖兵順利，其間大部分狀況的產生似乎透露了，家長會在熱心與用心之餘，可能低估了與園方在事前需要有更密切溝通和互動的重要性，以至於家長會從會長到幹部到義工媽媽，在事前及過程中雖然都已卯足了勁，付出許多，做的很辛苦，但在百密中仍有諸多的疏漏。園方老師在家長會善意承接活動的情況下，退居被動配合與支援的角色，不過在實際進行的過程中，面對所衍生的一些突發狀況，園方並無法全然安心地享受活動的過程，因為對全園家長而言，園方畢竟仍是教育主體單位，對於當天突發狀況仍需出面補救與協調。

三、家長會活動之三：讀經活動與生活劇

（一）利用晨間時間「唸」《弟子規》

在會長提議進行全園性的讀經活動之前，有些班級已經有不同形式與內容的讀經活動，由各班老師自行選擇讀經材料及進行的方式，並未全園統一。為什麼會長提議將之化為全園性的活動呢？根據會長的說法，他發現種子園的晨間活動在原有的升旗、律動之外，似乎仍有充實的空間，因此本於讀經活動可以讓學齡前幼兒學習我國傳統文化及品德教育的動機下，自告奮勇地向園方提出在週一至週五的晨間活動時間，帶領全園幼兒進行讀經活動的建議。經由園方內部開會溝通後，園方本於樂見家長參與，但也需考量園內老師想法[15]的情況下，做了協商後的折衝：開放一週兩個早上（星期二與星期四）的時間給家長會，每次各十分鐘[16]。於是上學期每星期二在早會的例行儀式結束後，園方

---

[15] 有些老師覺得早上這段時間讓孩子多做律動，比靜態的讀經來得重要。

[16] 會長原本希望每天有二十分鐘的時間，但園方覺得二十分鐘對小朋友來說會太長，所以按著專業的判斷，希望會長只用十分鐘的時間。

就把時間交給會長全權負責，由會長與兩位義工媽媽一起帶幼兒進行《弟子規》的讀經活動[17]。

每當要帶讀經活動時，勇會長都會穿上長袍馬掛，把自己扮成像「老夫子」的樣子，小朋友一見到會長上台，會熱情地大聲喊「勇夫子好」，可以看出會長試著使出渾身解數，希望和孩子打成一片，營造熱絡的學習氣氛。不過因為使用的方式較傾向單向式的灌輸與反覆唸誦，所以與會長原本預期達到的理想，有落差存在，在星期四生活劇演出之後，會長請義工媽媽上台再度複習本週教過的弟子規，也大致是依循類似的互動型態。

> 柔柔 M：小朋友大家早！星期二我們教大家唸了《弟子規》第二段，我相信很多小朋友都記起來了，我們現在閉上眼睛哦，阿姨說「一、二、三」的時候，大家一起唸，眼睛要閉起來，嘴巴也要閉起來，大家一起唸好不好？我看看誰好棒小眼睛有閉起來？好棒！一、二、三。

> Cs：父母呼　應勿緩　父母命　行勿懶　父母教　須敬聽　父母責　須我承

> 柔柔 M：好棒！

> 小可 M：那我們現在請兩個班級的小朋友唸給我們聽，好不好？

> 小朋友：好。（兩班小朋友齊聲唸完後）

> 小可 M：小朋友都很棒哦，還不會唸的小朋友請你回家多多練習，我們今天第二段就複習到這，謝謝大家。

1. 親師評價不一，進行方式未能掌握幼兒的專注力

讀經活動進行一學期下來，大部分孩子都能將所教的《弟子規》內容琅琅

---

[17] 會長所設計的讀經活動原則上依循複誦的方式進行：將事先寫在白板上的《弟子規》如「『冬則溫』，『夏則清』；『晨則醒』，『昏則定』；『出必告』，『反必面』；『居有常』，『業無變』……」，從頭到尾唸一次，大人唸一句，幼兒跟著唸一句，等全部都唸完後，再依班別大班→小班，男生→女生輪流重複唸，最後再找三個小朋友上台唸，過程中沒有講解或說明。

上口，有些家長的反應覺得不錯，回家也會幫孩子複習；認為孩子雖然不明白《弟子規》的意義，但唸久了，以後自然會有用。會長有一次在活動結束後告訴我：「有些家長在園裡碰到我時，會跟我說這個讀經活動對小朋友很有幫助耶！」不過，也有些家長及老師對讀經活動抱持比較保留的態度，分析其中的原因包括：(1)進行的步調有些快，有喘不過氣來的感覺，家長與老師有無形的壓力要幫孩子利用在家或額外的時間複習；(2)有些人雖不反對讀經活動，但覺得會長選的內容似乎過於生澀，不適合幼兒；(3)活動進行的方式未考量學齡前幼兒階段的發展特質，過於偏向態靜、單向式的複誦，再加上以全園集體的方式進行，造成孩子的學習興致並不高昂，這對園方從教育的觀點來說，帶來或多或少的困擾。因為活動過程中，孩子因著無法專注參與，常在下面說話、交談或者動來動去，會長常必須透過麥克風　再提醒幼兒「大人講話時，小朋友要專心聽哦！」

> 我們在學習做一個弟子的規矩，但是很多人還是一直在講話哦！我們種子園已經出現很多的乖寶寶了，但是還有少部分的人不是哦，如果一張白紙上面有黑點點好不好看？（Cs：不好看。）所以我們不要做那個黑墨汁好不好？我們要像一張白紙一樣，老師講什麼我們都要非常的認真、非常的專心，好不好？（Cs：好）這樣才對。

在這一項名為家長會負責的活動中，當場面顯得凌亂、失序時，原本位居幕後的園方，在實質上並無法真正放手，總需要在一旁幫忙維持秩序。對於專業非為幼兒教育的義工家長或會長而言，這樣的家長參與方式，除了在掌握全體小朋友的專注力是一個不小的挑戰之外，在預期達到的理想與現實間似乎出現了落差。有老師開始對於讀經活動的時間，大多沒有辦法在約定的十分鐘內結束，而覺得讀經活動影響了晨間時間其他活動的規劃，再加上家長會所選擇的讀經內容及背誦方式，並非每一個老師都覺得合宜。零零總總的因素加起來，隨著活動的進行，使得原本樂於放手讓家長嘗試不同參與方式的園方來說，也漸漸感受到適時介入的必要性，而非完全依循會長的理想藍圖去推動。園方在摸索與嘗試後的調整與修正心態及行動，除了包括園方後來決定全園集

體性的讀經活動，於第一學期畫上句點，第二學期回歸以往各班老師自行運用的模式之外，在期末最後一次讀經活動定為讀經發表會的進行方式上亦反映一二。那天我們在現場觀察發現，園方與會長對於讀經發表會之重要性與必要性的想法有所不同：會長希望以慎重其事的方式，讓會背的孩子一個個上台展示成果，再一個個頒獎鼓勵。但是園方從孩子專注力的角度思考，覺得這樣的方式會使活動拖的很長，對孩子在學習上實質意義似乎不是很大。在一番權衡之下，當天園長很有技巧的、以委婉的方式採取了主動介入與掌握的方式，讓家長會覺得想發表的孩子們都發表了。透過以下期末讀經發表會當天的一段觀察手札紀錄，讀者可以稍微體會園方在兩難之間，如何在漸進的過程中摸索與拿捏合宜介入的方式。

早上到種子園觀察這學期最後一次讀經活動，今天是預定要進行讀經發表會——成果驗收。問了風鈴老師有關讀經發表會的型態，風鈴老師表示要發表的小朋友太多，所以要用什麼樣的型態，她也不清楚。再問：「這活動是家長會籌劃的嗎？」風鈴老師表示：「現在老師也有負責一點了。」九點的時候，全園進入大禮堂進行早會的活動，例行的儀式完畢之後，主持的老師把時間交給會長，會長請全園的小朋友從頭到尾唸了一遍的《弟子規》，正要開始進行發表的時候，園長上前跟會長解釋，因為今天要發表的小朋友很多，所以就分成大、小班來發表即可。園長請會唸的小朋友站在原來的位子唸，不用到台上。小班小朋友唸完，換大班的小朋友唸。唸完之後園長請各班老師把獎品帶到教室去發，接著園方老師帶小朋友進行律動時間（觀察手札）。

（二）生活劇——義工媽媽賣力演出

星期四的生活劇是由各班的家長會幹部及義工媽媽輪流籌劃及演出，劇本取材自孩子日常生活中的常規問題，用意是希望透過戲劇的方式，教導孩子合宜的生活禮儀。為了劇本的構思與編寫，家長會發了一份問卷給全園家長，調查家長認為孩子在一天的作息當中，比較會常發生的行為問題。家長會根據調

查結果，編寫短劇。短劇內容以幼兒一天生活為主軸，分為十二個時段：起床時刻、盥洗早餐、快樂出門、到校時刻、教室早修、整隊早會、上課之時、下課之時、午餐午休、快樂放學、回家進門、晚餐睡覺等。每一週針對孩子在不同時段可能發生的一些問題，設計有連貫性的劇情演出。戲劇的演出分成兩段：第一段演錯誤版[18]，中間由會長串場和小朋友討論錯誤版的劇情中，有哪些不妥當的行為？應該如何解決？再由演出的義工媽媽演出正確版。每一週演出的義工媽媽雖然不同，但劇情在週與週之間基本上是連貫的。

　　為了要演這樣的戲，參與的義工媽媽事前要經過好幾次的討論與演練，有時是利用接送孩子上下學時間，有時到彼此的家中。演出當天參與的人都卯足了勁，上緊了發條，對於這些以前沒有過演戲經驗的全職媽媽來說，有些人覺得這樣的參與趣味中帶有挑戰性，有些人則因為不習慣上台而感到很緊張。有一次輪到種子班的義工媽媽負責演出時，一早幾位媽媽就到了學校禮堂暖身與再次彩排，她們看到我走進來，一面和我聊著，一面不忘相互叮嚀、打氣：

> CM7M：你知道嗎？我今天的裝扮都是我兒子的衣服哦！（我：大兒
> 　　　　子的嗎？）對啊，因為我想說要穿得可愛一點，看起來比較
> 　　　　像小孩子，所以我就找兒子的衣服，連帽子都一起帶來了。
> 　　　　（媽媽們交頭接耳，複習劇情）
> 芳芳M：第一次要戴安全帽嗎？
> CM7 M：不用啦。
> 芳芳M：我昨天又仔細研究了一下旁白。
> 小可M：我們的安全帽夠嗎？

18　其中有一天的生活劇本如下：「大雄、小珍吃飽飯準備上學時，一直還在玩玩具，媽媽催促他們動作快一點，他們不理會媽媽，繼續玩，到時間真的快來不及了，媽媽再三催促下才急忙把玩具一丟，腳一伸，要媽媽幫忙穿鞋、拿水壺、餐盒，因為時間緊迫，媽媽只好幫他們穿鞋、拿東西。出門的時候，沒有跟家裡的奶奶說再見。媽媽騎上機車，送大雄和小珍上學，當媽媽把安全帽給他們的時候，都堅持不肯戴，因為小珍覺得戴安全帽頭癢，大雄則要帶他的皮卡丘帽。媽媽拿他們沒辦法，就讓他們沒有戴安全帽就坐上車了。一路上兩個人在機車上一直玩，媽媽一個緊急煞車大雄差一點飛出去，到了學校之後，大雄和小珍想起有老師交待的東西忘記帶，不過已經來不及了，媽媽只能告訴他們下次一定要記得。」

CM7 M：沒關係，不夠的話，我有，我去車上拿。

　　　　（此時鐘聲響起，小朋友紛紛走進禮堂）

小可 M：我看我們沒有時間排演了。

柔柔 M：待會說話要慢一點哦，表情都要誇張一點哦〔笑〕。

　　　　（芳芳媽媽在旁邊盯著劇本看，一直說擔心自己會因為緊
　　　　張而忘了台詞，柔柔媽媽拍拍她的肩膀）

柔柔 M：你不要緊張啦！就把小可媽媽當作是芳芳，把 CM7 媽媽
　　　　當作是哥哥就好了。然後如果你忘了台詞的話，我會小小
　　　　聲的跟你講，不然小可媽媽你也可以提醒她一下。

小可 M：我看我們到〔種子班〕教室再去排演一次好了。

　　　　（大夥兒移師到種子班教室，約十分鐘後）

柔柔 M：大致上我想蠻流暢的，我想上台應該沒有問題啦！

小可 M：我剛剛想到一個問題，就是我們的聲音很小聲耶！

柔柔 M：沒關係，他們說有小蜜蜂啊。

小可 M：好好好，那我們就過去〔禮堂〕了。

　　較之靜態的讀經活動，家長會所主導的生活劇，對於園方所帶來的影響較為中性，幼兒對於此項活動的反應也熱烈許多，雖然在觀賞過程中，多數的人相當興奮，但是秩序還不至於失控，因此園方對於此一方式的家長參與並沒有覺得有調整或修正之必要。倒是在演出的義工家長之間，雖然大家都認同有其正向意義；提供了家長參與孩子學校生活的另一個管道、增加了家長之間橫向的互動 [19]，但隨著學期的進行，多數人對於此家長參與方式發出了暫停的心聲，以下是兩位義工媽媽對生活劇的想法：

義工 M1：我們是很願意支持、配合這樣一個活動，可是對於這樣一
　　　　　個參與的方式有很大的壓力，因為我們是一個家長、媽媽

---

[19] 在排戲的過程中，這些義工媽媽們發現對彼此的特質多了一些了解，像有人很容易緊張，有人則很入戲，她們會彼此開玩笑說要給誰多加點台詞，多有機會表現。

的角色，年紀這麼大還要演戲〔笑〕，覺得在這麼多人的面前演戲，沒有這個膽量，很緊張，也很不習慣。一開始大家都覺得這是不可能的事情，有媽媽為了這件事情，都好幾個禮拜睡不著覺，有媽媽臉上還因此長了很多青春痘、黑眼圈，晚上睡覺前都要背台詞，這麼小的一件事情，可是卻造成我們非常大的壓力，有一種心理障礙，所以像這種家長參與的方式，其實不是家長不願意做，而是不習慣。

義工 M2：基本上我對於星期四生活禮儀的短劇演出效果有些存疑，因〔每個孩子〕家庭背景不同，不一定每個家庭都能配合，〔我們編的〕生活禮儀的內容，可能立意是很好，可是因為每個孩子家庭背景的不同，有的家長可能不一定會這樣配合，說不定每件事情都已經幫孩子做了，透過短劇來表達生活禮儀的方式，時間久了後可能會流於形式，因為可能不是每個家長都會覺得去訓練孩子自動自發是很重要的。

　　分析義工家長希望喊停的主要原因集中在兩個面向：壓力大、對演出效果存疑。由於多數義工家長傾向不要持續，因此生活劇的家長參與方式於一段時間的嘗試後，和讀經活動一樣，於第一學期末畫上句點；只是其中主要來自家長會方面的自我調整。

四、合辦活動之一：親子運動會

（一）家長會與園方共同主辦的活動，老師與家長一起來！

　　種子園在上學期舉辦的大型活動中，有兩項在名義上是由園方和家長會合辦的——親子運動會、親子園遊會暨跳蚤市場。這兩個活動都是利用星期六早上在園內舉行，發給家長的邀請函由園方及家長會共同具名。不過，在實際籌備的過程中，親子運動會是由園方主導與統籌，而園遊會則由家長會負責，雙

方實際分工的方式，由於兩個活動的性質不同而有差異。不過大致上都可以看到，對種子園多數家長而言，出席當觀眾，只是父母參與孩子學校活動過程中基本的角色之一，其他各種不同型式的參與及協助，因應實際狀況的需求，到處可見家長主動與活躍的影子。從以下的討論中，讀者可以稍微了解親師之間合作的另一個面貌，以及親師主、客角色的不同如何影響活動過程的順暢性。

以親子運動會為例，當天的天氣非常好，來的家長相當的多，以種子班為例，只有一位小朋友及其家長缺席，其他的都到齊了，一如往常的活動，有不少小朋友是全家都到，一眼望去，爸爸來了不少，但仍以媽媽為多。配合今天的親子活動性質，大部分家長的衣著都很輕便，反映了大家是有備而來；要和孩子好好玩個半天。活動開始之前，一部分家長待在園方所規劃的各班家長休息區，或站、或坐，很少家長是靜坐等著節目開始；大多數的家長之間有說有笑，有些媽媽則在教室協助老師打點孩子待會的進場細節。

1.家長主動投入與協助

小小運動員進場是當日的第一個活動，形式相當正式，仿照了一般中小學的儀式，除了大會司儀由老師擔任之外，從樂隊、各班繞場、迎會旗、傳遞聖火、升旗典禮等一樣不缺，都由小朋友擔任。這一部分除了展現園方老師在活動之前的預備與用心之外，也含括了家長參與其中協助的成果：每一班小朋友以不同的裝扮造型進場，都是家長的傑作，也是家長會與園方協商的結果。因為家長在運動會之前，曾問及小朋友進場要不要有特殊的裝扮？對於這個問題，親師之間有不同的看法：園方老師覺得不需要，因為如果要裝扮，一來還要花額外的時間心力去準備，二來有無裝扮並不影響運動會的品質，小朋友身著運動服就充分代表運動精神了。可是家長會一些家長覺得：各班孩子如果有不同的裝扮，可以增添運動會的趣味性。對於親師之間看法的歧異，老師並沒有太多自己的堅持，在家長會自願協調各班義工媽媽負責的情況下，園方依從了家長會的意見。於是早在運動會開始之前，各班義工媽媽就已忙著構思及製做班上孩子的裝扮。這些義工媽媽的苦心在運動會當天，從每一位小朋友身上表露無遺，每一班小朋友進場的造型絕然不同，引來在場家長陣陣歡呼聲與笑聲，會場一時好不熱鬧。

2. 親師之間互補不足，相輔相成

　　升旗典禮後展開的一系列活動，大多由園方老師或園長主持與串場，中間穿插一部分由家長會提供的活動，事前與當天活動的協調，在園方主導統籌的情況下，進行的十分順利，反映了親師攜手同心的互動與合作；有時是以老師為主，家長協助，有時是以家長為主，老師協助，彼此適時切入，在過程中反映出親師之間的界線具有相當的彈性。例如，在親子遊戲的部分，由老師主持，但遊戲進行過程中所使用的道具，都由義工媽媽在事前幫忙設計與製作；反之，家長會所主持的團體遊戲部分，事前親師雙方進行意見交換時，園方老師根據過往的教學與帶活動的經驗，提供了家長會一些意見做為活動修正的參考，討論過程中，具有音樂專長的愛會老師，為了讓家長會設計的活動更具趣味性，自願在活動前一天熬夜，協助錄製活動進行時可以播放的配樂。當天活動進行時，無論是園方主持，或家長會主持，隨時可以看到雙方視需要而自動補位與協助的狀況，每當一個活動結束之時，家長與老師不分你我，幫忙清場、搬道具等，使得活動在銜接上相當順利。當天所設計的活動，在主持人的帶動下，僅有少數家長坐在休息區觀看，大部分家長都興致勃勃的參與活動。

　　整個運動會的各項活動進行的非常緊湊，在活動進行的同時，在家長主動提供協助與贊助下，尚安排有場外的插曲：(1)卡通動物明星造訪：由一位在中學任教的家長所招募來的中學生義工扮演，穿梭在會場中和小朋友玩；(2)體適能檢測：由一位在大學擔任體育老師的家長所提供，在教室走廊外面擺設服務攤位，讓家長可以了解自己的體能狀況。這兩項都是由家長主動提供的助興活動，增添了當天運動會的多元性。而當日全程的活動，更有家長自願擔任攝影的工作，扛著相當專業的大型攝影機到處走動，為的是希望幫園方將此次活動留下完整的紀錄。其實，當天照相的不只攝影師一人，許多家長當天手上不是攝影機，就是照相機，現代父母透過積極參與園方所舉辦的動態親子活動，希望為孩子留下童年美好回憶的用心表露無遺。小結來說，親子運動會由於整個過程在事前及活動當天皆由園方統籌與主導分工的狀況（參表 5-3.1），整體上比較少見到因協調不足或不在預期中的突發狀況產生。這多少顯示，許多親子活動雖然名為活動，在形式與內涵上較一般正式課程輕鬆，但嚴格來說，它

表 5-3.1 種子園親子運動會親師合作與分工概況

運動會流程	園方角色與工作	家長角色
小小運動員：進場、大會操、大會舞	園長主持，各班老師帶隊	事前幫忙設計和製做各班小朋友進場的裝扮與頭套
親子趣味遊戲：大班遊戲：（母雞下蛋）、小班遊戲：（聖誕鈴聲 20）	老師設計活動內容主持活動	事前幫忙做遊戲道具參加活動
團體遊戲：歡樂總動員、同心協力、驚天動地、感恩的心 21	參加活動	會長主持參加活動
親子律動：親子拍拍碰、歌聲滿行囊 22	老師設計、主持園長主持	參加活動

也是屬於課程的一部分，這對長期在教育體系中的園長和老師來說，對於各方面的狀況，較諸家長來說，很顯然是較能掌握的。

五、合辦活動之二：親子園遊會暨跳蚤市場

　　這是種子園第一學期最後一次的全園性活動，名義上雖由園方和家長會共

20　母雞下蛋是針對大班的家長和小朋友，媽媽和孩子分別穿上義工媽媽事先製做的母雞和小雞的道具，進行遊戲。聖誕鈴聲則針對小班家長和小朋友，由幼兒坐在雪橇上，由家長扮演馴鹿拉著雪橇進行競賽。

21　團體遊戲由家長會籌劃，由會長主持，在玩遊戲之前，會長先介紹團隊——家長會各組的組長。「歡樂總動員」是猜拳山洞的遊戲，不分班級，不分大人小孩，兩人猜拳，猜輸的人跟在猜贏的人後面，再去找別人猜拳，以此類推，最後變成一列火車過山洞。「同心協力」只有家長參加，每班十五個家長組成一隊，用吸管傳遞橡皮筋，在限定的時間內傳最多的為優勝。「驚天動地」是踩汽球的活動，每班發給若干小汽球，由各班家長負責打氣、吹氣，分別掛在腳踝、手臂的地方，第一場由小朋友相互比賽，第二場由家長相互比賽，在固定時間內，保留汽球最多者獲勝。三項遊戲的參與，爸媽皆有，雖然仍以媽媽為多數，幼兒與家長都非常賣力、盡興，歡笑中夾雜著許多尖叫聲，每一項遊戲活動的時間都以音樂來控制，音樂停止，活動也就停止。遊戲結束後，大人小孩通通有獎，由會長頒獎，各班派一位家長代表領獎。會長在帶大家唱「感恩的心」後，把主持棒交還給園長。

22　親子拍拍碰的律動，由種子班愛音老師與一名幼兒帶領全部的人一同進行，隨著音樂，愛音老師引導與設計了很多親子互動的動作，例如：家長當成呼拉圈，讓小朋友跳進、跳出；孩子當飛機，家長抬起孩子，讓他們在空中飛來飛去，當天的活動在園長所帶領的「歌聲滿行囊」帶動唱中結束。

同主辦，不過在家長會的善意下，過程中許多事務性瑣碎的工作，大多由家長會接手，例如以跳蚤市場來說，義賣的物品由各班家長在事前捐獻到園方後，老師負責蒐集將之放置在大禮堂，再由家長會招募義工家長，把義賣品做分類、標價與擺設，園遊會當天由義工家長輪班照顧攤位。以園遊會來說，從園遊券的設計、印製、園遊券的認購與交錢、各班攤位的內容（包括吃的與玩的）等都由家長會幹部及各班義工家長負責。為了這一次短短兩個小時的期末親子活動（星期六早上十點至十二點），家長會幹部和義工媽媽們事前花了很多的時間籌備，而園方在回應家長會的一番好意下，全程退居幕後協助的角色。

（一）家長洗手做羹湯，親師一起叫賣！

　　當天活動還未正式展開之前，一早七點多，當我們到了園裡時，看到各班的義工媽媽早就在園裡忙進忙出了。以種子班為例，由於當天要賣的熱食（包括炒麵、肉圓、芋頭粿、米糕、貢丸湯等）大多是現場煮的，一群媽媽一早就在園裡洗菜、切菜，而會長一如以往，身先士卒帶頭做，當天大部分的時間和太太都待在廚房，忙著烹煮、補充攤位要賣的熱騰騰食物。十點左右，在園長透過廣播宣布「園遊會跳蚤市場正式開始」後，在沒有任何正式的開幕形式或全園團體性的儀式下，活動就輕鬆地展開。當天天氣並不好，因著寒流來襲，又下著毛毛雨，感覺上很溼冷，但家長來的還是不少，使得沿著各班教室外面走道擺設的攤位，都擠滿了大人和小孩。每一個班級的攤位，由家長輪班看守，老師夾雜其中幫忙，親師之間分不出誰是主，誰是客，叫賣之間，更看不出誰是家長？誰是老師？有的家長帶孩子去別班逛逛後，又回來輪班，有的家長趁著空檔趕快吃一下，一面吃一面說：「我吃完這碗就來幫忙哦！」

　　活動在十二點多圓滿結束，回顧這個活動的進行，一如種子園所舉辦的其他親子活動，雖然有些家長只在當天才出席當客人，但不少家長在過程中或多或少都有份於不同面向的協助；而不只是單純的出席當顧客。不過，這個由家

23　第一籌備會在期初舉行，大致擬定活動的大綱，議決跳蚤市場物品由家長捐獻，於事前蒐集及整理，於園遊會當天進行義賣。當天活動所得由園方及家長會均分，做為舉辦活動或添購設備的基金。第二次於12月底進行，擬定活動的流程，第三次於活動前幾天進行，協調各班攤位內容（每班一至三個攤位），以避免重覆。

長會負責統籌的活動，再度由於家長會辦全園性活動的經驗仍有限，在過程中家長會幹部與園方代表雖然開過三次會[23]，但由於會中並未對諸多可能發生的細節進行充分的協調及溝通，以至於籌備過程中仍出現了家長與老師、老師與家長會之間等認知落差與配合不甚理想的一些問題。在園遊會結束後，園方召開了家長會幹部及園方老師一起出席的期末檢討會，在檢討會中家長會幹部及老師們大多發言了，議題也大都針對這一學期以來家長會在園方所扮演史無前例的主動積極角色，提出每個人的心聲及感受。

事後檢討時，有老師提出此次活動在規劃上忽略了許多的細節，以至於在過程中造成老師和家長不少的困惑。例如，園方和老師對於過程中的細節未能從家長會得到足夠的資訊，加上彼此基於尊重、信任、減少麻煩對方之好意，事前也未曾針對模糊處召開過協調會。而由於大部分家長並不了解家長會統籌活動的運作模式，有了問題還是習慣性去找老師問，而老師面對家長所提出的各種不同問題，往往不知如何處理？園方站在協助的立場，又似乎覺得不宜站到第一線做決策，在進與退之間很為難。其實原本站在共同主辦的立場，家長會原可以適度尋求老師的意見或協助，但會長又因為很客氣，不想增添老師和園方在忙碌教學中的麻煩，所以盡量都一肩挑，但諸多的客氣與溝通不足，在實際運作上常因活動細節構思不夠縝密，仍帶給老師及園方諸多大小不等的困擾。

第四節　試圖釐清問題與親師重新定位的親師檢討會

在以上諸多種子園全園性活動的討論之後，帶領讀者了解第一學期期末種子園所召開的親師檢討，透過這個檢討會，種子園的親師合作模式有了重新的調整與定位。在前面各種活動的描述中，雖已試圖點出家長會的積極主動性所引發的一些問題，在此處我將進一步做較為周延與統整性的分析與討論。

　　話說有史以來第一次讓家長會主導某些家長參與活動的嘗試，誠然使得園方在原本既有的活動上，顯得更加琳瑯滿目。但是在這同時，也給園內老師及一些家長會幹部，帶來一些衝擊與困惑。從家長會主導的第一個活動（環保小尖兵）開始，到期末的最後　個活動（園遊會和跳蚤市場），都衍生了或多或少親師雙方事先沒預期會出現的問題。雖然會長及家長會幹部從學期初到期末，都一本「協助園方」的初衷，熱心十足，不計代價的付出，但是家長會美好的意圖及熱心，在一個學期的實驗後所得到的回應與與評價，正、反皆有之。這對於樂於開放家長參與空間與的園方來說，無法不去思考一個重要的議題：「家長會的角色與功能需要如何重新定位較為合宜？學校與家長的最佳互動最好依循什麼模式？」按照種子園一向較為民主開放的運作模式，這些問題需要親師雙方相互交換想法與意見來獲得釐清。由於平常人家有意見，大多都各自零零星星地向會長，或向園長反映，並未能達成共識。因此，當會長從一些老師與家長也感受到有些狀況存在，而主動向園長提出「大家是否可以坐下來溝通意見」的請求時，園長非常樂見其成。為了配合多數人可以出席的考量，藉著家長會委員代表人會將在親子園遊會結束後開會的時間，園方決定合併舉行親師期末檢討會。當天除了家長會幹部、各班家長代表之外，全園老師都到齊了，這是園內親師會議前所未有的盛況 [24]，反映了大家對此次意見交流的重視與期待。由於當天出席的人數比以往來得多，為了讓大家可以充分溝通想法，當天會議並不在慣用的會議室舉行，而改在禮堂，以大家圍坐成圓形、非正式的對談方式進行。

一、有話大家說，不同的意見可以讓學校更好

　　此一親師檢討會由園長主持，進行了大約兩個小時。會議一開始，由副會長代替會長先做簡要的家長會會務報告 [25]。副會長簡單的開場白中道出了她個

---

[24] 一般來說，種子園家長會開會時，是以幹部及各班家長代表為主，老師部分通常視需要，只派代表參加，不會全數出席。

[25] 為了當天的園遊會，會長從外面借了一些大型的烹飪用具來園裡使用，結束後需要馬上載回去歸還，因此耽擱了一些時間。

人親身感受中，這一屆家長會的參與性及積極性和以往家長會是如何的大異其趣：「去年的家長會和今年的家長會有截然不同的感覺，今年我們有好多大型的活動，真的要感謝大家的配合……雖然我們是非職業性的演出，但是大家都能夠很盡興。今年家長會還做了一個會訊……對園方跟孩子的溝通多一個管道，〔家長〕可以了解學校在做些什麼事情？家長會在辦些什麼樣的活動？……臨危受命，所以我大概只講到這邊，會長到後會補充說明，謝謝。」園長接著副會長的話，先從園方大家長的角度，對家長會及老師這一學期的付出表達深深的謝意，並以她一貫不強勢、重溝通與協調的輔導背景特質，希望大家善加把握今天直接面對面的機會，充分表達意見，讓後續的親師合作更合乎彼此的期待：

> 這一學期來，家長跟我們老師之間真的是不分彼此，大家相處的很愉快，真的是不計較。家長們在籌備這些活動的時候，真的是犧牲很多的時間，我們老師們也犧牲自己週休二日的時間，盡量在配合，我在這裡非常的感謝本園同仁能夠在今天休息的時候，來參加今天家長會的活動。……今天舉行這個會議是交換意見，因為會長〔想了解〕這學期辦了這麼多的活動，他想大家會不會覺得太累了？今天想直接聽到老師的聲音，而不要再經過園長、或是某些組長反應給會長。他希望老師們能夠直接跟他講，到底這學期這樣辦活動下來，老師的感覺怎麼樣？他很虛心的想要接受大家的意見，希望下學期能夠改進。

園長的一番話主要點出了一學期下來，家長會積極投入與主導一些活動的參與方式，固然給園方帶來正向的協助與活力，但另一方面也誠然引發一些值得關切與討論的問題，需要大家坦誠交流，集思廣益。園長話說一半之時，會長來到會場。看到大家圍成圓形而坐，他不改幽默本性，先消遣自己一番，包括不該遲到、新手上路經驗不足讓大家跟著累等，在輕鬆的笑談之間，他道出自己在新制與舊制家長會之間，摸索與學習的不易，自覺個人有很多的成長，但在很多事上因經驗不足可能常顧此失彼，造成大家一些困擾。不過他本著家長與學校原是一體，都希望這個團體更好，園裡的孩子更快樂，因此期待大家坦誠提出意見，以做為家長會日後修正的重要參考：

大家好！很少參加這種會議是圓形的，我要坐在很中間的地方，讓大家可以看到我……〔全場大笑〕。這學期我要站起來，應該要深深一鞠躬，例如，我今天遲到，時間沒有控制好，就是一種很不好的示範。……其實我這學期接下這個工作是很多家長跟老師的鼓勵。……剛開始接任的時候，完全不知道應該要怎麼來扮演一個家長會長，從出生到現在第一次扮這個角色，所以有點生澀，不知道這個角色在新制與舊制到底有怎麼樣的區別，慢慢也在學習成長，這個學期一路走下來也是一股傻勁啦。……我覺得這是一個很好的歷練，我覺得我的收穫很大……〔學期快結束〕我們應該利用歲末年終，來做一個大清掃，內心有什麼很棒的意見、感受，對於家長會這個學期裡面，發發牢騷也很好，……有話就把它講出來，讓這個團體更好，……把人家最好的地方結合起來，用在這個團體裡，那這個團體以後是非常健康的。……今天這個團體還是需要幫助，我們〔家長會〕的出發點是很好，我覺得來幹這個會長沒有名與利……又要付出很多時間跟金錢。……對於這個學期的會訊、動態、靜態、二四早上的讀經、生活禮儀話劇，大家老師都有滿多意見，老師未必跟我講，很小氣哦，所以我想用這種方式大家可能可以暢所欲言，……這學期我們所辦的動態大活動有四、五種，副會長說：「我把她操的很累！」〔全場大笑〕

　　勇會長試圖營造會場的和諧的氣氛，表露了他虛心接受各方意見、批評的謙沖個性，副會長回應會長的話，開玩笑地說：「我先生說這一屆的會長是過動兒」，下面也有人形容會長是「急速前進的火車頭」。在大家的一陣笑聲中，檢討會正式展開。由於此次聚會的目的主要是家長會想了解園方老師的想法，因此大部分的時間由老師們針對這學期家長會舉辦的活動及扮演的角色，提出個人的感受與想法。當天約有三分之二的老師發言，有些老師比較扮演聆聽的角色；認為每一班有一位老師代表表達意見即可。在諸多的回應中，絕大多數人對家長會表達了一致而相似的謝意，傳達了她們對諸多活動本身瑕不掩瑜的肯定，因為最重要的是家長會的熱心、不計代價與辛勞的付出令人感動，有的老師甚至認為種子園的家長參與非常落實，不輸認知中的歐美社會。列舉

幾個老師對家長會的肯定如下：

風鈴 T：今天有親師一起開園務會議，我覺得這是非常好的現象，我要向所有的家長委員謝謝，因為我覺得你們幫助學生、學校、老師，真的是太多了。

T1：真的是一方面很感謝我們的家長委員，一方面我很心疼，因為我們知道一個活動要到完美，真的是要傾全力來做。

T2：今年我們的會長真的是很用心，雖然家長會很謙虛的說：「覺得還有做不好、有不足的地方。」可是你們有沒有想過：「如果做不好、真的做不來的話，怎麼可以這麼多次連續辦這麼多場的活動？」我是覺得很多活動真的是一回生、二回熟、三回可帶頭。

T3：接連的這幾個活動來說，雖然會有一些小缺失，可是我覺得這總是難免的，所以我還是感謝家長會讓我們園這麼生動、活潑。

T4：在座的家長都非常的熱心……非常的優秀、很能幹，而且你們都很付出，這點真的讓我非常的感動，每個活動配合度這麼高，這真的是很難得。……在他們的帶領下，讓我們園真的就動起來了，然後最主要的是我們園長，她也非常的支持，讓我們的家長真的做到家長參與是很落實的。……我們會長這麼的認真是我們大家有目共睹的，雖然活動當中難免有一些小細節的疏忽。

T5：要跟家長們說謝謝，因為家長會非常的盡心、盡力，我覺得我們學校的作法很像歐美，家長會跟老師是平等的，家長幫我們老師分擔了這麼多活動，老師可以卸下這個擔子，這一點我們真的是很感謝你們，讓我們在這方面真的輕鬆不少。

在感謝之餘，最重要的是，多數老師也提出了對這一學期活動在質與量上

的檢討。其中一些意見，在前面活動介紹時，讀者已經可以略知一二。雖然針對不同活動性質，園內老師的看法並不盡相同；有些人覺得值得商榷之處，有些人則是持肯定的態度[26]，這其中牽涉到每個老師對不同活動的期望、配合度、各班課程的規劃及安排等不　有關。不過，雖然每個老師對於活動的認同性及評價或有不同，但大家的意見都反映了「**家長積極參與的方式與角色有再思與調整的必要**」，其中老師們所提出的問題主要集中在活動的頻率和活動的規劃、協調與溝通方面。

　　以活動頻率來說，第一學期種子園的親子活動給人有「**目不暇給**」之感，全園性的大型活動幾乎是一個接著一個。一個學期下來，這些活動除了帶來上述老師們所感受到的正面影響之外，也同時衍生了非預期中的效應，其中主要包括：(1)活動之多，讓老師和有些家長感到有些喘不過氣來，量多除了可能影響品質之外，也多少影響個人週末的家庭生活；(2)對於有些因家庭因素無法全然跟上腳步的家長幹部來說，帶來無形的壓力與愧疚之感；(3)全園性活動過於密集時，無形中排擠了班級性活動推展的可能空間，這對小班來說，影響尤為明顯，因為是新生之故，多數家長互不認識，在第一學期很需要小型的班級活動來建立情感及相互了解。對於「**全園性活動壓縮了班級性活動空間**」的非預期現象，除了種子班愛音老師因有孩子就讀於小班，尤有深切的感受之外，全園性讀經活動的進行，對於班上原本就有相似活動、但內容相異的綠豆班級老師（T3）來說，也感同深受。

活動組M：開學以來辦這些活動，我們真的是謝謝各班家長、老師，
　　　　　還有園長的配合。不過感覺上活動似乎好像有點多了一
　　　　　點，……其實我們可以一個學期大概有兩個左右，就不會
　　　　　說好像每一個活動都辦到大家都很累，而最後成果不是說
　　　　　真正的很好，雖然最大的成果就是讓孩子都很快樂，但是
　　　　　我覺得很快樂到有點亂（全場大笑），但是真的是很謝謝

---

[26] 看法差異比較明顯的是在讀經活動上，老師們對於什麼內容是適合的（《唐詩》？《三字經》？《弟子規》？）、頻率（兩星期一次？每週一次？）、面對期末成果發表的心態（平常心待之？成果驗收的競賽？）等有不同的看法。

大家的配合。

T1：我們班的家長委員一直覺得壓力很大，……因為例如開會的時候比較沒有到啦！或他們剛好家裡面有事情，因為都是家庭主婦，有時候公公怎麼樣、長輩怎麼樣、孩子怎麼樣，真的是有事走不開，他們就壓力很大，一直跑來跟我們講說：「老師，我們都沒有做到什麼耶。」我想這一點，我要為我們班家長委員澄清一下，他們真的是很熱心，常常來跟我們溝通很多事情，像這次〔園遊會〕的活動，帶著年幼的孩子跑上跑下……能夠出來擔任委員的都是非常熱心。

T2：我們從一開學就一直在辦全校性的活動……，我們小班都還沒有辦過聯誼耶。我除了〔旁邊〕這個媽媽以外，其他媽媽我都不認識，好丟臉，因為我們實在是還沒有機會碰到班級活動。其實不是班上的家長不願意辦活動，而是因為學校活動太多，這個對於大班來說很適合，因為你們熟了，可是對小班的家長來說，是不是可以給他們一段空白的時間？也許是一個上學期，讓他們有機會跟班級的家長一起培養感情、默契，或者是建立資料庫。讓他們熟悉這個學校的作風、或者是彼此之間建立比較好的網絡，在需要人力運用的時候，可以用的上。

T3：我們班原本就有所謂的讀經，讀《三字經》跟《唐詩》，這個活動已經進行了一年了。……最近最少有三個家長來跟我說他的小孩做夢，……也不要說做惡夢啦〔笑〕，就是做夢會喊《弟子規》，忽然喊的感覺，他家長看了很心疼，……他感覺孩子沒有睡好，半夜會忽然喊那幾句。……我覺得這是不是有點太急進了？所謂太急進就是說一個禮拜教一句，在期末又要來一個驗收，那這個驗收是不是也值得商榷？……我不希望因為家長會的活動而取消班上原有的活動。……怕大家認為我好像都不太支持家長會

（T3 選擇以班上活動為主，平常較少出席家長會辦的大型
活動），是不是故意不教小朋友唸？所以我非常努力的在
逼我們班的小朋友上課、下課，《唐詩》、《三字經》都
已經取消一個多禮拜，改成唸《弟子規》，那種感覺很緊
張。

　　家長會主導活動所產生的另一個問題出現在規劃、協調與溝通方面，探究
其中可能的原因包括：(1)家長會因為不希望增加老師在教學以外額外的負擔，
因而在過程中盡量不麻煩園方老師，希望老師只要在活動當天出席，「坐享其
成」即可，但事實上最後可能變成老師們是「坐立不安」。華人文化中對老師
的客氣與尊重，多少反映在會長不好意思麻煩老師的心態上，因此即使當老師
主動問起是否需要協助時，大多時候會長也都低調回應。分層負責不夠周延的
結果，使得在活動過程中產生了大小不等的狀況；(2)以家長會為主，園方為輔
的親師合作模式，雖然立意甚佳，但在沒有周延的溝通與傳達下，產生了一些
定位不清與角色模糊的空間，因為當初為了兼併考量家長會的熱心和老師們全
程配合的困難度下，雙方所達成的共識與機制——「家長會主辦的活動，各班
老師可以選擇自由參加」，多數的家長並不了解。當多數家長並不清楚哪些活
動是園方主辦？哪些活動是家長會主辦時，一旦園方有活動，老師們因應個人
或家庭狀況而選擇性參加時，對於踴躍出席的家長來說，難免造成一些不解的
困惑，對有時無法參加活動的老師也會產生一些兩難的壓力；(3)會長或家長會
幹部並非全時在園，當活動的籌備由家長會主導時，其中所需涉及的溝通與協
調複雜度，在家長會始料未及的情況下，問題無可避免的浮現。

　愛音 T：有關園遊券的事，這是在溝通上出了問題，可能在作規劃
　　　　　的時候，細節不夠周延，……也許這是經驗的關係。我想
　　　　　在這邊跟所有的家長們分享，就是你們都很辛苦，但是希
　　　　　望辛苦之餘，不要讓大家太累，學校都願意配合，只要你
　　　　　們有任何的需求提供給我們，相信我們一定會鼎力相助。
　　　T1：我覺得很多活動真的是一回生、二回熟、三回可帶頭。不

過，我在這裡是有個建議，像第一次環保小尖兵，說真的那一次我真的不曉得環保小尖兵要做什麼活動？發通知單給家長，家長拿到活動可能也搞不清楚是家長會辦？還是園裡辦？他不清楚直接來問老師，因為我不清楚，所以也沒有辦法回答。那第二次，我就學聰明了，聖誕晚會的時候，我就會問晚會要做些什麼事？甚至於我會問會長說：「有沒有什麼地方需要老師協助？」可是我們的會長很客氣，他跟我說：「老師不用，只要桌椅就好。」……我在這裡想講的是，我覺得其實園方跟家長會是攜手同心的，我們一起要把很多的活動辦好，希望家長會不要覺得說「你今天告訴老師需要幫什麼忙是增加我們老師的負擔」，我覺得不會的，我們可以幫的忙，會很樂意的去做，我們做不來的，也會很坦承的告訴你。

T2：剛剛有老師講「不曉得問誰」？我想到一個問題是：如果我們有些問題，不管是活動內容、是不是學校要有一個人是家長委員、或者其他人，我們可以直接諮詢的，因為我覺得有時候群龍無首，或者是說哪個東西我固定要問誰？……是不是要有責任制？或者是要有個書面的資料，讓大家知道應該找誰？

T3：我對家長會有意見就是如果有一些大型的活動，你們可以把活動的程序表詳細的給老師，包括老師在當天可以協助做什麼？需要怎麼樣協助來辦得更好？還有活動的備案？希望在這一方面有個比較清楚、明確的東西可以讓我們依靠。

針對家長會所主辦之活動的檢討，多數老師們都透過比較委婉、客氣的方式提出意見，其中大部分間接傳達了「**家長會不宜扮演主導地位**」的訊息，發言的老師中有少數人較為直接，她們或從「術業有專攻」的角度，認為園方的活動對老師的專業而言，是本職，做來駕輕就熟，各方面考量也能較為周延，建議家長會可以多在老師真的力有未逮之處發揮功能，例如家長之間橫向的聯

繫及家長成長團體的辦理等。種子班風鈴老師一向與會長及家長會的核心幹部互動關係良好，但她在檢討會開始沒多久，在表達一番至深的謝意與肯定後，也以愛心說誠實話，直接表達「**家長會宜退居幕後協助，將主導權回歸學校**」的希望。在座的家長幹部中，宜宜媽媽亦代表負責文書組工作的先生，轉達了與風鈴老師相似的心聲與期待。

> T1：我有個建議，其實家長會是不是可以辦一些家長們之間聚會的那種？例如，有家長在西點、餐點上很有才藝，我相信還有其他家長有很多的才藝。……如果願意的話，有興趣的家長們來聚會，從小團體聯絡更多家長來互相認識，也做一些生活上，才藝、興趣的結合、切磋。……這是我的建議，我覺得家長會可以考慮辦一些家長成長團體的聚會，聯絡感情。

> 風鈴 T：我覺得學校跟家長委員其實是一體的，所有活動我覺得應該是以學校為主、家長協助為輔，因為所有的行政系統只有學校最能夠知道怎麼樣運作。就拿我們這次的園遊會、上次的聖誕節聯歡會，我想可能已經有一些家長有一些挫折，因為他們覺得好像行政上的支援非常的少，剛好在聯歡會前一天、兩天，原本是非常支持、非常協助家長會運作的園長，剛好又有事情出去開會了。……老師們其實是非常支持這樣一個活動，只是因為在行政系統上的運作，家長會比較不清楚、不了解，所以要什麼沒有什麼，也不知道怎麼樣來使用學校的設備。所以我覺得如果可以的話，家長會跟學校兩方面可以在每個學期，大家來討論下學年度的活動，……確定之後，由學校來主導，家長來協助。以我們這幾年來的經驗，家長都是非常熱情的，他們幾乎都是不求代價，只要有需要都來協助的，如果家長會的組織運作得當的話，這樣的一個協助是非常有力量的。

> 宜宜 M：我今天代表我先生參加這個會議，他有幾個意見要表達，

第一，他是希望學校大型活動能夠回歸給學校來主辦，家長會協辦。……家長委員並非二十四小時在學校，也非上班制，所以難免在一些小細節、或者行政上一些細節沒有辦法做的很好……。所以我先生交代說：「如果能夠，讓大型活動回歸給學校來主辦，然後家長會是協辦。」再來就是希望這學期結束前能夠先規劃下學期的活動，我先生也希望活動不要太多（全場大笑）。

　　綜觀種子園第一學期家長會與園方合作的模式，打破傳統的思惟與策略，希望鼎力協助園方的實驗模式，並沒有帶來預期中的效果。這其中涉及一個值得思考的問題：家長會及家長在孩子學校教育中，在家長參與中，到底比較適合扮演什麼角色？主動性？被動性？主導？協助？種子園家長會積極參與及投入所產生的問題，多少反映了 Power 和 Bartholomew（1987）從生態觀探討親師互動時所指出的一個重要現象——**親師之間界線的設定影響親師之間的互動模式**；過於開放或過於嚴格、鬆散都容易產生一些問題。以種子園的狀況來看，當老師和家長對彼此的開放性到某個程度時，不可避免地帶來了界線的混淆，雖然家長會所主導的活動，表面上看來是與課程無關的親子活動，但事實上幼稚園中任何的活動，其背後多少都涉及課程與教育的信念，當親師雙方事先未能有周延的討論與協調時，在不知不覺中家長踏入了老師的專業領域，影響了老師既定的課程規劃與設計，造成不預期的功能重疊或衝突。

　　在檢討會的互動過程中，這些家長會的幹部們彼此很熟，很有惺惺相惜的革命情感，言談之間除了會彼此欣賞、肯定之外，也會互相調侃、開玩笑。針對一些稍微敏感、有爭議的意見，親師之間會相互緩頰，氣氛有時輕鬆，有時嚴肅，委實是一場真槍實彈的溝通，雖然當中不乏有些張力的時刻，但實話實說的過程，也反映了種子園在親師合作上，親師抱持同一立場的心態，力圖尋求雙方認可的平衡點，其中用心主要是希望共同關心的幼兒，在學習與發展上得到最大利益。園長在統整各方的意見，順應及回應絕大多數民意下——老師及家長會幹部，以一園大家長的身分，做出了園方與家長會合作方式重新調整與界定的決議——「**學校為主，家長為輔**」。

任何事情我們是看過程，而不是看最後的成果。我很感謝我們會長英明的領導之下，大家相處這麼愉快……因為辦這樣的活動，我才認識這麼多有才華的家長，……因為我們家長會的活動讓我們認識這麼多好朋友，我跟他們講話甚至還可以勾著手講悄悄話，我覺得真的是很高興。……種子班風鈴老師有提出一個很好的想法，她說以學校為主、家長為輔的話，行政支援可能會更順暢，這一點深深讓我感受到，我蠻同意的。……辦活動時，家長們不好意思說要什麼東西、要我們怎麼配合，所以如果角色換過來，以學校為主、家長為輔的話，在支援上調配會更好、更順暢。

二、和諧中達成家長會與園方重新定位的共識

針對園長所做的結論，會長也從善如流，樂意從下學期起將策劃的主權回歸學校，家長會則扮演協助、配合的角色，親師繼續攜手合作：「……當初我敢辦這麼多活動是因為發現，哇！這個學校家長是臥虎藏龍〔笑〕，所以才……剛剛很多老師有很好的檢討……今天到最後會大家有個共識──『原來我們以後的活動，還是要以學校來主辦』。我覺得這個模式也很好，因為我發現其實行政系統的力量動員起來〔力量〕是很大的。……以後的家長會我們就依循這種方式，這樣的話，大家會做的比較健康啦！附議！」會長順應民意的欣然退讓，多少透露了華人社會中傳統以來「尊師重道」的價值觀仍有其潛在的影響性，會長當初熱心的前進，單純是為了付出，而後來的修正，是為了親師雙方的合作能更順暢、更發揮各自的效能，實驗未必然成功。多數人選擇正向地看重過程勝於結果，應是種子園家長會和園方雙方能在角色的進與退之間，做彈性開放與摸索的重要關鍵。因著如此，在種子園，主客角色的轉換並沒有影響到後續雙方良性的互動與合作。會長一學期下來帶領家長會幹部成為學校有力後盾、豐富孩子學習經驗的用心與本質，園方與家長都深深感受到了。身為家長會核心幹部之一的種子班柔柔媽媽，在檢討會末了說的一番話，反映了接近西方社會親師攜手努力的夥伴合作模式的部分寫照：「在社會上像他〔會

長〕這樣的人已經不多了，我常常笑他說他是我們的國寶，……因為現在社會蠻冷漠的，會長有這樣的熱心、熱力、奉獻，真的是蠻難得的。我想在過程中難免會有些疏失，或者是在溝通上會有些誤差，我也覺得很高興，很多老師都會主動伸出援手，告訴我們如果有需求的時候，可以尋求支援，身為家長聽了也蠻感動、蠻高興的。……我很感謝會長為孩子們帶來很愉快……我想這點點滴滴在他們成長的過程中都是很美好的回憶，我覺得都很值得，真的很謝謝他。」

第五節　親師溝通的主要管道

一、面對面的方式

　　種子園親師之間平時碰面的機會規律而頻繁，一方面除了因為種子園沒有娃娃車，幼兒上下學都必須由家長自行負責接送[27]，另一方面也因為種子園全園性或班級性活動多，因此「面對面」的交談，成為種子園最主要的親師溝通管道。對種子班兩位老師來說，她們也最喜歡這樣比較輕鬆自然、面對面、不具壓力的閒聊式溝通，正如風鈴老師所說：「我覺得見面談，什麼都好談。」基本上，種子班老師在親師溝通上，一如一般園所的常態，其主動性高於家長：當班上孩子有事情需要知會家長時，老師都盡量利用當日碰面的時間與家長溝通。而家長透過碰面時會主動與老師談論孩子的情形如何呢？根據風鈴老師的經驗，會（十七人）與不會（十三人）的家長都大有人在。而在會主動詢問孩子狀況的家長群中，又以只是偶爾問問或有事才問為多數（十一人），只有少數的家長（六位）會經常主動與老師談論孩子的狀況。

27　種子班主要接送幼兒上下學者以母親居多數（十九位），其次是父親（五人），少數幼兒由親人接送（祖父母五人、舅媽一人）。

　　家長主動跟老師溝通較為頻繁的原因為何呢？根據老師分享的經驗，發現「親師溝通並非一定事出有因」，沒事親師之間亦可閒聊，交換想法、增進彼此或對孩子的了解，芳芳、君君和柔柔的媽媽就是屬於此類。這三位媽媽都是班上義工班底成員，經常在學校出入，提供老師所需要的協助，因而很自然常有機會與老師談話。另外三位媽媽主動與老師溝通較為頻繁的原因則接近一般人對為什麼親師會需要溝通的認知：因為孩子有狀況需要關切的緣故，必須求教於老師。以CF6媽媽來說，在證券公司上班的她，雖然工作很忙，但因為只有這麼一個女兒，對孩子疼愛有加，對孩子在物質上總是盡所能滿足其需求，在老師的感覺中，CF6因而有點恃寵而驕，脾氣不是很好。再者因為是單親之故，媽媽在教養上常有許多的困惑與焦慮，因而會經常主動與老師討論、溝通孩子的狀況。談到CF6的特質，風鈴老師說：

> 我覺得CF6生活在這樣的一個環境裡，情緒有時很不穩定，跟媽媽黏的很緊，有時候因媽媽工作走不開，外婆或是舅媽來接的時候，她就會非常的不高興，會哭著不願意回去……。雖然她長的很溫柔的感覺，但是在班上跟人家爭吵的時候，一定要爭到贏，聲音很大。……媽媽很疼她，每天把她打扮的像小公主，對她期望很高，希望她是優秀的。媽媽也很關心她，只要她稍微有一點點狀況，她就會問我們，不管是在跟孩子相處、服裝，或是偶爾尿床等，她都會很焦慮問：「她為什麼會這樣呢？」

　　另外兩位幼兒（CM11和CM12）的媽媽，也是因為孩子有一些困擾的狀況，所以會常主動接近老師。CM11在肢體發展上有些問題，在學校進行靜態活動時一直無法好好坐著，醫生建議要多做運動。可是個性很安靜的他，和班上同學的互動很少，喜歡待在室內，不喜歡到戶外，媽媽是國中老師，平常很忙，但很擔心孩子的發展狀況，因而碰面時會經常主動詢問老師：「他今天有出去運動嗎？今天上課有好好坐著嗎？有跟其他小朋友玩？」等類的問題。CM12則是一個在學校和在家裡表現不一樣的孩子：在家裡話不少，但是在學校卻很安靜，小班時幾乎都不開口和老師或同學說話，到大班時情況雖然稍有

改善，但基本上還是很沉默，媽媽對這樣的現象感到十分困惑和擔心，因此到學校時經常會很廣泛的問老師：「他今天怎麼樣啊？」除了請教老師的意見之外，媽媽也會跟老師談自己對孩子的想法、在家裡如何教他……等。

不會主動詢問老師的種子班家長也將近一半，根據風鈴老師的認知，家長到園接送孩子時，除非有事必須告訴老師，不然多數的人是止於跟老師微笑、點頭打招呼，簡短寒暄一兩句就離去，這樣的現象尤以男性家長為顯著。再者，我發現，在種子班老師的經驗中不會主動與老師溝通者幾乎都是勞工階層的家長，雖然在種子班也有少數勞工階層的家長，會主動與老師溝通，但家長社經之於親師溝通的傾向，與學者在西方社會中所發現的具相似性：勞工階層的家長並非不關心孩子，但因其所處的日常生活世界與文教機構較為分隔，對他們而言，踏入學校很容易產生陌生而不自在之感，也因而很少直接和老師談話，即便有，通常對話都很簡短（Graue, 1993b; Lareau, 1987; Vicent, 1996）。

二、幼兒學習檔案

在種子班，「幼兒學習檔案」是一般幼稚園所謂的親子聯絡簿，每兩週的星期五發回去一次，是種子班親師溝通的另一重要管道。為達成這樣一份定期的親師溝通書面資料，兩位老師必須要利用平常不教學的空檔時間，逐步完成必要的書寫與檔案整理，如風鈴老師說：「我整理資料的時間是在禮拜二、四的下午，就是睡午覺的時間我就不進教室。下午那一堂課三十分鐘我也不進去，用來記錄及整理檔案這一些東西。」種子班幼兒學習檔案主要包含幼兒平日完成的作品，以及教學分享與幼兒觀察紀錄，這份文件資料通常印成一張A4的紙，版面內容與書寫方式有時會做一些調整與嘗試，不過基本上包括：

（一）主要教學活動摘要與分享

在每一個主題開始之前，老師會發給家長一份較詳細的教學綱要，其內容包括主題總目標、教學重點、教學準備、教學進行方式、每週教學計畫與活動大綱等。之後在孩子每兩週帶回去的學習檔案中，老師則針對兩週的活動做簡要描述。從一學年中我們所影印、蒐集的文件檔案中發現，老師書寫與呈現的

形式並不固定，不過大致上大同小異，所呈現的簡要描述都透露希望幼兒從探索中學習的教學理念。透過此一書面式的親師溝通管道，老師在無形中向家長傳達幼兒全人發展與學習的教育信念：幼兒的學習是透過不斷的探索與動手嘗試，學習的過程比成果重要，讀寫算的能力、思考、觀察、創作、人際等諸多能力，在孩子主動參與過程中可以逐步培養。以「漫遊圖書天地」主題活動為例，種子班老師寫給家長的教學分享如下：

教學主題：漫遊圖畫天地　　　10/30～11/10

主要教學活動摘要

　　本週仍延續上次的主要活動——自製「數碼寶貝刺流星」的圖畫書。依照故事大綱並按順序編排，主要是讓孩子建立圖畫書是有「連續性」和「程序性」的概念。在過程中發現此概念對幼兒來說有些難度，因而並無固定格式的規定，孩子可依自己對圖畫書的認識與感覺，繪圖並能夠說出其中的故事，即擁有相當程度的語義能力與組織能力，值得鼓勵和嘉許。

　　圖畫書的封面除了圖案之外，孩子也希望有文字。有的孩子自己看著字模仿寫出，多數的孩子要求老師利用電腦的「文字藝術師」之軟體，由老師操作鍵盤，幼兒自己挑選字體的字樣、形狀、顏色等，列印出來貼在再剪貼到封面上。有的一次就 OK 滿意，有的則試了好幾次，列印好幾張才定案。

　　在製做圖畫書的過程中，有一主要之期望，即孩子能夠有自己的創意，且盡量獨自完成，若遇到難題會自己設法解決，同時也會樂於協助友伴解決困難，培養出合作互助的友伴相處態度。

（二）簡要觀察與評量記錄

　　針對幼兒兩週以來在教室中的學習和參與活動狀況，對每一個孩子做個別的觀察與記錄，這部分的資料由老師用手書寫。

（三）孩子在家表現與家長的話

這一部分是家長發揮的地方，雖然在種子班也有少數家長永遠都只是簽個名，但通常大部分家長（基本上大多數是媽媽）都會有所回應與交流幼兒在家的訊息，這讓兩位老師頗感欣慰。以「漫遊圖書天地」主題為例，老師所寫的觀察紀錄及家長的回應如下：

> 老師的觀察紀錄：CF8 在「翻翻書」製做封面時，很仔細的看著老師運用電腦中的「文字藝術師」出不同造型的版面，很有主見的提出自己的看法並做篩選，最後選擇一個 ☺ 在故事本的左上方，頗有成就感。
>
> 媽媽的回應：CF8 最近在家中非常喜歡塗鴉，拿起白紙就畫，而且會把所畫的內容，敘述完整的情節。在家中有些事情變得較為主動、積極。

如CF8媽媽的分享，因應種子班以孩子生活經驗為主的課程活動，大多數家長回應內容也都繞著孩子學習與成長的經驗（如CF3、CF12），較少家長會關切孩子讀寫算的問題[28]，有時家長會針對孩子學習行為或態度上的問題請教老師（如CM9、小軒），字裡行間透露了家長視老師為教育專家的一種信任：

CF3M：榛榛對這次的「環保小尖兵」回收活動非常感興趣，也很自動自發，因為有她熱心積極的參與，我便將所回收的錢，交給她存在撲滿裡。

CF12 M：薇薇在家經常喜歡玩扮演媽媽角色的遊戲，她會讓弟弟擔任小寶寶〔嬰兒〕的角色，自己則是漂亮溫柔的媽媽，也會利用玩具、紙片……等製做成食物、飲料，讓家人品嚐，並詢問家人對她製做的食物好吃嗎？還會以點菜的方式來當她的食譜。遊戲的過程中，她發現媽媽這個角色好辛苦。

---

28 大部分種子班家長對幼小銜接中讀寫算的想法與關切，只有在上學期初回應老師針對「您的孩子學習注音符號或數學的經驗」所設計的交流道，以及下學期中所發的幼小銜接問卷調查中，表達意見。一般來說，家長因了解種子班是以主題活動及全語文的方式，培養孩子的讀寫算能力，因此較少在學習檔案的交流中關切孩子這方面的學習。

CM9M：最近這些日子因工作較為繁忙，以致感到對他較不夠注意。只是隱約發現，小瑜似乎最近喜歡用童音來講話，說他自己是小 baby。不知在學校是否也是呢？應該無礙吧？

小軒 M：小軒從小班的時候注意力就不集中，尤其在班上借的圖書，回家看不到幾分鐘就看完了，無法集中注意力，請老師多費心加以督導，謝謝。

（四）經驗交流與分享

這一欄位不定期出現，是針對與孩子成長與學習相關的一些問題做觀念上的想法交流[29]。或者，當主題活動告一段落時，老師會讓家長分享自己與孩子在家裡互動的經驗。例如在「漫談圖書天地」的主題結束後，CM7 媽媽在經驗交流與分享欄位寫了如下的一段回應：

【經驗分享與交流】

老師的話：

讓小朋友自己從教室借書本回家，已實施一段時間了，為了解小朋友閱讀情況，請分享您和小朋友在家閱讀書本的情形。

家長的分享：

這段時間，小廷持續把借的書帶回家，他知道那些書是借的，會告訴妹妹不可以撕，是哥哥借的，要還給老師的，讓他知道不可以破壞公物。因本身我也買很多書給他看，所以平常比較忙時，他會自己拿起來翻閱，因還不識字，所以就看圖片，想故事。不懂〔的地方〕，等我空就解說〔給他聽〕。有時帶回家的書，他看看會自己說，也會跟阿媽一起看，挺好的。小廷告訴我，他不想借書了，問他為什麼？他說想看自己的書，又說最近不想看書，可能他想休息一陣子，我會再跟他說看書的好處。

---

[29] 例如請家長談談自己認為「幼稚園適合學些什麼？」、「一年級新生家長的心路歷程」、「您的孩子學習注音符號或數學的經驗」等。

除了老師的教學分享之外，幼兒學習檔案中還會放置孩子平常在學校完成的作品、圖畫、學習單、卡片等，這樣的資料有時是老師主動選擇與決定，有時則是幼兒在活動過程中自發性的想法與建議。例如有一次在講完故事的團討時間裡，就有小朋友建議把老師講的故事畫下來，帶回去給爸媽看。

風鈴 T：聽完這個故事，聽到什麼？是月亮嗎？還是月餅呢？老師
　　　　想知道很多人的想法，我們可以把它〔故事書〕縮小，你
　　　　們要帶給媽媽看也可以。……你們可以把聽到什麼、看到
　　　　什麼、想到什麼，寫下來、畫下來。

　CM4：可是這太小張了。

風鈴 T：大小張的問題有什麼辦法可以解決呢？

　CF4：可以畫在背面啊！

　CM4：可以做檔案，帶回去給媽媽看。

　CM1：可是我們不會寫字。

風鈴 T：老師可以幫你寫啊！但是如果老師沒有時間呢？

　CM4：可以自己寫、請小朋友寫、請媽媽寫。

三、打電話

在種子班，打電話不是常態性的親師溝通管道，比較多是在當親師無法面對面交流幼兒即時性狀況下的一種選擇。除非是緊急狀況必須在事情發生的當下立即與家長聯絡之外，老師一般是利用下班之後的時間打電話給家長，兩位老師的原則是「孩子今天的事情，一定今天處理，主動讓家長了解，而不等家長來問」。對於「下班後家長打電話到家裡」一事，種子班老師全然不介意，通常開學的第一天，他們就會跟家長表明立場：「如果家長有什麼問題，九點半以前打電話到家裡都沒有關係。」兩位老師覺得親師之間原本就理應將心比心，換成自己是家長，也會希望接到老師關心孩子的電話。因此，在種子班以電話進行溝通的方式，有時是老師主動，有時是家長主動，雖然使用的頻率較

之其他兩個管道來得低，但也提供親師之間針對一些特定或突發需求的另一可能性。

　　在與家長面對面的溝通上，因絕大多數的家長對老師都很客氣和尊重，教書多年來，種子班兩位老師比較少碰到親師無法溝通的狀況；當孩子在學校有問題需要家長了解時，他們不會只報喜不報憂；都會嘗試用正向的方式跟家長談，讓親師可以共同協助問題的改善。不過，在風鈴老師的經驗中，遇到孩子行為問題較多，而家長卻不當一回事，或者在得知狀況後回家就動輒以打罵來回應與管教的家長，就會使得親師溝通變得很棘手，因為對於孩子需要關切與輔導的行為問題，不論「說」或「不說」，都會有無力感——說了似乎無濟於事，有時反而因家長不當的管教，而使得孩子的問題更為惡化，如果不說，家長無法了解孩子行為的嚴重性，甚或以為孩子的問題已經解決了。CM8 和 CF6 的家長就是這樣的例子：

不知如何溝通的家長之一：媽媽無力，爸爸很凶

　　CM8 家裡有四個孩子，他在家中排行老大。爸爸小學畢業，媽媽高中畢業，是家庭主婦。CM8 個性非常的倔強，實習老師對他一點辦法也沒有，因為他會分辨誰是有 power 的。在家裡也是一樣，只有爸爸對他有辦法，媽媽說的話也不聽，根據媽媽告訴老師說：「他只有當爸爸一吼的時候，他才會怕、才會聽。」在學校，他只跟一些很好動的男生玩在一起，很少跟女生講話，但經常對異性感到很好奇，會對女生說一些很不得當的話，如：「大奶奶」、「大屁股」，或者去掀女生的裙子。在學習上不是很專心，感覺上他對什麼事情好像都沒有興趣，自主性很強，很會抗拒。跟媽媽談 CM8 的行為問題時，媽媽每次的反應都是很簡短：「好，我回去再跟他說。」她一個人帶著四個小孩，孩子不聽她的話，而爸爸都用兇的、打的，老師覺得好為難。對於 CM8 在行為上的諸多問題，媽媽心裡有數，但到學校時從來不會問老師：「他今天有沒有打人」、「今天的學習狀況怎麼樣」。

不知如何溝通的家長之二：動輒打罵，我行我素的爸爸

　　CF4 家裡有三個孩子，她排行老二。媽媽高中畢業，在工廠上輪班制，做兩天，休兩天，有時候幾乎沒有辦法跟孩子在一起，孩子都由爸爸接送。爸爸初中畢業，對於老師交待的話、事情，都用自己的方法去解讀老師的意思，……很多時候似乎不把老師的話當一回事。例如有一次他來接孩子，居然把機車騎到教室走廊門口，老師好好跟他說：「你這樣騎進來，萬一撞到小朋友怎麼辦呢？」第二次又騎進來，老師看到了，在幼稚園大門就把他擋住了，他卻理直氣壯地說：「這怎麼有關係？」……老師不知如何形容這樣無法溝通的家長。爸爸平常對孩子很放任，可是兇起來很凶。像有一天學校做視力檢查，發現CF4 眼睛有一點異狀，他來接孩子時，老師請他找時間帶CF4 去看眼科，他一聽到好生氣，馬上大聲罵CF4：「回家要打你，叫你不要看電視，你還要看電視。」老師說：「為什麼要打他呢？你聽到他眼睛不好，是要帶他去看醫生，不是要打他。為什麼要打他呢？或許有時候是剛出生就有問題的。」爸爸就很理直氣壯的說：「不是啦！是因為他天天回家都看電視！」

　　英國學者Vincent（1996）發現，有些家長，尤其是勞工階層，認為愛的教育是軟性的教育，在管教上沒有什麼效果，類似這樣的認知也存在種子班少數家長中，雖然風鈴老師認為父母管教孩子時應該多用說理、溝通的方式，可是在她的經驗中，班上比較有問題的孩子，通常家長不是不太管小孩，不然就是管起來很嚴厲，非打即罵。再者，風鈴老師也發現，有些家長在管教孩子時，常把自己挫折、莫名的情緒加諸在孩子身上，造成管教的手段很激烈。以至於很多時候，當孩子在學校反覆出現一些不當的行為時，因為怕孩子回家會被打，老師在幾次的經驗後就不太敢讓家長知道事情的全貌。可是另一方面卻也擔心如果不跟家長談，家長會認為問題已經不存在了。雖然這樣的孩子在老師選擇獨自努力的用心下，都會有一些進步，可是引導孩子的過程就變的很辛

苦，有時也會有很深的無力感。種子班老師與家長溝通的經驗反映，當學校與家庭的期望、管教方式不一致時，親師之間無法協商合宜的協助策略，進而會影響幼兒的發展與學習。

第六節　親師關係與互動

　　在種子園，老師和家長之間的互動，活動甚為頻繁，再加上每一班老師和家長特質各有所不同，因而所形成的親師關係也必然存在不同的面貌。以下我以本研究的焦點班級——種子班進行探討與分析，而由於種子班的親師關係和班上家長參與的特質（頻率、方式等），有某種程度的交織與關係，很難切割來談，為了更清楚呈現兩者之間可能存在的微妙關係，以下針對親師特質相遇交織下之親師關係和互動的討論，將適度的交錯進行之。

一、老師的觀點

　　從前面親師溝通的討論中，讀者對於種子班兩位老師之於家長的關係已有些許的了解。基本上來說，風鈴老師與愛音老師都已在種子園服務十多年，兩人有好幾年搭班的經驗，雖然兩人的個性及年齡[30]不盡相同，但由於對幼教工作的熱忱和理念大致是相同的，因此多年來兩人在異中求同，相互協調、互補、支持的情況下合作愉快。在親師關係上兩人抱持著主動及同理心的相似信念——

---

[30] 風鈴老師年齡約大愛音老師十歲，孩子已在大學階段，愛音老師的孩子較小，還在中、小學階段。風鈴老師個性較為輕鬆，愛音老師個性較為嚴謹。在有一次談話中，愛音老師聊到和風鈴老師之間的搭班經驗時談到：「……可能我一開始給人家的感覺有時候好像比較銳利、強勢。但是其實我是蠻客氣的〔笑〕。像幾年前，有個阿公就說：『愛音老師不錯，介紹給我兒子做媳婦。』……我們兩個〔老師〕個性雖然不一樣，但是遇到問題的時候，我們會直接反應、溝通，會省思彼此之間的觀點，……然後找出平衡，再緩和、協調。」

「把別人的孩子當成自己的孩子疼惜」，經營與家長之間的關係。在看重與家長之間關係的溝通與經營的基礎下，多年來在種子園的經驗，大多數家長在兩位老師口中是屬於所謂的「溫和型」的——有問題會跟老師講，但不會要求老師一定要怎麼做、或者質疑老師[31]，談到親師關係，兩人都相當輕鬆愉悅：

> 愛音 T：從家長的肯定、跟孩子的互動、還有同事之間的相處，我是覺得滿感恩的。……我覺得誠心誠意很重要，不能擺一副老師是高高在上的樣子……像孩子小班進來的時候，我都會跟家長說：「你放心好了，要是孩子有事，我今天晚上一定會打電話給你。」家長相信我們是愛孩子的……所以那天 CM7 媽媽就說：「好加在 CM6 在這一班，如果今天換到另外一個沒有這麼寬容的老師，一天到晚出狀況、出紕漏，他真的會適應的很痛苦。」……我們比較會增強孩子好的、正面的行為，……可能家長也是這樣一路跟我們走到這，所以我們班需要什麼支援的話，一聲令下，爸爸、媽媽都義不容辭的支援，如果他們有時間的話。

> 風鈴 T：剛開始教書的第一、二年不說啦！因為那時我還很嫩，但是第三年後，我都把家長當作朋友，甚至就當作自己的妹妹那樣子，跟他們聊天、提供一些意見啊。有時候他們有什麼建議，我也會考慮進去，所以我不會覺得有壓力。……我覺得如果老師跟家長有很好的互動的話，其實對小孩子、對雙方都是很好、很有幫助的。……負面的我還沒有遇到過，對老師很有意見或不滿意的，至少目前好像沒有碰過，不知道是不是家長沒有讓我們知道？〔笑〕

---

31 這或多或少與種子園是公立幼稚園有關——選擇進來的家長大多了解園方教學的理念，因此較少會提出有關讀寫算方面的質疑或要求。根據兩位老師的經驗，少數初期會有疑問的家長經老師的溝通及說明後，大多就不再提問不少學前幼兒家長會經常關切的問題。

對於「**親師之間可以像朋友**」這樣的期望，對風鈴老師來說並非是指無話不談的一種關係，而是包括著「什麼可以分享、什麼不宜分享、什麼宜介入、什麼不宜介入」的界線。例如，她覺得個人私密的事、學校一些內部事務等，親師關係即使再好，也不宜分享，如此對親師雙方、對學校都是一種保護。因此，朋友的定義因情境及對象（如：親師關係、親子關係、同事等）而異，其深入的內涵需從當事者所處的脈絡中了解。再者，根據風鈴老師進一步分享她和家長互動的經驗與多元關係時，我發現我國「**尊師重道**」的傳統文化價值，在種子園的親師互動中仍很明顯的存在；除了前面所述極少數令老師不知如何溝通的家長之外，絕大多數的家長對老師都很客氣、很尊敬，風鈴老師談道：「*我覺得在種子班好像家長會把老師當成老師，比較少當成朋友。即使班上幾個班底家長，他們也是把我們當成老師，他們雖然比較不會有距離，但是多少都還是有顧忌，很客氣。*」

種子班多數家長對老師在相似的客氣與尊敬之外，可能因著哪些原因而與老師形成遠近不等的關係呢？根據風鈴老師初步的想法，個人特質及時間因素的交織影響是她感受比較深的；因為有時間的家長並不見得就會常跟老師聯繫；反之，有些家長雖然很忙，但還是會想辦法跟老師保持互動，而有些家長無關乎時間之有無，因著個人特質不等的原因很少接近老師。

有的家長會認為自己比較不懂得教育，有的媽媽，像 CM9 媽媽，我在想可能是她自己生活背景的關係，不夠自信，女人有時候進了家庭以後會有不夠自信的樣子，所以她跟老師很少聊天！打個招呼，帶著孩子就走了，很客氣。有的家長沒有時間來跟老師聊天，有的是個性的關係，不太喜歡講話，但是遇到問題的時候還是會來跟老師說啊，雖然沒有那麼投入，但是還是會跟老師聊、交換意見。

進一步探究影響親師關係遠近可能存在的其他因素時，我發現在種子班有一個與一般時下多數中外文獻發現有所不同的現象存在：**家長的教育程度及社經地位並不必然影響親師關係的遠近**。在風鈴老師過去及現在的教學經驗中，有時家長教育程度並不高，但卻與老師建立很熱絡，甚至可以達到像好朋友的

關係。一個值得一提的現象是，對在教學現場多年的風鈴老師來說，她發現自己很少想到家長的教育程度與親師關係的遠近之間可能有所關連。換句話說，**她並不特別覺得**，或者意識到教育程度之於親師關係的影響有那麼明顯。對於兩者之間可能存在的相互影響，是當我想進一步了解她在教學現場的經驗時，她才開始在回憶中抽絲剝繭。依她所分享個人在種子園多年的親師互動經驗，我發覺對她而言，**家長的人格特質以及親師之間特質的適配性**，之於親師關係遠近的形塑似乎是超過教育程度、社經地位、時間性等因素的影響。以下是我們之間的一段對話：

　　我：像這樣比較客氣、保持距離的家長，以教育程度來說的話，你覺得會不會有一些差別？

風鈴 T：其實沒有耶！不會啊！在我的經驗裡，好像沒有這樣分。像芳芳的媽媽是高中畢業的，以前我在松鼠班的時候，還有國中畢業的，也是非常的投入，很熱絡哦！

　　我：有些家長受教育程度不是很高，跟老師建立非常好的關係，你覺得這當中可能跟教育程度比較沒有關係，是跟家長的人格特質、自信有關？像你說 CM9 媽媽比較沒有自信？

風鈴 T：人格特質？嗯，人格特質很有關係，像我就遇到一個媽媽是高中畢業的，她就很喜歡交朋友，做什麼事情很喜歡湊一腳去幫忙，對教育很關心，也很投入。那年在松鼠班有一個媽媽，不知道是國中畢業還是小學畢業？她跟 CM9 媽媽是好朋友，她幾乎每天都來當義工。……不過，老師跟家長之間的互動是非常重要，例如，她跟我互動的時候，我們可以相安無事，她可以很投入，但是後來〔孩子在不同班〕就有一些問題出來了，雖然不至於是表面上的衝突，但私底下就會有聲音出來，我覺得這和親師雙方互動的模式有關。

　　顯然，同樣的家長遇到不同特質的老師，親師關係會有不同的發展，它並

不是固定的；反之亦然。而風鈴老師在上面的對話中所謂的互動模式是指，有些老師並不希望跟家長有太密切的互動，究其原因除了與老師個人特質有關之外，多少也受到「**保持距離以策安全**」想法所影響，因為曾經有老師跟家長關係過於親近，造成家長過度干預班上事務的困擾。不過從另一個角度來說，雖然和家長之間互動與關係良好時，遇到老師需要協助時，家長會積極的、義不容辭的幫忙。但有時也可能因著老師視家長的付出為理所當然，而令家長最終選擇和老師保持距離。風鈴老師覺得，親師關係距離的拿捏是一門不小的學問；過與不及都不理想；因為即使老師想跟家長建立較為密切的關係，可是並非所有家長都想跟老師建立那樣的互動關係；反之，也並非所有老師都希望與家長平等分享權力、和家長建立密切的關係。**可見，親師關係的形塑並非是單一方面可以決定的，親師雙方的特質、意願及主動性等都扮演重要的角色。**

風鈴 T：有的老師不要和家長有太多的互動，保持適當的距離。

　　我：就你所知，什麼因素會造成老師覺得最好保持距離呢？

風鈴 T：她們怕太親密了，到時候家長會介入、會干預，我覺得是這一點，這其實有很大的那種相處哲學。……我覺得老師也要拿捏什麼事情可以讓家長知道，什麼事情最好還是老師自己做。……有時候家長會想說「我跟老師這麼接近」，有時候講話會比較沒有界限；再來就是老師的觀念，有的老師認為「孩子是你的，你來當義工是應該的」，但是當家長想要享受什麼樣的權利的時候，就要考慮了。那天我看到一篇文章，指這個叫做「奴工心態」，有時老師要的是家長有這個奴工的心態，就說你只要來幫忙就好，其他事情就不要管。但是我覺得這是非常不好的，因為教育其實不是只有老師才可以做。……我是覺得〔親師之間〕是一種互動，其實家長很敏感，他們會感受到。

二、家長的觀點

　　以上的討論呈現老師部分對親師關係的看法，至於家長的看法又是如何呢？在種子班主動樂意接受訪談的七位家長中，有五位是風鈴老師口中的班底成員（參表 2-5.2），其中有四位是班級家長會幹部，他們與種子班老師互動最為密切、參與班上活動頻率最高、參與形式也最具彈性與多元。不在班底中的另外兩位媽媽則是種子班老師口中配合度高的家長。這些家長雖然個人背景有所差異，但對於親師關係抱持著相似的觀點，對兩位老師都很肯定，在互動上都很強調對老師的尊重。只是在那樣的相似之外，在家長的言談之間可以很明顯感覺到，高中教育程度的家長對老師的推崇，在言談之間，較之大學教育程度的家長來得強烈及感性許多；基本上她們對於這麼有愛心、有耐心的老師，願意打開心門和她們做朋友，是自己的幸運與光榮。從以下君君和芳芳媽媽談及和老師之間的關係的分享上，讀者可以稍體會一二：

　　君君 M：亦師亦友，不會很嚴肅啊，老師很能夠溝通，容忍各方面來的訊息，會針對問題跟你說。有時候會覺得混得越熟就聊得越久，原本是站著講，現在要坐下來講了〔笑〕。其實我們不一定會聊自己孩子的事情，沒事有空的時候還是會聊一下才走，（我：遇到問題你都會主動跟老師說嗎？）對，有時我會撥電話給老師，不知道老師會不會覺得我這樣很煩？〔笑〕

　　芳芳 M：家長和老師應該要合作，只要老師不嫌棄的話。……我跟風鈴老師認識比較久，哥哥〔老大〕也是她教的，所以我都會問老師一些問題，老師他們都滿看得起我的，只要老師願意跟我做朋友，我沒有說不要的道理。……我覺得家長跟老師一起的互動很重要。不要就老師一個人一直努力，因為小孩子在家裡的也時間很多，你不能一直讓老師主動，一個巴掌拍不響，家長要去配合呀！

在種子班，我看到了有別於一般文獻較常論及關於社經地位之於親師關係的一個圖像：亦即當一些學者發現，中下社經之家長和老師之間很少採取主動，而當彼此之間有互動時，其氣氛通常是僵硬、不自然的；家長通常出現不自在的神情（Lareau, 1987）、不知如何開啟對話（Vincent, 1996）。不過，在本研究中我發現，這樣的現象在種子班老師和家長的經驗中並非是一種必然——**雙方特質的相互開放，中上社經背景的家長和老師之間所呈現的相互主動性、隨意性、言談輕鬆，玩笑相伴的狀況，亦存在中下社經背景的家長和老師之間。**君君和芳芳的媽媽在言談間，除了對老師有著無可挑剔的滿意外，更提到身為家長，自己如何受惠於老師的身教，及視學生為己出之教育愛所發揮對孩子正向學習的影響：

> 君君 M：君君剛到中班的時候，因為很羨慕其他小朋友把早餐帶到學校去吃，所以說不要在家裡吃早餐，要帶到學校去吃，我給她試過一、兩次之後，發覺她原封不動的把早餐帶回家，後來我就不准她把早餐帶到學校去吃，但是她一直吵，讓我覺得很困擾，就去找老師談。老師很有耐心的跟她說了一串的故事，慢慢的帶入說為什麼要吃早餐以及為什麼有人會帶早餐來上學。然後她就沒有再說要把早餐帶到學校，我覺得老師很有耐心。……還有君君曾經有晚上很晚都不睡覺，我也是跟老師談，老師就跟君君講說：「我晚上九點就打電話到你家去，提醒你要睡覺好不好？」發覺老師非常的用心，好像把孩子當作自己的孩子在照顧。

> 芳芳 M：覺得老師們對孩子很有耐心，講話都客客氣氣的，不會對孩子大聲。孩子回到家裡面，如果我講話很大聲，孩子就會說：「媽～媽，妳講話不可以這麼大聲。」所以學校老師的影響，孩子會帶回到家裡，會影響到家長在家裡對孩子教養的方式。覺得老師講話的口氣會讓家長覺得很慚愧，因為在家裡都沒有對孩子這麼有耐性。

　　相較於中學教育程度的家長來說，大學教育程度的家長在表達與思考上顯得比較理性一些，他們除了肯定雙方所建立的關係，比較會提出一些自己的看法，以及親師之間的互動「好還可以更好」的期許。例如安安媽媽站在家長的立場，認為親師之間固然可以是朋友，但家長對於自己該守的分際一定要清楚。柔柔的媽媽則以孩子以前在開放式私立幼稚園就讀的經驗，發覺公幼老師似乎較為忙碌，面對面與家長談話的時間較為不足，希望對於孩子狀況的交流可以做的更好。而宜宜爸爸則期許家長和老師都可以不斷地成長，老師和家長可以更有目的性的討論一些與教育幼兒有關的議題，如此應有助於彼此教育觀念的交流與釐清。

安安 M：老師跟家長是朋友，我覺得非常好，但是家長要先分的清楚界線，不能因為是朋友，所以對老師要求很多，我蠻能站在老師的立場去考慮家長的一些要求。

柔柔 M：我覺得和老師不會有距離，有什麼問題都可以馬上跟老師反映，互動真的蠻好的，到目前為止各方面什麼話都可以聊，不會說什麼話好像欲言又止。我想也是因為他們敞開心胸，不會隱瞞或是忌諱，對我們家長真的像朋友一樣。孩子稍微有些問題，他們也會給我們一些建設性或是實質上的幫助，不然的話，我們就不會知道孩子的問題點在哪裡？……不過，我覺得在種子園接孩子是個壓力，好像沒有太多時間讓你多說什麼，一方面可能也是老師忙〔有兼行政〕，還要面對三十個孩子，我覺得私立園在這方面，他們真的很能夠讓家長得到滿足，可以把孩子在幼稚園所有的情緒、狀況等都能掌握給家長，種子園在這方面是比較弱一點。

宜宜 F：我覺得兩位老師都蠻好溝通的，包容度很大。不過我覺得在親師關係上，老師本來就應該是主動的，對家長有了解，如哪一些人有什麼樣的專長，因各行各業有不同，需要哪一方面的協助時可以徵求他們幫忙。當然每個老師要

清楚自己的教學或者理念，要很專業，如果你教育的理念
輸人家，或者是沒有自己很清楚的想法，那變成會跟家長
之間有很多衝突。……老師如果很專業，她就可以跟家長
講在幼稚園應該怎麼教，那問題就會化解掉。……上次稍
微問過園長：「我們學校有沒有辦老師成長的一些活動？」
她就說有辦一些演講啊，我覺得這樣還不錯。不過在老師
跟家長之間〔針對一些議題〕的探索，這部分就幾乎沒
有，幾乎大家就是私下聊，其實這滿值得談的，比如說對
兒童畫的看法等，大家可以蒐集幾個比較有問題的議題一
起聊，……我覺得有聊就是一個澄清！透過討論，尤其是
教學理念會更清楚。

第七節　班級中的家長參與

　　在種子班特定情境中，親師關係較近的家長，通常在班上的參與有較多主
動性的支援，參與班上活動較為頻繁，面向也較廣。而親師距離較遠的家長，
通常其參與方式較多為被動式配合、參與班上活動頻率較低，也較侷限在特定
面向。種子班親師關係及家長參與類型，依據田野所見及風鈴老師的解讀分類
如表 5-7.1。種子班家長多元的背景似乎是社會的一個縮影；不同教育程度及
社經背景的家長皆有之，而且也呼應中外研究者所發現的性別參與差異現象：
家長參與以女性家長為主（如：吳璧如，2004；Graue, 1993b; Lareau, 1987; Vin-
cent, 1996）。種子班親師關係之遠近和家長不同類型的參與狀況，兩者之間有
相當程度的關係，但很難說何者為因？何者為果？視其互為因果似乎是比較貼
切的。亦即，家長與老師聯繫及互動較為頻繁時，親師關係通常較為親近、自
在，家長除了以出席參與之外，還以不同型式參與班上事務、提供老師協助的
狀況相對也較多；從另一個角度來說，參與較為多元、主動的家長，其與老師
的關係通常也較近；反之，與老師互動較少的家長，與老師的關係通常較為客

表 **5-7.1** 種子班親師關係之於家長參與的類型[32]

參與類型：親師關係由近至遠，參與由多至寡	幼兒	主要與老師互動者	教育程度	職業
一：5人 軸心型 （種子班班底）	宜宜 小軒、小輊 芳芳 柔柔 小可	爸爸 爸爸 媽媽 媽媽 媽媽	大學 大學 高中 大學 大學	補教業 自由業 家管 家管 家管
二：9人 配合型	君君 安安 CF6、CF12、CM1、CM2（雙胞胎）、CM3、CM4、CM7	媽媽 媽媽（單親） 皆為媽媽，其中1人為單親	高中 研究所 皆為高中	家管 公 4位家管、2位商、1位服務業
三：9人 觀眾型	CF3、CF4、CF8、CF9、CM5、CM8、CM11、CM12、CM18	皆為媽媽	除了 1 位研究所，其餘皆為高中	3位家管、1位教職、2位勞工、2位服務業
四：9人 邊緣型	CF1、CM6、CM9、CM10、CM15、CM16	4 位媽媽（其中2位單親），2位祖父母	2位初中、4位高中	2位家管、2位勞工、1 位服務業、1位不詳

氣、疏離，參與較少，也較侷限於活動的出席。從表 5-7.1 中讀者可以發現，屬於同一類型的家長在某些面向上具有相似的特質，例如教育程度、時間的彈性等。但是進一步分析時可以發現，這兩個一般來說對親師關係及家長參與具有相當影響性的因素，都不是絕對、必然的條件，而是相對性的條件，因為雖然它們都具有某種程度的重要性，但是因著其他因素的影響會有不同的展現。這些其他因素可能是什麼呢？在種子班特定的情境中，我發現親師特質的適配性（**goodness of fit**）、雙方對合宜的「家長參與」觀點的接近性，深切地影響了親師關係及班級中家長參與朝著不同面向展現。

---

32 家長參與類型的說明詳見 p278。

一、老師怎麼想？怎麼說？

在前面討論種子園全園性活動中的家長參與時，已呈現親師對家長會主導下的家長參與之看法，以下縮小範圍聚焦在本研究焦點班級兩位老師，以及受訪的七位家長身上，呈現在單一班級情境內親師對家長參與的體認與看法。

（一）班底很重要，若有更多家長投入更理想

當幼兒從家庭走入學校後中，透過家長參與的行動，親師雙方應可以體會父母和老師合作的必要性及重要性。基於那樣的想法，種子班兩位老師對家長參與都抱持相當正向，及樂觀其成的態度。這一年種子班的許多活動得以順利推展，她們認為，經常出入學校的班底家長，發揮了很重要的推手角色，正如愛音老師說道：「我覺得那幾個重要人物的帶動是蠻重要的，像柔柔媽媽是活動組，常常這樣一個一個打電話告訴其他的家長，我相信大家見面三分情，透過家長間這樣互相聯繫，這樣子〔班上〕凝聚力會更好。」種子班因著少數樂意付出的家長的存在，帶來許多親師合作及家長參與的可能性。不過對於一直很有興趣推動家長參與的風鈴老師個人來說，總認為如果能推動更多人投入，而不只是集中在少數人，是更理想的家長參與。她尤其對於鼓勵全職媽媽走出家庭，走入教室，情有獨鍾，那樣的想法是起因於自己曾經也是其中的一分子，後來透過不將自己侷限在家庭中，再度走入社會，她逐漸拾回失去的自信。走過那樣一段的成長經驗，將心比心，她認為家庭主婦如果能參與孩子的學校教育，不但可以帶來自我的成長，也能讓孩子受益。因此每當接新的班級時，得知班上有全職媽媽，是她最開心的事：

> 其實推動家長來參與班級事務，是我很大的一個想法，我會盡量鼓勵沒有上班的媽媽走出來，因為我自己也曾經待在家裡過，我曾經對自己那麼的不自信，不敢走出去，所以我很想推一些人出來，就好像在開第一次家長座談會的時候，我會建議小軒爸爸不要再當活動組組長〔小班時當過〕。……我覺得對有一點能力、又是家庭主婦、比較多

時間可以來參與的人，會有另外的一種功能吧！……因為家長自我肯定的話，對小孩子也有影響，我是這樣子想。在接到學生時一看有很多家庭主婦，我就會很高興〔笑〕。

不過，風鈴老師雖然有這樣的一個理想，但她認為自己努力的成效似乎不大，因為班上較為積極參與的家長，看來看去都是幾個熟悉的面孔，而且根據她的了解，這樣的現象不只存在她們班上：「**其實每一班大致都是那些班底（笑），會參與的都是那些人，要有時間嘛！還要有一點點的自信。**」以種子班來說，有些媽媽雖然不上班，但並不想投入太多。有些人雖然樂意，但卻心有餘而力不足，因為家中或有小孩，或有老人家要照顧，其中尤其如果跟公婆同住的女性家長，有些人的時間甚至不是自己可以分配與決定，CM2 媽媽就是其中一個最明顯的例子：

她是三代同堂，跟公公、婆婆住在一起。她蠻會做糕餅、甜點的，小班的時候，經常做來請我們吃，小班的時候，我們也曾經請她教小朋友做餅乾、蛋黃酥，她非常的樂意，……是非常的熱心。但是只要有戶外活動，她都沒有辦法參加，因為家裡做生意，……除非公公、婆婆答應，她才可以出去。因此我們經常會慫恿小孩子，跟 CM2、CM3 說：「回去要跟爺爺說唷！說禮拜天要去哪裡玩唷！叫爺爺讓你們跟爸爸、媽媽一起去。」不過有時候她還是沒有辦法去，感覺上她好像沒有很大的自由，因為芳芳媽媽也曾經打電話過去，家裡面的人就會問說：「你哪裡找啊？有什麼話我轉告她。」而沒有請 CM2 媽媽直接來聽電話，……感覺上〔CM2〕媽媽比較沒有自己決定的空間，她也很少回娘家，曾經聽她講過半年才回娘家一次。

以上風鈴老師所分享 CM2 媽媽的例子反映了，華人傳統文化中家中長者的威權與地位足以決定晚輩的生活與行動，對今日社會某些家庭來說仍是真實的現象（劉慈惠，2000a）。

（二）家長的參與多在人力或資源方面，課程參與似有侷限

就家長參與的層面來說，種子班老師認為現在的家長對教育多少都有些了解，也具有不同的專長。站在老師的立場，她們很歡迎家長對於課程有所參與；認為此一面向的親師合作應是可行的。不過根據兩位老師的經驗，家長很少會針對課程提供意見或建議。在她們的體認中，班上家長的參與比較多是針對課程上的人力、交通或資源需求，提供協助。

> 愛音 T：課程上面來說，家長是對我們老師蠻信任的。像我們會跟家長講我們這次主題網的大方向是在哪裡，歡迎家長提供意見，可是大部分好像都沒什麼意見耶！像〔有一次〕我們到內灣撿石頭，他們只是幫我們帶去撿石頭，課程設計就交給老師全權處理。……像那天帶孩子去大潤發拼圖比賽，有些媽媽都會幫我們照顧帶沒有參加的孩子。整個助力來講非常的好，不敢說他們是協助教學啦！但是至少在保育方面，她們以一個媽媽的眼光，知道孩子哪邊會出危險、出狀況，她幫我們先防範，小軒爸爸理所當然就是提供交通車囉！

> 風鈴 T：如果在課程設計的時候，他們〔家長〕願意就他們的角度來提供，……可以提供點子，我是覺得不錯。就像那一次，我們去參觀印刷廠，我原本是有這樣的想法，但是還在想困難點的時候，那時候宜宜爸爸就提出來了〔某一印刷廠〕。他這樣一提出來，又有人脈，我就覺得非常的棒，感覺上就是一拍即合吧，然後我們就可以進行了。

雖然樂見家長在課程方面的參與，但兩位老師從上學期家長會積極推動全園性活動的過程，都發覺理想與現實之間存在不可避免的落差。愛音老師認為，畢竟課程的設計需要專業，而課程並不只是在教室中進行的常態學習活動；教室以外的任何活動都應該是潛在課程的一部分。因此當親師的專業不同

時，很容易對課程有認知上的差距，在這種情形下，如果家長熱心參與活動的規劃，則即使活動時間並非在上課時間，都有可能影響到學校或班上常態課程的運作。例如她談到：「家長可能會認為孩子只有兩年的幼稚園生活，到了小學，生活就會過的很刻板，……〔小學〕學校大，感覺沒有那麼溫馨，所以他們會很期望能夠在這兩年裡帶給孩子比較美好的回憶，所以會想要藉由活動，留住那種美好的回憶，但是其中有時會與學校、老師之間的理念有很大的衝突。」

愛音老師此番話是源自子軒爸爸於上學期雖是出於好意及熱心，推動了許多全園性活動，但卻帶來一些不預期的困擾而所有感而發。對風鈴老師來說，她也深深體認「家長參與課程」的理想並不容易落實，包括全園性及班級性皆然。因為除非老師對家長的專業及能力，透過經常的接觸下有足夠的了解，而使得老師可以信任家長帶領教學活動，放心把全園或班級交給他，而自己暫時在一旁當協助者。有時即便家長具有某一方面的專長，但如果老師對該家長的了解未有足夠的了解之前，也是不宜。因此，理想與現實存在落差時，在種種因素的侷限下，種子班一年來出入教室協助的家長，雖斷斷續續皆有之，但多以協助的形式為主，真正參與課程及教學的只有宜宜爸爸一人[33]。

（三）不宜的家長參與——家長跨越界線、焦點只在自己的孩子

當家長進入教室協助時，家長的參與是絕對的有利嗎？家長的參與有沒有可能帶來負面的效應呢？根據十多年的教學經驗，風鈴老師表示確有所聽聞，例如，家長以老師的角色，跟別的家長談論孩子的行為問題，或者因為熟悉教室狀況而在背後議論老師，或者因參與多而覺得自己可以對老師有所求。風鈴老師所分享的經驗，透露了一些有關家長參與過程中值得思考的重要訊息：幼兒行為的解讀涉及專業知能，家長以主觀的認知做對、錯的判斷及替老師代言，是介入或參與？如果家長成為教室中的「偵探」，那麼老師的一舉一動是否需時刻小心翼翼，以免家長背後評論？參與多是否會讓家長偏差解讀，以為

---

33 小可媽媽具有代課教師資格，偶爾老師請假時，會請她來班上代課，但在風鈴老師的詮釋中，小可媽媽代課的角色主要是協助小朋友，並未真正參與教學。

可以替自己的孩子爭取特殊禮遇？以下是當我問到：「家長進到教室來幫忙，不管是義工、教學上、課程上的任何參與，有沒有一些負面效果呢？」風鈴老師分享的三個印象比較深刻的例子如下：

> 其實有時候也會，比如說……不是這一屆，有個班的例子：我們早上會有教師晨會，我們是要有一個老師留在教室裡，曾經有個班級，有一次兩個老師都在開會，他們班有個義工媽媽，很早就來幫忙看孩子。這中間也引發了這個媽媽會就她的角度來跟家長交談的問題，尤其是牽涉到孩子的行為、孩子的互動上，有時候以她的角度並不見得是對的。我覺得家長介入太深了，尤其是在處理孩子的問題上，還是老師來比較恰當。
>
> 有些人會因為她跟老師接觸的比較久，曾發覺老師有一些她不是很滿意的那一面。然後當她不滿意的時候，又不敢直接跟老師說，就在家長之間〔產生〕「我告訴你，你不要告訴別人」〔的情形〕。
>
> 〔當老師〕處理孩子之間紛爭的時候，有時候家長會有一種心態──認為說我來參與那麼多，那你〔老師〕要對我的孩子好一點。其實我在自己的教室裡，我比較推廣〔家長〕不要只看到自己的孩子，你要看到很多的孩子，最好的話能夠就像老師一樣……，一進到這個教室，對每個孩子一律平等看待。……不過這的確是不容易啦！但是我發覺我們這一屆的家長的確是很讓人家佩服。

二、家長怎麼想？怎麼說？

（一）老師是主角，家長是配角

　　談到家長參與時，除了子軒爸爸一直是相信家長可以更積極之外，多數受訪的種子班家長的理念則與種子班老師體認的相當一致；都主張「**老師與家長的角色本來就應該有所區分**」，這和小軒爸爸認為家長的角色可以更積極，在

本質上有不小的落差,例如,他談到一些想法如下[34]:

> 其實這一屆的〔家長會幹部〕我很有信心,大家都這麼有衝勁,大家
> 理念都還不錯。……以前的家長會只是說掏掏錢、捐錢啦!這樣就可
> 以當一個會長……,這樣對學校沒什麼幫助。我覺得傳統比較不好的
> 地方要把它去掉,好的把它保留下來。……我們家長會也是戰戰兢兢
> 這一方面的角色,不敢去干涉太多啦!到時候說我們在左右他們的教
> 學,這樣是不行的。教學還是要以老師為主體,我們是插花的,機動
> 的啦。……這也要看老師願意讓家長參與到怎樣的程度,我覺得是經
> 過一個溝通。有一些家長覺得這是老師的職責,我倒是覺得家長不應
> 該把這觀念弄得太僵硬化,認為說它就是老師的責任。

可是,種子班受訪的其他六個家長都認為老師在教育職場是「術業有專
攻」,具有清楚的教學理念、主動性一定是高於家長,最好能充分掌握家長的
個別特質,以利相互的支援,而針對家長的角色來說,他們認為任何活動的推
展,家長最好多尊重老師的專業,不宜過於主動。言下之意,**他們贊成親師之
間宜保持適當的界線,各司其職,以各得其所**。在這樣的想法下,他們對家長
參與的看法就很自然地傾向「**配合式、協助式**」的參與。這些家長之所以會有
如此明確的想法,主要與小軒爸爸在上學期主動策劃與推動全園性活動有關;
雖然在過程中大家對既定之活動都盡力配合,但對於家長扮演過於主動的角
色,認為似乎跨越了親師間宜持守的界線,也因而造成了一些不在預期中的困
擾。這些家長「為老師發聲」的現象似乎反映了,**即便在種子園屬於開放理念
的學校中,對於涉及課策面向的家長參與,仍大多抱持保留與保守的態度**,這
和西方社會積極推動的「**夥伴型合作**」模式的理想內涵,似乎存在著不同文化
價值信念下的一些差距。

---

[34] 與小軒爸爸的訪談中,他絕大多針對全園性的角度來談自己的想法,對於從班級性出發的觀點較少有
所表達,因此在此部分的討論較少呈現他的觀點。

　　基本上這一群自願接受訪問的家長，具有某個程度的同質性；他們都是班級中參與較多的家長，對自己的孩子可以在種子班就讀也都有相當程度的滿意，因此在談到家長在參與中的角色時，許多觀點都能從老師的角度去思考。以宜宜爸爸和柔柔媽媽所分享的觀點為舉例如下：

宜宜 F：其實親師之間本來就是平等的，那問題就是說在教學上，還是應該以老師為主，家長不適合介入太多，如果變成說家長的動員力量太強，真的有時候就會亂掉。像我們會長其實很熱心，但有時候感覺說那種熱心有點太過，老師需要花很多時間聽你講，變成很多時間要去討論，就會影響教學。

柔柔 M：家長先進教室，這個要很謹慎，　　家長不能太主觀，因為教室主角還是這兩位老師，在種子園我是沒有聽說有哪些家長會去控制老師的教學。

　　在接受訪談的家長中，安安媽媽由於工作性質的關係；很多業務都跟學校教育有關，因此談到家長參與中親師的角色時，她有最深及最多的感受。在言談之間，她把多數受訪家長認為在家長參與中最重要的元素──「尊重」，論述得最為淋漓盡致。因為在她的工作經驗中，發覺當時下甚為風行的「家長參與」概念被推展至各學校時，其實很多時候「家長教育權」被誤解、被誤用了，再加上當家長從自我中心的角度切入時，就容易產生親師之間的張力，產生彼此合作上的負向互動經驗：

我感覺種子班是蠻特別的班級，因為它的家長組成，你（研究班級）選的很好哦〔笑〕！不過我們班活動非常多，連我有時都覺得好像負荷不了〔笑〕，何況是老師？……因為她們必須要配合，雖然會長並沒有無禮，他只是為了種子班的團結來作活動的規劃，非常熱心，但是會有點過火。……其實種子班是一個蠻溫馨的地方，〔可是〕我〔業務上〕接觸的一些家長可不是這樣，家長的專業不足，他們對家長教育權的認識，我認為是完全錯誤的。你〔家長的〕教育權基本上

還是要有「尊重」這兩字在裡面，種子園是還好，家長對教育權，基本上還是有「尊重」這兩字在裡面。教育權也有用〔途〕在，我一直認為那是看家長本身的性格，如果他這個人是很自私的人，以自我為中心出發，基本上他認為這些都是他的權利，老師你就應該配合，這是錯誤的，應該是站在互相尊重的機制下。……如果失去尊重的話，那任何家長參與都會變質。

家長教育權運用的過與不及，產生家長參與的不同問題。小軒爸爸雖然在種子班中是唯一對家長參與抱持不同想法的人，但在一學期熱心帶頭衝撞後，基於種種輿情，在尊重多數人的意見下，他也樂意改弦易轍。雖然居於守勢並非是他理想中的選擇，但他也覺得自己彈性夠大，在上學期末的親師檢討會後，決定退到大家比較能接受的位置，繼續貢獻自己可以付出的時間與心力。

我這個人常常自命不凡，所以想要去改變一個東西，這一點也是我能夠繼續撐下去的一個原因，……這也表示說原來我這個人是初生之犢不畏虎啦！〔笑〕

和小軒爸爸的參與方式大為不同者處於運用教育權的另一端：參與不足者，這樣的家長在種子班也有之。風鈴老師在前面所說的──「參與的永遠是一些相同的面孔」，如此的感受也是幾位經常致力配合活動、試圖拉近家長之間距離的班底家長的心聲，例如小可媽媽談到她的經驗：

這是有時候就是像小軒爸爸提出來的，他說有時候也是蠻無奈，好像每一次班上說要活動，好像也只有一些人投入，看不到的永遠看不到，看得到的永遠都是這一些人。有時候你說要把一些人拉出來，好像也不是那麼容易的感覺，……可能他們認為這個事情對他們來說不那麼重要，或許他的生意啊，或什麼比這個更重要。

家長參與少是因為覺得參與不重要？小可媽媽對「家長少參與」的歸因，

可能只理解了其中可能存在的部分原因。從安安媽媽對家長參與另一個面向的看法，透露了另外的可能原因。身為單親媽媽，安安媽媽在離婚後自己一個人堅強地擔負起撫養兩個幼小孩子的責任，雖然自己對於孩子的學習過程相當重視，但對於家庭開銷需要量入為出的情況下，對於必須花錢的活動，她只能選擇性的參加。經濟壓力對她而言是很真實的，在教育理想與現實生活的諸多花費與需求之間，她常常需要做最優先次序的抉擇。

> 有時候我有一個百思不解的地方，為什麼家長這麼熱情、有活力？有時間來做這樣的事情〔笑〕，因為不得不考慮到現實面嘛，這是我很疑惑的，或許他們賺錢比較容易〔笑〕。……不知道為什麼會這樣？但是參加活動的總是那些人，其他的人幾乎不是沒有辦法參加，要不然就是本身不熱中參與這樣的活動。
> 講到活動，牽涉到一個很重要的事，就是活動有些要交錢的，其實經濟〔對我〕是一個很重要的因素，因為我只有一份收入，又要讓她們學跳舞、學鋼琴，壓力真的很重，有些活動我覺的不需要參加的，就不會考慮；再來就是時間，因為上班沒有時間，就這兩個因素。像全校性的我就一定會去，……家長會我也會去，班級性活動就選擇性參加。

安安媽媽的經驗反映了一個現象：「家長參與的量未必然正確反映家長關心孩子的質」。每一個家長所處的情境脈絡有所不同，家長參與的多寡和家長關心與否是未必然相關的，**因此，教育工作者不宜驟然對任何表面的現象做評論，尤其對家庭結構或家庭狀況有其限制者，更需抱持開放性的心胸去了解其中可能存在的困難。**

（二）因為愛，所以參與

近年來，多少由於教育權概念的宣導，使得家長越來越重視孩子學校教育的參與，參與的正向功能陸續都有研究者提出。本研究的受訪者也都一致肯定家長參與有其價值存在，也因此使得他們樂於以自己可以付出的方式參與孩子

的學校教育。在探討這些家長參與背後的動機時，發現大家最大的相似點是「天下父母心」的心情；首當其衝大家都談到是為了愛孩子的緣故，希望自己的參與能讓孩子感受到父母對她（他）的重視。而透過參與，愛屋及烏，不但可以熟悉孩子在學校的同伴，有時也可以間接認識自己的孩子，能更能了解孩子在學校各方面的狀況，再者參與對家長本身來說也增加了彼此的交流與成長。舉其中三位家長的看法呈現如下：

君君 M：我覺得參與很重要，因為小孩子〔的〕感受很明顯，你有去參與就是你有去重視他。去參加活動孩子會感受到他的成長是受到重視的。……但是像我小嬸就是不去，她說小孩子的活動很無聊，……小孩子的活動幾乎都不去。但是我什麼通通去，像去聽小班教學和九年國教我們都去，……這樣有時候也會知道要怎樣幫助他。

宜宜 F：大概每個人都會希望了解自己小孩在學校的狀況，……你在班上的付出等於說你去醞釀一個不同的環境，也許感覺上是在為班上付出，但其實受惠的也包括自己的小孩；這跟自己在家裡教其實是不太一樣的。另外我是覺得去參與的話，小孩子對我們會比較熟悉。……然後有時候也不一定要從老師那裡了解小孩，有時候從他們同儕之間，因為你跟他們比較熟，……變成你跟他們聊天，你反而比較容易知道他們的世界。

柔柔 M：我覺得孩子會很高興，因為孩子也蠻希望媽媽能夠多到學校，……她覺得這樣跟媽媽相處的機會多一點，而且我覺得孩子會表現的更自在，或者是說更有自信，這方面我從柔柔身上，我可以感覺得到。……再者這樣對親師之間的互動也不錯，家長也可以互相交流，……對事情的看法大家可以討論、集思廣益，我覺得對班上整體來說滿有建設性的。

（三）家長的參與有時會帶來困擾

如同老師的觀點一樣，受訪的家長談及家長參與時，除了談及家長參與的利，論及家長參與可能存在的弊時，他們都能很快的就自己所看到的，或自己所經驗的，想到一些例子，可見家長參與有其值得探討的不合宜性存在。歸納家長們從觀察中所分享的意見，其中與老師所分享的有英雄所見略同之處——當家長參與的關切點只鎖定在自己孩子身上、家長過於熱心推動活動，可能干擾了老師的常態教學活動，也讓參與變成一種負擔。在家長以下所分享的負面效應中，比較特別的是小可媽媽談及自己切身的經驗：

安安M：我舉別班的例子，有一個媽媽因為自己的孩子是年底生的，比其他人幾乎大到快一歲，她總覺得孩子會被人家欺負，所以就會常常去學校，……變成去完全是要保護自己的孩子，……我覺得她大概很閒，喜歡去干預、干擾，我覺得這樣不好。

芳芳M：我是覺得我們會長出發點都很好，可是可能計畫的沒有很圓滿。……例如，前一個禮拜是北埔古早味〔班級性〕，第二個禮拜是環保小尖兵〔全園性〕。那時候風鈴老師有問我：「芳芳媽媽，如果你參加北埔之旅，環保小尖兵就不能參加了嗎？」我說：「對，兩個我只能選一個。」我選了一，就不能選二了。……因為我每個禮拜要帶小孩子回去公公婆婆那邊，我想說一個禮拜沒回去沒關係，如果連續兩個禮拜就不好交代了。……我套一句宜宜爸爸說的：「教學教的好，不一定要辦活動。」其實只要在課堂上給他們教的很充實，不一定說就是要戶外郊遊或是辦活動。

小可M：上個禮拜〔10月上旬〕因為風鈴老師出國的關係，我去代課了十天，結果造成了一些沒有預期到的副作用，因為本來小可還算是獨立的，代課以後小可變得非常黏我，送他上學後就不太讓我走，真頭痛，還得重新調適一段時間。

　　家長出現在學校過於頻繁，不見得是利，如此的參與，對孩子本身或對學校，有時會產生非預期中的負面效應。這多少也再度說明了：家長參與並非越多就越好，家長具有合宜的信念及動機似乎是更重要的。這也是小可媽媽在訪談過程中很有感觸的一點，她認為父母並不宜把全部的時間及精神都投注在孩子身上；父母本身應該要有整體人生的規劃與自我成長目標，如果家長不上班。當孩子進入學校時需要學習獨立，教室基本上是屬於老師經營的學習場所，家長並不宜經常出入教室，可以在老師需要時配合提供協助是比較理想的參與方式。安安媽媽的看法反映了家長參與需適時與適量的理念，也呼應了種子園中絕大多數的親、師對家長參與的衷心期許——老師為主，家長為輔。

　　我最主要的想法是，我覺得人生的規劃不應該全部的重心都放在孩子身上，尤其是一個沒有工作的家長，也不能全部都放在先生、孩子身上，要有自己生活的方式。……我們小朋友有一陣子告訴我說，有一個媽媽每天去〔學校〕，好好喔，都可以特別照顧他。……我會強調孩子應該獨立，我不覺得父母那樣照顧孩子是需要的。……其實我還是比較不傾向家長要走進教室，我覺得教室是屬於老師的一個天地，老師如果需要家長協助的時候，……就隨時跟我聯絡，我會很熱心協助，不過〔老師〕她是主動的，……我很願意配合，只要老師開口，因為我們沒有辦法在那邊主動的去做些什麼事情，因為主角是老師，老師可以分派工作給我來做。

第八節　班級活動中家長參與的狀況與方式

　　種子園全園性的活動頻率，因著家長會角色的調整，於下學期減少了，這多少給予班上家長和老師進行班級性活動的空間與時間。就種子班來說，家長的參與方式多元，除了全園性活動的參與之外，對於班級性活動的參與，依性質將其中比較主要的大概歸納為三類（如表 5-8.1），以下呈現並討論班上家長在各項活動中參與的狀況及方式。

表 **5-8.1** 種子班家長參與的班級活動及方式

活動性質	參與情境	家長參與方式
戶外教學	寶兔館（09/21）、印刷場（10/24）、火車站＆苗栗鐵路（03/01）、電影博物館（03/08）、資源回收站＆曲溪公園（03/22）、汙水處理場（03/29）	協助接洽參觀場所、支援幼兒接送之交通、協助參觀過程的接應、秩序與安全
平日常態性課程	老師開會時間：團體／小組活動、週五全園大分組活動	說故事、與幼兒互動、維持常規、協助或帶領活動、提供材料、資源
週末親子活動	北埔古早味親子班遊（11/12）古道健行親子班遊（03/30）九芎湖親子班遊（04/22）	活動的籌劃、聯絡、參加

戶外教學中的家長參與

在本研究進行期間種子班共計舉辦了五次戶外教學，每次都有家長同行及協助，雖然每次來幫忙的家長因著時間上可以配合的不同，人數從三至八個不等。種子班戶外教學的進行都是因應班上課程主題的需要，為了讓幼兒有身歷其境的生活化經驗而安排，這樣的學習方式有時是在計畫中，有時是隨著課程的發展而臨時安排。當老師有了參觀的想法及設定合宜的日期後，時間許可的家長就會來參與及協助。以下以第一學期所進行的「漫遊圖畫天地」主題中，種子班所進行的兩次戶外教學為例，來呈現班上親師合作及家長參與的面貌。

在此一主題進行與發展過程中，種子班老師除了讓幼兒先參觀園內圖書室外，於 9 月 21 日早上安排了一次至市內文化局所設立的兒童圖書館進行一趟「寶兔館之旅」，讓幼兒從真實的情境中去感受兩個圖書館之間可能存在的異與同。在此次戶外教學的計畫過程中，因小可媽媽曾經參加過市政府故事媽媽的培訓，認識了其中很多故事義工媽媽。這次藉由小可媽媽的居中協助，為小朋友聯繫了這次的戶外教學，在館內除了參觀之外，並安排故事媽媽向班上孩子說故事的時間。老師在敲定大致行程及日期後，於當週星期一下午在教室外

面的公布欄貼出了「戶外參觀教學徵求義工家長」的公告。結果陸續有八位家長參與（有六位家長參與全程，兩位中途加入），其中有六位媽媽，兩位爸爸，他們都在上述分析中屬於軸心型及配合型的家長。

（一）因為家長的建議，老師調整活動進行方式

原本老師希望讓幼兒以步行的方式慢慢走到目的地，不過當家長看到公布欄上的通知寫著「步行」時，即向老師反應；認為路程對孩子可能有點遠，再加上天氣炎熱，擔心影響孩子走到目的地後可能會影響參觀的興致，建議老師是否考慮改變交通方式。顯然，在這樣的事件中親師之間著重的點有些落差，不過老師在得知家長的想法後，立即做了簡單的意見調查，結果因多數家長贊成幼兒搭車，兩位老師就從善如流，將原計畫改成由家長開車幫忙接送。在參觀過程中主要由老師負責及分工；風鈴老師掌控流程的進行，愛音老師則協助館內秩序的維持。而家長在這次活動中的角色主要在旁負責交通工具的支援，待孩子進入寶兔館安頓好後，家長們便相約到旁邊的咖啡廳聊天，等待參觀活動結束後送孩子回幼稚園。

（二）家長之間熟絡，笑談間不忘交換育兒經

這群來幫忙的家長在咖啡廳裡聊天，討論的內容不外乎與教育、教養孩子相關的話題，輕鬆笑談的場面讓人覺得他們之間像朋友，而不只是同為班上家長的關係，家長之間這樣的互動情景常出現在種子班班級活動中；**家長間橫向的聯繫成了他們個人非親屬性社會網絡的一部分**，正如西方學者所發現的一樣（Graue, 1993b; Lareau, 1987）。種子班家長這樣橫向的聯繫主要是由老師口中所謂班底的幾位家長在推動；他們希望透過各種機會凝聚班上家長的向心力。但是班底家長如此穿針引線的用心，也並不能帶動所有家長都融入其中。像這次在咖啡廳的閒聊中，CM4 媽媽跟其他家長的互動就顯得較為生疏；大多時候是帶著微笑在一旁聽著，很少發言。根據風鈴老師表示，CM4 媽媽因個性較為內向，不擅交際，平常很少參與班上戶外教學活動，不過這次能來參與，對她而言似乎是跨出了一大步。

隨著課程的進行，老師為了再深化幼兒在此一主題下的經驗，希望能再安

排一次戶外教學；讓小朋友去參觀真正的印刷廠。家長參與方式與角色，在這次戶外教學中乎比上一次更為多元與機動。 話說這次參觀地點的接洽經過親師一番合作與波折後才敲定，主要是因為市內雖然不乏印刷廠，但其訂單大多外包，多數的店並沒有完整的印刷設備。由於宜宜爸爸是藝術創作者，與印刷廠有較多的接觸經驗，知道有一家印刷廠雖然不大，但卻有完整的設備，應合於老師安排此次戶外教學的目的。知道班上的需要後，宜宜爸爸自願幫忙打電話聯絡，向對方表達希望可以帶幼兒去參觀的想法。一開始老闆覺得印刷場位於巷子內，空間並不大，再加上小朋友還小，怕發生意外或危險，後來風鈴老師與宜宜爸爸一起親自去拜訪，經過一番溝通後，老闆終於答應。由於因為印刷廠不大，所以全班必須分成兩組，輪流前往。

這一次的參觀活動於 10 月 24 日舉行，與上次的寶兔館的戶外教學事隔一個月。這次有四位家長協助——宜宜爸爸和小軒爸爸幫忙開車接送，小可媽媽和芳芳媽媽留在教室幫忙。兩個老師也如法分工；愛音老師負責帶孩子到印刷廠參觀，風鈴老師留在教室，帶著另一組的孩子進行以製圖的相關活動。第一組小朋友結束參觀後，由兩位媽媽到門口接應，把第一組小朋友帶回教室，並將第二組小朋友送上車，家長如此交替的協助，使風鈴老師和愛音老師可以安心進行各自負責的任務。

在工廠內的參觀包括參觀二樓企畫室中圖案的編輯、掃描、照相、底片的沖洗等，以及一樓印刷室中紙的切割、送入機器到作品的完成等。在那過程中，宜宜爸爸因著專業所具備的知能，也因著以前是小學老師，知道如何用淺顯易懂的話讓孩子了解複雜的機器及印刷過程。等全班的小朋友都回到教室後，愛音老師請宜宜爸爸帶小朋友進行剛剛戶外參觀所見、所聞的分享與討論。宜宜爸爸除了回答小朋友所提出的一些問題外，也向小朋友介紹一些自己的作品，並解說自己如何完成那些作品的過程，讓小朋友可以與參觀的經驗做進一步的聯結。這一趟看似簡單，過程卻有甚多細節的戶外教學，如果只靠班級中兩位老師的人力可能就無法進行的那般順暢，在種子班由於軸心型家長所提供的協助及參與，讓更為豐富的幼兒學習活動成為了可能。

二、常態教學中的家長參與

（一）晨間活動幫忙照顧幼兒

種子班家長對於常態性課程的參與方式包括教室中課程所需額外人力的協助、根據自己的專長或興趣帶活動、提供教學所需的資源。例如每週一次老師開會的時間，班底媽媽之一——芳芳、小可、君君媽媽，會在教室幫忙照顧孩子，其中又以芳芳媽媽為最常，風鈴老師形容芳芳媽媽「**很平民化，哪裡有事情，有需要，她就去做**」。由於在教室中的時間較多，和班上幼兒很熟，因此有時當孩子有問題需要處理，但是老師當下又分身乏術時，她也會幫忙，尤其有一陣子CM6的狀況很多，老師請她特別幫忙留意。而她對CM6的關懷，多少分擔了老師在教室中對特定孩子的人力需求：

> 風鈴 T：芳芳媽媽平時送孩子來上學後，沒事的時候就會留下來，有時候她必須要帶公公去看醫生。……她常會主動問：「需不需要幫忙？」芳芳媽媽協助真的蠻多的，尤其〔CM6〕剛入學的時候就這樣子，那時候芳芳媽媽就幫助很多，那時候他新生嘛！什麼都不懂，〔教室〕雖然有三個老師〔一個實習老師〕，但是很忙，真的沒有辦法為了一個小孩子就撥出所有人力。她對 CM6 的協助，真的是減輕我們好大的困擾。
>
> 我：用什麼方式呢？
>
> 風鈴 T：她哄他，說故事給他聽，……CM6 那時候很喜歡聽故事，所以一來教室有時她就會跟 CM6 說：「來，我說故事給你聽。」

（二）大分組活動當助手

除了晨間時間外，每個星期五早上全園的大分組活動，是種子班家長固定

提供人力支援的另一個常態時段。從早上九點半到十點十五分，全園幼兒打散分成七個組別，在不同班級設立不同類型的活動，計有針線天地、小木屋、橋棋遊戲、妙妙屋、球類遊戲、黏土遊戲、紙藝園地等，小朋友可以自由選組，不過一旦選定組別之後，需要待四個星期後才可以再換組。在每個班級進行的活動內容由帶班老師負責設計，義工家長在旁協助活動的進行，其中包括事前材料的準備、過程中的協助與指導、活動後的收拾等。在這樣的時段中，大概是種子園各班義工媽媽同時出現最多的時段，通常種子班來協助的仍是以班底媽媽為主。我以其中一次的大分組活動為例，以現場觀察速寫的方式呈現家長在其中參與的狀況如下：

今天是 11 月份第一次星期五的大分組時間，種子班負責的是妙妙屋的活動。活動開始進行之前，兩位老師和三位媽媽（芳芳媽媽、小可媽媽及別班的一位媽媽）忙著準備材料，將每組的桌面鋪上報紙，每張桌上各放著三杯溫水、一些糖、鹽和肥皂、五、六支吸管。活動開始，由實習老師先向幼兒講解實驗的步驟——將糖、鹽、肥皂各倒進不同的水杯裡攪拌，再用吸管試試哪杯的水可以吹出泡泡。實驗過程中老師或家長會在旁邊引導、提供建議。例如當孩子調的肥皂水太稀，吹不出泡泡時，大人會在合適的時候請孩子試著把肥皂水調濃些。當幼兒試驗出三杯水中只有肥皂水吹得出泡泡後，實習老師就請小可媽媽發給每位幼兒一人一個養樂多空瓶，把調好的肥皂水分裝在空瓶中，讓他們拿到教室外面吹泡泡。這時活動的進行也差不多到尾聲了，老師和義工媽媽或留在教室整理，或在教室外面水槽洗剛用過的器具。親師分工，不一會兒的工夫教室就收拾乾淨了，風鈴老師笑著說：「一下就清潔溜溜了，這就是人多的好處。」

（三）上課時段進行教學

以上兩個時段是種子班家長在常態性課程中，較為定期的協助式參與。除此之外，在常態性課程中種子班家長有時也以非定期的方式參與，這樣的型式

通常是因應特定主題課程的發展，請家長提供教學上所需的資源或資訊[35]。或者家長在老師的邀請下，以個人專長或興趣，帶小朋友進行全班或小組的學習活動，不過這樣的參與方式較之其他形式來說，頻率較低。在研究進行的一年中，以如此方式參與的家長應以宜宜爸爸的幾次教學為最特別，其他家長大多是零星式、興趣取向的參與，如 CM2 媽媽帶小朋友做餅乾烹飪、CM4 媽媽教小朋友下象棋等[36]。真正以專業取向參與教學的只有宜宜爸爸一人，因著以前是小學美術老師，此一型式的參與對他來說並不難。因此，在參觀印刷廠的戶外教學後，在老師的邀請下，他進班數次，帶小朋友進行與創作相關的活動。

　　10 月 3 日我們觀察了宜宜爸爸所帶的教學活動[37]，一早宜宜爸爸就到教室預備上課所需用上的教具、材料，芳芳媽媽和小可媽媽也在教室幫忙。宜宜爸爸那天教小朋友如何製作不同的立體卡片，看他按步就班，循序漸進，由簡而繁，第一節先讓小朋友嘗試做一個立體面向的「愛心」卡片，中間到外面休息半小時後，回到教室第二節做「蛋糕」卡片；有三個立體面向。在兩節的教學中，他一方面顧及小朋友的製作技巧與能力，用小朋友聽得懂的話，逐步示範、引導、解說，並鼓勵孩子勇於嘗試，不要怕做錯，盡量自己完成自己作品：

> 　現在這邊有一張神奇的紙，先介紹一個東西叫雙面膠。（幼兒一：我
> 們有用過。）好，很好！（幼兒二：雙面膠就是可以黏兩面的東西。）
> 沒錯！注意看喔，我要開使用雙面膠囉，注意看我黏的位置。（宜宜
> 爸爸示範）我看誰的眼睛看的最清楚哦！

35　針對資訊的提供，例如安安媽媽因為在教育部門工作，對九年一貫有較為清楚的資訊，因此種子班老師曾請她寫一篇文章跟家長介紹。另，有一家長在文化局工作，會經常提供適合幼兒觀賞的藝文活動讓老師了解與運用。值得一提的是種子園，各班家長所提供的資訊有些是在班級之內（如提供植物盆栽、汽車模型、食品材料等）。有些則是跨班性，例如有家長開班教授插花班，當母親節快到時，因為要孩子要做母親節的胸花，就有家長教媽媽們做胸花。有家長在高工教工藝，進孩子的班教紙黏土，因為成品很吸引人，不少老師也想學，後來家長也樂意利用晚上開班授課。

36　這兩位媽媽都是高中畢業的家庭主婦，因著老師與家長之間所經營的良好關係，她們也能自在地走進教室帶小朋友進行學習活動。

37　此一教學活動是在班上參觀印刷廠之前，那天風鈴老師請假，請小可媽媽幫忙代課。

現在用比較大張的紙來示範，來做給你們看。（Cs驚呼：好大喔！）
對呀！因為我怕你們看不清楚。等一下是用小張的。現在像錄影帶一
樣，再看一次，要仔細看喔！我要教那個很認真、很棒的小朋友，如
果他不認真的話，我就沒有辦法每次都重教哦！
不會做的沒有關係，我再提醒你一下。……小朋友盡量不要讓人幫忙
喔！像吃漢堡的時候有沒有人幫你們吃呢？……想剪愛心的看老師這
裡，下面尖尖的，上面圓圓的。……剪錯了沒關係。不圓沒關係，形
狀剪出來就行了，不會剪愛心沒關係，只要有剪形狀就好了。想做什
麼自己想！不一定要做愛心。

在教學過程中，宜宜爸爸在解說黏貼的技巧時，會以自己的作品，適時穿
插一些小故事，讓小朋友可以在趣味中了解做法，並動手創作自己的作品。例如，

我覺得你們都很棒，我先給你們看我做的一個東西。（宜宜爸爸從包
包中很神祕的拿出一張卡片出來，上面有一隻熊的圖案。）像你們小
班剛來上學的時候都會想媽媽，會想爸爸，這隻熊熊也是一樣……，
但是你們看，後來它就不怕了，笑咪咪的，像你們現在一樣對不對？
〔小朋友都笑了〕
（宜宜爸爸拿出一張自己畫的圖片給小朋友看。）你們看，池塘裡面
住了很多的魚，你喜歡好魚還是壞魚？（Cs：好魚）好魚來的時候大
家都會跟他一起玩。好魚會幫大魚清理身上的髒東西，結果呢？來了
一隻壞魚，小魚都跑掉了。你們看，石頭裡面還有什麼？（宜宜爸爸
陸續拿出來幾張圖片）（幼兒：螃蟹、海星、青蛙）要注意看喔！老
師在固定的時候都固定哪裡？（Cs：固定上面）對，如果只黏一點點
的話是不是就可以打開了？（幼兒：對！）你們看，如果上下都黏起
來，是不是就打不開了？所以要做會活動的故事書很簡單，就是黏的
時候就黏一點點的地方。青蛙公主跟青蛙王子結婚啦！結婚就要生小
寶寶啦！哇！生出小蝌蚪的蛋。就變成蝌蚪，蝌蚪長出了腳之後就變
成青蛙。〔全班小朋友笑成一團〕

　　當家長接手課程的進行時，老師轉換角色為家長的助手，幫忙維持秩序、協助幼兒製作等。在今天分為兩個時段的教學過程中，斷斷續續出現小朋友因為太興奮而有些吵雜的狀況。剛把時間交給宜宜爸爸時，愛音老師曾幫忙引導孩子安靜一次，活動開始進行後則都由宜宜爸爸自己處理。那樣的教學過程，如果不熟悉教學的家長，大概會因不知如何進行課室管理而感到挫折。不過宜宜爸爸因為過去有很豐富的教學經驗，在小朋友需要耐心地聽他解說或示範時，他會用一些方法來引導孩子恢復秩序，而大致上小朋友也都能很快地有所回應。他所使用的引導方式例如，

> 如果小朋友一直說話，我就要回家了哦！
> 小朋友一直講話，這樣我們就沒辦法教了。把拉鍊拉起來，把嘴巴的拉鍊拉起來。看這裡，跟著老師做，好不好？
> 〔當小朋友有人說看不到時〕來，我們先調一下位置，讓每個小朋友都可以看到。（於是教室中的大人一起幫忙調整幼兒的位置）

（四）家長參與教學需要具備一些知能

　　活動接近尾聲時，宜宜爸爸告訴小朋友：「以後我還會教你們做更難的哦！」愛音老師表示，讓孩子有兩、三天的時間吸收後，下一階段會讓小朋友進行故事書的創作。在活動結束後，在幼稚園戶外場地和宜宜爸爸稍為聊聊今天帶活動的感想。他表示，根據自己過去的教學經驗，了解在活動過程中孩子可能會有很多的問題。因此，他非常注意每個小細節，也事先構想教室中可能發生的問題，以及可能的解決方法。談到學習活動的進行，他強調大人在教學上一定要顧及孩子的能力，如果在過程中孩子一直需要老師或家長的幫忙，就表示這個活動並不適合這個階段的小朋友，因為做出來的東西表面上可能看起來很不錯，但對孩子並沒有什麼意義。因此在製做過程中，每個步驟的難易程度，他都會配合孩子的發展與能力，讓小朋友從製做的過程中得到成就感，因為只有如此他們才會專心做下去，而做出來的成品才真正是自己的。當小朋友把基本的製作技巧學會了，後續就可以做很多的變化與延伸。宜宜爸爸的一席話，反映他對「幼兒

的學習要符合其發展階段的能力與特質、開放教育的精神」，有很清楚的了解。從這一次的觀察過程中我深深感覺到，**此一型式的家長參與，與提供協助式的家長參與有所不同；並非家長有熱心、有意願就可以直接進班教學，因為它的進行涉及不少教育專業知能，包括兒童發展、課室管理、合宜的教學理念等，如果貿然上路，可能在課程上會帶給老師一些非預期中的困擾。**

三、週末親子班遊中的家長參與

　　此一類型的班級活動因著小軒爸爸希望透過週末輕鬆的郊遊、踏青，更進一步聯絡班上家長之間的感情而發起，所有活動細節都由班底家長分工負責，老師在時間許可下共襄盛舉，一起出遊。在我們研究進行的一學年中，共舉行了三次；上學期 11 月分一次，下學期 3 月分及 4 月分各一次。三次班級活動中，以 11 月分的「北埔古早味」一遊參加人數最多[38]。原本這個活動是訂在 11 月 5 日舉辦，但因為當週天氣不穩定而延期。經過公告調查，大部分家長建議順延一週（11 月 12 日），而且打算風雨無阻。當天早上還是飄著細雨，但是八點多到了種子園，報名的家長都依約定來了[39]。幸好，早上下了一場雨後，天就一路放晴，是個郊遊的好天氣。在班底家長動員，一個一個打電話邀請的情況下，全班三十位幼兒二十七個家庭中，計有二十一個家庭及其家人參加，加上風鈴老師夫婦和愛音老師全家，浩浩蕩蕩共有大人三十二人、小孩四十人。經常參與班上事務的家長慢慢衍生成朋友的關係，只要有活動，一定盡可能參加[40]。

---

[38] 下學期的兩次班遊，愛音老師因有事未能參加，家長部分都只有五個家庭參加，兩次參加的家庭不盡相同，但都在軸心型及配合型之列。在三次活動中，個人因剛好都有事，無法共遊，研究助理美瑛及其男朋友參加了 11 月分的那一次。在家長的理解下，美瑛將過程中與研究主題相關的畫面適度做了錄影，以便回來後我可以看帶子了解狀況。除了因研究案蒐集資料之需求而攝影外，也幫忙拍攝了當天參觀的古蹟及風景，因為老師希望透過錄影帶，有助於回去後在教室中與小朋友的分享與討論，另一方面也可以讓無法參加的小朋友了欣賞。

[39] 當天集合方式分兩種：知道路線者直接開車到北埔車站集合，由風鈴老師幫忙點名。不清楚路線者在學校集合，由愛音老師幫忙點名。

[40] 例如，宜宜全家昨天到台南，很晚才回來。今天卻也全家到齊了，由於宜宜一早爬不起來，所以爸爸先到北埔車站與大家會合後，再又回家載宜宜和媽媽過來。

分析這次活動家長參加的狀況，一如往常仍是以媽媽為數最多，計有十六位，爸爸有九位，其中全家出動的計有八個家庭，有一個家庭是爸爸自己帶著孩子來參加。若以家長參與的類型來看，軸心型家長全部到齊了，配合型及出席型都有部分家長參加，只有邊緣型家長沒有一人參加。這次班遊的主要內容與流程大致呈現如下：

8:30 集合、兵分兩路前往北埔車站

9:50 北埔車站會合→小軒爸爸介紹大家相互認識、介紹解說員何老師[41]→步行至北埔老街→「金廣福公館」→何老師解說古蹟→拍團體照→「天水堂」→何老師解說古蹟→菜園→「姜阿新宅」→何老師解說古蹟→「慈天宮」→參觀名產、民俗、街頭獻藝→拍團體照→爬「秀巒山」→逛北埔老街

12:30 吃中餐→參觀大林柿園→參觀峨嵋國小客家文化藝術節→喝擂茶（自由參加）

4:30 自由行動，活動結束。

這一趟出席率不低的班遊活動，家長之間如何分工使大家一方面可以各自盡興，但卻又同時有團體之歸屬感？根據柔柔媽媽表示，事前的各項分工大約如下：

小軒爸爸：規劃行程、安排解說員、時間掌控、帶隊

小可媽媽：安排交通、車輛調度

柔柔媽媽：安排餐廳、選菜、結帳

（一）班遊中親師主輔角色易位

在此次的班遊中，老師位居被動配合的角色，這與一般學校進行相似活動

---

41 何老師是當地人，和小軒爸爸是親戚，應小軒爸爸的邀請，在此次班遊中擔任義務解說員。

中親師所扮演的角色很不一樣。在這裡，兩位老師並不像大部分學校老師，需要扛起主導、指揮的責任；反之，她們可以安然享受家長愛心的安排，把它當成是自己家庭的一次郊遊，而不是額外的親師互動下的一種負擔。在整個過程中，她們暫時卸下責任，只是在一旁協助，讓自己就像是諸多家長中的一員一般。不過我們發現，兩位老師在整個行程中雖然不被賦予任何責任，但是風鈴老師一路上除了欣賞風景外，也不忘機會教育，引導孩子從生活經驗中對所見、所聞多做觀察、思考與比較[42]。愛音老師因為覺得多少還是會掛心小朋友的安全，因此在整個過程中都走在隊伍的後面，以確認每個人都跟上了隊伍。

（二）部分家長的社會網絡依稀可見，媽媽們較能相互交流

在這次班遊中很明顯可以看到不同家長扮演或主人或客人的角色，經常參與班上活動的家長彼此間比較熟絡，會以彷彿主人的身分，招呼隊伍，比較不常參與班上活動的家長比較像是作客的心態。除此之外，我們也發現，女性家長較之男性家長容易打成一片，比較會彼此聊天，爸爸們除了家長會的家屬外，由於平常較少參與活動，與其他家長不熟悉，大多跟自己的家人、孩子走在一起，較少彼此交談。在參觀過程中，小軒爸爸很熱情地邀吆喝大家一起拍團體照留念，大部分人都能很快的聚合入鏡，但很明顯看到有幾個爸爸站在一旁，似乎對這樣的團體照感到不自在。不過這樣的現象到了第二次拍照時改善了許多，不少爸爸的陌生感除卻許多；配合小軒爸爸的號召樂意入鏡了。中午吃飯在一家餐廳席開六桌，家長各自入座，從座位的組合上多少反映家長彼此之間的關係；比較熟悉的家長會坐在一起。小軒爸爸一如往常活力充沛，熱情十足的個性，在這次班遊中顧頭也顧尾，隨時不忘招呼每一位家長，充分發揮團隊的靈魂領導人物。

免費提供交通車、豐富行程的親子班遊，於四點半圓滿落幕，全程的花費只有中午的餐費，大人一百五十元，小孩一百元。小軒爸爸於結束前相當滿意地為此行下了一個結論：「看看我們今天的行程，有吃、有玩，又有爬山，真

---

[42] 風鈴老師會拋一些問題給小朋友留意，例如，古蹟的屋頂、門是什麼顏色？跟我們現在的有什麼不一樣？那裡的高麗菜和學校種的有什麼不一樣？蘆薈有那些不同的形狀？柿餅經過哪些製造的過程等。

是什麼都玩到了。」話說班遊隔天，當美瑛把拍的錄影帶送去給老師時，看到教室門口的布告欄已經貼出了班級家長會的謝函，文中大致寫著：「這次班遊圓滿成功，感謝班上二十一個家庭，總共七十二人參與，也感謝風鈴老師、愛音老師和研究人員的參與，期待下次的出遊有更多的家庭來共襄盛舉。」

種子班班底家長雖只是班上一小群的家長，但透過輕鬆親子班遊的設計與過程中的用心，帶動家長之間的聯結，提升彼此熟悉的機會。種子班在小軒爸爸的熱心投入下，不僅籌辦類似北埔古早遊的班級活動，更於孩子要畢業之時，推動班上家長為孩子舉辦了畢業露營特別活動[43]。從家長參加這些班上自己辦的活動結構來看，一些平常比較少出現在學校的家長（尤其是男性家長）出席了。這反映了一個重要現象：**在一個班級情境中，當親師關係建立在良好、信任的基礎上之時，少數家長可以成為班上推動家長參與的關鍵者，發揮少數帶動多數的功效！**從這樣的角度來說，又是另一類親師合作的途徑了。

綜觀以上種子班家長類型在參與不同性質的班級活動中參與的狀況，我將之整理如表 5-8.2。

表 5-8.2 種子班不同類型家長參與的方式及頻率

類型	常態性課程協助、資源	戶外教學／週末活動		全園性活動	
		協助	參加	協助	參加
軸心型	經常	經常	經常	經常	經常
配合型	偶爾	偶爾	偶爾	偶爾	經常
出席型	很少	不曾	偶爾	偶爾	偶爾
邊緣型	不曾	不曾	不曾	不曾	很少

---

[43] 於 6 月 8 日放學後在園內舉行，當天從早上八點，小軒爸爸和一些義工媽媽們就開始在園裡忙進忙出。當晚除了 CF3 之外，全部幼兒都有家長來，數了一下大約八十多人，有的是爸媽其中一人參加，有的是全家到齊，兩位老師都全家出動了，還有別班的家長也加入。當晚活動內容包括烹飪、聚餐、打水仗、溫馨時刻（老師、家長輪流談畢業感言）、擁抱時刻（幼兒對老師表達謝意及不捨，好些媽媽都流淚了）、送幼兒畢業禮物（老師自製的項鍊，上面寫著對每一個小朋友的祝福）、點心時間等。活動於十時結束，有些家長帶孩子回家，當晚留在園內露營的有十七個家庭。

（三）參與類型的不同隱含家長文化資本的差異

　　讀者可以發現，軸心型家長是各項活動的常客，並經常主動提供老師所需的協助及支援、推動班上家長之間的聯誼，而其中較居領導、促發角色者多為大學畢業。配合型家長的參與比較是以參加全園性活動及特別活動為主（如孩子的畢業活動），其他性質的活動則偶爾為之，偶爾因應班上或老師的需要，會支援活動人力上的需求，或因應自己的專長或資源提供協助。觀眾型家長之參與大多侷限在偶爾參加全園性或班級性的活動上，偶爾為之的協助多半是因應活動當天的需要而順手幫忙（如桌椅的搬動等）。邊緣型家長在各方面的參與度都很低；他們不曾參加過班級性活動，全園性者則侷限在動態的活動，如上學期的親子運動會、下學期的大地闖關，以及家長不參加似乎對孩子說不過去的畢業典禮。在種子班這類型的家長中有兩位是隔代教養、兩位單親、兩位全職媽媽，這樣的聚合特質反映一個值得關注的議題：**家長參與的質與量，和家長是否關心、熱心之間並不能直接畫上等號。**

　　例如以此類型中三個雙親家庭的幼兒來說，除了家境都不是很好之外，家中也各有一些不同的狀況，例如 CM9 家中同住的爺爺奶奶行動不便，需要人照顧，因此媽媽要出門參加學校活動似乎是有困難。每當老師邀請她、鼓勵她參加活動時，媽媽總是會很不好意思地表示：「沒有辦法ㄋㄟ！」CM10 的家庭狀況，根據老師很有限的了解，其家庭有些複雜，在下學期時不知什麼原因，轉到其他學校就讀。CM15 的爸爸在一次車禍中受傷，領有殘障手冊，媽媽在工廠上班，家中經濟不佳的狀況，這樣的困境老師也是在當家長申請減免學費時才得知。學校辦活動時，媽媽很少出現，當老師邀請她的時候，她會說：「需要上班。」

　　以家庭是單親的三個幼兒來說，CF1 是領養的孩子，父母於上學期離婚，目前住在小舅媽家，偶爾媽媽會帶她回家住幾天，平常很少出現在學校，只有在親子運動會來過一次。CM15 爸爸雖然人在新竹，但好像外面另有家庭，媽媽在台北，平常他和三個姐姐和七十多歲的爺爺奶奶同住。爺爺奶奶開店賣牛肉麵，生意很忙，又要照顧四個年紀大小不等的孫子，參加學校任何活動，對她而言都是不可能的事。在園內舉行的活動，有時唸國中的姐姐會來參加，結

束後老師會幫忙打電請奶奶來接他們。當班上有聚餐，老師希望家長可以一家
提供一道菜時，奶奶會切一些滷肉讓CM15帶過來。對於週末的親子班遊，其
實CM15每次都很想參加，但是因為沒有家人可以陪同而無法成行，有時奶奶
會跟老師說：「老師，能不能你們帶他去就好？」對於奶奶這樣的要求，老師
很為難，因為如果答應了奶奶，又如何向其他家長也沒有辦法參加的孩子交
待？而有些家長雖然很熱心願意幫忙，但後來基於安全的考量，終究也不敢答
應。對於總是無法和同學一起出去玩，CM15年紀雖小，但內心是有知覺的，
風鈴老師分享一段師生的對話如下：

（週末班上有親子郊遊，星期五放學前師生的一段對話）
老師＜Cs：「我要許願禮拜天不要下雨，這樣我們就可以去爬山了
哦！」
CM15：「老天爺，請你下雨下到禮拜天晚上。」

這樣的事件反映，**學童因著家庭背景特質所帶來文化資本的不同，學校經
驗會有所不同**（Bourdieu, 1979; Coleman, 1988; Graue, 1993b; Lareau, 1987; Portes,
1998）！「很想去，卻不能去。」在 CM15 天真單純的想法中，可能覺得：
「如果下雨，大家就都一樣不能去了，真好！」如此簡短的一句童稚之言令人
感到有些沉重。這樣的現象和Edwards和Alldred（2000）從學童的觀點探討家
長參與的研究發現有類似之處[44]。例如，對種子班某些孩子來說，在家長之於
學校活動的參與與否，他們處於主動的地位，當學校有活動時，會要求家長出
席，有時家長原本不參加，但是在孩子的央求下，為了怕孩子失望，尚有資本
做選擇的人會改變心意而勉為其難，這樣的孩子屬於了 Edwards 和 Alldred 所
歸納的第一類和第三類。同樣的狀況對於某些家庭因著不等因素而沒有資本做
選擇的孩子來說，當家長不參與、無法參與時，他們則是處於完全被動的地

---

[44] Edwards 和 Alldred 以英國三個學校，六到九年級的七十個學生為對象的訪談研究發現，這群孩子對家
長參與的經驗及看法大概可以分為四個類型：(1)在家長參與中，他們是主動的；(2)在家長參與中，
他們是被動的；(3)在家長的不參與中，他們是主動的；(4)在家長的不參與中，他們是被動的。

位；無論他們如何渴望與要求，都無法改變既定的事實，這樣的孩子屬於
Edwards 和 Alldred 所歸納的第四類。至於第二類的孩子，可能因為學前齡幼兒
的年齡還小，對於家長在自己學校教育中的角色尚未有強烈自主性的主張，所
以尚未出現「家長自己想參與，孩子雖不希望，卻無法阻擋」的現象。在研究
過程中，我也曾趁著園方辦活動時，和種子班孩子閒聊，希望了解在他們幼小
的心靈中，對於爸媽或親人來學校參加活動的想法。他們的用語（例如，喜
歡、希望、高興）與表達能力雖很有限，也不盡相同，但其中所透露的訊息
卻是一致的。

第九節　小結

　　綜合以上八小節所述，在公立種子園，學齡前幼兒在學習的路上，學校與
家庭之間攜手同行，相輔相成，被親師雙方認為是較為理想的親師合作方式。
不過這樣的方式在過程中，是經過一番實驗、摸索及調整，其間家長會扮演了
重要的推手角色。基本上來說，學校對於家長走入校園、教室，參與孩子的學
習世界，抱持十分鼓勵及肯定的態度，而大部分家長也認為，在孩子學校教育
的事上，父母和老師擔負相等的責任，只是在家長對老師「術業有專攻」的認
知前提下，認為任何可能涉及與課程相關之活動，宜以「學校為主，家長為
輔」。在那原則下，家長樂於站在共襄盛舉的立場，因應園方或老師的需求，
積極提供所需要的協助。因此在種子園，不論是在全園性或是班級性的活動
中，家長參與的方式多元；「出席」當觀眾只是最基本的參與型式之一，義工
家長現身於學校或班級情境中，提供人力、物力、資訊或專業等不同面向的支
援與協助，是稀鬆平常的事。對於「誰居主動，誰退居配合」，親師雙方在界
線的調整上，因著活動性質是具有彈性的。不過有一點值得注意的是，相對性
來說，種子園原本就傾向開放的家長參與風氣，在當屆家長會會長十分積極主
動策劃，希冀帶動全園親師攜手的實驗行動後，在正、負評價不一、活動過程

不如預期順利的情形下，一學期後仍回歸大多數親師共識中認為較為合宜「學校主導，家長配合」的合作模式。西方社會夥伴合作模式中，家長與學校關係與角色對等的同盟特性，並無法全然在種子園落實，究其原因並非單一，但似乎與雙方對於突破親師角色傳統的界定與運作方式，仍透露某種程度的不安與不確定有關；家長對於我國文化「尊師重道」信念的持守，在「家長是否合宜積極參與至課程與決策面向上」，似乎仍有其微妙與不可輕忽的影響——「課程為教師的專業範疇，家長不宜介入。」再者，雖然種子園或種子班的家長參與甚為積極，但基本上也是以女性家長之參與為主，尤其有一些班底家長扮演了重要的推手。從種子班家長以出席或以協助，參與率全園性或班級性活動的狀況來看，家長參與頻率之高低、參與面向之多寡，其影響因素包括家長的時間（彈性、自主性）、家庭的經濟（寬裕、尚可、拮据）、家庭的結構（雙親、單親、三代同堂、隔代）、家長的信念（以孩子為生活主要重心、孩子為生活的一部分）等。家長因著以上諸多因素之不同，在量與面向的參與上有所不同。但值得注意的是，它與家長對孩子教育的關心程度並不必然畫上等號。而雖然家長都是「因著愛，所以參與」，但有時家長參與方式或角色的不宜，也會帶給老師一些困擾。

種子班親師之間溝通的管道與果子園相似，但不同的是由於種子園沒有娃娃車，幼兒上下學都由家長自行接送，因此「面對面」的方式成為親師最主要的溝通管道。其中，家長的社經背景與其跟老師面對面談話的自在性及長度，有某個程度的關聯性，這與學者在西方社會的發現有相似之處；勞工階層的家長與老師的談話通常較為簡短、較不自在。就打電話的溝通方式來說，和果子園一樣，大多由老師採取主動，也不介意家長在下班之後的電話聯絡。在種子班，親師之間的關係亦呈現親疏不等之狀況，其中親師雙方都樂於開放所建立的信任度，在關係的形塑上似乎較之教育程度、社經地位、時間的有無等來得重要。種子班親師互動的現象顯示，親師關係的建立並非單一方面可以決定，雙方的特質、意願、主動性等都扮演重要的角色，雖然大部分時候老師可以發揮更多的主動性。對於「親師之間可以像朋友」的概念，透露著老師對親師之間權力平等的一種期許，不過一如果子園，多數家長對老師都很客氣而尊敬。結語來說，在種子園特定情境脈絡下，親師是教育夥伴的定義大致是以「學校

為主，家長為輔」呈現之。家長因著個人特質、家庭結構與資本之不同，而呈現同中有異，異中有同的參與角色與方式。在園方及老師抱持開放理念的前提下，親師合作模式雖接近西方社會所推崇的夥伴合作模式部分內涵，但因受到我國傳統文化某些價值體系及園中「人、過程‧情境」不等因素的影響，親師合作路徑如何在相互尊重、協調中達到適合該園特質的最佳境界？仍是一條持續待推敲與揣摩之路。

第六章
討論與省思

第一節　研究想法的回顧

對於教育現象的了解，Brofenbrenner（1979）文化生態觀的理論，提供了研究者甚為受用的理論基礎。論到情境對個體發展之影響與形塑，Bronfenbrenner除了精闢地指出由遠至近的五個系統——時間、大系統、外系統、中間系統、小系統外，也提出「過程—人—情境—時間」（Process-Person-Context-Time, 簡稱 PPCT）的理論模式，來剖析情境脈絡及時間脈絡如何交織影響發展中的個體[1]。本書中所呈現的實徵研究，即試圖以此理論觀點做為探究及思考的主要基礎，將焦點放在家庭與學校兩個小系統互動與聯結下所形成的中間系統——「家庭和學校的合作和互動」。不過雖然本研究的焦點在中間系統，但依據Brofenbrenner的理論概念，我們對中間系統現象的了解，無法脫離大系統（如文化、社會潮流的價值體系）對小系統（如家庭中的父母或學校中的親師所抱持的信念）及中間系統的影響，而外系統（如父母與朋友、街坊鄰居、親人等所形成的個人社會網絡、父母的工作）在有形或無形中，也成為家長對幼兒學習期望、選擇學校、參與幼兒學校教育等的影響因素之一。在研究歷程中，面對資料的蒐集、閱讀、理解、分析及撰寫，「過程—人—情境—時間」的理論模式，也提供我很大的幫助及提醒。對本書中所進行的研究來說，如果套用PPCT 模式，其中的要素可以轉化成以下的了解：

過程：幼兒學習過程中親師的互動與合作。

人　：幼兒學校教育中的重要他人——家長、老師。

情境：探究的脈絡——家庭、焦點幼稚園、焦點班級。

時間：二十一世紀的今日、學前教育階段、研究進行的那一年。

---

[1]　Bronfenbrenner 後來將他早期所提的文化生態理論進一步概念化為生物生態理論（Bio-ecological Model），剖析先天遺傳和後天環境如何交織作用，如何影響個體極致發展的不同（Bronfenbrenner & Ceci, 1994）。不過本研究並沒有含括這部分觀點的應用。

　　透過一學年在私立果子園及公立種子園的田野研究，透過我所聽到的、看到的故事，我習得了所提出之研究問題的一些答案及洞見，將之分別呈現在本書的第三章、第四章及第五章，希望讀者在該三章的閱讀中，體會到以上理論影響下的分析及理解。再者，在該三章中我也試著盡力去呈現一般質性研究者，透過參與觀察、訪談、文件資料等的協助，希望達到的一個理想境界：不僅呈現所關切之研究問題的 what，而且能探究之所以形成 what 後面的 why 和 how。這三章研究結果在順序上的鋪陳上，隱含著個人在走過研究歷程之後，覺得對讀者從情境脈絡去了解研究發現，比較有幫助的方式。亦即，要了解第四章及第五章中不同學校的親師合作，為何會有不同面貌的展現與詮釋之前，最好能先了解第三章中不同學校中的家長，對幼兒學習抱持什麼樣的期望、為什麼他們會有那樣的期望，以及不同學校如何以他們認為最佳的方式，協助家長達到他們對幼兒所設定的學習期望、親師的信念與期望相異與同之間如何互動等。以本研究的目的來說，第四章及第五章所陳述的，雖然是主要的研究焦點，但第三章像是序曲一般，如果未先探究前者，對後者的理解則會止於表相的「什麼」（what）層次，而無法較深入地了解不同現象之所以形成的「為何」（why）及「如何」（how），因為就某個層面來說，兩者是互為因果的。

　　本研究結果發現，家長對對幼兒學習所抱持的價值信念及期望，對於幼稚園的性質、教育理念的自主性，以及是否受制於社會潮流等，具有相當程度的影響，而園方課程的特色，反映了其對幼兒在學齡前應該學些什麼的教育信念，園方的教育信念吸引了相似信念的家長，將幼兒送至園中接受學前教育，而不同教育信念的學校與家長之間，形成了不同型態的互動與對親師最佳合作關係的主觀詮釋。在特定的合作關係認知下，園方所提供給家長參與幼兒學習的方式與管道，亦隨之有所不同，而家長及教師對於自己在幼兒學習過程中，本身及對方角色的定位與配合亦有不同的理解及期許。在家長與幼稚園雙方特質的交互作用下，對於何謂理想的幼兒學習內容及方式、何謂家長參與、以及何謂最佳的親師合作關係等，都有不同的詮釋，進而影響兩者互動與聯結下所形成的中間系統，有了不同面貌的發展與呈現。以下根據本研究的主要研究問題，針對兩所幼稚園在特定的「過程」、「人」、「情境」及「時間」等的交織影響下所習得的研究發現，做重點統整、討論、省思及建議。

第二節 家長對學前幼兒學習期望的不同圖像與理解

　　透過兩所性質與特質不同的幼稚園家長的想法，本書中實徵研究的第一部分試圖了解，幼兒父母選擇幼稚園背後所隱含對幼兒學齡前的學習期望。研究發現，家長對學齡前幼兒學習期望的信念，同時反映了文化與個人建構模式的觀點，而其中文化影響的部分，除了反映我國傳統以來某些特定價值信念的固著性外，亦呼應 Cronbach（1975）的觀點——人是活在互動的情境中（interactive context），個體及其信念都在改變。其中改變的機制主要包括個體所處之社會與環境特質之影響。不過，我發現因著個體對於當下社會與環境特質之因應態度的不同，會進而影響他們對兒女在學前教育階段的學習內容及面向，抱持不同的價值信念及不同的優先次序。

一、家長對幼稚園的選擇反映他們對幼兒學習的期望與認知

　　對學前階段的孩子而言，什麼是重要的學習內容？這個問題在台灣學術界中，在過去一直鮮少被研究者以質性方式探討。在本研究中我發現，家長對幼兒的學習期望，深深影響他們在為孩子選擇幼稚園時的決定，研究中兩個幼稚園的型態與理念不同，不同的教學型態滿足了不同家長對孩子不同學習期望的需求。多數私立果子園的家長選擇幼稚園時，考量的因素主要為：結構性的具體認知課程、老師的愛心、硬體環境與距離等四方面，而多數種子園的家長所考量的主要因素為：開放性的探索課程、硬體環境與學費便宜等三方面。整體來說，兩園大多數家長在選擇幼稚園時，都並非是單一因素使然，而是在多元因素輕重排序的權衡下，做出最符合、最能兼顧本身期望與現實條件的一種抉擇；亦即不同家長對同一因素會給予輕重不同的優先順序之考量。因此，雖然對園方的課程內容是大多數家長首重的選擇因素，但它也並非是絕對的唯一考量因素；其中多兼併其

他因素的考量，例如在園方課程特色與自己所期望的沒有明顯衝突的情形下，有人會因著孩子情緒特質之需求，首重老師深具愛心的口碑；而對某些職業婦女來說，在兼顧工作與接送方便的情形下，園所交通距離的方便性被列為重要考量，在家庭經濟不是問題的情況下，園方提供給幼兒的學習內容是否全然符合自己的期待，家長就不是那麼介意了，只要對園方課程品質大致滿意，他們即可接受；反之，對家庭經濟狀況較為拮据、對幼兒學習內容不抱特定期望的家長來說，公立幼稚園的學費便宜，便成為他們為孩子選擇學校時的最大誘因。因此，在諸多可能影響家長對幼兒學校的選擇因素中，我們可以發現，一般來說，當家長在經濟（佳與不佳）、距離（方便與不方便）、家人支援（有與無）等小系統中的自主性越高時，其對幼兒學習所抱持的價值信念及期望，就越明顯地成為影響其為幼兒選擇特定型態學校的關鍵因素。這一現象呼應了學者在美國社會的發現——家庭的特質與資本影響父母的期望，進而影響其在孩子教育過程中所採取的教育行動（Graue, 1993a; Lareau, 1987），因此，教養與教育兒女之於父母是怎麼一回事？其探究與了解需從「人在情境中」的觀點下為之，才有可能較為合宜地掌握其然及其所以然（Bronfenbrenner, 1979）。

二、家長的學習期望影響其對幼兒重要起跑點的界定

以學習期望來說，兩個園所家長的信念存在著同與異。相似的重點之一是，兩園所幼兒父母對於傳統文化中的道德品性、群體生活能力等方面的學習都很看重，這反映了我國傳統文化價值的影響力，雖然歷經幾千年的變遷，但是某些特定的價值信念，不分社經與教育背景，至今仍影響國人的教養觀與發展觀（劉慈惠，2000b，2001a）。相似的重點之二是，在台灣社會中，由於書籍、報章雜誌、媒體、親職講座等多元傳播方式之影響，以孩子為中心的西方教養觀逐步東漸、生根，兩園不少家長都顯示了他們看重華人傳統文化中，向來較被忽略的情緒發展及個別差異（Ekblad, 1986; Stevenson, Chen & Lee, 1992）。至於兩園家長對幼兒學習期望最大的差異乃在於，他們對於什麼是幼兒重要的起跑點的詮釋，有所不同，這也進而影響家長對於何謂「好的幼稚園」的界定有所不同。因此，當兩園不少家長都是因著該園課程的口碑慕名而去時，吸引

種子園家長的課程優勢，往往正是多數果子園家長認知中的缺點；反之亦然——吸引果子園家長的課程優勢，是種子園不少家長希望避開的。這樣的現象充分反映，家長的教育觀與學習期望深深影響其對園所品質的詮釋與選擇。

以課程特質來說，兩園因著性質的不同，在幼兒教育理念的實施上有所差異。果子幼稚園因著生存的考量，在某種程度上顯示其配合與回應家長對幼兒讀、寫、算、才藝與英文學習之需求，在課程的安排上，相對來說較為結構及分科式，教學有特定的目的與進度，紙筆簿本的練習與使用，在教室中是常見的學習活動。不過，果子園課程的核心反映了園方並非如一些「小學先修班型的私立幼稚園，」一味迎合家長對幼兒讀寫的需求；反之，園方對幼兒的生活教育、禮儀常規等也很重視，只是基本上課程焦點似乎主要反映「讀寫取向的學習」，這樣的關注，無論是在親師聯絡簿一來一往的對話上、親師座談會、家長參觀日及親子園遊會等的互動上都一而再地浮現。而園方那樣的用心及辦學成效，一向頗獲家長的肯定。相對來說，種子園多少因為公立幼稚園之故，在課程的規劃上具有相當大的自由度與自主性；教師可以依據學理所強調的幼兒全人發展理念設計課程，教學上不刻意安排讀寫算的進度，各班課程的作息與內容具有相當的彈性，幼兒的學習以第一手經驗的探索及同儕間學習為主。園內沒有安排美語或才藝課程，老師不刻意進行紙筆的讀寫活動，語文與數概念等認知性的學習，大多融合在平常教學與學習活動中。兩園課程的安排方式，反映了其對幼兒發展過程中，「什麼是重要起跑點」之信念的差異，也反映了園中多數家長之所以為幼兒選擇該園的重要理由之一。

三、面對幼兒學習期望，家長以不同方式因應社會潮流與環境的壓力

「不要輸在起跑點」，或者「要贏在起跑點」，在台灣社會是許多人耳熟能詳的口號，也是許多學齡前幼兒家長在陪伴孩子成長的過程中，可能無法避免不去思考的議題。可是究竟這樣的概念其涵義為何？本研究發現，正如一些研究跨文化發展與教養的學者（LeVine, 1974; Okagaki & Sternberg, 1993; Triandis & Brislin, 1984）所提出的：「同一概念往往蘊含不同的意義」。分析其中原因主要是個體受其所處家庭與社會環境、情境之影響，對特定之概念會發展出吻

合其情境特質與需求的詮釋（劉慈惠，2001a），而這樣的現象亦浮現在本研究的結果中。例如，從家長如何選擇理想幼稚園的角度來探討家長的教育信念時，我發現對於果子園多數家長來說，重要的起跑點比較是從認知性讀寫算能力的角度來界定，他們對幼兒上小學之前讀寫算的重視，反映了台灣時下為數不少的私立幼稚園家長對孩子上小學後，在課業銜接上的擔心與焦慮仍是那般地真實，尤其少數家長雖然家庭經濟狀況並不理想，但為了怕孩子輸在「讀寫能力」的起跑點，寧可自己辛苦一些，捨便宜的公立幼稚園，而讓孩子唸花費不貲的私立幼稚園。從果子園的角度來說，園方雖也一直努力和家長溝通「讀寫算」並非幼小銜接之全部的觀念，但多數家長的焦點似乎仍鎖定此一方向；再者，不少果子園家長都曾從個人社會網絡（如：街坊鄰居或親朋好友），耳聞小學一年級的老師對剛入學的學童在注音符號能力上有所要求與期待的負面傳言，或許那樣的消息並非全然屬實，但多數父母似乎仍選擇「寧可信其有」，在多一份準備，少一份擔憂的心態下，家長因而期待幼稚園在某種程度上，能發揮小學先修班的功能。從果子園家長的談話中反映一個現象——在學前階段，雖然幼兒在品德及情緒等方面之能力的培養與學習也很重要，但最重要的還是要確認孩子上小學之前，一定要學會注音符號與寫字。因為在他們的理解中，在他們所處的環境、情境中所傳遞的訊息，在在都讓他們相信：「讀寫算基本技能是孩子從幼稚園到小學能否順利銜接、是否會『輸在起跑點』的重要關鍵！身為愛孩子的父母，我們不能不為孩子未雨綢繆。」因應幼兒家長這樣的擔心，私立幼稚園為求生存，不得不在教育理想與現實之間適度的妥協，因而在課程結構上呈現了不同程度的配合。

反之，對公立種子園的多數家長來說，「不要輸在起跑點」被賦予和果子園非常不同的詮釋——重要的起跑點首在孩子的人格與社會能力的發展上，家長期許幼兒能熱愛學習、不要過早承受課業壓力、擁有正向社會與情緒能力重於讀寫算等認知性的發展。不過受到我國傳統文化與現今社會大環境潮流的影響，一小部分家長對於幼兒上小學所需的讀寫算能力，仍有某種程度的焦慮，但是在透過帶班老師的溝通，以及家長之間彼此教養經驗的交流中，這樣的家長對孩子讀寫能力的焦慮大致都可以得到一些紓解，雖然未必能全然釋懷，但他們並不會因而要求老師要調整教學內容，少數家長會透過自己在家中提供孩

子學習機會的方式，來解決這方面的牽掛。種子園強調全人均衡發展的理念吸引了志同道合的家長，選擇將孩子留在一般人刻板認知中「學不到什麼的幼稚園」，這樣的堅持反映了一個現象——有些家長在面對社會潮流與大環境的壓力時，能擁有逆向思考與行動的信心。基本上來說，當台灣私立幼稚園的園數遠超過公立幼稚園時，種子園家長可能代表台灣時下非主流的一小群家長之一二；他們對於幼兒的發展較能從學習過程而非學習成果、長程能力而非眼前技能，去設定對孩子的學習期望，因此他們對於孩子在學習過程中，對於培養較為長遠、抽象、非紙筆能評量的潛能發展較為關切，認為只要孩子喜歡學習，上小學之後的課業銜接可以慢慢來，遲早總會適應的，他們不贊成、不喜歡、也不願意「機械化的讀寫算」成為幼稚園課程的一部分。不過，值得注意的是，這並非表示這些家長全然不在意孩子注音符號的學習，只是他們覺得學齡前有比那些更重要的能力需要培養，希望孩子能透過五官之探索、遊戲的自然教學情境中去學習文字與符號的概念。

本研究結果顯示，家長對幼兒不同的學習期望與西方社會學者之發現有呼應之處，亦即個體因著個人經驗、生長環境、教育期望、理念、教育政策等不同因素之影響，對學童的學習具有不同的期望；有的強調學業技能，有的則強調社會、情緒能力（Lin, Lawrence & Gorrell, 2003; Wesley & Buysse, 2003）。有一點需要強調的是，雖然兩園家長對於幼兒所抱持的教育期望上有明顯的不同，但這些期望並不宜以二元法來切割，因為它們並非是互斥的，而是有不同程度的相容性，只是家長在考量幼兒不同面向的發展與學習時，受到諸多因素交織影響下，對於學齡前幼兒需要培養的能力，做了不同優先次序的考量。而不同優先次序的界定與拿捏，反映了父母的教養行為是一社會性的活動（social activity），無法跳脫父母所處的社會脈絡去解讀（Graue, 1993a）。在今日台灣社會中，智育成就似乎從學前階段開始，就深深影響父母對於幼兒學習內容的期望，而較能超越風潮或設法與主流共處的家長，通常是較為少數的一群，而這樣的家長大致具有一些特質：較能從全人發展角度來界定幼兒學習期望、對教育狀況有較多了解與掌握，以及對自我能力較有自信的家長。這樣的現象反映了一些學者所提出的論點——父母教養的目標在於幫助、鼓勵孩子培養在當代社會成功所需要的特質，可是何謂「成功」？不同的父母在不同的年代、不

同的情境中會有不同的解讀，進而會帶出不同的行動與策略（劉慈惠，2001a；Inkeles, 1955; Youniss, 1994）。

四、名至未必然實歸？——合格師資之於公立幼稚園的品質與意義

基本上，研究案中兩園家長對於孩子能在目前的幼稚園唸書，大都感到滿意，不過兩園中也都存在少數例外者。對這些家長來說，園方的教學雖然並非都盡如他們的意，但他們也不會因而排斥之。例如，在果子園，覺得園方教的太少和太多的家長皆有之，而基於其他不等原因的考量（例如，交通方便、老師有愛心……等）仍選擇該園；在種子園，有少數家長擔心孩子上小學後在課業上的銜接，而希望老師教讀寫基本技能，但基於不同原因之考量仍然選擇留下（例如，孩子很快樂、學費便宜……等）。本研究結果顯示另一個值得關注的議題——私立果子園家長在選擇幼稚園時，教師合格與否幾乎不曾是他們關切的重點，這意味著「合格教師之於園所專業品質」似乎完全不存在家長的認知模式中；對這類型的家長來說，老師的合格與否，遠不及老師對幼兒實際看得見的愛心與耐心來得重要。值得深思的是，當學者一直強調、呼籲「合格教師具備幼教專業能力之於幼兒發展」的重要性及優勢時，不將之列為選擇園所重要考量的幼兒家長卻大有人在。再者，不少家長認為公立幼稚園工作為鐵飯碗、老師對孩子的愛心及照顧不及私立幼稚園等之刻板認知等現象，都透露了理想與現實之間不容忽視的莫大落差。這對薪資、福利一向遠比私立幼稚園優渥的公立幼稚園教師來說，提供了一些重要的警訊：「專業必然要求合格，但專業卻不一定帶來敬業？而合格又未必然反映專業與能力的被肯定？面對來自家長這樣『可能是，也可能非』的質疑，我們該有什麼樣的省思、回應與行動？」

五、多重因素交織影響，期望信念的變與不變因人而異

就本研究對象來說，教育程度與社經地位對家長教育信念之影響，並未如西方學者（Graue, 1993b; Lareau, 1989）所發現的顯著現象。本研究案中的兩園家長教育程度分布相近；從國中至研究所皆有之，研究結果顯示，家長教育程

度與社經的高低與其選擇幼稚園課程特質之間，並沒有絕對必然的關係。亦即家長教育程度之高低，未必反映其對學前教育功能認識的多寡，反倒是家長的價值觀，影響了他們決定學齡前幼兒學什麼是重要的，而這樣的價值觀的形塑反映了社會文化潮流、父母個人成長背景、教養經驗的累積與摸索、工作性質、孩子特質等諸多因素交錯之影響。這樣的價值觀對某些人來說，是根深蒂固、一成不變的，但對某些人來說，則並非是靜態的，而是一個不斷修正調整的過程，其中個人社會網絡的影響尤其深，這反映研究者對於個體平日來往、交換教養、教育想法之網絡之於個體價值信念影響的探討不能輕忽之（Graue, 1993b），因為它使得有些人原本對孩子的學習期望與教育觀侷限在追趕社會的價值體系與潮流，但因著朋友的影響做了不同的嘗試，當眼見孩子有了不同面向的成長後，他們改變了原有的期望與想法，而重新界定幼兒重要的起跑點，其中包括勞工階層的家長。此一現象反映，家長的背景與特質在某個程度上，影響其世界觀、教養與教育觀之形塑（朱瑞玲，1998；余安邦，1991；黃迺毓，1996；Kohn, 1969），但其信念與期望並非是一成不變的，透過合宜的管道與策略，教育工作者仍有影響家長的空間，使其有機會逐步了解對幼兒全人均衡發展較佳的學習路徑。

第三節　幼稚園中親師合作面貌的不同展現與詮釋

　　從文化生態理論（Bronfenbrenner, 1979）的觀點來探討家庭與學校合作關係，我們可以很清楚一個現象的存在：由於人是環境的產物，每一情境脈絡皆擁有其獨有的特性，這一事實使得不同園所與不同家庭交織下，激盪出不同的親師互動與合作面貌，而並非依循著單一的理想模式或路徑去發展。以第二節家長對幼兒學習期望之了解做為基礎，以下進一步綜合討論：在現今台灣社會中，在家長對幼兒抱持不同的學習期望下，當孩子進入家長所選擇的幼稚園後，兩個園所的親師對於彼此的合作關係，會有什麼不同的認知與展現？在同

樣期許為幼兒營造最大學習利益的前提下，親師又如何詮釋各自在過程中的角色、合作及參與方式？

一、不同親師互動類型反映不同的信念與期望

　　親師在各自所抱持的教育信念下，在供需之間所建構的學校文化與教育生態，很自然的影響了學校與家長互動及合作關係的形塑與發展。本研究中的兩所幼稚園基於不同的思惟與需求，展現了不同的親師互動與合作關係。Swap（1993）針對親師不同合作模式的歸類，可以用來理解私立果子園與公立種子園親師互動模式的不同，其中果子園親師之間合作面貌的展現，接近 Swap 所謂的信託制的學校主導類型，而種子園則接近夥伴合作類型。雖然在 Swap 的論述中，在今日強調家長多多走入學校參與孩子學習過程的年代裡，夥伴合作模式一向被認為是最為理想的，不過，我們必須要體認：今日社會中的家庭特質和學校，具有不可否認的多樣性與多元性。不同的親師合作模式都並非由單一因素造成，而是由諸多因素交織而形塑，其中重要因素包括園方的教育理念、園長的領導特質、老師與家長的特質等。不同的合作模式背後，隱含了親師雙方對教育假設、目標、態度、策略與行動等之不同，如果我們從文化生態理論來看，就不能單就表相去做價值優劣的評論，因為在每一種合作類型中，對於身處其境的當事者來說，可能是在彼此需求的契合下、現況特質的侷限中，雙方覺得最適合的合作模式。

　　以果子園來說，從第三章果子班家長對孩子的學習期望，以及第四章園中親師互動模式的討論中，讀者可以明顯地發現其特質與學校主導模式背後的三個重要信念，具有相當程度的呼應性，雖然在某些面向（例如，家長到學校當義工或不同形式的協助）的特質並不具備：(1)學校認為學生的學習成就，有賴學校與家庭之間價值觀與期望的連續性；(2)學校理當認同社會的價值取向及做法，以幫助學生奠定將來成功的機會；(3)家長應該認同學校教育的重要性，在家中協助並強化學校對孩子教育所設定的期望，提供孩子良好發展與學習的環境，以確保孩子至少達到學校與社會的最低要求標準。在這種親師雙方的互動類型中，教育目標是由學校單方面決定和主導，學校對家長合作的期望是定位

在希望家長能認同並支持學校的用心及努力。在台灣今日社會中，家長教育權雖然日漸受到重視，但整體社會以學業為取向的價值體系，並沒有太大改變的情況下，可能驅使大部分的學校仍然依循此類的合作模式，來善盡傳統以來為學校所界定的教育功能。畢竟透過此一熟悉的合作方式，學校通常可以以很具體、目標導向的方式，協助孩子朝著社會潮流中所認定的成功路徑前進，而當家長也認同，或者無法超越課業技能、學業成就之於社會現實的重要性時，自然而然樂意將教育的主權全然委託給學校。如此合作關係類型並非是親師任何一方所能促成，而是雙方之間的界線甚為固定區隔的情況下，彼此樂於各取所需，各盡其職的互動結果。對照於學者針對國內中、小學教育階段的研究結果（陳麗欣，1997；陳麗欣、鍾任琴，1998；楊巧玲，2000b），反映出，類似果子園界定合作關係的學校，不論教育階段為何，在教育改革聲浪下，它仍是時下家庭與學校合作關係型態的主流。

相對來說，公立種子園之於 Swap 所提出夥伴合作類型的相近性，讀者也可以在第三章及第五章的討論中找到一些對照。此一類型的親師合作關係，與學校主導模式大異其趣；它試圖突破社會上對學校與家庭之間關係的界定，強調老師和家長之間對等、同盟的關係，老師和家長同時擔負傳遞價值與教育的責任，為了希望學校與學生有更好的未來，親師雙方需要一起努力去達成學校教育的使命。此類型的背後含有與學校主導模式差異甚大的兩個基本假設信念：(1)為了完成共同的使命，學校的環境、政策、結構、做法、角色、關係、態度等都必須有所調整；(2)使命的完成有賴老師、家長、社區及教育工作者共同的合作與努力。這個類型與學校主導類型主要的不同，在於它強調雙向溝通，看重家長的才幹，和家長共同解決問題。這種合作類型的特色包括強調雙向的互動、看重孩子在學校與家中的學習、親師提供相互所需的支持、親師共同做決定等。在這種類型中，家長參與不被認為是外加的，而是學校教育品質提升不可或缺的要素，家長以各種不同方式參與學校的事務，幫助學校教育品質的提升。不過此種合作類型的落實並不容易，因為其中涉及親師雙方在時間上的投資、觀念的溝通與協調，因此在過程中產生彼此間意見上的衝突也在所難免。

在台灣社會中，重視開放教育精神的學校，夥伴合作模式應是比較具有發

展潛力與空間。不過正如 Swap（1993）綜覽西方相關文獻時發現的，學校文化的改變在本質上是很困難的，其中的問題並不在於沒有模式可循，而是在於學校文化在本質上往往是很固執的，除非親師都樂於接受改變與挑戰，不因預期或非預期的困難、困惑等而怯步，願意不斷摸索。研究中的種子園家長會於上學期在會長積極、主動的投入與帶領下，嘗試不同於以往的尺度與面向，進行園中一些活動策略的參與。然而基於各種不等原因所引發的困擾與動盪，在歷經一段過程後，雙方仍回到大家較為熟悉、較具安全感的互動模式——「教師為主，家長為輔」。此一經驗反映，任一學校面對現存的親師合作模式，若要挑戰彼此熟悉的合作模式與路徑，欲在既定的結構下尋求轉變及突破，則勢必雙方在理念上都要先認同**「改變，雖然不容易，但應比維持現狀好」**，因為再好的模式都無法在親師任何一方一廂情願的情況下推動。要走過突破現狀的陣痛期，期許轉型，除了親師雙方、行政者之間需要在事前、過程中、事後，有充分與持續的溝通之外，更重要的是學校的基本結構、組織、課程、親師角色定位、關係、態度和信念等都要面臨長時間不斷的調整與改變（廖鳳瑞，1996；盧美貴，1998；簡楚瑛、林麗卿，1998）。

　　Swap（1993） 指出，美國大部分學校的親師互動模式，是依循學校主導類型概念而發展，而夥伴合作類型則是回應美國教育改革下，一種新的親師合作趨勢。我發覺，雖然中西文化之間存在很多價值體系的差異性，但在親師互動類型的發展與轉換的路徑上，中西之間似乎存在著一些相似之處。不過值得注意的是，受到我國傳統文化對尊師重道、術業有專攻之價值信念的影響，西方親師夥伴合作模式在種子園雖具有某種程度的雛形，但並未能達到西方社會同一模式的全然特質，仍可見文化上的差異，尤其針對家長在課程相關面向的主導性是否合宜？可行？在實際的執行上，仍依稀可見源自於文化信念影響而浮現的矛盾、困惑與不確定性。這些現象反映，親師之間合宜權力與界線的拿捏，對國人而言是一個不小的挑戰。大系統中華人傳統文化價值體系，對中間系統運作之影響，讀者在第三章至第五章的討論中應可以清楚地感受。因此，今日當教育當局大力倡導家長教育權和參與權之際，並不宜全然套用他文化的概念、策略與模式，而宜將不同特質的家長與學校，放置於他們所處的特定情境脈絡中，去思考合於我國文化、當前時代與台灣社會、親師的背景與特質的

合作方式，以漸進的步調，在充分的溝通、相互聆聽中，在既有的基礎上尋求
在理想與現實之間，雙方如何逐步改變的合作模式。

二、教育夥伴的界定因放手和攜手之別，家長參與的面向有所不同

對父母與老師來說，彼此的合作雖然可以使得雙方都相互減少對自己角色
的孤立感，不同的學習期望，使得親師在合作過程中對於各自可以、應該做些
什麼，會有不同的理解與詮釋。本研究中兩園的親師合作模式雖然不同，但是
雙方卻都肯定家庭與學校合作是重要的。亦即大家都認同「親師是教育夥伴」
的觀念，不過此一常被大家掛在嘴邊的口號，其定義及內涵並非是固定、一致
的；在本研究中兩園的親師以不同的方式解讀及建構彼此教育夥伴的關係。從
第四章及第五章的討論中，讀者可以明顯看到親師夥伴關係，如何被賦予不同
的定位及角色。以在兩園中舉行的家長座談會進行流程與方式為例，我將之簡
化整理為圖 6-3.1 及 6-3.2。從這兩個圖示中，我們可稍微了解到一個事實：同
樣的親師活動，在不同教育夥伴的認知下，親師所發揮與扮演的功能與角色是
有所不同的。基本上，在兩個園所的家長座談會中，在果子園是由園方全程規
劃、主持，園長、主任、班級老師輪流上場，告知家長關於幼兒學習的重要訊
息，所有家長坐在下面當聽眾，注意力全在台上的老師，家長彼此之間少有交
談或意見交流。家長在過程中很少發問，偶有提問，皆由老師回答。在種子
園，座談會是由各班各自舉行，園長及老師在此活動中都並非主角，因會議由
家長主持，親師之間沒有明顯的主客之分，議程內容由雙方各自提出一些班級
相關議題下進行之，在整個過程中，較多以討論的形式呈現，家長所提出的問
題或困惑，主要經由家長之間彼此經驗分享、意見交流而釋然，老師較多居於
聆聽的角色，必要時才提供一些想法。

【A.果子園親師座談會：以全園性為主】

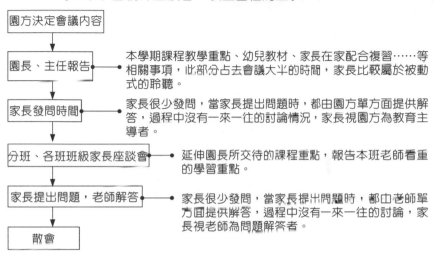

園方決定會議內容

園長、主任報告 ← 本學期課程教學重點、幼兒教材、家長在家配合複習……等相關事項，此部分占去會議大半的時間，家長比較屬於被動式的聆聽。

家長發問時間 ← 家長很少發問，當家長提出問題時，都由園方單方面提供解答，過程中沒有一來一往的討論情況，家長視園方為教育主導者。

分班、各班班級家長座談會 ← 延伸園長所交待的課程重點，報告本班老師看重的學習重點。

家長提出問題，老師解答 ← 家長很少發問，當家長提出問題時，都由老師單方面提供解答，過程中沒有一來一往的討論，家長視老師為問題解答者。

散會

【B.種子園親師座談會：各班各自舉行】

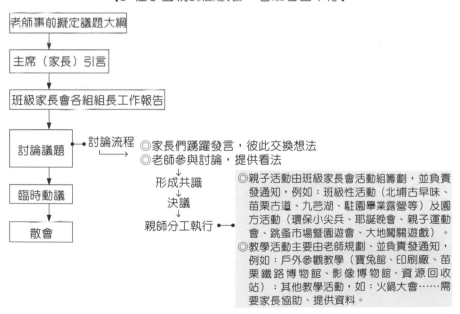

老師事前擬定議題大綱

主席（家長）引言

班級家長會各組組長工作報告

討論議題 → 討論流程 ◎家長們踴躍發言，彼此交換想法
◎老師參與討論，提供看法

形成共識
決議
親師分工執行 ← ◎親子活動由班級家長會活動組籌劃，並負責發通知，例如：班級性活動（北埔古早味、苗栗古道、九芎湖、駐園畢業露營等）及園方活動（環保小尖兵、耶誕晚會、親子運動會、跳蚤市場暨園遊會、大地闖關遊戲）。
◎教學活動主要由老師規劃、並負責發通知，例如：戶外參觀教學（寶兔館、印刷廠、苗栗鐵路博物館、影像博物館、資源回收站）；其他教學活動，如：火鍋大會……需要家長協助、提供資料。

臨時動議

散會

圖 **6-3.1** 兩園親師座談會流程

【A.果子園親師座談會親師互動方式】

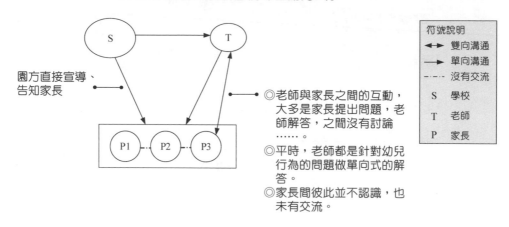

園方直接宣導、
告知家長

◎老師與家長之間的互動，
　大多是家長提出問題，老
　師解答，之間沒有討論
　……。
◎平時，老師都是針對幼兒
　行為的問題做單向式的解
　答。
◎家長間彼此並不認識，也
　未有交流。

符號說明
◄──► 雙向溝通
──► 單向溝通
─·─·─ 沒有交流
S　學校
T　老師
P　家長

【B.種子園親師座談會親師互動方式】

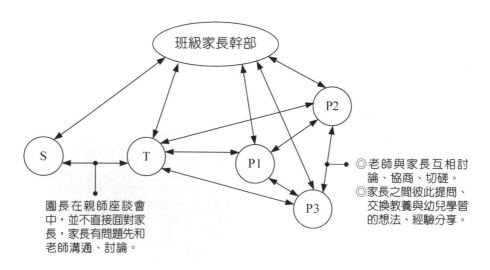

班級家長幹部

園長在親師座談會
中，並不直接面對家
長，家長有問題先和
老師溝通、討論。

◎老師與家長互相討
　論、協商、切磋。
◎家長之間彼此提問、
　交換教養與幼兒學習
　的想法、經驗分享。

圖 **6-3.2** 兩園親師座談會親師互動方式

　　基本上來說，在果子園，對於「親師是教育夥伴」的認知，乃是將家長定位於被動配合的輔助者，而學校則是規劃與主導者。親師角色功能區分相當明顯，家庭與學校被視為兩個獨立的學習世界，親師以分工的方式，在各自負責的面向及領域協助孩子的學習。學校全然擔負孩子在學校的教育責任，負責在學校把孩子教好、透過幼兒學習卷宗、相關活動等方式，定期與家長溝通孩子在學校的學習狀況。而家長對孩子的教育責任在家庭的範疇中，他們關心與回應孩子帶回家的學習卷宗、配合學校的教學進度，幫孩子複習老師交待的功課。當學校舉辦活動時，以出席當觀眾的方式，表示對孩子學校教育的關心及參與。家長參與的型式及面向十分固定而單一，在彼此各盡其職的認知下，親師角色界線明確而清楚，舉凡在學校發生的所有相關活動，學校都抱持著「受人之託，忠人之事」的理念，一手包辦，不假手家長、不藉助家長，因此家長甚少以任何形式協助學校所舉辦的任何活動，因為「學校辦事，家長放手且放心」，彼此透過這樣的支持與配合，家長與學校成為孩子教育的最佳合夥人。

　　在種子園，相對性來說，親師角色的界定則較具彈性，區分較不明顯，互動過程中分工有時，同工有時，家庭與學校被視為具有交集，而非獨立存在的學習世界。雖然家長對於老師抱持著「術業有專攻」的尊重，認為教學上應以老師為主體，但在不同場合，或校外或校內，家長除了以出席當觀眾為最基本的參與外，尚以各種形式提供園方或班級所需的協助，或當義工、助手、或提供資源、資訊，甚至以專長帶領教學活動、策劃及推動親子相關活動。孩子在家中的學習，雖然是家長負責的領域，如回應孩子定期帶回來的學習檔案、和孩子完成老師所設計的親子活動等，但對於孩子在生活作息上的一些狀況，老師也會在下班以後以打電話關心的方式，協助家長解決困擾。在種子園，「孩子教育，親師攜手齊來」被認為是親師乃教育夥伴的最佳解讀。

　　基於對教育夥伴解讀之不同，兩園家長對孩子學校教育過程中，在家長參與的程度及面向上有了不同的展現，這反映了一個現象——「信念雖然不見得反映行為，但是行為卻是源自於信念的一部分」。以下綜合中外學者（吳迅榮，2001；吳璧如，2001，2003；孫淑柔，2003；楊巧玲，2000b；Epstein, 1992; Greenwood & Hickman, 1991; Henderson, Marburger, Ooms, 1986; Swap, 1993; Williams & Chavkin , 1986）所提出家長參與的方式或類型為基礎，將兩園家長參

與的角色，從最基本的層次到較高的層次，整理、對照呈現如表 6-3.1。

表 6-3.1 兩園家長參與角色對照

果子園		家長參與的角色		種子園
	N	社區參與者 ↑	Y	到公園舉辦社區環保活動
	N	決策參與者 ↑	Y	參與家長會組織、策劃、推動園方或班級活動
	N	支持者、協助者 ↑	Y	當義工、提供資源、資訊、帶領或協助班級性或全園性活動
參加讀書會、親職座談	Y	學習者 ↑	Y	參加親職講座、紙黏土班、插花班、故事媽媽研習等
回應園方透過通知單、學習卷宗、電話、面談、家長座談會等方式讓家長了解孩子狀況，建立親師溝通	Y	配合學校基本義務者 ↑	Y	回應園方透過通知單、學習檔案、電話、面談、家長座談會等方式讓家長了解孩子狀況，建立親師溝通
出席家長座談會、全園性親子活動、家長參觀日	Y	觀眾 ↑	Y	出席家長座談會、全園性或班級性親子活動
家長協助並督促孩子複習老師交待的功課（偏向讀寫算認知性技能）	Y	家庭教師 ↑	Y	家長和孩子一起完成老師所設計的親子活動（偏向社會性、創作性技能）
家長提供孩子安全、健康的環境	Y	提供家庭基本義務者	Y	家長提供孩子安全、健康的環境

註：Y 表示家長有此面向的參與；N 表示家長沒有此面向的參與。

　　兩園因著不同的信念而帶出不同面向的家長參與，除了以上述的方式進行對照外，我再從其定義、參與地點、參與內容、參與的主動性等角度切入，整理及分析其中家長參與行為所呈現的差異，呈現如表 6-3.2：

　　從上述兩個表，讀者可以發現，何謂「家長參與」？在本研究中，其定義很顯然是因人而異的。這一個概念誠如 Bloch 和 Tabachnick（1993）在美國社會所發現的；它並沒有標準答案，在本研究中亦然；在台灣社會中，它對不同人而言也是一樣具有不同涵義。有一點值得注意的是，我們並不宜就參與方式的表面現象，將家長參與層次的高低，或角色的單一或多元，和其關心孩子程

表 **6-3.2** 兩園家長參與面向對照

	項目	果子班	種子班
對「參與」 的詮釋	協助		
	事務性：協助園方環境、文書、規劃	N	Y
	資源性：提供園方所需的人力、材料、專長	N	Y
	決策性：參與園方或班上相關事務的決策	N	Y
	教學性：協助或帶教學相關活動的進行	N	Y
	出　席：當觀眾	Y	Y
參與的 地點	家中：協助孩子複習功課／紙筆作業	Y	N
	完成老師指定的親子活動	Y	Y
	簽寫親師聯絡簿	Y	Y
	學校：出席園方舉辦的活動	Y	Y
	協助園方舉辦的活動	N	Y
	社區：跨越家庭、學校範疇之外	N	Y
參與的 主動性	主動策劃：班級或園方活動	N	Y
	主動協助：主動提供人力或資源	N	Y
	被動協助：在老師的邀請下支援人力、資源、專長	N	Y

註：Y 表示家長有如此的參與；N 表示家長沒有如此的參與。

度的高低畫上等號，也不宜在其中做優、劣的評論，因為不同家長參與面向、層次與角色的不同，其中除了涉及每一園所文化對親師角色界定有所不同外，同一園所中也因著各班老師及家長信念與背景特質之不同，也會產生不同面向和程度的發展，並非單一因素可以解釋。這也是為什麼對教育工作者來說，光是了解現象「為何」（what）是不夠的，更重要的是去關注、了解現象背後的「為什麼」和「如何」（why 和 how），才有可能進一步針對希望改進或突破的現狀，因應親師既有的特質，思考合宜、可行的策略。

三、強調「尊重」的親師關係理解中，有文化內的相似性與相異性

　　在兩個幼稚園中，親師溝通和互動的管道具有諸多相似性，比較常態性的包括透過幼兒學習檔案或卷宗（一般所稱的親子聯絡簿）、上下學面對面的談話、打電話、家長座談會等方式。兩所幼稚園受訪家長對於互動中的親師關係都給予正向的肯定，這多少和本研究中兩個焦點班級的老師，對幼教工作都相

當熱愛，個性隨和而親切，對親師關係的經營都很重視、樂意和家長做朋友有關。其中比較值得注意的是，不論是從家長的觀點，或者是從老師本身的體會中，「尊重」這兩個字都不約而同的出現在雙方親師關係的字典中。在與家長接觸中，老師都覺得多數家長很信任老師，對老師很客氣，很有禮貌，這樣的現象在西方文獻中鮮少被論及，這反映了在不同社會中，文化影響下的親師關係會有不同特質的發展。在目前台灣社會中，我國尊師重道的傳統文化價值信念，至今對一些幼童父母仍有其影響力存在（黃迺毓，1996）。不過兩個園所在尊重概念下所發展的親師關係，雖然具有同一文化內的相似性，但由於中間系統特質的不同，也有文化之內的相異性存在，這呼應了學者從文化生態觀所指出的一個重要現象：文化因素雖然對於個體有很深的影響，但它並非是絕對與唯一的因素；因著情境脈絡中不同系統之差異及交織影響，文化內之個體對於傳統信念會有不同程度的持守與變遷（劉慈惠，2001a；Bronfenbrenner，1979; Super & Harkness，1986）。

　　舉例來說，在信託式的學校主導合作模式中，果子班的家長雖然因著個別狀況，和老師建立遠近不同的關係，但基本上多數家長對老師的信任與尊重，比較是以「相敬如賓」的形式存在，多數家長除非有事，較少主動和老師溝通，彼此見面的對話大多是圍繞在自己的孩子身上，或例行性的寒暄，很少聊到其他之外的話題，即使少數家長因著孩子有特定需求而和老師較為熟絡者，親師關係的發展也較少延伸至彼此個人生活世界的層面。在近似夥伴合作模式中，種子班家長雖然同樣也和老師建立遠近不等的關係，但和老師互動關係較為密切的家長，相對性來說為數較多，而且「親師溝通並非一定要事出有因」，話題可以跨越孩子以外，生活各方面資訊或想法的交流，少數家長因和老師互動頻繁，甚至可以和老師成為不只是口頭上所說的「朋友」的關係。不過對於此一型態的關係，親師之間仍很本能、微妙地感覺雙方之間，仍應有一些基本規範與界線的存在，從雙方言談之間多少都可以感覺到對此關係型態內涵的一些不確定性：親師像朋友的關係可以到什麼程度呢？會不會因而產生一些困擾？這似乎和台灣時下一些幼兒家長雖然認同「和孩子做朋友」是很好的親子互動方式，但對於它的合宜性及如何（how to）卻也有一份說不上來的困惑和矛盾（劉慈惠，1999），兩種狀況似乎具有文化脈絡下的一些相似性。這可能

與我國傳統文化中所強調、重視的五倫關係（天、地、君、親、師）中，親師關係一如親子關係，一向以上下位階方式存在，也被認為是帶來社會、家庭和諧的理想運作方式。不過近代因著西方文化不同價值體系的衝擊，傳統文化中一些價值信念開始呈現變遷或轉化的歷程，而當文化內的個體對外來新的哲學和信念脈絡，缺乏真正或較為完整的了解時，在新、舊價值信念磨合過程中就很可能帶來混淆和困惑（劉慈惠，1999；Hsu, 1981）。

再者，在兩園普遍正向的親師關係中，老師之於家長的關係，因著家長特質的不同而有疏、密之別。在種子班，親師關係的疏密和家長參與之面向、程度，有著相當程度的關聯性。亦即，在種子班特定情境中，親師距離較近的家長，通常在班上的參與有較多主動性的支援，參與班上活動較為頻繁，面向也較廣。而親師距離較遠的家長，通常其參與方式較多為被動式配合、參與班上活動頻率較低，也較侷限在特定面向。綜合分析兩個焦點班級中親師關係疏、密差異存在之原因時，我發現它是諸多因素交織下所形塑的現象，非單一因素可以明確地將之一分為二，其中與西方學者在西方社會（Graue, 1993b; Lareau, 1987）所發現的現象有同，也有異。例如，不同社經地位的家長對於何謂理想的親師關係有不同的界定，中下社經之家長對自己教育孩子上較無信心，對老師抱持信任與依賴，和老師之間互動的氣氛通常是僵硬而不自在。在中上社經家長對自己教育孩子有一定的看法及信心，和老師互動方式較為隨意、輕鬆、玩笑相伴，對老師則抱持平等、督導或批判，有時會質疑老師的專業能力。以上針對不同背景的家長所描述的現象，讀者從第四章及第五章的討論中，可以發現中外社會一些呼應的現象。不過值得注意的是，就本研究情境來說，在中外一般所認知的親師互動常態存在著特例。例如，有些教育程度不高的家長，可以和老師自在地互動，甚至建立如朋友般的關係。而有些教育程度高的家長，會提供老師建設性的意見，但並不會對老師的專業有所質疑。雖然特例的人數不多，但此一現象的存在突顯了，親師關係未必然受制於家長背景的事實；其間具有後天足以經營、突破的空間。教育程度或社經地位並不如西方社會所發現的，對親師關係的遠近、家長參與的多寡有著重要的影響力。

四、諸多因素形塑家長參與的質與量，量多未必然反映質的提升

　　「因為愛，所以參與！」這可以說是在兩個園所家長以不同形式參與的共同心聲；在孩子教育過程中，家長都認同「家長參與」的重要性，也都願意以行動表示對孩子的關心與重視。以種子園家長參與較為活躍、多元的實況為基礎，進一步來分析影響家長為何參與有所不同時，我發現不論是家長參與面向、程度或角色，都並非單一因素所決定。其間的差異，除了多少受到前面所述兩園「親師合作信念」及「課程結構與內容」不同所影響外，也受到家長時間、經濟、文化資本、性別、教育程度、社經地位、經濟、家庭文化資本、親師特質交織下的班級文化等因素的影響。更精確的說，這些因素在某個程度上，對於家長參與的質和量都有其不可輕忽的影響力，但其影響力也並非是絕對的，而且對不同家長來說，不同因素的相對性或絕對性影響狀況會有所不同。以時間的因素來說，雖然在種子班積極參與較多的家長，在時間上都較具有彈性，不過並非班上每一個全職媽媽都會把很多時間投入孩子的學校。有的家長反其道思考，認為即使有時間，家長也不宜把全部重心都放在孩子身上，而應有自己生活和成長的規劃；反之，有些人因著不等原因所產生的家庭結構在人力或經濟上的困境，造成了他們無法參與的原因之一，在這類的家庭中，有時家長的範圍會擴及手足及親人（祖父母、親人等）。這樣的現象呼應了一些學者所指出的：學童家庭與學校的合作關係深受文化資本影響（何瑞珠，1998; Coleman, 1988; Graue, 1993b; Lareau, 1987; Portes, 1998）。還有一種情況就是，有時家長雖然有時間，但由於家長中長輩權威角色的因素，其參與會因而受到限制，這樣少數的案例反映，我國家族主義的文化傳統，有時會影響到學校教育中的家長參與，這樣的現象與西方社會以個人主義為中心，個人可以自由決定自己的行動有很大的不同。針對家長參與的探討，再度反映研究者無法輕忽大系統對小系統及中間系統潛在的影響。

　　以家長看法來說，基本上雖然兩園的家長都認為教學是老師與學校專業的範疇，家長最好能尊重之，不宜介入。不過在相似的認知下，兩園對此概念的理解及詮釋仍有些微的差異──果子園家長極少走入教室協助或當義工，認為

會干擾到教學。但是種子園家長則在配合老師的需求下，會適時、適度到學校或教室中當義工或提供協助。以性別來說，在兩園各類活動中的家長參與、和老師互動、溝通，孩子有問題出面的，多為媽媽，男性家長和老師的接觸較少，也較為被動，有些男性家長和老師說話時甚至會臉紅，不敢正視老師。兩園的研究結果都呼應了文獻所呈現的現象（如：吳璧如，2001，2002；Graue, 1993b; Lareau, 1987, 1989; Vincent, 1996）——家長參與反映了家長的性別差異；家長參與較多時候是「媽媽」參與，雖然在種子班少數男性家長扮演了重要的參與角色。以教育程度和社經地位來看，種子班參與面向較廣、頻率較高、扮演推動角色的家長，誠然都來自高教育程度的中上社經背景，不過在教育程度與社經不高的家長中，也有人在班上成為老師最得力的助手，或配合老師需求提供協助與資源。

　　針對家長參與的質和量之間的關係，我們可以發現，家長參與雖有其正向的功能，但也並非沒有負面效應，而且也並非量越多，品質就必定越好。在種子班，由於家長參與的角色、面向及層次相對性來說較為開放，因此也較容易產生親師界線彈性下的一些問題與調適。對老師來說，家長在學校出現過於頻繁，不見得是利，家長參與的信念及動機的合宜與否，似乎比現身頻率的高低更重要。因為對現場老師來說，面對家長的參與，有時可能是一種「既期待，又害怕」的複雜感受，因為它並非百益而無一害，雖然家長參與可以提供人力、資源等需求上不少的協助，但是從另一方面來說，老師似乎也要面對可能存在的風險；當家長在參與過程中，跨越了合宜的親師界線，會帶來角色的混淆及教學上不等的困擾，例如當家長有意或無意成為教室中的監視者、關注焦點只在自己的孩子、因著較多的參與而期待老師給予特殊禮遇等。這樣的現象說明了，為何有些老師寧可與家長劃清界線，保持距離以策安全；對家長走入教室有所保留、遲疑的部分原因。其實從良性的親師互動來說，界線過度僵化與鬆散都不是理想的親師合作狀態，如何在良好的關係中，透過溝通取得雙方都可以接受的共識應是需要努力的目標。不過那樣的理想並不容易達到，即便在種子園屬於開放理念的學校中，對於家長涉及課策面向的參與（如：家長會主導全園性活動），仍大多抱持保留與保守的態度，這和西方社會積極推動的「夥伴型合作」模式較高層次的理想內涵，似乎存在著不同文化價值信念下的

一些差距。因為在種子園，絕大多數人認為親師之間在對等關係下攜手同行是沒問題的，但親師的角色與功能仍宜有所區分；對家長參與的看法大多傾向「老師是主角，家長是配角」等配合式、協助式的參與，而非家長主動出擊，積極規劃。種子班有少數關鍵家長為其他家長開拓另類參與的途徑（如：班遊之策劃），似乎與一般人所熟悉、認知的固定形式有所不同。這樣的現象反映了一個較少被思考、討論的面向：推動家長參與的主動性未必然都落在學校或老師的一方，家長也有發揮主動性的空間。不過，家長的主動性如何掌握得恰如其分？在哪些面向著力？才能發揮為親師合作帶來助力的功效，而不是成為阻力、壓力或困擾的來源？誠然是一個不容易拿捏與掌握的課題。

再者，在種子班特定的情境中，親師特質適配交織下所營造的班級文化，對班級中家長參與有不同面向與層次的呈現，具有重要影響。例如在種子班有少數軸心家長扮演推手的角色，帶動班上家長參與的形式及向心力，發揮了團體中觸發者的功能。相對來說，在果子班則沒有任何核心家長的存在；所有的家長都只有與老師之間縱向的互動，而鮮少與其他家長做橫向的聯繫。這樣的現象也反映了，親師合作的模式會連帶影響家長之間是否會因著參與之故，彼此形成相互的社會網絡。例如，這樣的社會網絡在果子園學校主導式的合作模式中並不存在，而在種子園夥伴合作模式中則明顯可見；家長因著經常以不同方式參與班級活動，進而在無形中成為日常生活中的朋友，相互交換教養與教育資訊。而且因著參與孩子班上活動而建構的社會網絡，跨越了彼此在教育程度與社經地位上的差異，此一現象與學者在西方社會的發現——社會網絡成員在背景上具同質性（Graue, 1993b），似乎有文化上的差異存在，值得後續研究進一步探究。

第四節　從文化生態觀的理解與統整
——家長期望之於親師合作

　　本研究以家長對幼兒學習期望的「what、why 和 how」為基礎，探究與剖析當前台灣社會中，學前教育階段親師合作認知、詮釋與行動等可能存在之百樣圖像中的片段。在本小節中，我以本研究中位於台灣北部都會地區這兩所擁有各自特質之幼稚園為藍圖，將所習得的重要概念及理解，回應本研究所依據的 Bronfenbrenner（1979）文化生態觀點，將台灣社會變遷下，不同情境系統中各種因素可能如何相互交織影響，進而形塑「家長期望之於親師合作」之走向與面貌，做理論性的理解與統整。

　　以時間系統來看，Bronfenbrenner 認為任何生態情境的改變都會影響發展的可能方向。以今日台灣社會來說，近十多年來一些重要的家庭結構之改變及趨勢包括已婚婦女就業率提高、生產高齡化、少子化，雙薪家庭、單親家庭、重組家庭、隔代教養家庭、新移民家庭等都逐年增加（如圖 6-4.1 至 6-4.4）[2]。

2　根據行政院主計處（2005a）的資料顯示，台灣社會目前每一家庭平均孩子數為1.11人，較之1995年的1.77人，已明顯下降。台灣社會的晚婚與晚產的趨勢連帶帶動生育的高齡化、少子化。而從另一個面向來說，台灣的離婚率在亞洲僅次於韓國（薛承泰，2004），單親家庭的比例於2004年較之1998年增加了一倍，而離婚後再婚而形成的繼親或重組家庭也漸增加（周麗端，2003）。已婚婦女就業率從 1999 年的 46.8 % 增加到 2004 年的 47.8%，其中學歷越高之已婚女性，就業比率越高（行政院，2005b）。就隔代教養家庭來說，國小層級較之中學層級多，而都市化越低之城市，比例越高（陳麗欣、翁福元、許維素、林志忠，2000a，2000b）。自1970年代跨國婚姻興起，使得新移民家庭逐年增加，其中新移民女性與其配偶的教育程度以高中職以下居多（內政部，2004，2006）。

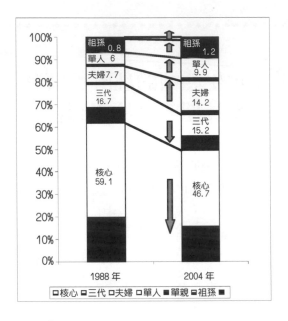

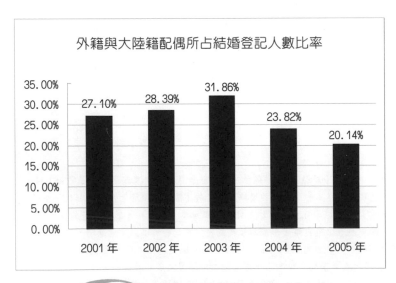

圖 6-4.1 台灣社會家庭型態趨勢圖

圖 6-4.2 台灣新移民家庭比例趨勢圖

女性勞動力參與率概況

勞參率 性別及時間	勞參率 （%）	依婚姻狀況區分之勞動力參與率（%）						
		未婚	有偶或 同居	尚無 子女	有未滿 6歲子 女	子女均 在6歲 以上	有6~17 歲子女	離婚、 分居或 喪偶
女性勞動力及參與率								
1999年5月	46.3	51.5	46.8	65.0	49.2	44.9	60.3	28.7
2000年5月	45.8	51.9	46.3	66.0	51.4	43.5	59.9	26.0
2001年5月	45.9	51.9	46.5	66.8	53.0	43.2	60.0	26.5
2002年5月	46.6	52.5	47.3	63.9	53.6	44.4	62.1	27.6
2003年5月	46.9	53.0	47.3	64.3	52.6	44.7	62.0	28.4
2004年5月	47.6	54.6	47.8	69.4	54.2	44.9	63.2	28.6
按年齡								
15~24歲	34.7	34.0	43.2	55.1	40.2		-	66.3
25~44歲	69.1	89.1	61.6	73.6	55.7	63.7	64.4	73.3
45歲以上	31.4	62.6	34.2	48.7	32.3	34.1	58.3	19.6
按教育程度								
國中及以下	32.3	37.7	35.7	39.8	37.9	35.4	57.3	19.7
高中職	53.9	51.5	55.1	63.9	50.6	56.3	63.3	57.7
大專及以上	63.0	60.3	69.9	85.2	67.8	62.7	72.4	59.6
男性勞動力參與率①	67.7	56.3	76.4	-	-	-	-	49.9

資料來源：行政院主計處「人力運用調查報告」。
附註：① 2004年5月資料。

圖 **6-4.3** 台灣婦女就業比例趨勢圖

離婚率上升且再婚比率提高	婦女就業率提高至 47.6%
生育率降低 & 少子化	晚婚、不婚、晚產

悄然改變下的家庭結構面貌

單親與重組家庭增多	日漸浮現的新移民家庭
雙薪家庭增多	核心家庭比例降低

核心家庭經濟戶長年齡提高

圖 6-4.4 台灣社會家庭結構趨勢示意圖

　　諸如以上所述的社會現象對於家長對幼兒之期望，以及親師合作關係都會產生不同面向之影響。而隨著婦女就業比率的提升、學前教育之普及、父母對學前教育之重視等，幼兒進入學前教育機構接受正式教育的比率亦逐年攀升。以最近一次完成的全國幼兒教育普查（教育部，2002）來看，五歲幼兒的就學率高達 96%。以此統計數據來看，在家庭之外，學校儼然成為影響幼兒學習與發展的另一重要小系統。而家庭與學校兩個小系統之聯結與互動下所形成的中間系統，在時間系統、外部系統及大系統等不同因素交織下，其對幼兒、家長與教師之影響，在今日教育研究中成為值得關注的重要議題。

　　以家庭之小系統來說，該情境存在之重要影響因素可能包括：父母教育程度、婚姻狀況（雙親、單親）、就業狀況（雙薪、單薪或全然失業）、經濟狀況（佳、普通或不佳）、教養狀況（父母教養、隔代教養、其他型態……等）、父母背景特質（在地人、新移民或原住民……等）、父母性別（父或母）、父母期望（對贏在起點的詮釋、對學校課程特色的期許：全人發展、讀寫能力、才藝、美語……等）。以幼兒園之小系統來說，該情境存在之重要影響因素可能包括：性質（公立或私立……等）、課程特色（傾向全人發展、課業能力、才藝、美語……等）、地理位置（城市、鄉村、偏遠地區……等）。以外部系統來說，該情境存在之重要影響因素可能包括：政府教育政策與法令（教改、

九年一貫、教育基本法、美語政策[3]、評鑑制度[4]、幼托整合、關懷弱勢與弭平落差計畫……等)、家長之個人社會支持網絡(大、小、強、弱、正向、負向……等)、父母的工作(工作性質、工作階層、工作收入、工作品質、工作壓力……等)。以大系統來說,該情境存在之重要影響因素可能包括:華人傳統文化的價值信念與習俗(尊師重道、品性道德、禮貌、智育成就……等)、次文化價值觀(中上階層、勞工階層……等)。

諸如以上所述不同系統中之不同因素特質,在相互交織下很自然會形塑不同的家庭與學校合作關係之認知、面貌與圖像,其中本研究所鎖定的焦點之一──「家長對幼兒學習期望」所抱持程度的不同、面向的不同、資本的不同……等,會連帶影響家長考量什麼是他們個人最需要優先滿足的期望條件,進而選擇不同特質的幼兒園。而不同的幼兒園,因著其走向及課程特質之不同,在面對家庭與學校之互動時,對於什麼樣的合作關係是最佳、最合宜,也因而會有所不同。它們可能包括:本研究中所發現的傾向「親師分工,各盡其職」類型,或者傾向「親師同工,相輔相成」類型,或者未在本研究中呈現的類型(如類似西方學者所提出的逃避型、競爭型、整合型、保護型、多元課程類型或其他等)。分析至此,我們或許可以理解:某特定背景與特質的學校、家長,因著多重因素之影響,會朝著某特定方向發展合作關係。而基於對合作關係具有不同認知的前提下,學校提供給家長參與孩子教育的機會,以及家長回應學校期待而扮演的參與角色,自然有所不同。其中家長參與的角色或單一或多元,或被動配合或主動協助,親師界線或固定或具彈性,學校家長組織不被鼓勵或被鼓勵等,也會隨之有所不同。綜合以上,我嘗試從文化生態觀以圖6-4.5,統整與呈現不同情境系統對台灣社會學前家庭與學校合作關係可能之影響。

3　隨著九年一貫及小學英語課程等政策之頒布後,以美語吸引幼兒家長而設立的學前機構、補習班,對常態學前教育帶來不小的衝擊(林佩蓉,2003)。

4　政府為確保幼兒教育正常化的諸多政策中,透過地方政府定期進行幼稚園及托兒所評鑑,此一政策對於幼兒園品質的提升及專業化具影響力。而其中以輔導與協助為前提的評鑑精神,透過幼兒園同儕觀摩、教師自發性的自我評鑑、幼教成長夥伴團體等不同策略的結合,在一些縣市已明顯影響幼稚園課程的走向與品質的提升(許玉齡,2005)。

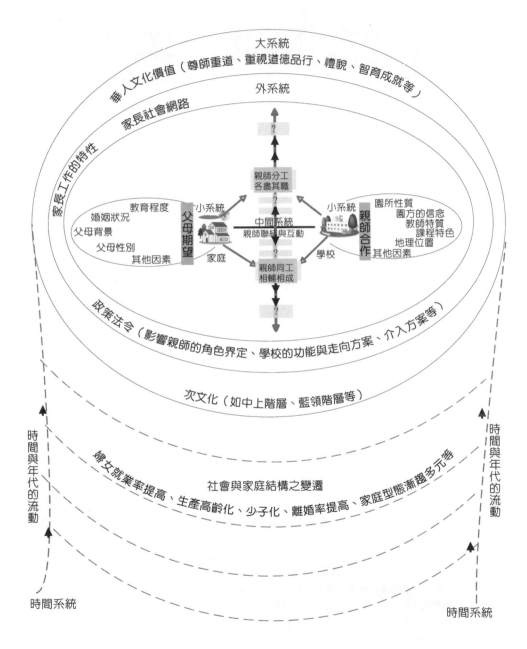

圖 6-4.5 文化生態觀之親師合作可能性理解圖

總結來說，本小節從文化生態觀試圖解讀及統整，當家長與學校相遇與聯結時，雙方可能發展與呈現的合作關係面貌。我們可以發現，在家長對幼兒抱持不同的學習期望下，不同型態的合作關係都有其形成的諸多情境因素，並非單一因素所決定。雖然了解現象並不等於認同現象，但了解現象應是尋求改變現狀，邁向更理想境界的重要基礎。當國內既存的相關文獻中，針對學前教育階段在此方面的實徵研究仍十分缺乏的情況下，期盼本研究結果增添了國內在此方面的文獻與知識。

第五節　研究建議

一、家長之於幼兒教育認知的了解及導正，宜從文化與社會情境脈絡切入

Bronfenbrenner（1979）所指，每一個情境系統及其之間交織互動對個體的影響，在本研究中在在反映了其理論的真實性——例如，小系統中之家庭、學校、社區特質，中系統中之家庭與學校的聯結與互動，外系統中之家長的工作、社會網絡，大系統中之華人文化價值、社會所界定、期許的父母角色、共享的習俗潮流，時間系統中的個體生命改變、社會狀況變遷等，在本書第三、四、五章的分析與討論中，讀者都可以找到呼應的軌跡。透過研究所得結果與洞見，期盼提供幼兒教師及教育相關人員對家長的價值觀與特質有更多的了解，進而思考如何提升雙向溝通及學校與家庭之間教育期望與信念的連續性，此應為影響學前教育品質的一個重要因素（Powell, 1998）。再者，本研究顯示從文化生態觀探討與了解幼兒教育議題的重要性；個體所生存的每一系統誠然都有其不同面向的影響力，當我們期盼幼兒能按階段的發展任務去成長時，有必要從全面性的角度來思考其間所衍生的問題根源，例如，如果我們期許私立幼稚園，不以迎合家長要「幼兒贏在讀寫的起跑點」的心態去辦學，而能考量

幼兒全人發展之需求,則政府與教育當局有必要對症下藥,透過政策與輔導,思考如何扭轉、改變台灣社會仍以智育發展為導向的價值體系,否則縱使今日教育改革的呼聲不斷,升學管道朝向開放與多元,可是社會本質似乎改變不多,升學壓力依然存在時,學前父母對讀、寫、算的關切與擔憂,仍將深深影響一些園所為了生存,一味迎合家長需求而巧立名目的諸多亂象經營模式。而若欲紓解學前幼兒家長對小一課業適應與銜接的焦慮,政府決策單位(包括中央及地方)有必要建立一直以來尚未被充分重視的「學前」與「小學」兩階段之間的對話與合作機制,使兩方的教育工作者有多元的機會與平台,交換、釐清與掌握彼此的角色與任務,以促使兩階段各自所擔負的教育功能,得以常態化、正常化,進而使學童在全人均衡發展與學習上達到最大利益。

二、家庭與學校合作關係的思考及推動,宜探索適性原則的可能性

　　文化本身是機動的,會不斷的變遷(Harkness, Super, & Keefer, 1992)。而人活在互動的情境中,在同一文化內因著時間、過程、人及脈絡的不同,個體及其信念隨著年代會有不同程度與面向的改變。因著中間系統特質的不同,會出現不同的家庭與學校的合作類型,研究者在未詳加了解其間的為什麼之前,宜謹慎不單由所呈現的表象,去評論其中的好、壞、優、劣,因為兩造之間的適配性及現象產生的脈絡,都必須考量理解與詮釋的過程中。隨著台灣今日社會家庭的結構與特質的變異性越來越大時,本研究結果提供教育工作者一些洞見:雖然刻板認知的存在其來有自,可能在某些情況下,也有它某些程度的真實性,但是在面對不同特質與背景的家長時,我們宜保持開放的心胸,提醒自己不讓既定的刻板認知,限制或阻礙了自己與家長發展常例之外特例的關係,因為家長的特質並非是必然的助力或阻力,親師關係的形塑並非是單一方面決定的。

　　從某個角度來說,在親師關係的經營上,較之家長來說,學校當局或行政者,或教師本身,仍宜發揮較多的主動性,積極思考如何因應和回應園所家長組成特質的不同,摸索與建立合宜園所家長可以參與的適性合作關係。因為教師對家長特質的了解、接納與主動性等,之於親師關係良性與信任機

制的發展具有不可輕忽的重要性，那樣的用心可以幫助教師超越家長教育程度、社經地位、背景等特質可能產生的侷限，突破既定、刻板的認知框框，極大化（maximize）不同族群所擁有的優勢特質，而極小化（minimize）其中可能的弱勢特質。如此親師合作關係的經營，應是教育過程中，教育工作者可以嘗試努力的方向。還有一點值得注意的是，當老師樂於和家長分享教室的主權、開放教室，歡迎家長走入其中時，不論是當義工，或是更上一層樓直接參與教學，事先親師雙方需要建立一些彼此都可以接受的共識，而家長如果要帶領教學，則宜需要具備一些與幼兒互動的基本知能，並非有時間、有熱心、有專長就可為之，否則可能會適得其反，為教師帶來教學上的困擾。

　　本研究探討親師合作「現象背後的為什麼」時發現，家長參與並非越多越好，因此在家長參與議題上，宜關切質勝過量。在推動家長參與的過程中，通常較多人、較多時候是關切活動數量的多寡、活動內容的變化，較少人去對造成現象背後問題進行探討及思考，問題諸如：家長在孩子學校教育過程中到底合宜扮演什麼角色？什麼範疇是適合家長介入的？什麼是不合宜的？家長、老師、行政決策者在觀念上如何建立共識？怎樣的共識能讓三方都受益？學校因應不同特質與背景的家長，對於參與的方式及管道可以如何多元而避免單一？老師如何與不同背景與特質的家長合作？雖然教育工作者或許無法改變學生的家庭狀況，但有可能透過與家長建立良好的合作關係，而間接改變家庭的運作過程及孩子的發展利益嗎？面對親師的合作，家長與老師各需要什麼樣的知能與協助，使得他們能更自在、舒坦、有信心，去經營合於其所在特定情境的親師合作關係？諸如以上這些問題，不僅教育工作者需要去思考、探究，師資培育機構也應透過課程的更新、修正，反映時代變遷下，幫助準教師進入未來職場所需知能的裝備。在諸多可能性中，個人覺得在課程架構中單獨開設「家長參與」、「多元文化中的家庭、學校與幼兒」、「親師關係與互動」……等四至六個學分的課程，是可行的因應策略之一，透過類似的課程能幫助未來的準教師，較為深入的探討與了解與這一個時代之幼兒家長的想法、信念與期望，以及因著了解、尊重不同特質家庭的文化背景與環境脈絡，進而得以構思多元的方式，讓資本有所不同的家長都可以有不同型式的機會與管道，參與孩子的

學校教育，與老師建立不同型式的合作關係。

　　總結來說，面對今日社會、家庭多元與快速變遷下，「家長參與」及「親師合作」議題該如何看待？如何推展較合乎「適性」原則？仍存在許多尚待釐清與探究的不確定性[5]，也是一條不容易走的漫漫長路。不過如果站在社會中不同位置的人——如：政府決策者、學校行政者、學者、實務工作者……等，能在諸多議題上多有交流，建立、凝聚更多的共識，應有助於現今社會中多元家庭與學校合作關係之探索與發展。在西方社會，有越來越多的學者（Bloch & Tabachnick, 1993; Graue, 1993a; Lareau, 1987; Lightfoot, 2004）呼籲，「一種政策滿足所有人」的不可行性。在我們的社會中，當家庭背景及特質有越來越大的變異時，如單親、隔代教養、新移民家庭等的浮現，實極待更多的研究者投入該等不同家庭特質下，合宜之家庭與學校合作關係可以如何發展之探究。而政府及教育工作者也宜盡速跳脫「一套標準計畫，放諸四海皆準」的期待；反之，能從文化生態觀探究相關重要議題可能的答案。

第六節　研究限制

　　本研究以兩所樂意參與研究的幼稚園為焦點，試圖探究園中家長對幼兒的學習期望，以及不同的學習期望如何與其他因素交織，形塑在特定情境下親師合作的可能面貌。研究過程中，我以兩所幼稚園的全園為參與觀察的鉅觀情境，再以其中各一大班為微觀情境。家長訪談資料則來自每園六至八位樂意進一步參與研究的家長。在質性研究本著自願機制的精神下，參與對象可能具有某個

---

[5] 基於對「適性」親師合作關係之好奇與關切，個人曾指導碩士研究生林耀蘭（2005），透過行動研究的方式，在其任教的幼稚園班級中進行親師合作歷程的探究。該項研究在發展策略、付諸行動、省思、修正與書寫的循環中，雖已暫時告一段落，但對於如何因應班上家長特質的不同，讓合作關係在實務中能反應理論上的「適性」原則？則仍是持續進行中甚具挑戰與摸索的學習之旅。

程度的同質性，尤其在家長性別部分，本研究中能參與的家長以女性為主；相對來說，男性家長的觀點及經驗是較少被深入探究的，因此本研究中所習得之親師觀點的多元性及差異性，必然受到侷限。再者，參與本研究案的兩所學校都位於都會地區，地理位置的特殊性與鄉村地區有所不同，再加上今日社會中，家庭結構日趨多元，除了城鄉所可能產生的差距外，由單親、隔代教養、新移民家庭等任一不同族群，交織下所形塑的親師觀點及合作面貌，必定迥然不同於本研究中所呈現的故事。而因應家庭與學校特質之差異，當我試圖跳脫以單一的絕對標準來界定何謂理想的合作關係或家長參與時，因著單一研究所能回答的研究問題誠屬有限，我乃著重於現象的了解，並未能探討究竟什麼樣的「家庭與學校合作關係」，能反映較佳的適性原則？這也是本研究的限制之一。

以參與本研究的兩所幼稚園在課程結構來說，私立果子園所較傾向認知性及結構式，公立種子園較傾向全人性及開放式，本書中所呈現的研究結果與諸多特性之於幼稚園性質的對照，只能侷限於本研究進行該年、該園、該班情境脈絡等諸多親師特質交織、集合下的展現。在台灣社會，果子園並不代表私立幼稚園的特質，正如種子園並不代表公立幼稚園的特質一樣，幼稚園的性質只是影響幼稚園課程及園所走向的其中一環，並不是唯一決定的因素。有些公立及私立幼稚園課程的開放性程度與親師合作傾向，與本研究中的案例剛好相反的也一定存在。因此，其他公立、私立園所的狀況，並不能以書中的結果來類推。再者書中的兩所幼稚園，如果隨著其中人、事、物、園所等任一特質的改變，後續也會有不同故事的延展與變化，而這正是從「過程—人—情境—時間」觀點，來探究及了解現象十分重要的理由所在[6]。因此，本研究所呈現的結果及發現，只能反映在特定的「過程—人—情境—時間」下，台灣社會學前教育脈絡中，多元故事與面貌的一小部分，絕不宜推論至其他背景特質不同的家庭與學校。

最後，本研究主要以幼兒學習過程中的重要他人——「家長及老師」為焦

---

[6] 例如，以果子園來說，在本研究結束後，負責人夫婦力求園內課程可以逐步轉型與力求突破、朝向更開放的自我期許下，近一、兩年以來，園內老師在幼教學者的輔導與協助下，課程結構與研究進行當年已有所不同。

點對象;雖然我亦認知「幼兒」角色在其中的重要性,但由於個人人力之有限,幼兒的觀點及經驗部分在本研究中較少觸及,這也是本研究的限制。不過誠如 Edwards 和 Alldred(2000)所呼籲的,在家長參與的研究中,孩子本身經驗與想法的探究需要更多研究者關切。在台灣社會快速變遷與學前機構課程具有諸多差異性的情況下,不同特質學校的父母期待幼兒學些什麼?其信念與認知的背後反映什麼樣的家庭與學校互動與合作的現象與模式?身為主角的學童有什麼樣想法及經驗?其中仍存在許多尚待發掘的可能性,期盼本研究能拋磚引玉,使本研究以上所述未能觸及的諸多限制,後續可以有更多的研究者投入,使家庭與學校合作相關的現象與面貌得以被探究、了解與討論。

附錄一 「親師合作」國內相關學位論文一覽表[1]

A. 學前階段

研究方法——量：11 篇，量&質：1 篇，質：6 篇　　總計 18 篇[2]

1. 李惠加（1980）。**母親參與幼兒學習活動研究**。中國文化大學家政學研究所碩士論文。（實驗法；台北市 46 位大班幼兒母親——中上社經的全職媽媽）

2. 任秀媚（1984）。**家長參與幼兒學校學習活動對幼兒社會行為之影響**。國立台灣師範大學家政教育研究所碩士論文。（實驗法；大學附幼幼兒與家長各 62 名——中上社經）

3. 張美麗（1985）。**幼兒家長老師專家對幼兒教育的意見與期望比較研究**。國立台灣師範大學家政教育研究所碩士論文。（問卷調查；北市台中市市立托兒所、幼稚園家長 323 名、幼師 189 名、大學相關科系教授 61 名）

4. 張惠芬（1991）。**幼兒母親對親職教育的態度、參與情形與滿意程度之關係研究**——以台北市立托兒所為例。中國文化大學兒童福利研究所。（問卷調查；9 所托兒所母親 190 名）

5. 黃麗蓉（1992）。**配合家長期望托兒機構推展親職教育之個案研究**。私立文化大學兒童福利學系碩士班碩士論文。（問卷調查；彰化縣某私立幼兒機構 496 名幼兒家長）

6. 吳亦麗（1999）。**台北縣市幼兒園實施親職教育之發展研究**。國立台灣師範大學家政研究所碩士論文。（訪談、文件分析；5 位園長）

7. 蔡曉玲（1999）。**幼兒園中親師互動之探討研究**——多元文化下的思考。

---

[1] 此一表格彙整國內 1980 至 2004 年，研究生完成的學位論文，由於資料主要透過「全國博碩士論文資料庫」蒐尋，因此並非周延。表格中之論文以教育階段分類，每一階段中之論文依年代先後次序排列。每一筆論文後面所註明的研究方法，乃整理自研究者上傳至之中文摘要，並非整理自論文本身，因此資料的詳細度，會因每一研究者提供之描述而有差異。

[2] 在本附錄中論文研究法的分類，是以研究者自稱之標準為依據。

私立中國文化大學兒童福利研究所碩士論文。（參與觀察、訪談、文件分析；台北桃園地區 9 位公私立幼師、2 位園所長、4 位家長）

8. 鄭佳玲（2000）。**台南市幼稚園教育「家長參與」之研究**。國立台南師範學院國民教育研究所碩士論文。（問卷調查；教師園長 90 名、家長 900 名）

9. 王冉卉（2001）。**家長參與學齡前親子休閒活動之動機對幼兒利社會行為的影響**。國立台灣體育學院體育研究所碩士論文。（問卷調查、訪談；問卷 31 名家長、觀察訪談幼兒）

10. 朱珊妮（2001）。**一個幼稚園班級中親師溝通的探討**。國立新竹師範學院幼兒教育研究所碩士論文。（訪談、觀察；新竹市一所公立幼稚園 2 位教師、26 位家長）

11. 何蓮香（2002）。**幼稚園家長因應親師衝突方式之研究**。國立嘉義大學幼兒教育研究所碩士班碩士論文。（訪談；嘉義市 10 位公私立幼稚園家長）

12. 黃美香（2003）。**高雄縣市公私立幼稚園家長參與班級活動之調查研究**。國立屏東師範學院國民教育研究所碩士論文。（問卷調查；公私幼家長 1719 人）

13. 王美方（2003）**家庭——幼兒園中間系統量表建構之研究**。國立台灣師範大學人類發展與家庭研究所碩士論文。（問卷調查；方便取樣台北市幼托機構 408 位家長與 404 位教師）

14. 林淑慧（2003）。**台北縣公立幼稚園教師認知親師衝突原因與因應策略之研究**。國立台灣師範大學人類發展與家庭研究所碩士論文。（問卷調查；幼師 274 人）

15. 鍾婷婷（2003）。**幼稚園教師因應親師衝突之研究——以高雄市為例**。屏東師範學院國民教育研究所碩士論文（訪談；10 位幼稚園教師）。

16. 吳沐馨（2003）。**幼教師對家長參與班級活動之困境知覺研究**。國立嘉義大學幼兒教育學系碩士班碩士論文。（訪談、觀察、文件分析；5 位幼師）

17. 蔡育琦（2004）。**初次入學幼兒之園所生活適應及其相關因素之研究**。

國立屏東科技大學幼兒保育系碩士班碩士論文。（問卷調查；高屏地區3～6歲初次入學幼兒之家長與其班級教師；觸及家長期望與參與情形）

18. 黃愛娟（2004）。**私立園所對家長意見的詮釋**。國立嘉義大學幼兒教育學系碩士班碩士論文。（訪談、文件分析）

B. 小學階段相關之博碩士論文

研究方法——量：65篇，量&質：13篇，質：40篇，其他：1篇　　總計119篇

1. 歐陽閭（1989）。**我國國民小學學生家長參與子女學習活動之研究**。國立政治大學教育研究所碩士論文。（問卷調查；公立小學20所學校一到六年級教師194人，學生與家長各758名）

2. 陳志福（1990）。**國小實施家長義工制度推展途徑之研究**。國立高雄師範大學教育研究所碩士論文。（問卷調查、訪談；家長與教師）

3. 黃凱霖（1995）。**父母效能感、父母參與以及子女學業成就的關係**。國立台灣師範大學教育研究所碩士論文。（問卷調查；台北市公立國小一、四年級學童家長共480人）

4. 陳良益（1996）。**我國國小學生家長參與學校教育之研究**。國立台灣師範大學教育研究所碩士論文。（問卷調查；有效人數教師與家長共752人）

5. 李明昌（1997）。**國民小學學生家長參與／學習態度及自我概念關係之研究**。國立台中師範學院國民教育研究所碩士論文。（問卷調查；北台灣公立國小1264名學生）

6. 王威傑（1997）。**國民小學家長會組織及其研究**。國立台灣師範大學教育研究所碩士論文。（問卷調查；808位教育人員、教師）

7. 郭明科（1997）。**國民小學家長參與學校教育之理論與實際研究**。國立台南師範學院國民教育研究所碩士論文。（問卷調查；民間教育改革團體成員107人、教師421人）

8. 張明侃（1997）。**桃園國民小學家長會參與校務運作之分析研究**。國立

台北師範學院國民教育研究所碩士論文。（問卷調查；未說明對象亦無全文）

9. 顏如玉（1997）。**國民小學公共關係之調查研究**。國立台中師範學院國民教育研究所碩士論文。（問卷調查；教師 737 人與家長 745 人）

10.趙聖秋（1997）。**國民小學家長與教師親師溝通及其相關因素之研究**。台北市立師範學院國民教育研究所碩士論文。（問卷調查；台北縣市公立國小家長 675 人、教師 367 人）

11.戴玲慧（1997）。**台北縣開放教育實施之探究：以一個都市型國民小學為例**。國立台北師範學院國民教育研究所碩士論文。（訪談；教師、家長、行政人員共 32 名）

12.黃傳永（1998）。**校長轉型領導與家長參與學校教育之研究**。國立東華大學教育研究所碩士論文。（問卷調查；540 位國小教師）

13.蘇福壽（1998）。**台北市國民小學教師親師衝突因素及其處理方式之研究**。台北市立師範學院國民教育研究所碩士論文。（問卷調查；教師）

14.張文昭 （1998）。**以親師合作團對推行國小鄉土教學活動課程之研究**。國立台灣師範大學環境教育研究所碩士論文。（協同行動研究；家長與學生、研究團隊）

15.王泰茂（1998）。**原住民學校的親師互動──以玫瑰小學為例**。國立花蓮師院學院多元文化研究所碩士論文。（訪談；太魯閣族國小教師 8 名、家長 9 名）

16.徐淑榕（1998）。**班級親師協會參與學校教育之個案研究──以一個國小三年級班級親師協會為例**。國立台北師範學院課程與教學研究所碩士論文。（觀察、訪談、問卷及相關文件）

17.洪麗玲（1999）。**台北市國小學生家長參與學校事務及其相關因素之研究**。台北市立師範學院國民教育研究所碩士論文。（問卷調查；教師 428 位與家長 416 位）

18.洪瑞峰（1999）。**台北縣國小教師效能感與家長參與班級教育活動關係之研究**。國立中正大學教育研究所碩士論文。（問卷調查；有效問卷 636 名級任教師）

19. 楊惠琴（1999）。**國小資優學生家長參與學校教育之研究**。國立彰化師範大學特殊教育研究所碩士論文。（問卷調查；設有資優資源班或一般能力資優班國小之資優生家長 660 人）

20. 徐淑蓉（1999）。**班級親師協會參與學校教育之個案研究　一以國小三年級班級親師協會為例**。國立台北師範學院課程與教學研究所碩士論文。（問卷、觀察、訪談、文件分析）

21. 劉貞蘭（1999）。**原住民學校與家長溝通困境之探討——以太陽國小為例**。國立花蓮師範學院國民教育研究所碩士論文。（訪談、觀察、問卷、文件分析；家長、教師）

22. 郭耀隆（1999）。**國民小學親師合作之研究——一個班級之個案研究**。國立嘉義師範學院國民教育研究所碩士論文。（訪談、觀察、問卷、文件分析，家長、教師）

23. 林俊瑩（2000）。**國小學生家長的子女教育期望、民主參與態度與學校教育行為關聯之研究**。國立台東師範學院教育研究所碩士論文。（問卷調查；高雄縣市 1367 位家長）

24. 連清森（2000）。**國民小學使用「電子聯絡簿」之現況研究**。（問卷調查；有效問卷教師 81 人、家長 183 人）

25. 鄭淑文（2000）。**國小一年級導師因應親師衝突方式之研究**。國立花蓮師範學院國民教育研究所碩士論文。（問卷調查；桃園縣 386 位教師）

26. 吳美玲（2000）。**國小學童父母管教方式、教師期待與習得無助感相關之研究**。國立高雄師範大學教育學系碩士班碩士論文。（問卷調查；高雄市公立國小四～六年級學童共 1303 人）

27. 曾雪娥（2000）。**國小家長參與圖書館志工的圖書資訊素養需求評估之研究**。國立中正大學成人及繼續教育研究所碩士論文。（先參與觀察 1 所國小，後問卷調查 140 所公立國小）

28. 胡火燈（2000）。**楊明國小家長會經營現況與模式研究**。國立台北師範學院國民教育研究所碩士論文。（訪談、參與觀察、問卷調查；訪談家長、教師、學生各 5 人；300 家長問卷調查）

29. 莊焦華（2000）。**天使之歌——一個國小班級家長義工隊的研究**。國立

屏東師範學院國民教育研究所碩士論文。（行動研究；班級義工隊）

30. 王紹先（2000）。**修緣——尋找教育的夥伴**。國立新竹師範學院學校行政碩士班碩士論文。（行動研究；班級親與師）

31. 鍾育琦（2000）。**國民小學教師對親師衝突的觀點及其處理方式之研究**。國立屏東師範學院國民教育研究所碩士論文。（訪談；7 位高雄市教師）

32. 鍾美英（2001）。**國小學生家長參與班級親師合作之研究**。國立屏東師範學院國民教育研究所碩士論文。（問卷調查；公立國小家長 472 人）

33. 許維倩（2001）。**台北市國民小學家長會參與校務之研究**。台北市立師範學院國民教育研究所碩士論文。（問卷調查；公立國小家長 630 人）

34. 陳秋蓉（2001）。**國民小學家長參與學校義務工作的動機和滿意度研究**。台北市立師範學院國民教育研究所碩士論文。（問卷調查；522 位義工家長）

35. 陳秀如（2001）。**國小學生父親參與子女生活及學習活動之研究**。私立靜宜大學青少年兒童福利學系碩士班論文。（問卷調查；國小高、低年級學生父親 439 人）

36. 簡加妮（2001）。**高雄市國民小學家長參與學校事務角色層級及影響策略之研究**。國立屏東師範學院國民教育研究所碩士論文。（問卷調查；公立國小教師與家長共 795 有效問卷）

37. 林美惠（2001）。**高雄市國民小學家長參與校務及其影響因素之研究**。國立屏東師範學院國民教育研究所碩士論文。（問卷調查；公立國小教師與家長共 1035 份有效問卷）

38. 余豐賜（2001）。**台南縣市國民小學家長參與學校事務及其相關問題之研究**。國立台南師範學院學校行政研究所碩士論文。（問卷調查；教育人員 447 人與家長 406 人）

39. 林雅敏（2001）。**彰化縣國民小學家長背景因素與家長參與之關係**。國立台中師範學院國民教育研究所碩士論文。（問卷調查；公立國小家長 844 名）

40. 張文榮（2001）。**台北市國民小學學校家長會運作績效及其影響因素之研究**。國立台北市立師範學院。（問卷調查；家長會成員與一般家長）

41. 楊宗憲（2001）。**台北市國民小學家長會長角色期望與角色踐行之研究**。國立台北師範學院國民教育研究所碩士論文。（問卷調查；公立國小家長、學校人員與家長計 764 人）

42. 許正東（2001）。**國民小學資優班教師與普通班教師對家長參與意見之比較研究**。國立彰化師範大學特殊教育學系在職進修專班碩士論文。（問卷調查；中部地區 10 所公立國小 65 位資優班教師、75 位普通班教師）

43. 侯世昌（2001）。**國民小學家長教育期望、參與學校教育與學校效能之研究**。國立台灣師範大學教育研究所博士論文。（問卷調查、訪談；問卷：教師 756 人、家長 3024 人；訪談：教師、家長、校長及學者各 3 人）

44. 李淑芬（2001）。**台北市國民小學學生家長參與學校行政決策之研究**。國立台北師範學院國民教育研究所碩士論文。（問卷調查、訪談；立意取樣 576 位家長）

45. 曾俊凱（2001）。**台北縣國民小學親師合作之研究**。國立新竹師範學院國民教育研究所學校行政碩士班論文。（問卷調查、訪談；公立小學主任、組長與教師共 584 人，訪談 13 位校長、主任、組長、教師、家長）

46. 張宗挺（2001）。**學生參加生物營對科學學習之影響研究——以台北市某國小家長參與的生物營為例**。國立台北市立師範學院科學教育研究所碩士論文。（準實驗設計、文件分析；學生）

47. 陳靜音（2001）。**班親會在一所國小實施之個案研究**。國立中正大學教育研究所碩士論文。（訪談、觀察、問卷、文件分析；家長、教師、學生）

48. 洪淑慧（2001）。**彰化縣國民小學家長會組織運作之研究**。暨南國際大學教育政策與行政研究所碩士論文。（問卷調查、訪談；300 位學校人員：校長、總務主任、家長會幹事；300 位家長委員：會長、家長會幹部、家長會委員；訪問家長會人員）

49. 周淑惠（2001）。**親師合作之個案研究——以北市某國小五年甲班為例**。國立台北師範學院國民教育研究所碩士論文。（觀察、訪談；教師、家長）

50. 陳彥貝（2001）。**國民小學施行親師合作之研究——以一個實施九年一貫課程的二年級班級為例**。嘉義大學國民教育研究所碩士論文。（訪談、溝通、文件分析；班級教師與家長）

51. 王貴瑛（2001）。**國民小學家長參與學校事務之個案研究——以學校義工為例**。國立台中師範學院國民教育研究所學校行政碩士論文。（訪談、觀察、文件分析；學校義工）

52. 吳烈洲（2001）。**學生家長參與學校事務之研究——以桃園縣平興國民小學為例**。國立台北師範學院國民教育研究所碩士論文。（訪談、觀察、文件分析；家長、學校人員）

53. 賴秀英（2001）。**國民小學親師生互動之個案——以一個小班教學班級為例**。國立嘉義大學國民教育研究所碩士論文。（訪談、觀察、文件分析；親師生）

54. 陳俊雄（2001）。**高學業成就之平地原住民學生家長教育價值觀及親師互動之研究**。國立花蓮師範學院多元文化研究所。（半結構訪談；平地國小教師、家長、學生各 6 名）

55. 林珍宇（2001）。**國民小學親師溝通互動歷程之個案研究**。國立花蓮師範學院國民教育研究所碩士論文。（訪談、參與觀察、文件分析；一個班級之親師）

56. 吳瑾瑜（2001）。**國小六年級學生對親師溝通的反應詮釋與期待**。國立台北師範學院教育心理與輔導學系碩士班碩士論文。（觀察、訪談、文件分析；兩班教師、12 位學生、家長）

57. 謝育音（2002）。**台北市家長參與教科書選用方式之研究**。台北市立師範學院國民教育研究所碩士論文。（問卷調查；教師與家長共 1000 人）

58. 陳丁魁（2002）。**家長參與課程實施之調查——以九年一貫為例**。（問卷調查；教師 392 人與家長 371 人）

59. 陳怡君（2002）。**從一所國民小學學生觀點看家長參與之研究**。國立台北市立師範學院課程與教學研究所碩士論文。（問卷調查；三、五年級 318 位學生）

60. 伍鴻麟（2002）。**桃園縣國小家長參與學校教育及親師互動情形之研究**。國立台北師範學院國民教育研究所碩士論文。（問卷調查；有效樣本教師 405、家長 422 人）

61. 許瑛珍（2002）。**台北市國民小學家長參與學校事務及其滿意度之研究**。

台北市立師範學院國民教育研究所碩士論文。（問卷調查；公立國小家長 748 有效樣本）

62. 陳丁魁（2002）。**家長參與課程實施之調查研究──以九年一貫課程為例**。國立嘉義大學國民教育研究所碩士論文。（問卷調查；教師 392 人、家長 371 人）

63. 陳嘉芬（2002）。**國民小學教師教學效能與親師溝通相關之研究**。私立慈濟大學教育研究所碩士論文。（問卷調查；桃園縣五、六年級 71 位教師、1616 位學生）

64. 蔡明貴（2002）。**國民小學「語音互動電子聯絡簿」系統之建置與評估**。私立輔仁大學資訊管理學系碩士班碩士論文。（問卷調查；北縣忠義國小親師）

65. 劉上嘉（2002）。**行動輔導學生輔導系統應用於國民小學之實證研究──以台北縣親師溝通無距離行動網絡實驗計畫為例**。私立輔仁大學資訊管理學系碩士班碩士論文。（問卷調查）

66. 蔡秀娟（2002）。**國小特殊班家長參與學校教育權利與義務之研究**。國立台中師範學院國民教育研究所碩士論文（問卷調查；台中市國小特殊班 92 位教師與 180 位家長）

67. 石明原（2002）。**國民小學父母參與學校活動之成效研究──以 L 國民小學為例**。國立嘉義大學家庭教育研究所碩士論文。（訪談、觀察、文件分析、問卷；家長、老師、行政人員）

68. 林利俐（2002）。**家長參與學校義工組織個案研究**。國立屏東師範學院國民教育研究所碩士論文。（問卷調查、文件分析、觀察、訪談；130 名國小義工）

69. 吳秋珍（2002）。**桃園縣國民小學班級親師協會實施現況之研究**。國立新竹師範學院輔導教學碩士班碩士論文。（問卷調查與訪談教師；問卷調查公立國小教師、家長）

70. 陳明勇（2002）。**高雄市國小教師運用班親會資源之調查研究**。國立台東師範學院教育研究所碩士論文。（問卷調查 462 教師；訪談 10 位教師）

71. 徐嘉華（2002）。**親師協同教學之個案研究**。花蓮師範學院國民教育研

究所碩士論文。（觀察、訪談；國小一個班級的親師）

72.李國祥（2002）。**培訓家長戶外教學解說課程方案之研究——以植物、昆蟲成長課程為例**。國立台北師範學院數理教育研究所碩士論文。（行動研究；家長）

73.張仁全（2002）。**強調親師合作之專題學習——以國小「探索昆蟲世界」為主題為例**。國立台南師範學院自然碩士學分班碩士論文。（個案；教師與家長）

74.謝宜倫（2002）。**國小家長參與學校教育之個案研究——以高雄市太平國小為例**。國立台東師範學院教育研究所碩士論文。（訪談、觀察、文件分析；家長、行政人員）

75.林煌閔（2002）。**女性家長參與學校教育之研究**。國立台北師範學院藝術與藝術教育研究所碩士論文。（訪談、觀察、文件分析；故事媽媽）

76.盧焜煌（2002）。**國民小學班級家長參與之個案研究**。國立台中師範學院國民教育研究所碩士論文。（訪談、觀察、文件分析；學校、教師、家長、學生）。

77.詹益銘（2002）。**點燃、點醒、點化——社子國小家長參與學校教育之研究**。國立新竹師範學院學校行政碩士論文。（行動研究；家長會長、家長會）

78.吳彣雪（2002）。**Swap 的家庭——學校夥伴關係模式之研究——以宜蘭縣國小為例**。國立政治大學公共行政學系碩士班碩士論文。（訪談；教師、家長、行政人員）

79.盧玉琴（2002）。**國民小學親師互動之行動研究**。國立屏東師範學院國民教育研究所碩士論文。（行動研究；教師與家長）

80.謝鴻隆（2002）。**國民小學親師互動之個案研究——以彰化縣一所國民小學為例**。國立台中師範學院國民教育研究所碩士論文。（訪談、參與觀察、文件分析；家長、教師、行政人員）

81.阮惠華（2002）。**國民小學親師溝通之行動研究——以一個班級為例**。國立台東師範學院教育研究所碩士論文。（問卷、訪談；親師）

82.薛春華（2003）。**親師合作教學活動在國民小學社會學習領域有效運作

之研究——以**宜蘭縣為例**。南華大學管理科學研究所碩士論文。（問卷調查；295 名教師）

83.陳富傑（2003）。**屏東縣國民小學家長會組織運作之研究**。國立台中師範學院國民教育研究所碩士論文。（問卷調查；共 630 名學校人員與家長委員）

84.黃佳玲（2003）。**家長對家長會功能認知及參與校務意願之調查研究——以桃園市國小低年級為例**。國立台北師範學院幼兒教育學系碩士班碩士論文。（問卷調查、訪談；1496 位家長）

85.林淑娥（2003）。**台中縣國民小學學生家長教育期望與參與學校教育關係之研究**。國立台中師範學院國民教育研究所碩士論文。（問卷調查；1015 位家長）

86.王一道（2003）。**國民小學家長參與班級事務及其相關因素之研究**。國立台中師範學院國民教育研究所碩士論文。（問卷調查；教師 442 人、家長 427 人）

87.楊火順（2003）。**台北市國民小學家長參與學校事務現況之調查研究**。國立台北市立師範學院國民教育研究所碩士論文。（問卷調查）

88.張志鴻（2003）。**高雄市國小家長參與親職教育態度之研究——以現況分析與網路運用**。國立高雄師範大學成人教育研究所碩士論文。（問卷調查；家長 580 人）

89.紀承維（2003）。**國小學童家長對學校實施戶外教學之調查研究——以台中市縣為例**。國立台中師範學院環境教育研究所碩士論文。（問卷調查；家長）

90.黃明珠（2003）。**台北市國民小學家長參與學校事務對親子關係影響之研究**。國立台北市立師範學院國民教育研究所碩士論文。（問卷調查；溪口國小中高年級學生家長與其子女）

91.鄭文川（2003）。**高雄市國民小學家長會組織運作與學校效能關係之研究**。國立高雄師範大學教育學系碩士論文。（問卷調查；984 名教師與家長）

92.林淑娥（2003）。**台中縣國民小學學生家長教育期望與參與學校教育之**

關係。國立台中師範學院國民教育研究所碩士論文。（問卷調查；1015
名家長）

93.林信男（2003）。**台北縣國民小學學生會組織運作之研究**。私立輔仁大
學教育領導與發展研究所碩士論文。（問卷調查；學校人員與家長會成
員共 506 人）

94.蔡瓊婷（2003）。**國民小學親師衝突之研究**。國立屏東師範學院國民教
育研究所碩士論文。（問卷調查；高雄市、嘉義縣 843 位教師）

95.李振宗（2003）。**國小音樂班學生家長參與學校教育之研究**。彰化師範
大學特殊教育研究所碩士論文。（問卷調查；家長 806 人）

96.徐淑珠（2003）。**國小啟智班學生家長與教師對家長參與之態度研究**。
國立台東大學教育研究所碩士論文。（問卷調查；台東縣及花蓮縣 21 所
國小啟智班教師與家長）

97.鄭束靜（2003）。**國小舞蹈班學生家長參與學校教育之研究**。國立彰化
師範大學特殊教育研究所碩士論文。（問卷調查；國小舞蹈班學生家長
有效問卷 560 份）

98.楊宜真（2003）。**「知識管理」應用於「國民小學家長參與學校教育之
人力支援」可行性之研究**。國立台南師範學院國民教育研究所碩士論文。
（懷德術、訪談；問卷調查 27 位國小校長、主任、教師）

99.郭素文（2003）。**運用班級通訊電子報促進親師溝通**。國立台北師院學
院教育傳播與科技研究所碩士論文。（問卷調查、訪談；國小某班四年
級學生、教師與家長）

100.陳慶雲（2003）。**家長會組織對學校效能影響之研究——以桃園縣竹園
國民中學為樣本**。私立元智大學管理研究所碩士論文。（問卷調查、訪
談；問卷：教職員工 62 人、家長 200 人，訪問教職員 6 人、家長會成員
3 人、社區人士 3 人）

101.蔡奇璋（2003）。**外籍配偶參與國小子女學習的障礙及其解決途徑之研
究**。國立中正大學成人及繼續教育研究所碩士論文。（訪談；5 位外籍
配偶）

102.利百芳（2003）。**家長參與學校事務之個案研究——以桃園縣一所國小**

為例。私立中原大學教育研究所碩士論文。（訪問、觀察、文件分析；學校行政人員、教師、家長、學生）

103. 楊朝祥（2003）。**家長參與學校事務的個案研究——以桃園縣一所國小為例**。私立中原大學教育研究所碩士論文。（訪談、觀察、文件分析；學校行政人員、教師、家長、學生）

104. 薛明瑤（2003）。**國民小學家長參與學校教育之個案研究**。國立台東大學教育研究所碩士論文。（訪談、觀察與文件分析）

105. 康志偉（2003）。**親師生合作學習戲劇活動之行動研究 ——以台北縣豐年國小特教班為例**。國立台北師範學院特殊教育學系碩士班碩士論文。（行動研究，親師生、行政人員）

106. 王詔君（2004）。**應用 VoiceXML 建構與整合國小親師聯絡網之研究**。國立台北師範學院數學教育研究所碩士論文。（網路平台發展）

107. 王仁榮（2004）。**國民小學教師與家長對親師合作辦理戶外教學的認知、動機與障礙研究**。（問卷調查；台中市級任教師 396 人、班親會家長 375 人）

108. 洪明珠（2004）。**國小普通班自閉症學生家長與教師親師合作之調查研究**。（問卷調查；中部四縣市普通班自閉症學童之親師）

109. 陳玟甄（2004）。**中部地區國小教師知覺親師衝突原因及其因應策略之研究**。國立台中師範學院國民教育研究所碩士論文。（問卷調查；教師 586 位）

110. 黃建清（2004）。**國民小學親師衝突原因及因應策略之相關研究**。私立銘傳大學教育研究所碩士班碩士論文。（問卷調查；桃園縣 697 位教師、453 位家長）

111. 黃雅芳（2004）。**新移民女性親師互動與子女學校生活感受之探究**。國立台北師範學院教育心理與諮商學系碩士論文。（問卷調查；台北縣 11 所小學新移民女性子女與其親師共 138 名）

112. 王妙如（2004）。**外籍配偶參與國小子女學校教育之研究 ——以雲林縣為例**。明道管理學院教學與藝術研究所碩士論文。（問卷調查；1148 份有效問卷）

113. 戴國璋（2004）。**屏東縣國小家長與教師對家長參與學校教育態度、動機之研究**。屏東師範學院教育行政研究所碩士論文。（問卷調查；家長331份，教師364份）

114. 江民瑜（2004）。**國小學生家長參與學校教育行為之影響機制探討**。國立高雄師範大學教育研究所碩士論文（問卷調查；高雄縣市1859位家長）

115. 黃聿芝（2004）。**高雄市國民小學家長參與學校教育事務之調查研究**。（問卷調查；高雄市國小家長與老師各485人）

116. 李怡慧（2004）。**東南亞籍配偶子女同儕關係類型及其相關因素初探**。私立靜宜大學青少年兒童福利系研究所碩士論文。（參與遊戲團體之行為觀察、問卷調查、與訪談教師；7名中年級台中縣大陸籍與東南亞籍學童、22名本國籍學生、東南亞籍學童之教師8位）

117. 吳淑名（2004）。**寄養兒童之親、師及其互動研究**。國立高雄師範大學教育學系碩士論文。（訪談；7對寄養兒童之親師）

118. 邱光輝（2004）。**達悟族家長教育參與之行動研究——以台東縣朗島國小為例**。國立台東大學教育研究所碩士論文。（訪談、觀察與文件分析；行政人員、教師及家長）

119. 蔡良油（2004）。**家長參與學校教育之個案研究——以一所國小實施班親會為例**。國立台中師範學院國民教育研究所碩士論文。（訪談教師、家長及行政人員、觀察班親會、文件分析）

C.中學階段相關之博碩士論文

研究方法——量：13篇，量&質：2篇，質：4篇，其他：1篇

總計20篇

1. 戴清江（1985）。**我國國民中學學校與家庭溝通聯繫之調查研究**。國立台灣師範大學教育研究所碩士論文。（問卷調查；教師與家長，未說明填答人數）

2. 詹秋薇（1997）。**台北市國中義工家長參與的現況與發展之調查研究**。私立中國文化大學兒童福利研究所碩士論文。（問卷調查與訪談；問卷調查 69 所國中義工家長承辦人並訪談 51 名義工家長與承辦人）

3. 賴怡蓉（1998）。**國民中學啟智班教師與家長對家長參與之態度研究**。彰化師範大學特殊教育研究所碩士論文。（問卷調查；中部地區中學啟智班教師 162 人、家長 169 人）

4. 蔡俊傑（1999）。**父母參與及教師參與對學生生活適應影響之研究——以台灣地區南部國二學生為例**。國立政治大學教育研究所博士論文。（問卷調查；高雄縣市、屏東縣、澎湖縣國二生 979 人）

5. 譚德玉（2000）。**國中資優學生家長參與學校教育之研究**。國立彰化師範大學特殊教育學系在職進修專班碩士論文。（問卷調查；國中資優生家長 382 人）

6. 許水和（2001）。**高雄市國民中學學生家長參與校務之研究—— 家長與教師的觀點**。國立高雄師範大學教育學系碩士班碩士論文。（問卷調查；家長 240 人、教師 216 人）

7. 周文章（2001）。**高雄市國民中學家長會組織運作與學校效能關係之研究**。國立高雄師範大學教育學系碩士論文。（問卷調查；930 名教師與家長）

8. 林雯涓（2001）。**家長參與學校教育之研究——高中（職）學生觀點**。國立彰化師範大學教育研究所碩士論文。（問卷調查；中部縣市 938 名學生）

9. 陳慕華（2001）。**國民中學家長參與校務和學校效能關係之研究**。國立高雄師範大學教育學系碩士班碩士論文。（問卷調查、訪談；612 位教師、510 位家長）

10. 林春貴（2002）。**國中家長教師對家長參與學校事務與組織氣氛、行政決定關係知覺之研究**。國立高雄師範大學教育學系碩士班碩士論文。（問卷調查；兼行政工作教師、教師共 367 人、家長 221 人）

11. 楊崇姍（2003）。**國民中學學生事務服務電子化系統專案規劃**。私立中原大學資訊管理研究所碩士論文。（親師溝通網路平台建制）

12. 詹月菁（2002）。**國民中學身心障礙資源班家長參與子女教育之研究**。國立彰化師範大學特殊教育系在職進修專班碩士論文。（問卷調查；未說明填答之家長人數）

13. 劉曉娟（2002）。**中部地區國中啟智班家長參與個別化教學計畫會議之研究**。國立彰化師範大學特殊教育系在職進修專班碩士論文。（訪談；26 位家長）

14. 楊麗華（2002）。**台北縣國民中學家長會男性會長參與學校教育事務之研究**。國立政治大學學校行政碩士班碩士論文。（訪談；9 位男性家長會長）

15. 趙靜菀（2002）。**國民中學女性校長與家長會互動經驗之研究**。國立政治大學中等教師在職進修學校行政碩士學分班碩士論文。（訪談；8 位女性校長）

16. 廖偉志（2003）。**台中市國民中學學生家長參與學校教育事務能力評估指標建構之研究**。國立暨南大學教育政策與行政學系碩士班碩士論文。（問卷調查；校長、家長會長、教師代表與專家共 61 人）

17. 楊景森（2003）。**國中學生家庭氣氛家長參與及學校成就之研究**。國立彰化師範大學教育研究所碩士論文。（問卷調查；台中縣市、彰化、南投之 684 名學生）

18. 涂毓容（2003）。**台北縣市國中學生家長之家長角色認知、家長效能感與家長參與之關係研究**。國立彰化師範大學教育研究所碩士論文。（線上無法查詢）

19. 賴正宗（2003）。**國民中學校長與家長會長互動情況之研究**。國立台灣師範大學教育研究所碩士論文。（訪談；8 所校長、家長會會長）

20. 黃微雅（2004）。**國民中學家長參與學校教育之調查研究**。（問卷調查，高雄縣市 46 所國中 872 名教師及家長）

D. 跨教育階段相關之學位論文

研究方法——量：3 篇，質：2 篇，其他：2 篇　　總計 7 篇

1. 王如曼（1995）。**智障者家長參與家長團體之參與效果檢討**。私立東海大學社會工作學系碩士班碩士論文。（郵寄式問卷調查；四個都會（型）智障者型家長團體成員 183 名有效樣本）

2. 李志成（1997）。**從教育與法律之觀點論家長參與學校教育及其影響**。國立政治大學教育研究所碩士論文。（文獻分析）

3. 張彥婷（1998）。**女性家長參與學校事務經驗之研究：以台北市為例**。國立政治大學教育學系碩士班碩士論文。（訪談、觀察、文件分析；國中小女性家長）

4. 李晉梅（2002）。**家長參與教育權之探究**。國立政治大學法律學系碩士班學士後法學組碩士論文。（文獻分析）

5. 陳素捷（2002）。**台中市國民中小學親師衝突原因及教師因應方式之研究**。國立台中師範學院國民教育研究所碩士論文。（問卷調查；500 名教師）

6. 藍偉烈（2003）。**台北縣身心障礙學生家長對參與法規之瞭解、實際參與及參與需求之研究**。國立台灣師範大學特殊教育研究所碩士論文。（問卷調查；953 名身心障礙未分教育層級之學生家長）

7. 蘇慧瑛（2003）。**教育改革中公共論述形成之研究——以台灣家長參與為例**。國立政治大學教育研究所碩士論文。（文件分析、訪談；台北市家長協會、全國家長團體、人本文教基金會核心人士）

附錄二　給園方的「簡要研究內容」說明信

親愛的園長、老師,您好!

　　由於社會的變遷,今日幼兒成長的地方除了家裡之外,還包括了幼稚園。為了讓我們所愛的孩子在學習與發展上可以得到最大的利益,家長與學校之間彼此看法的交流和了解就變的很重要。基於這個原因,我將進行一個「親師合作關係」的研究,來做為改進台灣幼兒教育品質的重要參考。

　　素仰貴校對學前教育之熱忱及用心,誠懇地邀請您共襄盛舉,參與此項國科會的研究計畫。本研究為期一年,旨在客觀、深入地了解現象,不對現象對好、壞、優、劣等之價值判斷或評論。在研究過程中,我及我的研究助理將以「學習者」的角色去蒐集資料,在這當中除了訪談、定期的教室觀察之外,我們也將出席園方所舉辦任何與家長有關的活動。在過程中我們將會盡量減少對貴園各項教學及活動的影響與干擾。所得研究資料將完全保密,僅做研究上綜合分析之用,屆時園方所有的人、事、物都將以匿名與化名方式呈現,研究過程將恪守研究倫理之規範,並定期與園方保持聯絡和溝通,如果您有任何的疑問,請隨時與我連絡。非常謝謝您熱心的協助,使得此項研究得以順利進行。

　　敬祝　事事平安!

國立新竹師範學院幼兒教育研究所副教授

劉慈惠　敬啟

新竹市南大路 521 號 (03)5213132 轉 3214

附錄三　給焦點班級家長的一封信

親愛的家長，您好！

　　我是竹師幼教系的老師劉慈惠，和您一樣，也是孩子的父母，我有兩個小男孩，一個讀小學五年級，一個讀四年級。這個研究案在徵得園方及老師的同意及熱心協助下，我們希望進一步取得家長的同意。在上星期透過班上老師的協助，曾經發給您一封簡短的信說明我所欲進行的研究（附錄二），不知您有沒有收到（如附）？以下我簡要描述我所進行的研究內容如下：

　　透過這個研究，我主要想了解二個方面的訊息：(1)老師和父母對於幼兒的學習有什麼樣的想法、看法與期待？(2)對於親師互動與合作，老師和父母各有什麼樣的想法、經驗與期望？對於這樣的問題，每一個人可能都有很不一樣的想法與意見，也可能會有相似的地方。我想強調的是，所有的意見，並沒有所謂比較好或者比較不好、對或不對、成熟或不成熟的區別，對我來說，每一個人原始的想法都是很寶貴而值得去了解的。因此，「了解親、師雙方最原始的想法與意見，不做價值的評斷」是我進行這個研究的主要目的。

　　我進行的方式中與家長有關的主要有三方面：(1)我或我的研究助理（黃美瑛，竹師幼教系畢業生）會在您孩子的班上，觀察老師教學或師生互動的情形，時間上大約每週 1 次；(2)以旁觀者的角色，機動性參加園方或您孩子班上舉行的親子相關活動；(3)徵求 6-10 位有意願的家長，在方便的時間與地點，個別聊一聊您對孩子學習及親師互動的想法與期望。

　　很謝謝當天家長座談會中在場家長的熱列支持與信任，透過這封信，希望能再進一步正式得到大部分家長的同意，使我有機會走入教育的第一線，與您一起來關心幼兒的學習與成長。另，為了想了解幼兒家長的想法與意見，希望能徵求有意願的家長的參與和協助，在您方便的時間及地點和您個別聊聊，使我們有機會一起來關心幼兒的學習與成長，訪談所需時間大約 1.5 至 2 小時左

右。透過這樣資料的蒐集與整理，希望能對於我們在推動與改進幼兒教育上有所幫助。所得之對談資料將會完全保密，僅做研究上綜合分析之用，所有的人、事、物都將以匿名與化名方式呈現，如果您有任何的疑問，歡迎您隨時與我連絡，我會很樂意為你說明。 請您在看完此信之後，在下面簽名來表示您的意見，並讓您的孩子帶回學校交給班級老師。非常謝謝您的幫忙，不勝感激！

敬祝　闔家安康！

新竹師院幼教系　劉慈惠敬上

新竹市南大路 521 號（5213132 轉 3214）

-----------------------------------家長回條-----------------------------------

請您在看完此信之後，在下面簽名來表示您的意見，並讓您的孩子帶回交給老師。非常謝謝您的幫忙。敬祝　闔家安康！

請在以下能表達您看法的空格中打勾

□我同意此研究在班上進行
□如果時間許可，我願意進一步和劉老師談一談我的看法
□不過，我沒有時間可以進一步和劉老師談我的看法
□我不同意此研究在班上進行。
（勾選此項的家長，我會尊重您的決定，在研究過程中不會採用您及您孩子的資料）

家長簽名：＿＿＿＿＿＿＿＿　　幼兒姓名：＿＿＿＿＿＿＿＿

附錄四　果子園相關活動照片 [1]

果子園　家長參觀日

◎ 園所中廊的布置（一）.
園方老師將中廊布置成藝
術角，學期間老師陸續的
布置，在教學參觀日的時
候，完整的呈現在家長眼
中。

◎ 園所中廊的布置（二）：
一樓除小班教室外，其他
的空間都陳列著各班孩子
的作品，連大門口都張貼
著各班課程活動照片。

---

[1]　由於研究過程中多以攝影機保存活動紀錄；很少拍照。等到想要在書中放一些照片時，才發現當年兩
　　園的照片都不多，因此僅就手邊有的一些，做片面的呈現。

◎園所中廊的布置（三）：
陶土作品。

◎園所中廊的布置（四）：
幼兒卷宗。

◎園所中廊的布置（五）：
美勞作品。

◎操作課演示：在家長進教室參觀前，老師
　已事先規劃出家長活動的範圍（紅線做區
　隔），並在教室外張貼「家長注意事項」
　來提醒家長。

◎音樂課演示（一）：除了呈現
平常的上課方式之外，也邀請
家長一同參與樂器的合奏。

◎音樂課演示（二）：部分家長
很配合的參與合奏，部分家長
在旁觀看。

◎ 主題課演示（一）：櫻桃老師
引導幼兒進行平日可能呈現的
教學活動，讓家長了解孩子在
學校的學習部分面貌。

◎ 主題課演示（二）：適逢母親
節，也藉著教學演示的過程將
事前製作的卡片與禮物獻給媽
媽、爸爸，老師設計這樣的活
動是希望讓家長感到驚喜！

果子園教室布置

◎ 教室布置：在教室的牆上貼滿了海報，有主題網、孩子的
作品。

◎ 工作櫃：孩子有專屬的櫃子，裡面放著自己的學習
檔案、以及教材、用具等。

果子班教室一隅

附錄五　種子園相關活動照片

種子園　環保小尖兵

◎活動場地的布置全部出自於家長會的美工組。

◎報到處：報到處的工作人員是各班的義工家長。

◎律動活動：由家長會長以律動來帶動現場的氣氛。

◎有獎徵答：環保局派了一位工作人員
　來進行有獎徵答的活動。

◎製做廚餘：家長會邀請清大的教授來
　現場教導家長們「如何在家製做廚
　餘」。

◎家長參與的情況很踴躍。

◎親子共同動手做：分區打掃、撿垃圾，每個班都有分配打掃的地區，領取打掃工具後，各自進行。

◎幼兒在各自分配的區域幫忙撿垃圾。

◎家長帶頭打掃公園，其中包括不少的爸爸。

種子園「歡樂耶誕化妝晚會」

◎家長會主辦：從事前的籌備、場地的布置、晚會進行的活動皆由家長會負責，看板與會場的布置皆出自於家長會的手中，家長會長從早上就開始很忙碌，不管是聖誕燈泡或是其他裝飾品的布置都自己動手做。

◎餐會：傍晚，家長陸續的到達會場，每個家庭準備一道菜，先下班的家長就先準備。

◎用餐時間：將教室內的桌椅都搬到會場來，有些家長陪著自己的孩子吃晚餐，有些家長則聚集在一起聊天。

種子園親子運動會

◎親子運動會之一：園方設計的親子活動。

◎親子運動會之二：部分家長在旁邊觀看、攝影。

◎親子運動會之三：家長會設計的活動。各班家長參與的活動，很明顯的可以看到來參加的大部分都是媽媽。

班級活動之一 —— 北埔古早遊

◎此一活動是由班上的家長們所安
　排的……，從地點的選擇、行
　程、交通、解說員的安排都是由
　家長一手包辦。

◎家長、小孩、老師一起參觀古
　蹟。

◎辦活動或班遊家長們都共襄盛舉
　……，每回辦活動家長們都踴躍
　的參加，攜家帶眷，很龐大的陣
　容。

353

後記

　　一如在自序中所言，本書內容的書寫前後歷經三年多的時間，其間由於所蒐集的研究資料甚為龐大，屢次在思索如何抽絲剝繭、去蕪存菁之間，寫寫、停停，速度彷如蝸牛爬行。也曾經因覺得要把聽到、看到的故事說完，似乎是不可能的任務，而幾度在困頓與挫折中停筆；多次深深體會到質性研究從拉開序曲到畫上休止符，每一樂章都充滿了不同的挑戰。在漫長蘊育過程中的心情，有如懷胎十月般，企盼著新生命瓜熟蒂落來臨的喜悅。Lareau（1989）在《Home Advantage》一書中，分享了她走入田野研究歷程的甘苦，談及身為一個質性研究者要學習與「不確定、模糊、困惑共處」的心聲，誠然於我心有戚戚焉，因為那也是我走過這段研究歷程，在摸索中不斷尋找可能頭緒的寫照。感謝上帝的同在、家人的愛與支持，讓我每每在歇息一段時日後，能重新得力、重新出發，使這幾年來不斷摸索有關本書寫作的歷程，得以告一段落。雖然躺在書架上、攤在桌上的田野資料，遠超過已敲入鍵盤、躍上書中者；其中仍然有許多的故事值得分享。不過由於時間上的限制，只能先將之擱下。深知在修修改改中所分享的內容，仍有改進的空間；一些想法在此書完成時，仍持續在蘊釀、咀嚼與釐清中。不過，走筆至此暫且畫上休止符，先以書中內容就教於讀者，期盼能獲得迴響、批評與相互的切磋。

參考文獻

中文部分

內政部（2004）。92 年外籍與大陸配偶生活狀況調查摘要報告統計圖。2005 年 12 月 30 日，取自 http://www.ris.gov.tw/ch4/0930617-1.html

內政部（2006）。94 年新生嬰兒生母狀況分析。2006 年 7 月 16 日，取自 http://www.moi.gov.tw/stat/

王文科（2000）。資優學生家長參與之調查研究。行政院國家科學委員會專題研究計畫成果報告（NSC89-2413-H018-005）。彰化縣：國立彰化師範大學。

王昭君（2004）。應用 Voice XML 建構與整合國小親師聯絡網之研究。國立台北師範學院數學教育研究所碩士論文，未出版，台北市。

王泰茂（1998）。原住民學校的親師互動——以玫瑰小學為例。國立花蓮師範學院多元文化研究所碩士論文，未出版，花蓮縣。

王莉玲（1989）。幼兒家長與教師教養方式之比較——幼稚園個案研究。台北市：新宇出版社。

王莉玲（1999）。行動研究與幼稚園教師的專業發展（I）。行政院國家科學委員會專題研究計畫成果報告（NSC 89-2413-H-026-008-F22）。新竹市：國立新竹教育大學。

王莉玲（2000）。行動研究與幼稚園教師的專業發展（II）。行政院國家科學委員會專題研究計畫成果報告（NSC 90-2413-H-026-001-F22）。新竹市：國立新竹教育大學。

任秀媚（1984）。家長參與幼兒學校學習活動對幼兒社會行為的影響。國立台灣師範大學家政研究所碩士論文，未出版，台北市。

光佑編輯部（1996）。幼兒教育模式——世界幼教趨勢與台灣本土經驗。台北縣：光佑文化。

朱瑞玲（1998）。家庭與社會資源分配：現象與理解。人文及社會科學集刊，

10（2），157-159。

江麗莉、鐘梅菁（1997）。幼稚園初任教師困擾問題之研究。**新竹師院學報**，10，1-22。

行政院（2005a）。**台閩地區育齡婦女生育率**。2006 年 7 月 16 日，取自 http://www.moi.gov.tw/stat/

行政院主計處（2005b）。**人力運用調查報告：女性勞動率參與概況**，取自 http://www.dgbas.gov.tw

余思靜（1999）。幼稚園大班的畢業生真的準備好上一年級了嗎？國小新生的同儕關係與學校適應。**國立台東師院學報**，10，123-154。

何瑞珠（1998）。家長參與子女的教育：文化資本與社會資本的闡釋。**教育學報（香港）**，26（2），233-261。

余安邦（1991）。影響成就動機的家庭社會化因素之探討。**中央研究院民族研究所集刊**，71，87-132。

吳迅榮（2001）。家長參與學校教育的角色。**基礎教育學報**，10（2），13-31。

吳武典、林繼盛（1982）。家庭與學校聯繫程度對兒童學業成就和生活適應的影響。**教育心理學報**，15，127-138。

吳武典、林繼盛（1985）。加強家庭聯繫對兒童學習效果與家庭氣氛的影響。**教育心理學報**，18，97-116。

吳毓瑩（2004）。**多元文化下新移民子女教育適應現況與可行方案研究——東南亞裔新移民女性的親師互動及其子女自我效能與學校生活之橫斷與縱貫研究（子計畫二）（1/3）**。行政院國家科學委員會專題研究計畫成果報告（NSC93-2420-H152-001-KES）。台北市：國立台北教育大學。

吳毓瑩（2005）。**多元文化下新移民子女教育適應現況與可行方案研究——東南亞裔新移民女性的親師互動及其子女自我效能與學校生活之橫斷與縱貫研究（子計畫二）（2/3）**。行政院國家科學委員會專題研究計畫成果報告（NSC94-2420-H152-001-KES）。台北市：國立台北教育大學。

吳瑾瑜（2001）。**國小六年級學生對親師溝通的反應詮釋與期待**。國立台北師範學院教育心理與輔導學系碩士班碩士論文，未出版，台北市。

吳璧如（1999）。**師資培育過程中「家長參與」知能之理論與實務研究（II）**。

行政院國家科學委員會專題研究計畫成果報告（NSC88-2413-H018-006）。彰化縣：國立彰化師範大學。

吳璧如（2003）。**家長參與學校教育之縱貫研究（I-III）**。行政院國家科學委員會專題研究計畫成果報告（NSC92-2413-H018-008）。彰化縣：國立彰化師範大學。

吳璧如（2004）。**家長參與學校教育之縱貫研究（II-III）**。行政院國家科學委員會專題研究計畫成果報告（NSC93-2413-H018-003）。彰化縣：國立彰化師範大學。

吳璧如（1997）。**校長及教師對家長參與的態度與教育歷程中家長參與的類型及效能關係之研究**。行政院國家科學委員會專題研究計畫成果報告（NSC86-2413-H018-010）。彰化縣：國立彰化師範大學。

吳璧如（1998）。**師資培育過程中「家長參與」知能之理論與實務研究（I）**。行政院國家科學委員會專題研究計畫成果報告（NSC87-2413-H018-016）。彰化縣：國立彰化師範大學。

吳璧如（2001）。**家長參與學校教育之性別議題研究（I）**。行政院國家科學委員會專題研究計畫成果報告（NSC90-2413-H018-018）。彰化縣：國立彰化師範大學。

吳璧如（2002）。**家長參與學校教育之性別議題研究（II）**。行政院國家科學委員會專題研究計畫成果報告（NSC91-2413-H018-002）。彰化縣：國立彰化師範大學。

吳妏雪（2002）。**Swap 的家庭——學校夥伴關係模式之研究——以宜蘭縣國小為例**。國立政治大學公共行政學系碩士班碩士論文，未出版，台北市。

李惠加（1979）。**母親參與幼兒學習活動研究**。文化大學兒童福利研究所碩士論文，未出版，台北市。

李鴻章（1999）。台灣地區背景因素對子女教育的影響之變遷。**政大教育與心理研究，22**，251-266。

沈姍姍（2004）。**經濟資本、文化資本與社會資本相互作用之研究——國小學生家庭環境、學校生活與教育成就之關係**。行政院國家科學委員會專題研究計畫成果報告（NSC93-2413-H134-002）。新竹市：國立新竹教育大學。

阮碧繡（1995）。**家長參與幼兒之閱讀興趣／態度和前閱讀技巧之關係研究**。
國科會補助計畫（NSC78-0301-H024-02）。台南市：國立台南大學。

佳美幼稚園（1995）。**與孩子共舞**。台北縣：光佑文化。

周麗端（2003）。生命歷程中的家庭教育。載於國立台灣師範大學舉辦之「**生命歷程中的家庭教育」國際研討會論文集**（頁9-42），台北市。

幸曼玲（1996）。**父母在選擇幼稚園時所反映的教養觀**。行政院國家科學委員會專題研究計畫成果報告 （NSC85-2417-H133-001-G）。台北市：台北市立教育大學。

林佩蓉（2003）。**向馬英九市長報告──「學前美語教育」政策的建議**。2006年6月1日，取自 http://blog.yam.com/peggyedu/ac07ab5f.pdf

林明地（1998）。**國民中小學校長對家長參與之態度研究**。行政院國家科學委員會專題研究計畫成果報告（NSC87-2413-H194-023）。嘉義縣：國立中正大學。

林義男（1988）。國小學生家庭社經背景、父母參與及學業成就的關係。**輔導學報**，11，95-141。

林義男（1993）。國中學生家庭社經背景、父母參與及其學業成就的關係。**輔導學報**，16，157-212。

林耀蘭（2005）。**教幼稚園親師合作的探究歷程**。國立新竹教育大學幼兒教育研究所碩士論文，未出版，新竹市。

信誼基金會（1987）。台北市幼稚園、托兒所現況──訪問調查之分析報告。**教育資料文摘**，20（1），134-172。

涂毓容（2003）。**台北縣市國中學生家長之家長角色認知、家長效能感與家長參與之關係研究**。國立彰化師範大學教育研究所碩士論文，未出版，彰化縣。

孫淑柔（2003）。**從夥伴模式探討桃竹苗四縣市國小階段啟智班學生家長參與情形**。行政院國家科學委員會專題研究計畫成果報告（NSC92-2413-H134-007）。新竹市：國立新竹教育大學。

孫淑柔（2005）。**融合教育型態的學校行政人員和普通班教師之特殊教育學生家長參與知能研究**。行政院國家科學委員會專題研究計畫成果報告

（NSC94-2413-H134-010）。新竹市：國立新竹教育大學。

師大附設實驗幼稚園（1996）。**開放的足跡**。台北縣：光佑文化。

高傳正、梁美惠（1997）。花蓮市幼稚園家長參與之訪談性研究。**花師院刊**，21，21-32。

高敬文（1996）。**質化研究方法論**。台北市：師大書苑。

高敬文（1999）。**推動「國小行動研究計畫」之行動研究**。行政院國家科學委員會專題研究計畫成果報告（NSC87-2413-H-153-006）。屏東市：國立屏東教育大學。

張美麗（1985）。**幼兒家長老師專家對幼兒教育的意見與期望比較研究**。國立台灣師範大學家政教育研究碩士論文，未出版，台北市。

張笑虹（1993）。國民小學教師與家長對教育之認知調查研究。**台北市立師範學院學報**，24，181-214。

教育部（2002）。**全國幼兒教育普查計畫**。教育部委託專案計畫成果報告。台北市：教育部。

梁碧明（2004）。**2006 家長對特殊教育與相關服務的認知及參與程度之研究：以花蓮縣學習障礙兒童之家庭為例**。行政院國家科學委員會專題研究計畫成果報告（NSC93-2413-H026-012）。花蓮市：國立花蓮教育大學。

莫藜藜（1997）。受虐兒復原能力的探討：兩個保護個案的比較分析。**中華心理衛生學刊**，10（2），67-82。

莫藜藜（2000）。**過動兒之親師互動與合作模式之探討**。行政院國家科學委員會專題研究計畫成果報告（NSC89-2412-H031-010），台北市：私立東吳大學。

許玉齡（2005）。運用幼兒教育教學原理引領幼教機構邁向專業──一個輔導團指導教授的思考與行動。載於國立新竹教育大學舉辦之「**2005 幼教品質追求卓越**」研討會論文集（頁 29-36），新竹市。

郭素文（2003）。**運用班級通訊電子報促進親師溝通**。私立輔仁大學教育傳播與科技研究所碩士論文，未出版，台北縣。

陳伯璋（1988）。**行動研究法**。台北縣：國立空中大學。

陳怡君（2002）。**從一所國民小學學生觀點看家長參與之研究**。國立台北市立

　　師範學院課程與教學研究所碩士論文，未出版，台北市。

陳惠邦（1998）。**教育行動研究**。台北市：師大書苑。

陳雅鈴（2004）。**貧窮學童復原力（resilience）發展的成因及過程研究**。行政院國家科學委員會專題研究計畫成果報告（NSC93-2413-H-153-009）。屏東市：國立屏東教育大學。

陳麗欣（1997）。**教育革新大型研究（十三）：國民中、小學學生家長參與校務發展可行模式之研究（I）──國小學生家長參與校務發展可行模式之建立：台灣地區國小家長參與校務之現況暨教師與家長對家長參與校務的意見之分析與比較**。行政院國家科學委員會專題研究計畫成果報告（NSC84-2745-H260-001-F6）。南投縣：國立暨南國際大學。

陳麗欣、翁福元、許維素、林志忠 （2000a）。我國隔代教養家庭現況之分析（上）。**成人教育通訊**，3，37-40。

陳麗欣、翁福元、許維素、林志忠 （2000b）。我國隔代教養家庭現況之分析（下）。**成人教育通訊**，4，51-66。

陳麗欣、鍾任琴（1998）。**教育革新大型研究計畫──子計畫（八）：國中學生家長參與校務發展可行模式之建立與其實踐性之研究（II）──台灣地區國中家長參與校務之現況暨教師與家長對家長參與校務的意見之分析與比較**。行政院國家科學委員會專題研究計畫成果報告（NSC87-2413-H260-001-F6）。南投縣：國立暨南國際大學。

黃迺毓（1996）。**台灣地區父母之子女教養方式與子女社會化之研究 （II）**。行政院國家科學委員會專題研究計畫成果報告（NSC85-2413-H003-007）。台北市：國立台灣師範大學。

黃政傑（1999）。**課程改革**。台北市：漢文。

黃雅芳（2004）。**新移民女性親師互動與子女學校生活感受之探究**。國立台北師範學院教育心理與諮商學系碩士論文，未出版，台北市。

楊巧玲（2000a）。**教育鬆綁後學校、家長與社區關係之研究（I）**。行政院國家科學委員會專題研究計畫成果報告（NSC89-2413-H017-025）。高雄市：國立高雄師範大學。

楊巧玲（2000b）。**教育鬆綁後校園權力分配與決策機制運作之研究**。行政院

國家科學委員會專題研究計畫成果報告（NSC89-2413-H017-010-S）。高雄市：國立高雄師範大學。

楊巧玲（2001a）。家長參與學校教育的社會學分析：英、美與台灣的教育改革策略之比較。國立高雄師範大學教育學系，**教育學刊，17，**199-217。

楊巧玲（2001b）。**家長參與學校教育的現況調查及其相關因素之探討──教育鬆綁後校園權力分配與決策機制運作之研究。**行政院國家科學委員會專題研究計畫成果報告（NSC90-2413-H017-011）。高雄市：國立高雄師範大學。

楊崇姍（2003）。**國民中學學生事務服務電子化系統專案規劃。**私立中原大學資訊管理研究所碩士論文，未出版，桃園縣。

楊朝祥（1999）。**教育施政理念報告。**1999 年 6 月 21 日立法院教育委員會第四期報告。台北市：教育部。

葛小嫻（2000）。**兒童本位教育──一所幼兒園父母、教師幼兒教育觀之個案研究。**國立台灣師範大學家政教育研究所碩士論文，未出版，台北市。

鄔佩麗（1997）。**青少年心理發展與適應之整合性研究──教師與學生家長之合作關係與諮詢角色之研究（I）。**行政院國家科學委員會專題研究計畫成果報告（NSC86-2413-H003-007）。台北市：國立台灣師範大學。

鄔佩麗（1998）。**青少年心理發展與適應之整合型研究──教師與學生家長的合作關係與諮詢角色之研究（II）。**行政院國家科學委員會專題研究計畫成果報告（NSC87-2413-H003-015）。台北市：國立台灣師範大學。

熊同鑫（2003）。我思、我在：我對於行動研究在教育現場實踐的一些想法。載於國立台灣師範大學舉辦之「**2003 年教育研究方法論學術研討會**」會議論文集（頁 267-276）。台北市。

甄曉蘭（2001）。行動研究成果的評估與呈現。載於中華民國課程與教學學會（主編），**行動研究與課程教學革新**（頁 199-222）。台北市：揚智。

劉上嘉（2002）。**行動輔助學生輔導系統應用於國民小學之實證研究──以台北縣親師溝通無距離行動網路實驗計畫為例。**輔仁大學資訊管理學系碩士論文，未出版，台北縣。

劉慈惠（1999）。幼兒母親對中國傳統與現代教養的認知。**新竹師院學報，**

12，311-345。

劉慈惠（2000a）。社經地位與教養相關文獻之評析與再思。**新竹師院學報，
13**，359-374。

劉慈惠（2000b）。**幼兒園專業成長整合計畫規劃——落實學前親職教育的一
個觸角——幼稚園老師與家長對彼此合作關係及幼兒發展之期望的連續性
研究（I）**。行政院國家科學委員會專題研究計畫成果報告（NSC89-2413-
H134-011-F22）。新竹市：國立新竹教育大學。

劉慈惠（2001a）。現代幼兒母親的教養信念——以大學教育程度者為例。**新
竹師院學報，14**，355-405。

劉慈惠（2001b）。**幼兒園專業成長整合計畫規劃——落實學前親職教育的一
個觸角——幼稚園老師與家長對彼此合作關係及幼兒發展之期望的連續性
研究（II）**。行政院國家科學委員會專題研究計畫成果報告（NSC89-2413-
H134-020-F22）。新竹市：國立新竹教育大學。

劉慈惠（2002）。個人社會網絡和專家學者知識對大學教育程度幼兒母親教養
信念的影響。**新竹師院學報，15**，383-428。

劉慈惠（2005）。「課程品質」三年總結報告。載於新竹市政府（編印），**新
竹市九十一年度至九十三年度私立幼稚園評鑑報告**（頁57-61），新竹市。

劉慈惠（2003）。**當幼稚園大班畢業生進入小學一年級——學童的經驗及親師
的想法和互動**。行政院國家科學委員會專題研究計畫成果報告
（NSC92-2413-H134-004）。新竹市：國立新竹教育大學。

歐陽誾、柯華葳、梁雲霞（1990）。我國國民小學學生家長參與子女學習活動
之研究。**教育心理與研究，13**，265-306。

蔡奇璋（2003）。**外籍配偶參與國小子女學習的障礙及其解決途徑之研究**。國
立中正大學成人及繼續教育研究所碩士論文，未出版，嘉義縣。

蔡明貴（2002）。**國民小學「語音互動電子聯絡簿」系統之建置與評估**。私立
輔仁大學資訊管理學系碩士班碩士論文，未出版，台北縣。

蔡敏鈴（2002）。**教育質性研究歷程的展現——尋找教室團體互動的節奏與變
奏**。台北市：心理。

蔡清田（1999）。**教育行動研究**。台北市：五南。

廖鳳瑞（1996）。**本土開放式幼兒教育之實踐與成效評估研究**。行政院國家科學委員會專題研究計畫成果報告 （NSC85-2418-H003-007）。台北市：國立台灣師範大學。

盧美貴（1998）。**開放式幼稚園課程與學習評量之研究**。行政院國家科學委員會專題研究計畫成果報告（NSC87-2411-H133-001）。台北市：台北市立師範學院。

盧美貴、蔡春美、江麗莉、蕭美華（1995）。專業與風格──幼兒教育改革的現況與前瞻。**國教月刊**，42，1-11。

賴秀英（2001）。**國民小學親師生互動之個案──以一個小班教學為例**。國立嘉義大學國民教育研究所碩士論文，未出版，嘉義縣。

薛承泰（2004）。台灣社會的變臉──近五十年人口與家庭的變遷。載於國立台灣師範大學舉辦之**「健康婚姻與家庭」國際學術研討會論文集**（頁31-47），台北市。

簡楚瑛、林麗卿（1998）。幼稚園課程轉型之相關因素探討。**教育與心理研究**，21（2），251-274。

蘇建文等（1984）。**台灣省托兒所現況調查報告**。台灣省社會處策劃調查，國立台灣師範大學家政教育學系接受委託調查。

英文部分

Becker, H. J., & Epstein, J. L. (1982). Parent involvement: A survey of teacher practices. *The Elementary School Journal, 83*(2), 85-102.

Belsky, J., Robins, E., & Gamble, W. (1984). The determins of parental competence: Toward a contextual theory. In M. Lewis (Ed.), *Beyond the dyad*. New York: Plenum.

Berueta-Clement, J., Schweinhart, L., Barnett, W., Epstein, A., & Weikart, D. (1984). *Changed lives: The effects of the perry preschool project on youths through age 19*. Ypsilanti, MI: High Scope Press.

Bloch, M., & Tabachnick, B. R. (1993). Improving parent involvement as school reform: Rhetoric or reality. In N. P. Greenman (Ed.), *Changing schools: Recapturing the past or inventing the future?* Albany: State University of New York Press.

Bond, M. H., & Hwang, K. K. (1986). The social psychology of Chinese people. In M. H. Bond (Ed.), *The psychology of the Chinese people* (pp. 213-266). Hong Kong: Oxford University Press.

Bronfenbrenner, U. (1979). *The ecology of human development*. Cambridge: Harvard University Press.

Bronfenbrenner, U. (1986). Ecology of the family as a context for human development: Research perspectives. *Developmental Psychology, 22*(6), 723-742.

Bronfenbrenner, U., & Ceci, S. J. (1994). Nature-nurture reconceptualized in developmental perspective: A bio-ecological model. *Psychological Review, 101*, 568-586.

Burke, C. (1985). Parenting, teaching, and learning as a collaborative venture. *Language Arts, 62*(8), 836-844.

Bourdieu, P. (1977). Cultural reproduction and social reproduction. 487-511. In J. Karabel & A. H. Halsey (Eds.), *Power and ideology in education.* New York: Oxford University Press.

Cameron, M. B., & Wilson, B. J. (1990). The effects of chronological age, gender, and delay of entry on academic achievement and retention: Implications for academic redshirting. *Psychology in the Schools, 27*, 260-263.

Carlton, W., & Martha, P. (1999). School readiness: The need for a paradigm shift. *School Psychology Review, 28*(3), 338-343.

Chavkin, N. F., & Williams, D. L. (1988). Working parents and schools: Implications for practice. *Education, 111*(2), 242-249.

Charmaz, K. (2000). Ground theory: Objectivist and constructivist methods. In N. K., Debzub & Y. S. Lincolin (Eds.), *Handbook of qualitative research* (pp. 509-536) (2nd ed.). CA: Sage Publications, Inc.

Chieng, L. L., & Chuang, M. C. (1997). Perceived problems of kindergarten beginning teachers. *Journal of National Hsin Chu Teachers College, 10*, 1-22.

Chrispeels, J., Boruta, M., & Daugherty, M. (1988). *Communicating with parents.* San Diego, CA: San Diego County Office of Education.

Churchill, C. (2003). Goodness-of-fit in early childhood settings. *Early Childhood Education Journal, 31*(2), 113-119.

Clarke-Stewart, K. A. (1978). Popular primers for parents. *American Psychologist, 33*, 359-369.

Clarke-Stewart, K. A. (1984). Programs and primers for childrearing education: A critique. In R. P. Boger, G. E. Bloom, & L. E. Lezotte (Eds.), *Child Nurturance, 4, Child nurturing in the 1980s* (pp. 125-155). New York: Plenum Press.

Clarke-Stewart, K. A. (1987). Predicting child development from child care forms and features: The Chicago Study. In D. A. Phillips (Ed.), *Quality in child care: What does research tell us?* (pp. 1-19). Washington DC: NAEYC.

Cochran, M. (1993). Parenting and personal social networks. In T. Luster & L. Okagaki (Eds.), *Parenting: An ecological perspective* (pp. 149-178). New Jersey: Lawrence Erlbaum Associates.

Coleman, J. (1988). Social capital in the creation of human capital. *American Journal of Sociology, 94*, 95-120.

Coleman, J. (1991). *Parental involvement in education.* (Order No. 065-000-00459-3). Washington, DC: U.S. Government Printing Office.

Comer, J. (1980). *School power.* New York: Free Press.

Cronbach, L. J. (1975). Beyond the two disciplines of scientific psychology. *American Psychologist, 30*, 116-127.

Cushman, P. (1995). Redicomg failure of LEP students in the mainstream classroom and why it is important. *Journal of Educational Issues of Language Minority Students, 15*, 123-146.

Dandy, J., & Nettelbeck, T. (2002). A cross-cultural study of parents' academic standards and educational aspirations for their children. *Educational Psychology, 22*(5), 621-628.

Darling, N., & Steinberg, I. (1993). Parenting style as context: An integrative model.

Psychological Bulletin, 113(3), 487-496.

Dauber, S., & Epstein, J. L. (1993). *Parents attitudes and practices of involvement in inner-city elementary and middle schools*. NY: SUNY.

Delpit, L. (1988). The silenced dialogue: Power and pedagogy in educating other people's children. *Harvard Educational Review, 58*(3), 280-298.

Denzin, N. K. (1989). *The research act* (3rd ed.). NJ: Prentice-Hall.

Eamon, M. K. (2001). The effects of poverty on children's socioemotional development: An ecological systems analysis. *Social Work, 46*(3), 256-267.

Edwards, R., & Alldred, P. (2000). A typology of parental involvement in education centering on children and young people: Negotiating familialisation, institutionalization and individualization. *British Journal of Sociology of Education, 21*(3), 435-456.

Ekblad, S. (1986). Relationship between child-rearing practices and primary school children's functional adjustment in the People Republic of China. *Scandinavian Journal of Psychology, 27*, 220-230.

Epstein, J. L. (1986). Parents' reactions to teacher practices of parent involvement. *The Elementary School Journal, 86*(3), 277-294.

Epstein, J. (1990). School and family connections: Theory, research, and implications for integrating sociologies of education and family. In D. Unger & M. Sussman (Eds.), *Families in community settings: Interdisciplinary perspectives* (pp. 99-126). New York: Haworth Press.

Epstein, J. L. (1992). School and family partnerships. In M.C. Alkin (Ed.), *Encyclopedia of educational research* (6th ed.). New York: Macmillan.

Epstein & Becker (1982). Teachers' reported practices of parent involvement: problems and possibilities. *The Elementary School Journal, 83*(2), 103-113.

Epstein, J., & Dauber, S. (1991). School programs and teacher practices of parent involvement: Problems and possibilities. *Elementary School Journal, 83*, 103-104.

Foster, J., & Loven, R. (1992). The need and direction for parent involvement in the 90s: Undergraduate perspectives and expectations. *Action in Teacher Education, 14*(3),

13-18.

Frey, N. (2005). Retention, social promotion, and academic redshirting: What do we know and need to know? *Remedial and Special Education, 26*(6), 332-346.

Furnham, A., Rakow, T., & Mak. T. (2002). The determinants of parents' beliefs about the intelligence of their children: A study from Hong Kong. *International Journal of Psychology, 37*(6), p343-353.

Gardner, H. (1989). The key in the Slot: Creativity in a Chinese key. *Journal of Aesthetic Education, 3*(1), 141-158.

Gecas, V. (1979). The influence of social class on socialization. In R. R. Burr & I. L. Reiss (Eds.), *Contemporary theories about the family* (pp. 365-404). New York: The Free Press.

Gilmore, P. (1983). Ethnographic approaches to study of child language: Two illustrative cases. *The Volta Review*, *85*, 29-43.

Goodacre, E. J. (1970). *School and home*. England: National Foundation for Educational Research.

Goodnow, J. J. (1988). Parents' ideas, actions, and feelings: Models and methods from developmental and social psychology. *Child Development, 59,* 286-320.

Gotts, E. (1980). Long-term effects of a home-oriented preschool program. *Childhood Education, 56*, 228-234.

Graue, M. E. (1993a). *Ready for what ? Constructing meanings of readiness for kindergarten.* NY: SUNY Press.

Graue, M. E. (1993b). Social networks and home-school relations. *Educational Policy, 7*(4), 446-491.

Graue, M. E. (2005). Theorizing and describing preservice teachers' images of families and schooling. *Teachers College Record, 107*(1), 157-185.

Graue, M. E., & Brown, C. P. (2003). Pre-service teachers' notions of families and schooling. *Teaching and Teacher Education, 19,* 719-735.

Graue, M. E., & Walsh, D. (1998). *Study young children in context: Theories, methods, and ethics.* Thousand Oaks, CA: Sage.

Greenwood, G. E., & Hickman, C. W. (1991). Research and practice in parent involvement: Implication for teacher education. *The Elementary School Journal, 91*(3), 279-288.

Harkness, S., Super, C. M., & Keefer, C. H. (1992). Learning to be an American parent: How cultural models gain directive force. In R. D' ndrade & C. Strauss (Eds.), *Human motives and cultural model* (pp. 163-178). New York: Cambridge University Press.

Henderson, A. (1981). *Parent participation and student achievement: The evidence grows.* Columbia, MD: National Committee for Citizens in Education.

Henderson, A. (1987). *The evidence continues to grow: Parent involvement improves student achievement.* Columbia, MD: National Committee for Citizens in Education.

Henderson, A. T., Marburger, C. L., & Ooms, T. (1986). *Beyond the bake sale: An educator's guide to working with parents.* Columbia, MD: The National Committee for Citizens in Education.

Hess, R. D. (1970). Social class and ethnic influences upon socialization. In P. H. Mussen (Ed.), *Carmichael's manual of child psychology* (vol.2, pp.457-557). New York: Wiley.

Hess, R. D., Price, G. G., Dickson, W. P., & Conroy, M. (1981). Different roles for mothers and teachers: Contrasting styles of child care. In S. Kilmer (Ed.), *Advances in early education and day care, 2* (pp. 1-28). Greenwich, CT: JAI Press.

Howard, A., & Scott, R. A. (1981). The study of minority groups in complex societies. In R. H. Munroe & R. L. Munroe (Eds.), *Handbook of cross-cultural human development.* New York: Garland STPM Press.

Howes, C., & Olenick, M. (1986). Family and child care influence on toddler's compliance. *Child Development, 57,* 202-216.

Hsu, F. L. (1981). *American and Chinese: Passages to differences.* Honolulu: University Press of Hawaii.

Inkeles, A. (1955). Social change and social character: The role of parental mediation.

Journal of Social Issues, 11(1), 12-23.

Janesick, V. J. (2000). The choreography of qualitative research design. Minuets, improvisations, and crystallization. In N. K. Debzub & Y. S. Lincoln (Eds.), *Handbook of qualitative research* (pp. 509-536) (2nd ed.). CA: Sage.

Joyce, B., Bennett, B., & Rolheiser-Bennett, C. (1990). The self-educating teacher: Empowering teachers through research. In B. Joyce (Ed.), *Changing school culture through staff development* (pp. 26-40). Alexandria, VA: Association for Supervision and Curriculum Development.

Kidder, T. (1989). *Among school children.* Boston: Houghton Mifflin.

Kohn, M. L. (1969). *Class and conformity : A study in values.* Ill: Dorsey Press.

Krasnow, J. (1990). *Building parent-teacher partnerships: Prospects from the perspective of the school reaching out project.* Boston: Institute for Responsive Education.

Lareau, A. (1987). Social-class differences in family-school relationships: The importance of cultural capital. *Sociology of Education, 60,* 73-85.

Lareau, A. (1989). *Home advantage.* New York: Falmer.

Lawton, J. T., & Coleman, M. (1983). Parents' perceptions of parenting. *Infant Mental Health Journal, 4*(4), 352-361.

Leitch M., & Tangri, S.(1988). Barriers to home-school collaboration. *Educational Horizons, 66,* 70-74.

Lerner, J. V. (1983). The role of temperament in psychosocial adaptation in early adolescents: A test of a "goodness-of-fit" model. *Journal of Youth and Adolescence, 9,* 353-369.

LeVine, R. A.(1974). Parental goals: A cross-cultural view. *Teachers College Record, 76*(2), 226-239.

LeVine, R. A. (1980). A cross-cultural perspective on parenting. In M. D. Fantini & R. Cardenas (Eds.), *Parenting in a multicultural society.* NY: Longman Incorporation.

LeVine, R. A. (1988). Human parental care: Universal goals, cultural strategies, individual, behavior. In R. A. LeVine, P. M. Miller & M. West (Eds.), *Parental behavior*

in diverse societies. New Directions for Child Development (40). San Francisco: Jossey-Bass.

Lightfoot, D. (2004). "Some parents just don't care" decoding the meanings of parental involvement in urban schools. *Urban Education, 39*(1), 91-107.

Lightfoot, S. L. (1978). *Worlds apart: Relationships between families and schools.* New York: Basic.

Lin, H. L., Gorrell, J., & Silvern, S. B. (2001). Taiwan's early childhood pre-service teachers professional beliefs. *Journal of Research in Childhood Education, 15*(2), 242-255.

Lin, H. L., Lawrence, F. R., & Gorrell, J. (2003). Kindergarten teachers' views of children's readiness for school. *Early Childhood Research Quarterly, 18*(2), 225-238.

Lincoln, Y. S., & Guba, E. G. (1985). *Naturalistic inquiry.* CA: Sage.

Lincoln, Y. S., & Guba, E. G. (2000). Paradigmatic controversies, contradictions, and emerging confluences. In N. K. Debzub & Y. S. Lincolin (Eds.), *Handbook of qualitative research* (pp. 509-536) (2nd ed.). CA: Sage.

Liu, K. Y., & Chien, C. Y. (1998). Project approach and parent involvement in Taiwan. *Childhood Education, 74*(4), 213-219.

Lueder, D. C. (1997). *Creating partnerships with parents: An educators' guide.* PA: Technomic Publishing Company.

McPherson, G. (1972). *Small town teacher.* Cambridge, MA: Harvard University Press.

Middlemiss, W. (2005). Prevention and Intervention: Using resiliency-based multi-setting approaches and a process-orientation. *Child & Adolescent Social Work Journal, 22*(1), 85-104.

Moles, O. (1982). Synthesis of recent research on parent participation in children's education. *Educational Leadership, 40*(2), 44-47.

Moles, O. (1992). *Schools and families together: Helping children learn more at home.* Washington, DC: Office of Research , OERI, U.S. Dept. of Education, 20208.

Naegle, K. D. (1956). Clergymen, teachers, and psychiatrists. *Canadian Journal of economics and Political Science, 22*, 46-62.

Nakagawa, K. (2000). Unthreading the ties that bind: Questioning the discourse of parent involvement. *Educational Policy, 14*(4), 443-473.

New, R. (1994). Culture, child development, and developmentally appropriate practices: Teachers as collaborative researchers. In B. L. Mallory & R. S. New (Eds.), *Diversity & developmentally appropriate practices.* New York: Teachers College Press.

Noddings, N. (1988). An Ethic of care and its implications for instructional arrangements. *American Journal of Education, 96*(2), 219-230.

Ogbu, J. U. (1981). Origins of human competence: A cultural-ecological perspective. *Child Development, 52*, 413-429.

Ogbu, J. U. (1982).Cultural discontinuities and schooling. *Anthropology and Education Quarterly, 12*, 290-307.

Ogbu, J. (1983). Minority status and schooling in plural societies. *Comparative Educational Review, 6*, 168-190.

Ogbu, J. (1990). Overcoming racial barriers to equal access. In J. Goodlad (Ed.), *Access to knowledge.* New York: College Entrance Examination Board.

Okagaki, L., & Sternberg, R. J. (1993). Parental beliefs and children's school performance. *Child Development, 64*, 36-56.

Oshima, T. C., & Domaleski, C. S. (2006). Academic performance gap between summer-birthday and fall-birthday children in grades K-8. *Journal of Educational Research, 99*(4), 212-217.

Palacios, J. (1992). Family and parent-child relations in Spain. In J. L. Roopnarine & E. B. Carter (Eds.), *Parent-child socialization in diverse cultures* (pp. 139-158). New Jersey: Ablex.

Pang, J. (1988). Ethnic prejudice: Still alive and hurtful. *Harvard Educational Review, 58*(3), 375-379.

Peshkin, A. (2000). The nature of interpretation in qualitative research. *Educational Researcher, 29*(9), 5-9.

Peterson, G. W., Steinmetz, S. K., & Wilson, S. M. (2003). Introduction: Parenting sty-

les in diverse perspectives. *Marriage & Family Review, 35*(3/4), 1-4.

Popkewitz. T. (1992). *Apolitical/sociological critique of teacher education reforms: Evaluation of the relation of power and knowledge.* Paper presented at the Proceedings of the Second National Research Symposium on Limited English Proficient Student Issues, Washington, DC.

Portes, A. (1998). Social capital: Its origins and applications in modern sociology.*Annual Review of. Sociology, 24*, 1-24.

Powell, D. R. (1998). *Parent education as early childhood intervention/emerging directions in theory, research and practice.* NJ: Norwood.

Power, T. J., & Bartholomew, K. L. (1987). Family-school relationship patterns: An ecological assessment. *School Psychology Review, 16*(4), 498-512.

Prevatt, F. F. (2003).The contribution of parenting practices in a risk and resiliency model of children's adjustment. *British Journal of Developmental Psychology, 21*(4), 469-481.

Ran, A. (2001). Traveling on parallel tracks: Chinese parents and English teachers. *Educational Research, 43*(3), 211-329.

Rich, D. (1988). *Mega skills: How families can help children succeed in school and beyond.* Boston: Houghton Mifflin.

Rosenthal, D. M., & Young, S. J. (1996). Building successful home/school partnerships. *Childhood Education, 72*, 194-198

Rubin, H. J., & Rubin, I. S. (1995). *Qualitative interviewing. The art of hearing data.* CA: Sage.

Schaefer, E. S., & Edgerton, M. (1985). Parent and child correlates of parental modernity. In I. E. Sigel (Ed.), *Parental belief system* (pp. 287-318). New Jersey: Lawrence Erlbaum Associates.

Simeonsson, R. J., Bailey, D. B., Huntington, G. S., & Comfort, M. (1986). Testing the concept of good ness of fit in early intervention. *Infant Mental Health Journal, 7* (1), 81-94.

Seeley, D. (1985). *Education through partnership.* Washington, DC: American Enterprise Institute for Public Policy Research.

Seeley, D. (1989). A new paradigm for parent involvement. *Educational Leadership, 47* (2), 46-48.

Smith, D. C. (1992). The Chinese family in transition: An occidental interpretation of contemporary Taiwan. *Asian Cultural Quarterly, 20*(3), 40-73.

Spradley, J. P. (1979). *The ethnographic interview.* New York: Holt, Rinehart & Winston.

Stevenson, H. W., Chen, C., & Lee, S. (1992). Chinese family. In J. Roopnarine & B. D. Carter (Eds.), *Parent-child socialization in diverse cultures.* New Jersey: Ablex.

Strauss, A., & Corbin, J. (1990). *Basics of qualitative research.* CA: Sage.

Super, C. M., & Harkness, S. (1986). The developmental niche: A conceptualization at the interface of child and culture. *International Journal of Behavioral Development, 9*, 545-569.

Swap, S. M. (1993). *Developing home-school partnerships: From concepts to practice.* New York: Teachers College Press.

Thomas, A., & Chess, S. (1977). *Temperament and development.* New York: Burnner/Mazel.

Tichenor, M. S. (1997). Teacher education and parent involvement: Reflections from pre-service teachers. *Journal of Instructional Psychology, 24*, 233-239.

Tobin, J., Davison, D. H., & Wu, D. Y. H. (1989). *Preschool in three cultures.* CN: Yale University.

Triandis, H. C., & Brislin, R.W. (1984). Cross-cultural psychology. *American Psychologist, 39*(9), 1006-1016.

Vincent, C. (1996). *Parents and teachers, power and participation.* Washington: Falmer Press.

Waller, W. (1932). *Sociology of teaching.* New York: Wiley.

Warren, R. (1973).The classroom as a sanctuary for teacher: Discontinuities in social control. *American Anthropology, 75*, 280-291.

Wesley, R. W., & Buysse, V. (2003). Making meaning of school readiness in schools and communities. *Early Childhood Research Quarterly, 18*(3), 351-376.

Whiting, B. B., & Edwards, C. P. (1988). *Children of different worlds: The formation of social behavior*. Massachusetts: Harvard University Press.

Whiting, B. B., & Whiting, J (1975). *Children in six cultures: A psycho-cultural analysis.* Cambridge: Harvard University Press.

Whyte, W. F. (1981). *Street corner society* (3rd ed.). Ill: University of Chicago Press.

Williams, D., & Chavkin, N. F. (1986). *Teacher/parents partnerships: Guidelines and strategies.* TX: Southwest Educational Developmental Laboratory.

Winetsky, C. S. (1978). Comparisons of the expectations of parents and teachers for the behavior of preschool children. *Child Development, 49*, 1146-1154.

Yao, E. (1988). Working effectively with Asian immigrant parents. *Phi Delta Kappan, 72*(5), 372-375.

Yi, C. C., Chang, C. F., & Chang, Y. H. (2004). The intergenerational transmission of family values: A comparison between teenagers and *parents* in Taiwan. *Journal of Comparative Family Studies, 35*(4), 523-546.

Youniss, J. (1994). Rearing children for society. In J. Smetana (Ed.), *New directions for child development (66): Beliefs about parenting* (pp. 37-50). San Francisco: Jossey-Bass.

Zepecki, C. A. (1995). *A review and comparison of three forms of assessment for measuring the progress of Chapter I students and the effectiveness of Chapter I programs.* Unpublished dissertation of University of Southern California.

國家圖書館出版品預行編目資料

幼兒家庭與學校合作關係：理論與實務／劉慈惠著.
-- 初版. -- 臺北市：心理, 2007（民 96）
面 ； 公分. -- （幼兒教育；104）
參考書目：面

ISBN 978-986-191-000-0（平裝）

1. 學校與家庭

521.55   96001772

幼兒教育 104　　**幼兒家庭與學校合作關係：理論與實務**

作　　者：劉慈惠
執行編輯：林怡倩、高碧嶸
總 編 輯：林敬堯
發 行 人：洪有義
出 版 者：心理出版社股份有限公司
社　　址：台北市和平東路一段 180 號 7 樓
總　　機：(02) 23671490　　傳　　真：(02) 23671457
郵　　撥：19293172　心理出版社股份有限公司
電子信箱：psychoco@ms15.hinet.net
網　　址：www.psy.com.tw
駐美代表：Lisa Wu　　tel: 973 546-5845　　fax: 973 546-7651
登 記 證：局版北市業字第 1372 號
電腦排版：辰皓國際出版製作有限公司
印 刷 者：辰皓國際出版製作有限公司
初版一刷：2007 年 2 月

定價：新台幣 400 元　　■有著作權‧侵害必究■
ISBN　978-986-191-000-0

讀者意見回函卡

No. _____　　　　　　　　　　填寫日期：　年　月　日

感謝您購買本公司出版品。為提升我們的服務品質，請惠填以下資料寄回本社【或傳真(02)2367-1457】提供我們出書、修訂及辦活動之參考。您將不定期收到本公司最新出版及活動訊息。謝謝您！

姓名：_____　性別：1□男　2□女

職業：1□教師 2□學生 3□上班族 4□家庭主婦 5□自由業 6□其他____

學歷：1□博士 2□碩士 3□大學 4□專科 5□高中 6□國中 7□國中以下

服務單位：_____　部門：_____　職稱：_____

服務地址：_____　電話：_____　傳真：_____

住家地址：_____　電話：_____　傳真：_____

電子郵件地址：_____

書名：_____

一、您認為本書的優點：（可複選）

　❶□內容 ❷□文筆 ❸□校對 ❹□編排 ❺□封面 ❻□其他____

二、您認為本書需再加強的地方：（可複選）

　❶□內容 ❷□文筆 ❸□校對 ❹□編排 ❺□封面 ❻□其他____

三、您購買本書的消息來源：（請單選）

　❶□本公司 ❷□逛書局⇨_____書局 ❸□老師或親友介紹

　❹□書展⇨____書展 ❺□心理心雜誌 ❻□書評 ❼其他_____

四、您希望我們舉辦何種活動：（可複選）

　❶□作者演講 ❷□研習會 ❸□研討會 ❹□書展 ❺□其他____

五、您購買本書的原因：（可複選）

　❶□對主題感興趣 ❷□上課教材⇨課程名稱_____

　❸□舉辦活動 ❹□其他_____　　　（請翻頁繼續）

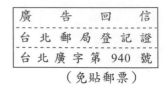

```
┌─────────────────────────┐
│ 廣　告　回　信 │
│ 台北郵局登記證 │
│ 台北廣字第 940 號 │
└─────────────────────────┘
```
（免貼郵票）

 心理出版社 股份有限公司

台北市 106 和平東路一段 180 號 7 樓

TEL: (02) 2367-1490
FAX: (02) 2367-1457
EMAIL:psychoco@ms15.hinet.net

沿線對折訂好後寄回

六、您希望我們多出版何種類型的書籍

❶□心理　❷□輔導　❸□教育　❹□社工　❺□測驗　❻□其他

七、如果您是老師，是否有撰寫教科書的計劃：□有□無

書名／課程：_____

八、您教授／修習的課程：

上學期：_____

下學期：_____

進修班：_____

暑　假：_____

寒　假：_____

學分班：_____

九、您的其他意見

_____

謝謝您的指教！　　　　　　　　　　　51104